DEIN COACH ZUM ERFOLG!

W0293359

Dein ActiveBook au[...]

Du kannst auf alle digitalen [...]
Band online zugreifen. Regis[...] dich dazu
unter **www.stark-verlag.de/mystark**
mit deinem **persönlichen Zugangscode:**

C14540-003315

Die Inhalte dieser Auflage stehen bis Schuljahresende zur Verfügung.

MySTARK

Das Active**Book** *bietet dir:*

- Original-Prüfungsaufgaben von 2022 mit vollständigen Lösungsvorschlägen
- Kleinschrittige Aufgaben zur Analyse von literarischen und pragmatischen Texten
- Videos zur Veranschaulichung des Vorgehens bei der Textanalyse
- Sofortige Ergebnisauswertung und Feedback zu einzelnen Aufgaben

DEIN COACH ZUM ERFOLG!

So kannst du interaktiv lernen:

Interaktive Aufgaben

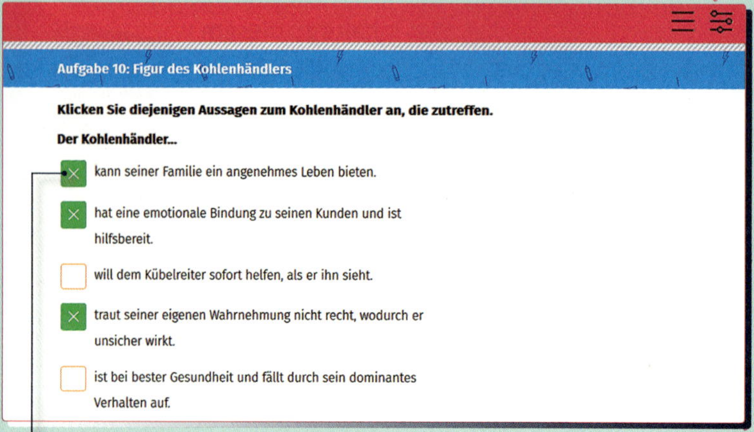

Sofortige Ergebnisauswertung

Lernvideos

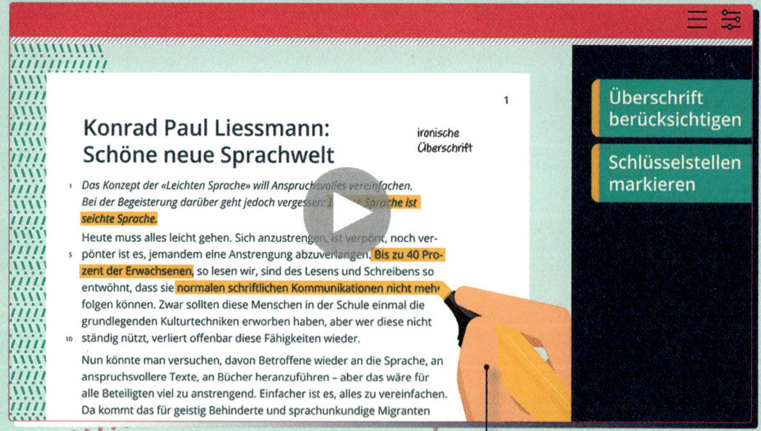

Anschauliche Erklärungen zur Textanalyse

Systemvoraussetzungen:
- Mindestens 1024×768 Pixel Bildschirmauflösung
- Chrome, Firefox oder ähnlicher Webbrowser
- Internetzugang

STARK

2023

Abitur

Original-Prüfungsaufgaben
mit Lösungen

Sachsen

Deutsch

STARK

28. ergänzte Auflage
www.stark-verlag.de

Inhalt

Abiturprüfungsaufgaben Leistungskurs 2019

Abiturprüfungsaufgaben Grundkurs 2020

Abiturprüfungsaufgaben Leistungskurs 2020

Abiturprüfungsaufgaben Grundkurs 2021

Abiturprüfungsaufgaben Leistungskurs 2021

Abiturprüfungsaufgaben Grundkurs und Leistungskurs 2022

Aufgaben . . . . **www.stark-verlag.de/mystark**
Sobald die Original-Prüfungsaufgaben 2022 freigegeben sind, können Sie sie als PDF auf der Plattform MyStark herunterladen (Zugangscode vgl. Farbseiten zu Beginn des Buches).

Autorinnen und Autoren:

Übungsaufgabe:	Barbara Zeller
Grundkurs:	Sylke Liehr (2018–2021/1–3)
Leistungskurs:	Wolfgang Mohn (2018/4, 2019/3, 2020/1, 2021/3), Peter Lippert (2018–2019/2), Christine Kossack (2018/3), Sigrid Deinzer-Kneip (2019/1), Ina Krenzke (2020/2, 2021/1), Mareen Witte (2019/4, 2020/3, 2021/2), Silke Nippert-Bussacker (2018/1)

Vorwort

Liebe Abiturientinnen und Abiturienten,

Sie werden 2023 das Abitur im Fach Deutsch ablegen. Der vorliegende Band hilft Ihnen dabei, sich effektiv auf die Prüfung vorzubereiten. Das einführende Kapitel „**Hinweise und Tipps**“ informiert Sie über die offiziellen Rahmenvorgaben, erläutert die verschiedenen Schwierigkeitsstufen (Anforderungsbereiche) innerhalb jeder einzelnen Aufgabe und macht Sie mit den Arbeitsanweisungen (Operatoren) vertraut. Es schließen sich konkrete Tipps an, was Sie bei der Bearbeitung der unterschiedlichen Aufgabenarten beachten müssen. Hinweise zur mündlichen Prüfung runden diesen Teil ab. Es folgt eine **Übungsaufgabe zum materialgestützten Verfassen informierender Texte**, da dies ab 2021 zu den möglichen Aufgabenarten im Abitur zählt. Diese Übungsaufgabe eignet sich ebenso wie die Auswahl **offizieller Abiturprüfungsaufgaben** von **2018** bis **2022** ideal zur Vorbereitung auf das Abitur.

Zu jedem Klausurbeispiel finden Sie einen ausführlichen **Lösungsvorschlag**, mit dem Sie Ihre eigene Ausarbeitung vergleichen können. Den Lösungsvorschlägen vorangestellt sind **Hinweise und Tipps**, die Ihnen bei der Erschließung der einzelnen Arbeitsanweisungen helfen.

Vergegenwärtigen Sie sich bei Ihrer Vorbereitung immer wieder die genaue Aufgabenstellung sowie die verwendeten Operatoren und lesen Sie die Erklärung der unterschiedlichen Aufgabenarten in den Hinweisen nach. Auf diese Weise wiederholen Sie auch die im Unterricht gelernten Inhalte und Methoden.

Sollten nach dem Erscheinen dieses Bandes noch **wichtige Änderungen** für die Abiturprüfung 2023 vom sächsischen Staatsministerium für Kultus bekannt gegeben werden, finden Sie aktuelle Informationen dazu im Internet unter:
www.stark-verlag.de/mystark.

Die Autorinnen und Autoren sowie der Verlag wünschen Ihnen eine gute Vorbereitungsphase und viel Erfolg in der Abiturprüfung!

Hinweise und Tipps zur schriftlichen Abiturprüfung

1 Grundlagen

1.1 Vorgaben für das Zentralabitur Deutsch 2023

Die schriftlichen Prüfungsaufgaben richten sich in Aufbau und Inhalt nach:

- den gültigen *Richtlinien und Lehrplänen Deutsch Sekundarstufe II* – Gymnasium für den Freistaat Sachsen, im Internet zu finden unter: http://lpdb.schule-sachsen.de/lpdb/web/downloads/1529_lp_gy_deutsch_2019.pdf,
- den ab 2017 für alle Bundesländer geltenden *Bildungsstandards im Fach Deutsch für die Allgemeine Hochschulreife*, im Internet zu finden unter: www.kmk.org/fileadmin/Dateien/veroeffentlichungen_beschluesse/2012/2012_10_18-Bildungsstandards-Deutsch-Abi.pdf,
- den jährlich aktualisierten *Hinweisen zur Vorbereitung auf die Abiturprüfung und die Ergänzungsprüfungen an allgemeinbildenden Gymnasien, Abendgymnasien und Kollegs im Freistaat Sachsen.* https://www.revosax.sachsen.de/vorschrift/19213-VwV-Abiturpruefung-2023

1.2 Auswahl, Zeitrahmen und Hilfsmittel

In der Abiturprüfung im Fach Deutsch werden Ihnen im Grundkurs und im Leistungskurs jeweils drei unterschiedliche Aufgaben vorgelegt, von denen Sie eine auswählen müssen. Zur Bearbeitung (einschließlich Auswahl) stehen Ihnen im Grundkurs vier Stunden (240 Minuten) und im Leistungskurs fünf Stunden (300 Minuten) zur Verfügung. Zusätzlich werden Ihnen 15 Minuten Einlesezeit gewährt. Als Hilfsmittel ist ein Wörterbuch der deutschen Rechtschreibung zugelassen.

2 Prüfungsstoff

Das sächsische Kultusministerium hat eine Liste mit literarischen Werken festgelegt, die als potenzieller Prüfungsstoff gelten und deren Kenntnis vorausgesetzt wird. Mit diesen sollten Sie sich daher bei der Abiturvorbereitung intensiv auseinandersetzen. Im Jahr 2023 können folgende Ganzschriften oder Teile des literarischen Werks Gegenstand der Prüfung sein:

Im **Grundkurs:**

- Christoph Hein: *In seiner frühen Kindheit ein Garten*
- E.T.A. Hoffmann: *Der Sandmann*
- Juli Zeh: *Corpus Delicti*
- Euripides: *Medea*
- Friedrich Dürrenmatt: *Der Besuch der alten Dame*

Im **Leistungskurs:**

- Christoph Hein: *Landnahme*
- Friedrich Schiller: *Maria Stuart*
- Georg Büchner: *Woyzeck*
- Juli Zeh: *Corpus Delicti*
- Franz Kafka: *In der Strafkolonie*
- Euripides: *Medea*
- Christa Wolf: *Medea. Stimmen*

Die Aufgabenarten Analyse pragmatischer Texte, Erörterung pragmatischer Texte sowie Materialgestütztes Verfassen argumentierender und informierender Texte beziehen sich auf eines dieser **drei Themenfelder:**

- **Literatur/Lesen** (Leseprozesse, Funktion von Literatur, persönliche Leseerfahrung)
- **Sprache** (aktuelle Entwicklungen der deutschen Sprache: Sprachnormen, Sprachwandel, Sprachvarietäten)
- **Medien** (Medienbegriff, Medienwandel, Medienkritik, mediales Handeln)

3 Aufgabenarten

Gemäß den *Bildungsstandards* sind die Abituraufgaben entweder textbezogen oder materialgestützt, sodass es Aufgaben ohne Text- oder Materialgrundlage nicht geben wird. Die nachfolgende Übersicht illustriert die möglichen Schreibformate:

	Textbezogenes Schreiben				**Materialgestütztes Schreiben**	
Aufgabenart	Interpretation literarischer Texte	Analyse pragmatischer Texte	Erörterung literarischer Texte	Erörterung pragmatischer Texte	Materialgestütztes Verfassen informierender Texte	Materialgestütztes Verfassen argumentierender Texte

Aus: Bildungsstandards im Fach Deutsch für die Allgemeine Hochschulreife, KMK-Beschluss vom 18. 10. 2012, S. 24.

3.1 Interpretation literarischer Texte

Die häufigste Aufgabenart ist die Textinterpretation. Zugrunde liegen kann ein Ausschnitt aus einem bekannten **epischen**, **lyrischen** oder **dramatischen Werk** oder ein unbekannter Text, der meistens zusammenzufassen, zu erschließen und zu interpretieren sowie mit Bekanntem zu vergleichen ist. Es geht darum, den Text zu verstehen und dieses Verständnis sprachlich zum Ausdruck zu bringen. Es ist ratsam, ihn zu-

nächst mehrfach zu lesen, Auffälliges zu markieren, Beobachtungen zu notieren, Fragen an ihn zu stellen und sich zu überlegen, was charakteristisch und wesentlich daran ist. Sie sollen Ihre **Deutung** aus solchen Beobachtungen heraus entwickeln und **mit Zitaten belegen**.
Eine beliebte Variante stellt der **Textvergleich** dar, bei dem Werke unterschiedlicher Gattungen, Autoren, Epochen oder Form unter einem bestimmten Gesichtspunkt in Beziehung zueinander gesetzt werden. Häufig handelt es sich dabei um Ähnlichkeitsbeziehungen, um Kontraste von Themen und Motiven oder um unterschiedliche Verarbeitungen desselben Stoffes.

3.2 Analyse pragmatischer Texte

Die Textanalyse bezieht sich auf pragmatische Texte, also Sachtexte, die in ihrer Aussage und Struktur, ihrer Argumentation und Intention zu erschließen sowie in ihren Thesen oder spezifischen Positionen zu erläutern sind. **Eine reine Textanalyse wurde in Sachsen in den letzten Jahren nicht mehr gefordert.** Die für das Abitur ausgewählten Sachtexte setzen sich mit Themen des Deutschunterrichts, mit kultur- und gesellschaftspolitischen Fragen sowie Standortbestimmungen auseinander und sind in der Regel Ausgangspunkt für erörternde Darstellungsformen. Üblicherweise handelt es sich um journalistische Texte, Berichte, Kommentare, Kritiken, Reden oder Essays. Im Unterschied zu literarischen Texten sind sie nicht fiktional: Nicht ein lyrisches Ich oder ein erdachter Erzähler, sondern reale Persönlichkeiten ergreifen um einer spezifischen Botschaft (Intention, Wirkungsabsicht) willen das Wort. Sie wollen appellieren und überzeugen, manchmal aber auch provozieren. Dementsprechend sollte auch der Adressat des Textes herausgearbeitet werden. Die **Analyse des Textes** ist die **Grundlage erörternder oder gestaltender Schreibaufgaben**. Weil sie bei diesem Aufgabentyp als integraler Bestandteil vorausgesetzt wird, kann es sein, dass die Aufgabenstellung darauf nicht explizit Bezug nimmt.

3.3 Erörterung literarischer Texte

Die literarische Erörterung setzt Kompetenzen des Interpretierens von literarischen Texten voraus. Das Verständnis der literarischen Vorlage bzw. der im Hintergrund zu einem Textzitat stehende Volltext ist Grundlage für die im Zentrum stehende Erörterung. Bei dieser Aufgabenart müssen Sie also sowohl über literarische (Werk-)Kenntnisse verfügen, als auch folgerichtig argumentieren und Gesichtspunkte gegeneinander abwägen können, um daraus ein eigenes Fazit zu gewinnen.

3.4 Erörterung pragmatischer Texte

Diese Aufgabenart beinhaltet auf der Grundlage des untersuchenden Erschließens von pragmatischen Texten die Auseinandersetzung mit deren Problemgehalten. Die darin enthaltenen Auffassungen, Meinungen und Urteile beziehen sich in der Regel auf Inhalte des Deutschunterrichts. Somit können beispielsweise Rezensionen zu Pflichtlektüren oder Reflexionen über sprachliche Phänomene zum Gegenstand des Erörterns werden. Schwerpunkt der Bewertung sind aber weniger die dargelegten Kenntnisse zum behandelten Sachverhalt als vielmehr deren argumentative Entfaltung.

Hinweis: Die Praxis der letzten Jahre zeigt eine Tendenz zur Kombination der Aufgabenarten 3.3 und 3.4. So ist es z. B. möglich, dass zentrale Aussagen eines Sachtextes thematisch unter Bezug auf ein oder mehrere Werke der Lektüreliste kritisch zu prüfen sind.

3.5 Materialgestütztes Verfassen argumentierender und informierender Texte

Bei diesem Aufgabentyp wird Ihnen ein **Materialdossier** zu einem bestimmten Thema vorgelegt, das Ihnen als Grundlage für die eigene Textproduktion dienen soll. In der Regel wird dieses Dossier nicht nur zusammenhängende Texte, sondern auch sogenannte **diskontinuierliche Texte**, also Bilder, Grafiken etc. enthalten. Die vorgelegten Materialien müssen zunächst kritisch ausgewertet und um eigene Kenntnisse erweitert werden. Es geht dabei nicht darum, die Materialien detailliert zu analysieren, sondern darum, diese mit Blick auf die Aufgabenstellung inhaltlich zu sichten und über die Verwendung einzelner Informationen oder Argumente zu entscheiden. Sie sollen entweder einen argumentierenden oder einen informierenden Text schreiben. Bei einem **argumentierenden Text** gilt es, klar Stellung zur entsprechenden Problematik zu beziehen und den von der Aufgabe benannten **kommunikativen Kontext** zu berücksichtigen. Je nachdem, ob also z. B. ein Kommentar, ein Leserbrief für eine Tageszeitung oder aber ein Artikel für eine Schülerzeitung geschrieben werden soll, müssen Sie dem spezifischen Adressatenkreis gerecht werden und ein passendes sprachliches Register verwenden. Erwartungen und Interessen der potenziellen Leser sollten beachtet werden. Auch beim Verfassen eines **informierenden Textes** müssen Sie angemessen auf die kommunikativen Rahmenbedingungen reagieren. Hier ist in der Regel ein sachlich-darstellender und zum Teil erklärender Ton zur Informationsvermittlung gefordert, etwa wenn Sie den Eröffnungsvortrag zu einer Schulausstellung oder einen Zeitungsbericht schreiben sollen.

4 Tipps zur Arbeit mit Texten

Jede gelungene Prüfungsarbeit entsteht aus einem Zusammenspiel von genauem Eingehen auf die Aufgabenstellung und individuellem Zugang, also der Fähigkeit, den Text „zum Sprechen" zu bringen. Für die Prüfungssituation sollten Sie über ein **Repertoire an Fragen und Methoden** verfügen, mit denen Sie an Texte herangehen.

Interpretation einer dramatischen Szene

- Welchen Platz hat die Szene im Handlungszusammenhang? Welche Funktion kommt ihr zu? (Was wäre, wenn man sie streichen würde?)
- Wie sieht die Kommunikationssituation aus? Wie sind die Redeanteile bemessen?

- Welche Spannung liegt in der Szene? Wie spitzt sich die Auseinandersetzung zu?
- Gibt es einen Höhe- und Wendepunkt? Wo liegt er?
- Welche Rolle spielen Schauplätze, Requisiten oder Gesten?
- Was tragen die Regieanweisungen zum Verständnis bei?
- Was bleibt hinter dem gesprochenen Wort unausgesprochen, ist mitzudenken und lässt uns ahnen, wie es in der Figur wirklich aussieht bzw. was sie vielleicht plant?

Gedichtinterpretation

- Aus welcher Perspektive wird im Gedicht gesprochen?
- Wie begegnen wir dem lyrischen Subjekt, das implizit oder explizit sich und seine Sicht der Welt zum Ausdruck bringt? Wie spricht es? Welche Sprache wählt es?
- Welche gedankliche Gliederung lässt sich im Verlauf des Gedichts, in seinen einzelnen Strophen bzw. Sinneinheiten erkennen?
- Welche Versgruppen gehören zusammen?
- Können wir die lyrische Situation fließend als einen Erlebniszusammenhang mit einer spürbaren Atmosphäre wahrnehmen? Oder ist es ein spröder, intellektuell gedachter und gebauter Text, durchsetzt von Konjunktionen und Antithesen?
- Wie ist ein Motiv durchgeführt und inwieweit wandelt es sich?
- Wie unterstützt die formale Gestaltung die inhaltliche Aussage?
- Takt und Metrum sind wichtige Elemente der Klang- und Rhythmusgestaltung. Machen Sie sich bewusst, welche Wirkung sie auf den Text und die Gedichtaussage haben, welche Stimmung sie vermitteln oder verstärken.

Sie sollten hinhören und überlegen, wie das Gedicht wirkt, und untersuchen, wodurch diese Wirkung zustande kommt. In der ersten halben Stunde einer Gedichtinterpretation sollten Sie den Text auf sich wirken lassen, Fragen sammeln und noch nicht losschreiben. Übrigens: Wie das eine oder andere letztlich zu verstehen ist, kann nicht immer eindeutig entschieden werden: Gedichte haben einen offenen Deutungsraum. Die Interpretation muss daher nach Plausibilität streben, indem sie sich nahe am Gedicht bewegt und die Deutungsvorschläge durch konkrete Textbelege stützt.

Interpretation von epischen Texten

- Bei erzählender Literatur sollten Sie sich davor hüten, sich in der Fülle des Stoffes zu verlieren und zu viel Inhaltliches zu rekonstruieren.
- Sie müssen meistens den Romanausschnitt erst einmal im Romanganzen (im Kontext) verankern (situieren) und die Handlung knapp zusammenfassen, bevor Sie zur Textuntersuchung übergehen. Die Konzentration auf Wesentliches, die Fokussierung auf den vorliegenden Erzählstrang oder Aspekt und die Strukturierung der eigenen Darstellung sind hierbei entscheidend.
- Wichtig für das Verständnis ist es sehr oft, die Erzählperspektive und Haltung des Erzählers zu erkennen und zu deuten. Weiß er nicht mehr, als die einzelne Person

wissen kann, erzählt er gleichsam aus ihr heraus personal? Oder überschaut er eine Welt? Oder verschwindet er ganz hinter einem erzählenden Ich? Hegt der Erzähler Sympathie für seine Helden oder bleibt er ironisch distanziert?

- Wird linear-chronologisch erzählt oder gebrochen in Zeitsplittern, Facetten, Vorwegnahmen und Rückblicken?
- Entsteht ein realistisches Abbild der Wirklichkeit oder erscheint sie ins Artifizielle, Groteske, Absurde verfremdet?
- Welches Bild von der erzählten Zeit wird entworfen, mit welchen Fragen setzt sich der Autor in seinem Text auseinander?

Analyse von Sachtexten

- Bei Sachtexten ist es wichtig, Textsorte, Adressatenbezug und Kommunikationszusammenhang zu klären, denn oft reagieren Autoren auf ganz bestimmte Situationen, greifen mit ihrem Beitrag in eine öffentliche Debatte ein oder lösen eine solche aus. Bei der Wahl dieser Themen sollten Sie also über Hintergrundinformationen verfügen.
- Entscheidend ist es, das zentrale Problem zu erfassen, die Intention des Autors aus der Fülle der Aussagen herauszuarbeiten und die wichtigsten Argumente zu finden, die die vorgetragene Intention stützen.
- Bei Reden ist zu fragen, ob überzeugend argumentiert oder ob eher überredet, manipuliert, verschleiert und mit Emotionalität und Suggestion Stimmung erzeugt wird. Aufschlussreich bei der Untersuchung von Reden ist es, nach Merkmalen zu suchen, die vielleicht eine Wir-Gruppe von einer Feind-Gruppe abgrenzen.
- Der Übergang zu literarischen Texten ist dann fließend, wenn der Autor Dichter ist und in der Form des Essays schreibt.
- Bei Glossen und Polemiken kommt es sehr darauf an, Mittel der Ironie, der ironischen Übertreibung und Zuspitzung nicht zu überlesen.

Erörtern

- Um Thesen oder ein Problem kritisch abwägen zu können und zu einer begründeten Stellungnahme zu gelangen, müssen Sie die strittigen Aussagen zunächst genau erfassen.
- Da Sie den Leser von Ihrer eigenen Meinung überzeugen wollen, müssen Sie Ihre Behauptungen stets begründen und mit Beispielen untermauern.
- Achten Sie auf einen strukturierten Textaufbau und einen präzisen Sprachgebrauch. Der Leser sollte klar einem roten Faden folgen können.
- Es sollte deutlich erkennbar sein, welche Aussagen der Textvorlage entnommen sind (z. B. durch den Konjunktiv der indirekten Rede) und welche Ihre eigene Position widerspiegeln. Es bietet sich an, wichtige Textstellen oder Formulierungen wörtlich zu zitieren und Verweise auf längere Passagen mit entsprechendem Stellenausweis (Zeilenangabe) zu paraphrasieren.

- Am Ende Ihrer Erörterung sollten Sie zu einem Ergebnis kommen. Klare Zustimmung oder Ablehnung ist hierbei ebenso möglich wie ein vermittelndes Fazit.

Materialgestütztes Schreiben

Beim materialgestützten Schreiben wird in der Aufgabenstellung in der Regel ein Adressat genannt, an den sich der Text richten soll. Der informierende wie auch der argumentierende Text muss sich deshalb erkennbar am (potenziellen) Leser orientieren. Darüber hinaus achten Sie auf folgende Aspekte:

- Haben Sie alle Materialien ausgewertet? (Das heißt nicht, dass Sie alle **zitieren** müssen!)
- Sind die Informationen und Erkenntnisse der Materialien passend in Ihre Argumentationskette bzw. in die sachlogische Gliederung eines informierenden Textes eingefügt?
- Wird **richtig zitiert**? (Achten Sie auf die Angaben in der Aufgabe. Nicht immer muss wissenschaftlich korrekt zitiert werden!)
- Ist ein in sich geschlossener Text entstanden, der eine **klare und eindeutige Aussage** transportiert **oder** der einen **nachvollziehbaren und überzeugenden Standpunkt** vertritt?
- Sind alle **Bedingungen erfüllt**, die sich aus der **Aufgabenstellung** ergeben?

Einen guten Eindruck macht es immer, wenn Sie korrekt **zitieren** können. Sie sollten nicht zu umfangreich zitieren oder dem Leser das Zitat kommentarlos präsentieren. Zitate, oft nur Satzfragmente oder ein besonderes Wort, werden gewählt, weil sie aufschlussreich und vielsagend sind: Man muss also damit arbeiten, sie erläutern und kommentieren. Überhaupt ist es das A und O jeder Textarbeit, das Vorgefundene in die eigene Sprache zu überführen. Wer nur wiederholt, was der Autor sagt, bleibt erkenntnisblind. Die Anstrengung dagegen, Fremdes selbstständig in eigenen Worten wiederzugeben, wirft unwillkürlich Fragen auf und bedeutet damit den ersten Schritt zum Verständnis eines Textes.

Sehr ratsam ist es, über zentrale **Fachbegriffe** so zu verfügen, dass Sie über Erzähltes und Dargestelltes präzise Aussagen treffen können. Sie sollten etwa schreiben können: „Die Peripetie erkenne ich in dem Moment, in dem …“ Oder: „Hier wird der Beziehungsaspekt wichtiger als der Inhalt.“ Oder: „In diesen Ellipsen drückt sich aus, wie …“ – Wortarten, Satzteile und Nebensatztypen sollten ebenso korrekt bezeichnet werden können wie rhetorische Figuren, aus denen die Wirkung der gestalteten Sprache erst erwächst bzw. entsteht.
(Eine wertvolle Hilfe bei der Prüfungsvorbereitung stellt folgender Band dar: Werner Winkler, *Prüfungswissen Oberstufe,* Stark Verlag, Titel-Nummer 94406. Dort findet sich auch eine gute Übersicht über rhetorische Figuren auf den Seiten 23–26.)

5 Anforderungsbereiche und Operatoren

5.1 Anforderungsbereiche (AFB)

In den *Bildungsstandards* werden **drei Anforderungsbereiche** definiert, die sich in den verschiedenen Aufgaben wiederfinden. Die einzelnen Bereiche bauen aufeinander auf und verlangen von Ihnen einen zunehmenden Grad an Abstraktionsfähigkeit und Problemlösungsvermögen. In jedem Bereich gilt es, eine Verstehensleistung, eine Argumentationsleistung und eine Darstellungsleistung zu erbringen.

- **Anforderungsbereich I** betrifft die **Reproduktion:** die Wiedergabe von gelernten Sachverhalten sowie die wiederholende Zusammenfassung, die oft in Einleitungen zum Tragen kommen kann. Der im Unterricht erarbeitete Hintergrund an Lektüre- und Faktenwissen, fachspezifische Arbeitstechniken, Methoden der Texterschließung sowie Darstellungstechniken sollen eingebracht werden.
- **Anforderungsbereich II** zielt auf die **Anwendung** erworbener Arbeitsweisen, auf Reorganisation von Bekanntem und Transferleistungen. Das sind solche Anforderungen, die ein selbstständiges Auswählen, Ordnen, Erläutern, Interpretieren oder Vergleichen verlangen. Erwartet wird von Ihnen eine eigenständige, argumentativ begründete Interpretation bzw. Erörterung, die zeigt, dass Sie in der Lage sind, Gelerntes auch auf unbekannte Zusammenhänge anzuwenden. Auf dem AFB II liegt in der Abiturprüfung das Hauptgewicht, die entsprechenden Kompetenzen werden auch entsprechend stark bewertet.
- **Anforderungsbereich III** betrifft die gedankliche Selbstständigkeit der Leistung: Hier müssen Sachverhalte und Zusammenhänge eigenständig ausgewertet, durchdacht und begründet beurteilt oder gestaltet werden. Sie sollen zu einer differenzierten und kritischen Wertung von Texten und Sachverhalten gelangen und Ihre Fähigkeit zu **Reflexion und Problemlösung** beweisen. Häufig gebraucht werden diese Anforderungen beim Resümieren und Bewerten von Arbeitsergebnissen.

Nicht alle Aufgabenstellungen sind dreiteilig aufgebaut; oft wird nur eine umfassende Arbeitsanweisung wie „erörtern“, „interpretieren“ oder „analysieren“ eingesetzt, die Leistungen in allen drei Anforderungsbereichen erfordert. Wird die Aufgabe nicht weiter differenziert, entfällt damit zwar eine erste Strukturierungshilfe, zugleich haben Sie aber auch mehr Freiraum beim Gliedern Ihres Aufsatzes.

5.2 Operatoren

Operatoren sind **Arbeitsanweisungen**. Sie machen deutlich, welche Art von Aufgabenstellung gemeint ist, lassen sich den einzelnen Anforderungsbereichen zuordnen und geben einen Hinweis auf das Niveau der entsprechenden Aufgabe. Durch ihre konkreten Vorgaben dienen Operatoren sowohl dazu, Arbeitsaufträge eindeutig zu formulieren und voneinander abzugrenzen, als auch einheitliche Bewertungs- und Korrekturmaßstäbe zu setzen.

Die folgende, alphabethisch geordnete Operatorenliste wurde durch das Berliner Institut IQB (Institut zur Qualitätsentwicklung im Bildungswesen) entwickelt. Den einzelnen Operatoren werden dabei jeweils in Klammern die möglichen Anforderungsbereiche zugewiesen. Natürlich sind noch andere Operatoren denkbar, vor allem dann, wenn sie auch umgangssprachlich eindeutig verstanden werden. Außerdem können die angeführten Arbeitsanweisungen durch Zusätze, wie z. B. „im Hinblick auf …“, konkretisiert werden.

Operator	Definition	Beispiel
analysieren (I, II, III)	einen Text als Ganzes oder aspektorientiert unter Wahrung des funktionalen Zusammenhangs von Inhalt, Form und Sprache erschließen und das Ergebnis der Erschließung darlegen	*Analysieren Sie den vorliegenden Essay.* *Analysieren Sie den Text im Hinblick auf die Wirkung der sprachlichen Mittel.*
beschreiben (I, II)	Sachverhalte, Situationen, Vorgänge, Merkmale von Personen bzw. Figuren sachlich darlegen	*Beschreiben Sie die äußere Situation des Protagonisten.*
beurteilen (II, III)	einen Sachverhalt, eine Aussage, eine Figur auf Basis von Kriterien bzw. begründeten Wertmaßstäben einschätzen	*Beurteilen Sie auf der Grundlage der vorliegenden Texte die Entwicklungstendenzen der deutschen Gegenwartssprache.*
charakterisieren (II, III)	die jeweilige Eigenart von Figuren/Sachverhalten herausarbeiten	*Charakterisieren Sie den Protagonisten im vorliegenden Textauszug*
darstellen (I, II)	Inhalte, Probleme, Sachverhalte und deren Zusammenhänge aufzeigen	*Stellen Sie die wesentlichen Elemente des vorliegenden Kommunikationsmodells dar.*
einordnen (I, II)	eine Aussage, einen Text, einen Sachverhalt unter Verwendung von Kontextwissen begründet in einen vorgegebenen Zusammenhang stellen	*Ordnen Sie den folgenden Szenenausschnitt in den Handlungsverlauf des Dramas ein.*
erläutern (II, III)	Materialien, Sachverhalte, Zusammenhänge, Thesen in einen Begründungszusammenhang stellen und mit zusätzlichen Informationen und Beispielen veranschaulichen	*Erläutern Sie anhand der Textvorlage die wesentlichen Elemente der aristotelischen Dramentheorie.*
erörtern (I, II, III)	auf der Grundlage einer Materialanalyse oder -auswertung eine These oder Problemstellung unter Abwägung von Argumenten hinterfragen und zu einem Urteil gelangen	*Erörtern Sie die Position der Autorin.*
in Beziehung setzen (II, III)	Zusammenhänge unter vorgegebenen oder selbst gewählten Gesichtspunkten begründet herstellen	*Setzen Sie die Position des Autors in Beziehung zum Frauenbild des vorliegenden Textauszugs.*

interpretieren (I, II, III)	auf der Grundlage einer Analyse im Ganzen oder aspektorientiert Sinnzusammenhänge erschließen und unter Einbeziehung der Wechselwirkung zwischen Inhalt, Form und Sprache zu einer schlüssigen (Gesamt-)Deutung gelangen	*Interpretieren Sie das vorliegende Gedicht.* *Interpretieren Sie das Gedicht unter besonderer Berücksichtigung der Identitätsproblematik.*
sich auseinandersetzen mit (II, III)	eine Aussage, eine Problemstellung argumentativ und urteilend abwägen	*Setzen Sie sich mit der Auffassung des Autors auseinander.*
überprüfen (II, III)	Aussagen/Behauptungen kritisch hinterfragen und ihre Gültigkeit kriterienorientiert und begründet einschätzen	*Überprüfen Sie, inwieweit die These zutrifft, die Kunstauffassung der Autorin spiegle sich im vorliegenden Text wider.*
verfassen (I, II, III)	auf der Grundlage einer Auswertung von Materialien wesentliche Aspekte eines Sachverhaltes in informierender oder argumentierender Form adressatenbezogen und zielorientiert darlegen	*Verfassen Sie auf der Grundlage der Materialien einen Kommentar für eine Tageszeitung.*
vergleichen (II, III)	nach vorgegebenen oder selbst gewählten Gesichtspunkten Gemeinsamkeiten, Ähnlichkeiten und Unterschiede herausarbeiten und gegeneinander abwägen	*Vergleichen Sie die Naturschilderungen in den beiden Gedichten.*
zusammenfassen (I, II)	Inhalte oder Aussagen komprimiert wiedergeben	*Fassen Sie die Handlung der vorliegenden Szene zusammen.*

Aus: IQB, Grundstock von Operatoren (https://www.iqb.hu-berlin.de/abitur/dokumente/deutsch/)

6 Tipps

6.1 Praktische Tipps

Die **Wahl der Aufgabe** sollte sorgfältig getroffen werden, denn von der „richtigen" Aufgabe hängt ganz wesentlich der Erfolg der Arbeit ab. Deshalb sollten Sie nicht nur die Textvorlage, sondern auch die Aufgabenstellung genau lesen und sich selbst folgende Fragen beantworten:

- Was genau wird verlangt: Reproduktion, Erarbeitung, Beurteilung, Stellungnahme, Vergleich, Eigengestaltung?
- Welches ist die Schwerpunktaufgabe? Liegt sie mir?
- Welche Aufgabe fordert mich heraus? Wo kann ich meine Stärken einbringen?
- Ausschlaggebend sollte nicht die vermeintliche Leichtigkeit einer Aufgabe sein, sondern die Möglichkeit, sie auf ergiebige Weise zu lösen. Auch die Gelegenheit, Kenntnisse aus dem Unterricht einzubringen, ist ein Aspekt bei der Entscheidung.

Grundsätzlich werden Leistungen in zwei Kompetenzbereichen gefordert: bei der **Reproduktion** und bei der **Erarbeitung**.

- Zum ersten Typus gehört alles, was Sie „im Kopf“ haben sollten, wenn Sie den Prüfungsraum betreten: Wissen um Gattungen, Epochen, Autoren, Stoffe, Werke – das Hintergrundwissen, das für jede Bearbeitung und Einordnung nötig ist. Sie sollten es parat haben und nur noch entscheiden, was davon im jeweiligen Zusammenhang relevant ist.
- Beim Erarbeitungsteil liegt das Wissen noch nicht bereit, es ist mithilfe geeigneter Methoden erst noch zu erschließen. Das ist natürlich arbeits- und zeitaufwendiger als das Reproduzieren. Erarbeitungsaufgaben sind daher immer Schwerpunktaufgaben.

Ist die Entscheidung gefallen, sollten Sie möglichst nicht mehr wechseln, denn das wäre verschenkte Zeit. Eine grobe **Zeitplanung** ist immer hilfreich. Die 240 Minuten Bearbeitungszeit des Grundkurses (LK: 300 Minuten) entsprechen einem knapp fünfstündigen Unterrichtsvormittag (LK: sechsstündig). Es liegt also nahe, eine Grobplanung im 45-Minuten-Takt vorzunehmen. Bei Analyseaufgaben könnten Sie zum Beispiel zwei Unterrichtsstunden für die Konzeptphase ansetzen – Textmarkierungen, Skizzen, Aufsatzgliederung, Disposition, Ausformulierung von Kern- und Gelenkstellen –, etwa eine Stunde für die Reinschrift (LK: zwei Stunden) und eine Stunde für die Durchsicht und Feinkorrektur. Damit wären etwa vier (LK: fünf) Stunden verplant, sodass abzüglich der Pausen noch ein Puffer von einer knappen Stunde bleibt. Pausen sollten Sie erst nach Beendigung eines Arbeitsganges einlegen, im Idealfall erst vor der Reinschrift.

6.2 Hinweise zu den Bewertungskriterien

Das sächsische Kultusministerium betont, dass die Note nicht durch Addition von auf die Anforderungsbereiche bezogenen Teilnoten errechnet wird, sondern eine Gesamtwürdigung der erbrachten Leistung darstellt.

Bei der Bepunktung werden folgende Bewertungskategorien berücksichtigt:

- Verstehensleistung,
- Darstellungsleistung.

Besonderes Gewicht wird in der Bewertung darauf gelegt, dass

- die Darstellungen sachlich richtig sind,
- die Aussagen folgerichtig und begründet sind,
- die Darstellung und das Verständnis der Thematik den prinzipiellen Ansprüchen eines Grund- bzw. Leistungskurses entsprechen,
- die Arbeit einen bestimmten Grad an Selbstständigkeit, z. B. in der Entwicklung von Gedankengängen, aufweist,
- der Aufsatz über einen klaren Aufbau und eine klare Sprache verfügt,
- eine grundlegende Sicherheit im Umgang mit der Fachsprache und den entsprechenden Methoden aufzeigt wird und
- der Text sprachlich richtig und in der äußeren Form angemessen ist.

Hinweise und Tipps zur mündlichen Abiturprüfung

1 Allgemeines

Eine mündliche Abiturprüfung gibt es in jedem Fall im vierten und fünften Abiturfach. Daneben sind weitere mündliche Prüfungen im ersten bis dritten Abiturfach möglich, wenn die Leistung in den Abiturklausuren mit null Punkten bewertet worden ist oder ein Prüfling sich für eine freiwillige mündliche Prüfung meldet, z. B. um seinen Abiturdurchschnitt zu verbessern. Für mündliche Prüfungen im ersten bis dritten Fach gilt, dass sie nicht dem Stoffgebiet der Abiturklausur entsprechen dürfen.

Die mündliche Prüfung enthält in der Regel zwei gleichwertige Elemente, durch die einerseits die Fähigkeit zum **Vortrag**, andererseits die Fähigkeit zur Beteiligung am **Prüfungsgespräch** überprüft wird. Es gelten ansonsten grundsätzlich dieselben Kriterien für die Bewertung wie bei den schriftlichen Anforderungen, wobei es besonders darauf ankommt, dass man auch in mündlicher Rede gewandt und präzise argumentiert, ohne den Faden zu verlieren.

Zunächst erhalten Sie eine Aufgabenstellung, die aus einer oder mehreren Teilaufgaben bestehen kann. Für die Bearbeitung dieser Aufgabe stehen Ihnen im Vorbereitungsraum 20 Minuten zur Verfügung. Innerhalb dieser Zeit sollen Sie einen 10- bis 15-minütigen Vortrag vorbereiten, der in sich geschlossen und logisch untergliedert ist. Während des Vortrages können Sie sich auf die Texte sowie auf Ihre stichwortartigen Aufzeichnungen stützen.

Die Kürze der Vorbereitungszeit schließt aus, dass Sie Ihren Vortrag schriftlich ausformulieren; vielmehr ist es, ähnlich wie bei der Sichtungsphase in der Klausur, notwendig, den Vortrag durch sinnvolles Markieren und knappe Anmerkungen vorzubereiten.

Der zweite Prüfungsteil besteht aus einem Prüfungsgespräch, in dem Ihr Hintergrundwissen und Ihre Fähigkeit, größere fachliche und sachliche Zusammenhänge zu erschließen und darzustellen, überprüft werden.

Die größten Schwierigkeiten bei der mündlichen Abiturprüfung liegen erfahrungsgemäß im ersten Teil, also in dem mindestens 10-minütigen zusammenhängenden, gegliederten Vortrag. Da es für solch lange Vorträge kaum echte Übungsmöglichkeiten im Unterricht gibt, zumindest nicht für jeden Einzelnen, fehlt es weitgehend an konkreten Vorerfahrungen; daher im Folgenden einige Tipps, wie Sie sich auf diese Prüfungssituation vorbereiten und Ihren Vortrag ansprechend gestalten können.

Tipps für die 20-minütige Vorbereitung

- Themenstellung: Was ist die Zielrichtung der geforderten Bearbeitung?
- Operatoren: Welche konkreten Anforderungen werden gestellt? Bei Mehrteiligkeit: Welche Gliederungshilfe bieten die Teilaufgaben? Welcher Aufgabe kommt das größte Gewicht zu?
- Einstieg: Mit welcher Einleitung führt man den Vortrag schnell und stringent zum Kern der Aufgabenstellung?
- Texte: Fachbegriffe an den Rand schreiben, Quellen-Anmerkungen ergänzen, Stichwörter für den Vortrag festlegen; wichtige Zitatstellen markieren.
- Gliederung: Nummerieren Sie Ihre Markierungen, damit Sie Ihren Vortrag anhand dieser Reihenfolge gestalten können.
- Grobstruktur: Nennung der Aufgabenstellung – Einleitung – Bearbeitung der Teilaufgaben – Schlussteil.
- Beenden Sie Ihren Vortrag mit einem klaren Fazit oder zur Not mit einem kurzen Ausblick auf das, was Sie aus Zeitgründen nicht thematisieren konnten.

Tipps für den Vortrag

- Zeitmanagement: Legen Sie eine Armbanduhr neben Ihr Konzept, schreiben Sie, bevor Sie zu sprechen anfangen, den konkreten Zeitraum für Ihren Vortrag auf Ihr Konzept – so haben Sie klare zeitliche Anhaltspunkte.
- Nutzen Sie die Anmerkungen, die Sie während der Vorbereitungszeit angefertigt haben, als Leitfaden Ihres Vortrages.
- Sprechen Sie möglichst frei, klammern Sie sich nicht an Ihr Konzept.
- Sprechen Sie klar, deutlich und hinreichend laut.
- Achten Sie auf ein angemessenes Sprechtempo. Versuchen Sie, nicht zu schnell zu sprechen.
- Vermeiden Sie sowohl „Endlossätze“ als auch Aneinanderreihungen und monotone Satzanfänge („Und … und … und …“).
- Verwenden Sie die Fachsprache, die Sie gelernt haben, um zu verdeutlichen, dass Sie Ihr Metier beherrschen.

- Zitate/Textbelege: Verdeutlichen Sie während des Vortrages, worauf sich Ihre Aussagen stützen, indem Sie Schlüsselstellen mit Zeilenangaben anführen.
- Ein gelegentlicher Blickkontakt zu Ihrem Prüfer oder den übrigen Beisitzern zeugt von einem souveränen Umgang mit der Situation und den Kommunikationsregeln.
- Bewegen Sie sich bei Ihrem Vortrag auf einer einheitlichen Sprachebene und vergegenwärtigen Sie sich, dass die Adressaten Ihres Vortrages Deutschlehrerinnen und Deutschlehrer, also Fachleute, sind.

Sie können diesen ersten Teil der mündlichen Prüfung üben, indem Sie Arbeitsaufträge aus diesem Band zugrunde legen, die Vorbereitungszeit exakt einhalten und zwei Kursmitglieder als fiktive Prüfungskommission hinzuziehen. Lassen Sie sich anschließend von Ihrer „Prüfungskommission" begründet darlegen, ob Ihr Vortrag sprachlich und inhaltlich verstanden wurde.
Ebenso können Sie natürlich in der Familie oder im Freundeskreis das Referieren üben oder zu diesem Zweck Ihren Vortrag selbst aufnehmen und überprüfen.

3 Prüfungsteil II: Prüfungsgespräch

Die zeitliche Dauer des zweiten Prüfungsteils entspricht derjenigen des ersten Teils: 10 bis 15 Minuten je nach Verlauf. Das Thema des Prüfungsgesprächs muss einem anderen Kurshalbjahr entnommen sein als der für den vorangegangenen Vortrag vorgegebene Gegenstand. Meistens stellt der Prüfer durch eine kurze Überleitung einen Zusammenhang zwischen Ihrem Vortrag und dem Gegenstand des zweiten Teils der Prüfung her; das gibt auch Ihnen die Gelegenheit, an Ihren Vortrag anzuknüpfen. Sie sollten sich dabei aber nicht wiederholen oder gar den Eindruck erwecken, dass Sie dem Thema des Prüfungsgesprächs ausweichen wollen.

Im weiteren Verlauf sollen Sie Ihre Kommunikationskompetenzen im Rahmen eines Fachgesprächs unter Beweis stellen: Zeigen Sie sich also als gewandter Gesprächspartner, der adressatengerecht und sachkundig die Fragen und Impulse aufgreift und möglichst selbstständig und ergiebig damit umgeht.

Tipps für das Prüfungsgespräch

- *Sprechanteil:* Je eigenständiger und umfassender Sie als Prüfling mit den Fragen und Impulsen umgehen, desto besser! Begnügen Sie sich nicht mit Kurzantworten, führen Sie länger aus.
- *Erfassen der Frageintention:* Achten Sie auf die Operatoren und auf fachliche Kernbegriffe! Führen Sie sinnvolle Beispiele oder Vergleiche aus dem Unterricht an, zeigen Sie Ihr Hintergrund- und Allgemeinwissen. Aber schweifen Sie nicht ab, bleiben Sie beim Thema.
- *Gesprächsaufbau durch den Prüfer:* In der Regel gestaltet der Prüfer ein solches Gespräch nach dem Prinzip „Vom Einfachen zum Schwierigen, vom Einzelfallbeispiel zum Allgemeinen/Modellhaften". Wenn Sie einen Bezug zu einer Ihnen

passend erscheinenden Theorie oder zu einem aus dem Unterricht bekannten Beispiel selbst herstellen können: Tun Sie dies!

- *Unterrichtsbezüge:* Hintergrund aller Fragen und Impulse ist das aus dem Unterricht Bekannte. Stellen Sie also nach Möglichkeit über das gerade angesprochene Einzelbeispiel hinaus Vergleiche zu dem im Unterricht Behandelten an, weisen Sie auf Gemeinsamkeiten oder auch auf Unterschiede hin. Machen Sie somit deutlich, dass Sie den Gesprächsgegenstand aus dem Prüfungsgespräch in größere Zusammenhänge einordnen können.
- *Verständnisproblem:* Sollten Sie mit einer einzelnen Frage einmal nichts anfangen können: Verlieren Sie keine Zeit, bitten Sie an einer solchen Stelle um eine kurze ergänzende Erläuterung.
- *Unterbrechungen:* Lassen Sie sich nicht irritieren. Der Prüfer möchte Ihnen entweder zurück auf den Haupt(frage)weg helfen oder den Themenschwerpunkt wechseln, was vielleicht nur daran liegt, dass die Prüfungszeit allmählich knapp wird: Werten Sie solche Unterbrechungen in jedem Fall als für Sie günstig und hilfreich.
- *Mimik und Gestik:* Lassen Sie sich nicht durch Äußerlichkeiten irritieren: Die Prüfer werden sich bemühen, eine neutrale Atmosphäre herzustellen. Wenn das Prüfungsgespräch beispielsweise weniger persönlich verläuft als eine normale Unterrichtsstunde, ist das kein beunruhigendes Zeichen.

Übungsaufgabe 1: Materialgestütztes Verfassen informierender Texte

Thema: Die Kulturtechnik Schreiben im digitalen Zeitalter

Material 1: Karikatur von Bernd Zeller aus der Zeitschrift Deutsche Sprachwelt (2015)

Material 2: Christian Doelker (Kommunikationswissenschaftler), Was ist überhaupt eine Kulturtechnik? (2016)

Kulturtechniken sind Methoden, um Inhalte einer Kultur anderen mitteilen und für nachfolgende Generationen überliefern zu können. Die bekanntesten Kulturtechniken sind Lesen und Schreiben. Kulturtechniken setzen also eine Methode der Verschlüsselung (z. B. als Schriftzeichen) und Entschlüsselung voraus. Dank Kulturtechniken können Mitteilungen aufgezeichnet und damit allgemein verfügbar gemacht werden.

Mit den heutigen Aufzeichnungsmitteln (Film, digitale Speichermedien etc.) ist es auch möglich, Bilder und Töne aufzuzeichnen und damit aufzubewahren und weiterzugeben. Fernsehen und die Benutzung des Computers sowie anderer neuer Medien sind deshalb folgerichtig ebenfalls Kulturtechniken, und wie Lesen und Schreiben müssen sie gelernt werden.

Aus: Prof. Dr. Christian Doelker, Kulturtechniken und Medien – Infoset Medienkompetenz: 10 Fragen – 10 Antworten, MPFS 2016, http://www.mpfs.de/fileadmin/files/Infoset/PDF/MPFS_Infoset_Kulturtechniken_2016.pdf

Material 3: Ursula Scheer, Finnland ohne Schreibschrift [1]: Schreibst du noch, oder tippst du schon? (2015)

[…] Seit der digitale Mensch wischt, tippt, klickt und mit Google redet, führt die Handschrift Rückzugsgefechte. Dass die Fähigkeit, mit der Hand zu schreiben, eine überkommene Kulturtechnik ist, die eigentlich niemand mehr braucht, glauben offenbar immer mehr Menschen. […]

„Flüssig tippen zu können ist eine wichtige nationale Kompetenz", sagte Minna Harmann, die im finnischen Bildungsministerium die neuen Richtlinien erarbeitet hat, gegenüber der „Helsinki Times". Schneller SMS verschicken und Texte auf dem Tabletcomputer bearbeiten zu können, das gehört jetzt zu den neuen Bildungszielen. Einzelne Buchstaben auf Papier mit der Hand zu verbinden, sagte Minna Harmann, sei für viele Kinder derart mühsam, dass es zu Schreibblockaden führe. Der Computer löse das Problem und erlaube es den Schülern, sich stärker auf den Inhalt des Geschriebenen zu konzentrieren. […]

In den Niederlanden gibt es inzwischen mehr als zwanzig sogenannte Steve-Jobs-Schulen, in denen iPads Lehrbücher und Hefte ersetzen – von der ersten Klasse an. Auch in vielen amerikanischen Bundesstaaten steht die Handschrift vor dem Aus. Dort wechseln Schüler häufig nach einem Jahr mit der Handschrift an die Tastatur und die Tablets. […]

Nun sind Kulturtechniken kein Selbstzweck. Schrift wurde erfunden, um Sprache vom Sprecher unabhängig durch Zeit und Raum zu transportieren, nicht damit Kinder ihre Feinmotorik schulen. Worte in Stein meißeln heute nur noch Steinmetze[2], und keiner beklagt es. […] Studien aus den Vereinigten Staaten und Frankreich zeigen, dass das Schreiben mit der Hand mehr ist als ein nostalgisches Relikt für Füllfederhalterliebhaber. Denn wer Buchstaben auf dem Papier erschafft, statt sie auf einer Tastatur auszuwählen, wer sie mit einer Handbewegung zu Worten verbindet, der aktiviert mehr Hirnregionen und vergisst das Notierte weniger leicht. Die relative Langsamkeit des Vorgangs unterstützt die Gedankenfindung und fordert Konzentration, nicht nur bei Kindern. Statt Achtsamkeit in Zen[3]-Seminaren zu üben, könnte es also auch das Befolgen eines alten Bundespost-Slogans tun: Schreib mal wieder.

Ursula Scheer, Schreibst du noch, oder tippst du schon?, FAZ, 14. 01. 2015, http://www.faz.net/aktuell/feuilleton/finnland-ohne-schreibschrift-schreibst-du-noch-oder-tippst-du-schon-13368180.html,

1 Im Gegensatz zur Druckschrift werden die Buchstaben eines Wortes in einer Schreibschrift weitgehend miteinander verbunden. Ebenso wie deutsche Schülerinnen und Schüler lernen auch finnische weiterhin, mit der Hand zu schreiben, allerdings nicht in verbundener Form.
2 Steinmetz: Handwerker, der Steine bearbeitet
3 Zen: japanische Form des Buddhismus, in der Meditationstechniken eine große Rolle spielen

Material 4: Peter Praschl, … das Ende der Handschrift? (2012)

[…] Selbstverständlich ist das Schreiben mit der Hand eine Kulturtechnik. Aber ebenso gewiss handelt es sich um eine, die den Menschen immer weniger von Nutzen ist – so wie die Kulturtechnik des Reitens. Ganz schön, aber nicht mehr rasend wichtig. Es gibt verständlicherweise keine belastbaren Untersuchungen darüber, wie viel noch mit der Hand geschrieben wird – aber dass es nicht mehr sehr oft vorkommt, zeigt ein Blick aufs eigene Leben oder in die nähere Umgebung. Die Einkaufslisten; die paar Notizen, die man sich noch macht; die Briefe, die man dann und wann schreibt, wenn sie besonders persönlich wirken sollen; oft genug gibt es auch Tage, an denen das Einzige, was man von Hand schreibt, die Unterschrift auf einem Kreditkartenbeleg ist.

Vielleicht hat das Tippen von Texten auf Tastaturen ja Vorteile, welche die Nachteile, die durch das Verschwinden der Handschrift entstehen, mehr als wettmachen: Auf dem Computer geschriebene Korrespondenzen lassen sich bequemer durchsuchen als Zettel in den weggeräumten Kartons mit den alten Briefen, die Löschtaste entsorgt Fehler und missverständliche Formulierungen rückstandsloser als Durchstreichungen, die automatische Rechtschreibkorrektur hilft dabei, peinliche Schnitzer zu vermeiden. Seit es das Internet gibt, lassen sich Liebeserklärungen, Danksagungen und Was-ich-dringend-noch-sagen-wollte-Nachträge so impulsiv auf den Weg bringen, wie die Gefühle es verlangen. Und seit man sich per SMS für schöne Abende und tolle Essenseinladungen bedanken kann, ist man häufiger höflich als zu den Zeiten, da man erst anderntags ein Billett schreiben konnte, das man korrekt frankieren und zum Briefkasten bringen musste. Vor allem aber ist die von Maschinen erzeugte Schrift zuverlässig lesbarer als die von Hand mit einem Stift aufgetragene. […]

Das Irritierende an den Wehklagen über das Verschwinden der Handschrift ist ja, dass sie in einer Zeit auftauchen, in der vermutlich so viel wie noch nie zuvor in der Menschheitsgeschichte geschrieben wird. Immer größere Anteile unserer Kommunikationen werden verschriftlicht. Kann schon sein, dass wir das Höchstpersönliche von Handschriften nur noch selten vor Augen bekommen, doch die Netz-Kultur, die es verdrängt hat, ist (auch) viel intimer, persönlicher, privater, als es die analoge vor der medialen Revolution sein konnte. […]

Aus: Peter Praschl, … das Ende der Handschrift?, Süddeutsche Zeitung Magazin, Nr. 6/2012, 14. 02. 2012, https://sz-magazin.sueddeutsche.de/sprache/das-ende-der-handschrift-78780.
Aus lizenzrechtlichen Gründen kann ein den Artikel illustrierendes Bild nicht abgedruckt werden.

Material 5: Eva Dignös, Was haben wir gelacht! Kommunikation 2.0: Ein Emoji wird in Großbritannien zum Wort des Jahres 2015 gekürt (2015)

Triumph des gelben Smileys über die Welt der Buchstaben: Für die Sprachbeobachter der britischen Oxford Dictionaries ist ein Emoji das Wort des Jahres. Die Begründung der Jury: Das Grinsegesicht, dem die Freudentränen aus den Augen spritzen, sei der Ausdruck, der das vergangene Jahr sprachlich am besten reflektiere. Die Bedeutung der Emojis in der Kommunikation habe 2015 enorm zugenommen. Und das beliebteste Gelbgesicht sei nun einmal das Freudentränen-Emoji gewesen. Woher Oxford Dictionaries das weiß? Die Institution, die der Oxford University angeschlossen ist, ließ einen Anbieter von Tastatur-Apps auswerten, welche Emojis am häufigsten genutzt werden. [...]

Aus: Eva Dignös, Was haben wir gelacht!, Süddeutsche Zeitung, 17. 11. 2015, http://www.sueddeutsche.de/kultur/britisches-wort-des-jahres-was-haben-wir-gelacht-1.2740952; Bildquelle: By permission of Oxford University Press, www.oup.com

Material 6: Gabriele Paschek (Kommunikationswissenschaftlerin), Heute schon mit der Hand geschrieben? (2012)

[...] [S]owohl geistig als auch körperlich scheint es von Vorteil, seine Gedanken ohne technische Hilfe aufs Papier zu bringen.

So vermutet ein Team um die Psychologin Sandra Sülzenbrück, dass das Schreiben per Hand die Feinmotorik fördert. Die Forscher vom Leibniz-Institut für Arbeitsforschung in Dortmund verglichen rechtshändige Probanden, die angaben, besonders viel mit der Tastatur zu schreiben, mit Rechtshändern, die häufiger zu Stift und Papier griffen. Beide Gruppen mussten einen Geschicklichkeitsparcours je einmal mit der rechten Hand und einmal mit der linken absolvieren. Die Computerfans brauchten nur mit rechts deutlich länger als die Schreiberlinge. Ihnen fehlte offensichtlich die Übung in genau koordinierten Bewegungen.

Gravierender als diese physischen Auswirkungen könnten aber jene auf kognitiver Ebene sein. Laut der französischen Neurowissenschaftlerin Marieke Longcamp und ihren Kollegen fällt es Kindern und Erwachsenen leichter, neue Schriftzeichen zu lernen, wenn sie diese auf altmodische Weise produzieren – und nicht an Laptop oder PC. [...]

Im Experiment trainierte ein Teil der Probanden die Buchstaben handschriftlich, die anderen mit einer speziellen Tastatur. Nach dem Training sowie mehrere Wochen später kontrollierten die Forscher den Lernerfolg. Und siehe da: Die Handschreiber hatten die Nase eindeutig vorn. Ihnen gelang es wesentlich besser, die gelernten Schriftzeichen von spiegelverkehrten Kopien zu unterscheiden. Gerade damit hadern übrigens Erstklässler besonders. Spiegelverkehrt sind in unserem Alphabet die Buchstaben „d" und „b" sowie „p" und „q". Sie bereiten vielen Schulanfängern mehr Kopfzerbrechen als Lettern, denen ein ähnliches Pendant fehlt. Auch Legastheniker haben mit dieser Spiegelbildlichkeit häufig Probleme. Demzufolge könnte ein reines Lernen mit der Tastatur Lese- und Rechtschreibschwächen fördern.

Es erscheint also sinnvoll, dass junge Abc-Schützen ihre ersten Buchstaben mit einem Stift in ihrem Heft verewigen. Ob man auf die Taste „d" oder „S" drückt, macht vom Bewegungsablauf her kaum einen Unterschied. Besteht die Aufgabe jedoch darin, ein „S" zu Papier zu bringen, müssen Schüler jeden Schwung und den exakten Verlauf des Buchstabens mit Hilfe der eigenen Hand nachvollziehen. Jedes Schriftzeichen wird so mit einer einzigartigen Körperbewegung verknüpft – ein entscheidender Vorteil gegenüber dem Tippen per Tastatur. Die entsprechenden Erregungsmuster im Gehirn lassen sich auch mittels funktioneller Magnetresonanztomografie (fMRT)[1] sichtbar machen. […]

Aus: Gabriele Paschek, Heute schon mit der Hand geschrieben?, Gehirn und Geist 9/2012, http://www.schattenblick.de/infopool/sozial/psychol/spfor176.html

1 funktionelle Magnetresonanztomografie: bildgebendes Verfahren zur Veranschaulichung der Gehirnaktivität

Material 7: Günther Birkenstock (Kulturwissenschaftler), Die Handschrift im digitalen Zeitalter (2012)

[…] Im Grunde sind sich die Spezialisten einig. Es ist außerordentlich wichtig, die Handschrift als Kulturtechnik zu erhalten. Doch der gegenteilige Trend ist derzeit zu sehen. Liegt das nur an der Entwicklung neuer Techniken wie Smartphone und Laptop? Denn mit der Hand schreiben immer weniger Menschen. Insbesondere in der Schule wird die Schere zwischen Kindern, die gut schreiben können, und denen, die nur mühsam Sätze zu Papier bringen, immer größer. Das konstatiert die Pädagogik-Professorin Angela Enders von der Uni Regensburg. […]

Pädagogin Enders beklagt diese Entwicklung und betont, das Verdrängen der Handschrift führe dahin, dass Schüler andere Wahrnehmungs- und Denkformen entwickelten, „weil Texte, die mit der Hand geschrieben werden, besser durchdacht werden müssen als Texte, die am Computer getippt werden. Das nennt man Zerflatterungsprozesse." Am Computer könne man etwas einfügen und nachschieben, zum Schluss noch ein Rechtschreibprogramm durchlaufen lassen. Mit der Hand müssten die Kinder von Anfang an planen und überlegen, was will ich überhaupt schreiben: „Das führt dazu, dass Kinder auch anders denken lernen, nämlich stärker logisch und schlussfolgernd". […]

Aus: Günther Birkenstock, Die Handschrift im digitalen Zeitalter, Deutsche Welle, 24. 09. 2012, http://www.dw.com/de/die-handschrift-im-digitalen-zeitalter/a-16253281

www.dw.de: Internetauftritt der „Deutschen Welle", des staatlichen Auslandsrundfunks der Bundesrepublik Deutschland

Material 8: Henning Lobin u. a., Lesen und Schreiben im digitalen Zeitalter (2010)

Einer der größten medien- und kulturtechnischen Umbrüche der Menschheitsgeschichte fand vor mehreren Tausend Jahren statt: die Erfindung der Schrift. Vorher mussten Informationen im Gedächtnis festgehalten, also auswendig gelernt und mündlich überliefert werden. Mit Erfindung der Schrift wurde es möglich, Informationen außerhalb des Körpers zu speichern. Sie kommt daher einer medien- und kulturtechnischen Revolution gleich. Lesen und Schreiben gehören seitdem zu den fundamentalen Kulturtechniken.

Die Kultur, in der wir leben, ist für uns mit ihren kulturellen Produkten, Prozessen und Praktiken wie eine Sprache, in die wir hineingeboren werden. Wie in unsere Muttersprache wachsen wir auch in unsere Kultur hinein, lernen die wichtigsten Texte, Ereignisse und Werte kennen, schaffen Querbezüge und lernen, durch Interpretation kulturellen Sinn zu erkennen. Grundlage dieser Sichtweise ist die Vorstellung, dass die Kultur aus einem System von Zeichen besteht, das uns kulturelle Bedeutung vermittelt.

Und wenn es um Zeichen geht, ist Kommunikation nicht weit: Zeichen sind zum Kommunizieren da. Anders als beispielsweise Feuermachen oder Ackerbau, die zu den wichtigsten allgemeinen kulturtechnischen Errungenschaften der Menschheit zählen, sind Lesen und Schreiben Teil der grundlegenden Kulturtechniken des Kommunizierens, Basis weiterer kommunikativer Kulturtechniken wie des Archivierens und des Recherchierens. [...]

Schon mit der Erfindung der Schrift und des Buchdrucks wurden kulturkritische Stimmen laut: Die Schrift zerstöre das Gedächtnis (Sokrates), führe mithin zu einem Verlust der Kontrolle über die Sprache. Im 15. Jahrhundert wurde der Buchdruck im Vergleich mit der „Jungfrau“ Feder als „Hure“ beschimpft: Hier wird also der Kontrollverlust über den Text kritisiert. Im digitalen Zeitalter wird das kontemplative, das konzentrierte Schreiben vielleicht auf der Strecke bleiben und Einfluss auf das begriffliche Denken und die argumentative Komplexität haben. [...]

Wie die neuen Praktiken des Lesens und des Schreibens die Formation unserer künftigen Kultur prägen werden, werden wir jedoch erst dann genauer erkennen können, wenn die erste Generation der Digital Natives1 unter diesen Bedingungen herangewachsen und selbst produktiv geworden ist, ohne auch nur eine ferne Erinnerung daran, wie die Schriftkultur ohne digitale Hilfsmittel funktionierte.

Aus: Henning Lobin, Sabine Heymann, Jana Klawitter, Regine Leitenstern, Lesen und Schreiben im digitalen Zeitalter, Spiegel der Forschung 27/2010, 2 – Sonderheft Spitzenforschung, S. 14–23, http://geb.uni-giessen.de/geb/volltexte/2011/7989/pdf/Sdf_2010_SdrH_14_23.pdf

1 Digital Natives: Personen, die in der digitalen Welt aufgewachsen sind

Material 9: Bevölkerung in Deutschland nach Anwendungsbereichen des PCs (2015), Auszug (ausgewählte Anwendungsbereiche)

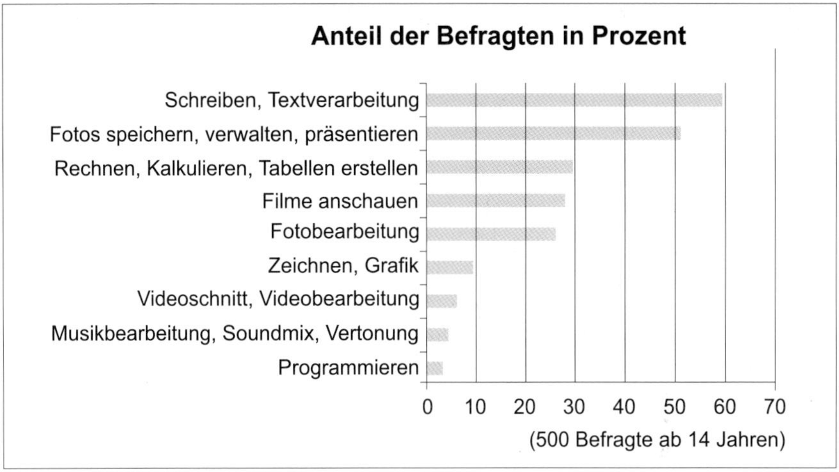

nach Daten des IfD Allensbach

Arbeitsanweisung:

Ihre Schule will sich zukünftig als Medienschule profilieren. In diesem Zusammenhang soll eine Broschüre für Eltern erstellt werden, die über unterschiedliche Aspekte des digitalen Lernens informiert. Das Thema Ihres Beitrags ist „Die Kulturtechnik Schreiben im digitalen Zeitalter“.

Verfassen Sie diesen Beitrag, der über die Auswirkungen des digitalen Wandels auf die Kulturtechnik Schreiben informiert, den Stand der Diskussion beschreibt und eigenes Wissen über aktuelle Entwicklungen mit einbezieht!

Nutzen Sie dazu die folgenden Materialien (1–9) sowie eigene Kenntnisse und Erfahrungen! Bezüge auf die Materialien können ohne Zeilenangabe unter Nennung der Autorin bzw. des Autors und ggf. des Titels erfolgen.

Ihr Text soll etwa 1 200 Wörter umfassen.

Diese Übungsaufgabe stammt aus der offiziellen bayerischen Abiturprüfung 2018 (Prüfungsaufgabe 4).

Lösungsvorschlag

Welche Aufgabenart liegt vor?
Die Aufgabe verlangt einen informierenden Text für eine Broschüre, die sich an die Eltern der Schüler richtet. Damit ist der Adressatenbezug vorgegeben. Anders als bei einem Vortragstext geht es nicht darum, die Leser immer wieder anzusprechen, sondern eher um eine ***sachliche Darstellung.*** *Die* ***Intention*** *des Textes darf aber zumindest in der Einleitung und im Schluss formuliert werden. Auch der* ***Anlass*** *des Schreibens sollte erwähnt werden. Nachdem in der Aufgabe ganz allgemein von einer möglichen Profilierung der Schule die Rede ist, können Sie den Kontext selbst genauer bestimmen.*

Was verlangt die Aufgabenstellung von mir?
Im Unterschied zu einer argumentierenden Schreibform muss der Fokus des Beitrags auf der ***sachlichen Information*** *liegen. Das ist insofern erwähnenswert, als die Gegenüberstellung von Pro- und Kontra-Argumenten in den Materialien angelegt ist und so dazu verführen könnte, den Aufsatz tatsächlich antithetisch und argumentativ aufzubauen. Natürlich müssen die Verteidiger der Handschrift genauso zu Wort kommen wie die Befürworter des Schreibens am PC. Vermeiden sollten Sie aber in jedem Fall, subjektive Wertungen einzubringen. Das umfassende Material erlaubt einen differenzierten Zugang zum Thema. Das sollten Sie nutzen, um die* ***Bandbreite der Einstellungen*** *darzulegen. Die Aufgabenstellung verlangt darüber hinaus auch, die* ***eigenen Erfahrungen*** *zum Thema zu berücksichtigen. Angesichts der Vielzahl des Materials und der Kürze des Aufsatzes sollten Sie sich aber hüten, allzu ausführliche Beschreibungen einzubauen.*

Wie gehe ich bei der Bearbeitung der Aufgabe am besten vor?
Verschaffen Sie sich zunächst einen ***Überblick*** *über die Materialien. Sie können für jede Quelle eine Stichwortsammlung anlegen. Unterscheiden Sie dabei gleich von Anfang an zwischen den Informationen, die Sie übernehmen wollen, und konkreten Textzitaten, die Ihnen für den Aufsatz sinnvoll erscheinen. Wichtig ist, dass Sie nicht alle* ***Aussagen*** *der Materialien aneinanderreihen, sondern diese* ***gezielt auf die Intention Ihres Textes bezogen*** *auswählen. Wie in der Aufgabe ausgeführt reicht die bloße Nennung der Quelle als Angabe aus. Bei direkten Zitaten schreiben Sie das Material einfach in die Klammer (Mat. 1), bei indirekten Übernahmen setzen Sie ein „vergleiche“ dazu (vgl. Mat. 2).*
Die Aufgabe gibt einen Hinweis auf die ***Länge des Textes*** *(1 200 Wörter). Dies ist als Richtschnur zu sehen, die ohne Probleme um 100 Wörter unter- oder überschritten werden kann. Achten Sie aber bereits bei Ihrem ersten Entwurf darauf, dass der Aufsatz nicht zu lang wird.*

Wie kann ich meinen Aufsatz am besten strukturieren?
Am Anfang sollten Sie den ***Anlass*** *für die Erstellung der Broschüre nennen, dann das* ***Thema*** *des vorliegenden Beitrags – am besten mit* ***Leitfragen****, die beantwortet werden sollen. Im* ***Hauptteil*** *wird sich Ihr Text zunächst mit der* ***Definition*** *des Begriffs „Kulturtechnik“ beschäftigen, die Folgen der Digitalisierung für die Kulturtechnik des Schreibens anführen und dann* ***Chancen und Probleme des digitalen Schreibens*** *vorstellen. Ein* ***Ausblick*** *kann Ihren Aufsatz abrunden.*

Was gibt es sonst noch zu beachten?
Zentral für eine gute Arbeit ist die ***Geschlossenheit der Darstellung****, die sich aus dem roten Faden Ihres Textes ergibt. Dazu ist es manchmal besser, die ein oder andere Information wegzulassen und sich auf die Zusammenhänge innerhalb der Ausführungen zu konzentrieren. Nicht derjenige schreibt den besten Aufsatz, der alle Aspekte aller Materialien unterbringt, sondern derjenige, dem es gelingt, einen Text zu verfassen, der aus einem Guss ist.*
Übrigens: Nachdem ein in den Materialien wiederkehrendes Thema die Fähigkeit zu einer ***leserlichen Handschrift*** *ist, sollten Sie tatsächlich selbst darauf achten, dass Ihr Aufsatz in einer entsprechenden äußeren Form vorgelegt wird!*

Handschrift ade? Auswirkungen der Digitalisierung auf die Kulturtechnik Schreiben

Einleitung:
Medienkonzept als Auftrag

Alle Gymnasien werden aktuell vom Kultusministerium aufgefordert, ein **eigenes Medienkonzept** zu entwickeln. Auch unsere Schule arbeitet gerade an diesem Konzept und will sich in Zukunft verstärkt als Medienschule profilieren. Mit dieser Broschüre wollen wir Sie, liebe Eltern, über den Stand der Diskussion informieren. Im folgenden Beitrag geht es um die Auswirkungen der Digitalisierung auf eine der wichtigsten Kulturtechniken: das Schreiben.

Hauptteil:
Kulturtechnik Schreiben im digitalen Zeitalter

Die **Digitalisierung** führt, das wird immer deutlicher, zu gravierenden Veränderungen auf allen Ebenen der Gesellschaft und in allen Lebensbereichen. Das gilt auch für die **Kulturtechnik des Schreibens**. Für die Schule stellen sich dadurch grundsätzliche Fragen, denn eine Bildungsstätte ist ohne Texte – den zu lesenden wie den zu schreibenden – nicht vorstellbar. Inwieweit hat sich, so muss gefragt werden, der digitale Wandel bereits auf das Lesen und Schreiben ausgewirkt? Wie sieht die **Zukunft unserer Schrift bei immer weiter steigendem Einfluss digitaler Medien** aus? Was sind die aktuellen Expertenmeinungen zu diesen beobachtbaren Veränderungen? Dies sind die Themen, mit denen wir uns als Schule beschäftigen müssen, um den richtigen Weg einzuschlagen.

Fragen zum Einfluss der Digitalisierung

Kulturtechniken sind dazu da, „Inhalte einer Kultur anderen mitteilen und für nachfolgende Generationen überliefern zu können“ (Doelker, Mat. 2). Lesen und Schreiben gelten dabei als die wichtigsten dieser **zivilisatorischen Errungenschaften.** Vor ihrer Erfindung war die Weitergabe von Information nur mündlich und durch direkten Kontakt möglich. Die **Weiterentwicklung** einer Gesellschaft konnte so nur sehr langsam vonstattengehen. Durch **Aufzeichnungssysteme**, die mit Schrift arbeiten, gelingt dies wesentlich effizienter.

Mitteilung und Überlieferung

Bedeutung für die Entwicklung der Gesellschaft

Christian Doelker betont, dass Kulturtechniken immer eine „Methode der Verschlüsselung (z. B. als Schriftzeichen) und Entschlüsselung" (Mat. 2) voraussetzen.

Um überhaupt Gebrauch von diesen Techniken machen zu können, ist ein **Lernprozess** erforderlich, der sich allerdings stark verändert hat. Lag der Fokus vor der Digitalisierung noch ganz auf dem Erlernen des handschriftlichen Schreibens, gilt heute zunehmend, dass diese Fähigkeit „immer weniger von Nutzen ist" (Praschl, Mat. 4). Informationen können **viel leichter digital aufgezeichnet und weitergegeben** werden. Dazu braucht man keine wissenschaftlichen Befunde, jeder, der seinen Tagesablauf Revue passieren lässt, weiß das.

Schnelligkeit und Einfachheit des digitalen Schreibens

Der digitale Wandel hat dazu geführt, dass **Sprache und Kommunikation** sich zunehmend **im digitalen Umfeld** abspielen. Eine erste auffällige Veränderung ist dabei die **Ausweitung des Zeichensystems:** Nicht nur Worte, sondern auch Bildzeichen werden für die Kommunikation eingesetzt. Das haben eindrucksvoll die Sprachbeobachter der britischen Oxford Dictionaries bestätigt, indem sie 2015 erstmals ein **Emoji zum Wort des Jahres** kürten. Der gelbe Smiley mit den Freudentränen gab damals nach Meinung der Experten die Lage der Dinge am besten wieder (vgl. Dignös, Mat. 5). In den sozialen Medien ist heute eine Kommunikation ohne Zeichensprache gar nicht mehr vorstellbar.

Auswirkungen auf Kommunikation und Schule

zunehmende Bedeutung der Zeichensprache

Viele **Schulen** haben auf diese Entwicklungen reagiert und digital aufgerüstet. Heute setzen zahlreiche Lehrkräfte **Computer und Tablets im Unterricht** regelmäßig ein. So existieren in den Niederlanden bereits mehr als 20 sogenannte Steve-Jobs-Schulen (vgl. Mat. 3), in denen auf Lehrbücher und Hefte verzichtet wird, stattdessen gibt es iPads. In vielen amerikanischen Schulen erlernen die Schüler nur noch ein Jahr lang die Handschrift und schreiben in der Folge alles auf Tablets oder PCs. Und in Finnland hat das Bildungsministerium neue Richtlinien herausgegeben, um auf den digitalen Wandel vorbereitet zu sein. Das Verschicken von digitalen Nachrichten und das Bearbeiten von Texten am Tablet sind hier Lehrinhalte.

Reaktion der Schulen

Beispiele aus USA und Finnland

Der digitale Einfluss auf Bildung ist also allerorten spürbar, allerdings führt er auch dazu, dass die **Fähigkeit, mit der Hand zu schreiben, speziell bei Kindern abnimmt.** Dies bestätigt der Kulturwissenschaftler Günther Birkenstock in seinem Artikel „Die Handschrift im digitalen Zeitalter" (vgl. Mat. 7). Laut seiner Beobachtung wird besonders in Schulen die Schere zwischen Kindern, die problemlos mit der Hand schreiben können, und denen, die dabei erhebliche

Stand der Diskussion

Schwierigkeiten haben, immer größer. Das allein wäre nicht schlimm, könnte man doch die Handschrift digital ersetzen, durch Tippen oder vielleicht sogar durch gesprochene Texte, die der PC in geschriebene Texte umwandelt. Es ist jedoch die übereinstimmende Meinung der Experten, dass der Verlust der Fähigkeit, mit der Hand Buchstaben, Sätze und auch längere Texte zu Papier zu bringen, einhergeht mit **abnehmender Feinmotorik, einer nachlassenden Konzentration, geringerer Lernleistung** und Merkfähigkeit.

Vorteile der Handschriftlichkeit:

Studien haben nachgewiesen, dass es sehr wohl einen Unterschied macht, ob man Buchstaben mit der Hand trainiert oder mit dem PC und der Tastatur. Der Lernerfolg war eindeutig: „Die Handschreiber hatten die Nase […] vorn." (Paschek, Mat. 6) Wichtig ist diese Beobachtung vor allem für den Umgang mit **Legasthenie**, denn gerade das Erlernen der schwierigen spiegelverkehrten Buchstaben „d" und „b" oder „p" und „q" kann durch das einstudierte Bewegungsmuster in der Handschrift zumindest unterstützt werden.

besserer Lernerfolg durch Handschrift

Aber nicht nur auf der Ebene der Motorik stellt man Vorteile der Handschrift fest, sondern auch im Hinblick auf die **Produktion von komplexen Texten**. Nach Aussage der Pädagogin Angela Enders werden „Texte, die mit der Hand geschrieben werden, **besser durchdacht**" (Mat. 7), weil man vor dem Losschreiben erst überlegen und planen muss. Am PC, die Erfahrung macht man schon als Schüler, werden Texte ohne nachzudenken getippt und bei Bedarf immer wieder überarbeitet.

höhere Qualität bei handgeschriebenen Texten

Bei der Diskussion über digitale Aufzeichnungssysteme sollte man übrigens auch nicht vergessen, dass man sich – mehr als bei handschriftlichen Notizen – mit Fragen der **Datensicherheit** und des **Datenschutzes** auseinandersetzen muss. Digitalisierte Daten sind schneller hergestellt, sie bleiben aber auch unter Umständen immer und weltweit verfügbar.

kein Problem mit Datenschutz

Die Probleme, die durch das allmähliche Verschwinden der Handschrift entstehen können, müssen bei den Entscheidungen über eine digitale Schule berücksichtigt werden. Aber auch die **positiven Seiten digitalen Schreibens** sollten nicht übergangen werden.

Vorteile des digitalen Schreibens:

Zunächst muss ein **Missverständnis** ausgeräumt werden: Auch digitale Texte müssen geschrieben werden, sie alleine können also nicht als Beleg dafür herangezogen werden, dass die Kulturtechnik des Schreibens verloren geht. Schon immer gab es genau dann kritische Stimmen, wenn die Schreibtechnik sich verändert hat. Der **Buchdruck** wurde ebenso verdächtigt, zu einem „Kontrollverlust über den Text" (Lobin, Mat. 8) zu führen, wie später dann Schreibmaschine und Computer. Selbst die Erfindung der Schrift wurde kritisiert,

unveränderter Schreibvorgang

denn sie würde, so die Ansicht des Philosophen Sokrates, das **Gedächtnis** zerstören. Ganz ähnlich klingen heute die Stellungnahmen von Manfred Spitzer, der durch die Digitalisierung eine demente Gesellschaft heraufkommen sieht.

Schreiben mit Textverarbeitung

Fakt ist, dass **gegenwärtig mehr denn je geschrieben** wird (vgl. Praschl, M 4). Und der PC steht den meisten Usern vor allem als Schreibgerät zur Verfügung. Knapp 60 % der Bevölkerung gaben bei einer Umfrage im Jahr 2015 an, den PC für die Textverarbeitung zu nutzen – dieser Anwendungsbereich liegt auf Platz 1 und stellt sich somit als die wichtigste Aktivität am PC dar (vgl. Mat. 9). Die Vorteile des Schreibens mit einem **Textverarbeitungsprogramm** sind eindeutig. Zum einen ist die **Konzentration** auf die Handschrift für Kinder durchaus **anstrengend** und führt vielleicht sogar zu „Schreibblockaden", so die finnische Bildungsexpertin Minna Harmann (vgl. Mat. 3). Wenn dagegen das Schreibgerät eine Tastatur sei, könne man sich eben **besser auf die Inhalte fokussieren**.

Konzentration auf Inhalt

Fehlervermeidung

Kommunikation gelingt, wenn die ausgetauschten Botschaften eindeutig und möglichst **fehlerfrei übermittelt** werden. Auch in dieser Beziehung ist der PC ein Gewinn, können doch Zusatzfunktionen wie die Rechtschreibprüfung dafür sorgen, dass weniger Fehler gemacht werden. Zudem hat der Schreiber die Möglichkeit, digitale **Texte permanent** zu **überarbeiten** und so an der Qualität zu feilen. Dass digitale Texte für den Leser leichter zu entziffern sind als Handschriften, sollte zumindest erwähnt werden.

leichteres Überarbeiten, bessere Lesbarkeit

Such- und Speichermöglichkeit

Einleitend wurde schon darauf hingewiesen, dass zur Kulturtechnik des Schreibens die **Möglichkeit des Speicherns** gezählt werden muss. Auch hier sind die Vorteile digitaler Systeme eindeutig. Das Durchsuchen von handschriftlichen Notizen ist wesentlich schwerfälliger als der Suchbefehl im Textverarbeitungsprogramm. Archivierung – und damit die **Sicherung von Wissen** – gelingt deutlich effektiver.

Fazit: Aufruf zur Diskussion

Die dargestellten technischen Entwicklungen begleiten den Alltag, sie werden sich kaum zurückschrauben lassen, zumal heute die ersten Schulabgänger als **Digital Natives** aufgewachsen sind, also von Kindesbeinen an mit digitalen Endgeräten konfrontiert waren. Wie die Schule damit umgehen soll, muss offen und fortlaufend diskutiert werden. Wir hoffen, dass Sie, liebe Eltern, diesen Prozess aufgeschlossen und kritisch begleiten.

Grundkurs Deutsch (Sachsen): Abiturprüfung 2018
Aufgabe 1: Interpretation lyrischer Texte

Tanja Dückers (*1968): Networks (1998)

An T-Träger gelehnte
Touristen filmen
Dreckslöcher und das Händeln
mit Banknoten auf flimmernden
Baustellen rote weiße Warnung:
Wir sind noch nicht
Ganz gewappnet

In den Höfen den Straßen
Regenpfützen Penner Punker
Löschpapier
an Bordsteinkanten
Ameisen über Visitenkarten
über U-Bahnschächten
ein Kribbeln
something's going on

Auf Karopapier
in Glasplatten
in Beton
Passionen oder nur Initialen
Abdrücke in Rigips[1]
Lippenstift an Sektgläsern
Verbunden sein
in and out and in

Alleine durch die Friedrichstraße[2]
krebsen der Himmel hellblau
gekachelt das Quietschen der vielen Schuhsohlen
unaufhörlich das eigene Gesicht
in den quadratischen Spiegelfassaden gegenüber
als wäre man mit dabei

Aus: Der Neue Conrady. Das große deutsche Gedichtbuch. Hrsg. K. O. Conrady. Düsseldorf und Zürich: Patmos, Artemis & Winkler 2000, S. 1252.

1 Rigips: hier: Gipskarton
2 Friedrichstraße: Die Friedrichstraße ist eine der bekanntesten Straßen im Zentrum Berlins.

Paul Boldt (1885–1921): Berliner Abend (1913)

Spukhaftes Wandeln ohne Existenz!
Der Asphalt dunkelt und das Gas schmeißt sein
Licht auf ihn. Aus Asphalt und Licht wird Elfenbein.
Die Straßen horchen so. Riechen nach Lenz.

Autos, eine Herde von Blitzen, schrein
Und suchen einander in den Straßen.
Lichter wie Fahnen, helle Menschenmassen:
Die Stadtbahnzüge ziehen ein.

Und sehr weit blitzt Berlin. Schon hat der Ost,
Der weiße Wind, in den Zähnen den Frost,
Sein funkelnd Maul über die Stadt gedreht,
Darauf die Nacht, ein stummer Vogel, steht.

Aus: Paul Boldt: Gedichte und Prosa. Potsdam: Udo Degener Verlag 2012, S. 31.

Arbeitsanweisung:

Interpretieren Sie das Gedicht *Networks* von Tanja Dückers.

Vergleichen Sie das Gedicht *Networks* von Tanja Dückers mit dem Gedicht *Berliner Abend* von Paul Boldt unter dem Aspekt der Befindlichkeit des Menschen in der Großstadt. Berücksichtigen Sie dabei auch die sprachlich-formale Gestaltung.

Der Schwerpunkt der Gesamtaufgabe liegt auf der Interpretation des Gedichts von Tanja Dückers.

Lösungsvorschlag

Wenn Sie sich dafür entscheiden, diese Aufgabe zu lösen, sollten Sie über Kompetenzen im Interpretieren von Lyrik verfügen. Gehen Sie in der Einleitung von Ihrem ersten Leseeindruck aus oder schreiben Sie einen Übersichtssatz. Analysieren Sie dann das Gedicht von Tanja Dückers. Geben Sie den Inhalt des Textes wieder und untersuchen Sie funktional die sprachlich-formale Gestaltung. Formulieren Sie anschließend Ihre Deutungsansätze. Im zweiten Teil der Aufgabe vergleichen Sie „Networks" mit dem Gedicht „Berliner Abend" von Paul Boldt bezüglich des vorgegebenen Aspektes, der Befindlichkeit des Menschen in der Großstadt. Beziehen Sie auch hier die sprachlich-formale Gestaltung in Ihre Überlegungen mit ein. Neben Gemeinsamkeiten müssen Sie auch Unterschiede benennen und mit Textbelegen untermauern. Zum Schluss können Sie Ursachen für die gleiche bzw. unterschiedliche Gestaltung des Themas herausstellen.

Einleitung:
Tanja Dückers' *Networks*

Im 1998 erschienenen Gedicht *Networks* von Tanja Dückers wird die **Großstadt Berlin** mithilfe einzelner Bilder beschrieben. Hierbei nimmt das lyrische Subjekt die Stadt distanziert wahr und zeichnet **eine Art Mosaik** von ihr, was sich bereits im aussagekräftigen Titel widerspiegelt.

Interpretation:
Inhalt und Aufbau des Textes
1. Strophe

Das vierstrophige Gedicht beginnt mit einer **Schilderung optischer Eindrücke**, die in Details wiedergegeben werden. „Touristen filmen" (V. 2) unschöne Bilder, wie „Dreckslöcher" (V. 3), und werden dabei sogar zu Zeugen krimineller Machenschaften (vgl. V. 3 f.). Des Weiteren werden „Baustellen" (V. 5) dargestellt, die das stete **Wachsen der Stadt** symbolisieren.

2. Strophe

In der zweiten Strophe zählt das lyrische Subjekt **negativ konnotierte Wahrnehmungen** auf. So verweisen „Regenpfützen" (V. 9) auf schlechtes Wetter, gesellschaftliche Außenseiter (vgl. V. 9) werden benannt. Müll in Form von weggeworfenem Papier charakterisiert die **hässliche Seite der Großstadt**. Trotzdem konstatiert das lyrische Subjekt „ein Kribbeln / something's going on" (V. 14 f.), also eine gewisse, wenn auch **nicht klar benannte Erwartungshaltung**.

3. Strophe

Ab der dritten Strophe zeigt sich, dass sich die Menschen untereinander und mit der Stadt „[v]erbunden" (vgl. V. 22) fühlen. **Pulsierendes Großstadtleben** wird durch „Lippenstift an Sektgläsern" (V. 21) verdeutlicht. Auch dadurch, dass der Mensch an einigen unbelebten Materialien („Glasplatten", V. 17; „Beton", V. 18), minimale Spuren hinterlässt, zeigt sich die unterschiedliche **Intensität des Lebens** in der Großstadt, dessen Spektrum „Passionen oder nur Initialen" (V. 19) umfasst. Ein Austausch zwischen den Menschen findet in *Networks* also nicht auf direktem Weg in einem Gespräch, sondern lediglich über Umwege durch kurze Nachrichten, Schriftzeichen und „Abdrücke" (V. 20) statt.

Erfährt man bisher Einzelheiten über eine beliebige große Stadt, wird in der letzten Strophe schließlich klar, dass **Berlin im Fokus** steht, da nun konkret „die Friedrichstraße“ (V. 24) angesprochen wird. In dieser befindet sich das lyrische Subjekt, umgeben von einer **Menschenmasse**, die durch die „vielen Schuhsohlen“ (V. 26) beschrieben wird. Letztlich zeigt die Spiegelung des Gesichts in den Fassaden aber (vgl. V. 28 f.), dass der **Einzelne** sich **trotz der vielen Menschen einsam** fühlt.

4. Strophe

Das Gedicht ist ein typisches Beispiel für **moderne Lyrik**, denn zum einen werden Eindrücke der Großstadt fragmentarisch aufgezählt und zum anderen sind die Strophen unterschiedlich lang, **ohne Reime und festes Metrum** gestaltet. Auf Satzzeichen wird – bis auf einen Doppelpunkt in Vers fünf – völlig verzichtet, dafür bestimmen Enjambements die unterschiedlich langen Verse.

sprachlich-formale Textgestaltung:

fehlende Satzzeichen

Scheinbar willkürlich werden **Wörter und Wortgruppen aneinandergereiht**, wodurch die Beobachtungen distanziert und teilweise sogar steril wirken. Besonders die Vielzahl an lokalen Präpositionen (vgl. z. B. V. 1, 4, 8, 11, 13) soll dem Leser das Gefühl vermitteln, an einem **Streifzug durch die Stadt** teilzunehmen. Er erfährt gewissermaßen durch die Augen des lyrischen Subjekts von den vielfältigen Erscheinungen der Stadt. Diese Auffälligkeiten werden – bis auf zwei Ausnahmen – im **Nominalstil** wiedergegeben. Eine Ausnahme ist die Aussage in wir-Form „Wir sind noch nicht / Ganz gewappnet“ (V. 6 f.). Hier wird das unfertige, vorläufige Lebensgefühl betont, was auch die erwähnten Baustellen zum Ausdruck bringen. Einen festen, klar definierten Bezug zur Großstadt scheint das lyrische Subjekt also nicht zu besitzen. Die Aussage „als wäre man mit dabei“ (V. 29) zeigt schließlich – durch die Verwendung des **Konjunktivs** und der unpersönlichen man-Form – die Anonymität des Einzelnen, und dass man sich trotz – oder gerade wegen – der Vielzahl an Menschen in einer Großstadt einsam und isoliert fühlen kann.

Auffälligkeiten bei der Wortwahl und Syntax

Ausnahmen in V. 6 f. und V. 29

Berlin wird als mathematisch geplante, unzugängliche Welt dargestellt, was sich sinnbildlich an einer **Metaphorik von Rechtecken** zeigt, die sich durch den Text zieht. Neben „Löschpapier“ (V. 10) und „Visitenkarten“ (V. 12) als Beispiele für Müll werden „Karopapier“ (V. 16), Kacheln (vgl. V. 26) sowie „quadratisch[e] Spiegelfassaden“ (V. 28) benannt, um das Stadtbild zu zeichnen. Daneben vermitteln **Anglizismen** (vgl. V. 15, 23) den Anschein eines internationalen Flairs der deutschen Hauptstadt. Individuelle Merkmale oder gar regionale Eigenheiten dieser Großstadt werden für den Leser aber nicht ersichtlich.

Austauschbarkeit der Großstadt

Menschen in *Networks*

Im Gedicht werden verschiedene Menschen benannt, die sich in Berlin bewegen, aber in keiner Verbindung zueinander stehen. „**Touristen**" (V. 2) besuchen die Stadt und versuchen, so viele Eindrücke wie möglich zu sammeln und diese auch filmisch festzuhalten. Dagegen zeigt die Alliteration „**Penner Punker**" (V. 9) eine Gruppe von Menschen, die dauerhaft in der Stadt lebt, aber einen Außenseiterstatus einnimmt. „Visitenkarten" (V. 12) weisen auf **Geschäftsleute** hin, die v. a. großen Wert auf ihre soziale Stellung legen, und der „Lippenstift an Sektgläsern" (V. 21) symbolisiert **Feiernde**, die – zumindest scheinbar – mit anderen verbunden sind (vgl. V. 22).

Deutungsansätze:

Verlorenheit des Einzelnen in der Großstadt

Im Gedicht von Tanja Dückers erfolgt am konkreten Beispiel Berlins eine **verallgemeinernde Darstellung einer Großstadt**, deren Gesamtbild auf jede große Stadt übertragbar ist. Denn das Großstadtleben wird, in den Wahrnehmungen des lyrischen Subjekts, nüchtern beschrieben. Der Titel *Networks* verweist hierbei auf ein System unsichtbarer Vernetzungen zwischen den einzelnen Menschen in der Stadt, wobei allerdings **kein echtes Zusammenleben** möglich scheint. Das lyrische Subjekt formuliert, deutlich gemacht durch das Spiegeln des eigenen Gesichtes in Fassaden (vgl. V. 27 f.), den **Wunsch nach Zugehörigkeit**.

Gedichtvergleich:

Paul Boldts *Berliner Abend*

Gemeinsamkeit: Sinneseindrücke

Auch Paul Boldt schreibt in seinem Gedicht *Berliner Abend* (1913) über „Berlin" (V. 9) und schildert ebenso wie Tanja Dückers **optische Eindrücke des Großstadtlebens**. So werden dunkler Asphalt und Gaslaternen (vgl. V. 2 f.) genauso wie „Autos" (V. 5) und „helle Menschenmassen" (V. 7) benannt. Dazu kommt bei diesem Gedicht noch die **Wahrnehmung akustischer Reize** (z. B. „Die Straßen horchen so", V. 4; „Autos […] schrein", V. 5). Beiden Texten ist gemeinsam, dass das **lyrische Subjekt als Außenstehender** auf die Situation schaut, eine distanzierte Sicht gegenüber der Großstadt einnimmt und selbst anonym in der Masse zu verschwinden droht.

Gemeinsamkeit: von der Großstadt angezogen und abgestoßen

Dabei wird eine **ambivalente Haltung** deutlich. Einerseits fühlen sich die Sprecher im Gedicht von der Stadt angezogen (vgl. Boldt: „Aus Asphalt und Licht wird Elfenbein", V. 3; vgl. Dückers: „Kribbeln", V. 14). Andererseits sind sie auch abgestoßen, was sich beispielsweise in den negativ besetzten Verben „krebsen" (Dückers, V. 25) sowie „schmeißt" und „schrein" (Boldt, V. 2, 5) zeigt.

Unterschiede: emotional vs. sachlich

Neben den Gemeinsamkeiten gibt es in der Gedichtgestaltung auch **Unterschiede**. Boldts Text lebt von **vielen Personifikationen** (z. B. „Autos […] suchen einander", V. 5 f.; „Die Stadtbahnzüge ziehen ein", V. 8). Außerdem wird der Wind mit einem „funkelnd Maul" (V. 11) beschrieben und „die Nacht" als „stummer Vogel" (V. 12) bezeichnet. Diese sprachlichen Bilder bewirken eine **emotionsgeladene Schilderung des städtischen Geschehens**, während das bei Dückers durch die Verwendung des Nominalstils in der Aufzählung städtischer Details eher sachlich geschieht. Tanja Dückers zeichnet ein lyrisches Subjekt, das sich in der Masse durchaus selbst als Mensch wahrnimmt (vgl. V. 27 ff.), wohingegen der Einzelne in Boldts Gedicht **keine Individualität** zeigt. Das menschliche Dasein wird bei Boldt schon zu Beginn seines Gedichts in einem Ausruf als „[s]pukhaftes Wandeln ohne Existenz" (V. 1) charakterisiert, der Mensch erscheint demnach als gespensterhafte, blutleere Erscheinung.

Verhältnis des Einzelnen zu Mitmenschen

Boldt zeichnet durch eine äußerst bildhafte Darstellung eine Bedrohung, die von der Stadt als Ganzes ausgeht: So wird einerseits eine **kriegerische Stimmung** heraufbeschworen („Herde von Blitzen, V. 5; „Fahnen", V. 7; „Stadtbahnzüge ziehen ein", V. 8), andererseits wird die **Natur animalisiert**, wenn z. B. der Wind mit Zähnen und einem Maul versehen wird (vgl. V. 10 f.). Da Dückers v. a. **Kleinigkeiten beschreibt**, wie z. B. Lippenstiftabdrücke an Sektgläsern (vgl. V. 21), erscheinen die Menschen in *Networks* der Großstadt Berlin nicht so umfänglich und existenziell ausgeliefert zu sein wie im Gedicht *Berliner Abend*.

Befindlichkeit des Menschen:

Bedrohung bei Boldt

Einsamkeit bei Dückers

Mögliche Gründe für die unterschiedliche Gestaltung resultieren aus den jeweiligen Entstehungszeiten der Gedichte. Beschreibt Dückers Berlin im ausgehenden 20. Jahrhundert, so gehört Boldt in die literarische **Strömung des Expressionismus** zu Beginn dieses Jahrhunderts. Neben der Form sprechen auch die thematische sowie sprachliche Gestaltung bei Dückers für ein modernes Gedicht, was sich u. a. in der Verwendung von Anglizismen bzw. der Personenbezeichnung „Punker" (V. 9) und dem Titel *Networks* zeigt. Boldt gibt seinem Gedicht eine konkretere Überschrift und behandelt ein **typisches expressionistisches Thema:** die Großstadt. Es gelingt ihm, die Stadt v. a. mithilfe treffender Vergleiche (vgl. V. 7) sowie charakterisierender Adjektive anschaulich darzustellen (z. B. „hell", V. 7; „funkelnd", V. 11; „stummer", V. 12). Die vielen **Personifikationen** von noch neuen technischen Errungenschaften (Autos, Laternen, Straßenbahnen) zeigen, dass diese Neuerungen für die Menschen damals noch etwas sehr Bedrohliches an sich hatten.

Gründe für die unterschiedliche Gestaltung:

Gedichte vom Beginn und Ende des 20. Jahrhunderts

Beide Gedichte verdeutlichen, dass Großstädte – ihre Entstehung und Entwicklung – Schriftsteller verschiedener Zeiten immer wieder zur Auseinandersetzung inspirieren. Dabei nehmen die Autoren das Zusammenleben der Menschen in der Stadt sehr genau wahr und schildern dies jeweils auf ihre Weise.

Fazit

Grundkurs Deutsch (Sachsen): Abiturprüfung 2018
Aufgabe 2: Interpretation eines dramatischen Textes

Euripides (480 v. Chr. – 406 v. Chr.): Medea (431 v. Chr.)

MEDEA:
O Zeus und Zeustochter Dike und Helioslicht,
jetzt werden wir schönen Sieg über die Feinde, liebe Frauen,
erringen und sind schon auf bestem Wege.
Nun gibt es Hoffnung, daß meine Feinde Buße zahlen.
Denn dieser Mann ist, als wir am meisten in Not waren,
erschienen als rettender Hafen für meine Beschlüsse.
An ihm wollen wir das Haltetau festknüpfen
und gehen in die Stadt und Gemeinde der Pallas.
Nun aber will ich dir alle meine Pläne
offenbaren. Vernimm freilich Worte, die nicht angenehm sind.
Ich will also einen meiner Diener schicken
und Iason bitten, mir vor Augen zu treten.
Ist er da, will ich ihm schmeichelnde Worte sagen,
daß auch ich einverstanden bin und daß es so gut ist,
die Ehe mit der Königstochter, für die er mich preisgab,
und daß es nützlich sei und wohl bedacht.
Ich will ihn bitten, daß meine Kinder bleiben dürfen,
nicht damit ich sie hier in feindlichem Lande lasse,
meinen Feinden meine Kinder zum Gespött,
sondern um mit List die Königstochter zu töten.
Denn ich will sie mit Geschenken in den Händen hinsenden,
sie der Braut zu bringen, daß sie dieses Land nicht verlassen müssen,
ein dünnes Gewand und ein goldgetriebenes Geflecht.
Und nimmt sie dann den Schmuck und legt ihn um den Leib,
so geht sie elend zugrunde und jeder, der das Mädchen berührt.
Mit solchen Zaubermitteln will ich salben die Geschenke.
Und hier nun will ich diese Rede abbrechen.
Ich muß weinen, denke ich, welches Werk ich dann vollbringen muß.
Denn meine Kinder werde ich töten.
Es gibt niemand, der sie wird retten können.
Und wenn ich dann das gesamte Geschlecht Iasons vernichtet habe,
will ich das Land verlassen, vor der liebsten Kinder Mord
fliehend, wenn ich das gottloseste Werk vollbracht habe.
Denn von Feinden verlacht zu werden ist nicht erträglich, liebe Frauen.
Soll es dahingehen! Was nützt mir das Leben? Weder Heimat
noch ein Haus habe ich noch Zuflucht aus dem Unglück.
Einen Fehler machte ich damals, als ich verließ

das Vaterhaus, den Worten eines griechischen Mannes
vertrauend, der uns, so Gott hilft, Buße zahlen wird.
Denn weder wird er die Kinder von mir jemals wieder in Zukunft
lebend erblicken, noch wird er von der neuverbundenen
Braut ein Kind erhalten, da die Schlechte schlecht
sterben muß durch meine Zaubermittel.
Keiner soll mich für gering und schwach halten
und ruheliebend, sondern von entgegengesetzter Art,
schrecklich für die Feinde und den Freunden wohlgesinnt.
Denn nur solche Menschen haben ein ganz und gar ruhmvolles Leben.
(Auszug aus dem 3. Epeisodion)

Aus: Euripides: Medea. Griechisch/Deutsch, übersetzt und herausgegeben von Karl Heinz Eller. Stuttgart: Reclam 1983, S. 63 ff.

Arthur Schopenhauer (1788–1860): Die Welt als Wille und Vorstellung (1819)

Das Gesetz also und die Vollziehung desselben, die Strafe, sind wesentlich auf die *Zukunft* gerichtet, nicht auf die *Vergangenheit*. Dies unterscheidet *Strafe* von *Rache*, welche letztere lediglich durch das Geschehene, also das Vergangene als solches, motiviert ist. Alle Vergeltung des Unrechts durch Zufügung eines Schmerzes, ohne Zweck für die Zukunft, ist Rache, und kann keinen andern Zweck haben, als durch den Anblick des fremden Leidens, welches man selbst verursacht hat, sich über das selbst erlittene zu trösten. Solches ist Bosheit und Grausamkeit, und ethisch nicht zu rechtfertigen. Unrecht, das mir Jemand zugefügt, befugt mich keineswegs ihm Unrecht zuzufügen.

Aus: Auszug aus: Arthur Schopenhauer. Die Welt als Wille und Vorstellung, Bd. 1, Kapitel 64 URL: http://gutenberg.spiegel.de/buch/die-welt-als-wille-und-vorstellung-band-i-7134/64. aufgerufen am 08. 02. 18

Figurenverzeichnis: Euripides, Medea

Medea	Königstochter aus Kolchis
Iason	ihr Ehegatte
Kreon	König von Korinth
die Kinder der Medea und des Iason	
Amme der Kinder	
Erzieher der Kinder	
Chor der korinthischen Frauen	
Aigeus	König von Athen
Bote	

Arbeitsanweisung:

Interpretieren Sie den Textauszug aus Euripides' *Medea*. Beziehen Sie Schopenhauers Aussagen in Ihre Ausführungen ein.

Lösungsvorschlag

Beim Interpretieren des vorliegenden Textauszuges ist es wichtig, diesen zuerst in den Handlungszusammenhang des Dramas „Medea“ einzuordnen. Erzählen Sie nicht die ganze Geschichte nach, sondern konzentrieren Sie sich auf die unmittelbaren Ereignisse vor und nach dem Monolog. Geben Sie dann den Inhalt sowie die Struktur des Textauszugs wieder und beachten Sie dabei, auf welche Weise der Inhalt durch die sprachliche Gestaltung gestützt wird. Ein Monolog ist zwar meist arm an Handlung, gewährt aber Einblicke in die Gedanken, Gefühle und Pläne einzelner literarischer Figuren: Im vorliegenden Monolog spricht Medea selbst. Werten Sie die Positionen und Äußerungen dieser Titelfigur, damit Sie anschließend einen Bezug zum Zitat Schopenhauers herstellen können. Fassen Sie den Inhalt des Zitats zusammen (v.a. die Unterscheidung von Strafe und Rache) und vergleichen Sie Schopenhauers Aussage mit Medeas Ansicht. In einem Fazit können Sie Ihre eigene Meinung einfließen lassen.

Einleitung:
Bezug zur Argonautensage

Der griechische Dichter Euripides verfasste 431 v. Chr. die Tragödie *Medea*, deren Handlung in Korinth spielt. Dabei stützt er sich auf den antiken Mythos der Argonautensage. Für Iason, den Anführer der Argonauten, verlässt Medea ihre eigene Familie und verrät diese. Denn Iason raubte mit ihrer Hilfe das **Goldene Vlies** aus dem Besitz des Königs von Kolchis, des Vaters von Medea. Nach ihrer **Flucht nach Korinth** gewährt der dortige König Kreon den Geflüchteten Asyl.

Einordnung des Dramenauszugs:
Vorgeschichte des Monologs

Die Handlung des Stücks setzt ein, nachdem Iason in Korinth eine **Verbindung mit Glauke**, der Tochter Kreons, eingegangen ist. Dadurch fühlt sich Medea sehr stark verletzt. Sie soll mit ihren Kindern **aus dem Land verbannt** werden, erwirkt aber vom König noch einen Tag Aufschub. Dem folgt eine harsche **Auseinandersetzung zwischen Iason und Medea**, wobei sie ihm vorwirft, er habe sie verraten. Iason meint, dass die neue Verbindung mit Glauke aber auch Medea und ihren gemeinsamen Söhnen zugutekäme, da sie dadurch ein höheres Ansehen genießen würden.

unmittelbar vor dem Monolog

Nachdem Iason abgegangen ist, trifft Medea auf **Aigeus**, den kinderlosen König von Athen, der als Reisender auftritt. Sie **bietet sich** ihm **als Ehefrau an** und verspricht, ihm Kinder zu gebären. Dafür gewährt dieser ihr **Schutz** und erklärt, Medea nie zu betrügen. Gleichzeitig wird ihr in diesem Gespräch die Wichtigkeit von männlichen Nachkommen für Herrscher bewusst und sie erkennt darin eine **Schwachstelle Iasons**. An dieser Stelle folgt der vorliegende Monolog Medeas. In ihm schildert sie ihren Racheplan gegenüber Iason, der die Ermordung ihrer beiden Kinder vorsieht.

nach dem Monolog

Im Anschluss an den Textauszug gelingt es Medea, Iason zu täuschen, sodass er ihrem Wunsch gemäß die Söhne zu Glauke begleitet und die Königstochter überredet, Geschenke von ihnen anzunehmen. Durch das **Gift**, mit dem Medea das überreichte Kleid getränkt hat, kommt die Königstochter zu Tode – ebenso wie Kreon, der ihr zu Hilfe eilt. Anschließend **ermordet Medea ihre Kinder**, damit sie nicht der Rache der Korinther ausgesetzt sind und gleichzeitig, um Iason zu bestrafen und zu verletzen. Medea **verweigert** am Ende des Stückes die **Herausgabe der Kinderleichen** und fährt auf einem Drachenwagen davon zu Aigeus.

Interpretation des Monologs:

Medeas Euphorie

Beginnend mit der **Interjektion** „O" (V. 1) ruft Medea in Anwesenheit des Chores die Götter (vgl. V. 1) an, denn sie fühlt sich aufgrund ihrer eigenen göttlichen Abstammung mit ihnen verbunden. Das spiegelt auch die Verwendung des Personalpronomens „wir" (V. 2) wider. Medea kündigt einen „schönen Sieg" (V. 2) an, wodurch sie die **Grausamkeit ihres Plans** unterstreicht. Diese Ankündigung klingt äußerst zynisch, da Medea über Leichen gehen wird, um ihren „Sieg" zu erringen. Sie formuliert, dass es nun **Hoffnung auf eine Bestrafung ihrer Feinde** gebe (vgl. V. 4), und beschreibt das Verhalten des Aigeus, der Medea Asyl gewähren will, metaphorisch als „rettende[n] Hafen" (V. 6), an dem sie ein Haltetau anknüpfen könne (vgl. V. 7).

Medeas Vorhaben

Anschließend stellt Medea sehr detailliert ihren Racheplan vor und beschreibt, wie sie diesen ausführen wird. **Euphemistisch** kündigt sie „Worte [an], die nicht angenehm sind" (V. 10). Durch die **siebenfache Verwendung des Modalverbs „will"** (V. 9–26) wird die Absicht, ihren Racheplan unter allen Umständen auszuführen, sprachlich untermauert. Als Erstes soll Iason getäuscht werden, indem sie „ihm **schmeichelnde Worte** sagen" (V. 13) will. Das heißt, Medea wird sich mit seiner Heirat der Königstochter einverstanden erklären und kundtun, dass diese Ehe „nützlich" und „wohl bedacht" (V. 16) sei. Dann will sie ihre **Kinder für die Geschenkübergabe instrumentalisieren** (vgl. V. 21 ff.), „um mit List die Königstochter zu töten" (V. 20). Dabei werden „Zaubermitte[l]" (V. 26) zum Einsatz kommen. Wenn die Königstochter das Gewand und den Schmuck anlegt (vgl. V. 23 f.), „geht sie elend zugrunde und jeder, der das Mädchen berührt" (V. 25).

Wende im Monolog

An dieser Stelle erfolgt eine **emotionale Zäsur** in ihrem Monolog, denn Medea sagt: „Und hier nun will ich diese Rede abbrechen." (V. 27) Sie zeigt Gefühle, da sie um die Grausamkeit ihres Handelns weiß. Schließlich erklärt **Medea unter Tränen**, dass sie ihre eigenen Kinder töten wird (vgl. V. 28 f.), dann hätte sie „das gesamte Geschlecht Jasons vernichtet" (V. 31). Indem sie hier im Futur spricht („werde ich töten", V. 29), verdeutlicht sie, dass ihr **Entschluss unumstößlich** feststeht.

Sie bezeichnet zwar den **Kindermord mit einem Superlativ** als „das gottloseste Werk“ (V. 33), hält aber dennoch an ihrem Vorhaben fest und will danach „das Land verlassen“ (V. 32). Medea stellt fest, dass es ein **Fehler** war, ihre Heimat **Kolchis verlassen zu haben**, und dass sie nicht zu ihrer Familie zurückkehren kann (vgl. V. 35 ff.). Noch einmal betont sie **ihre Rachegelüste** und die Auswirkungen, die der Tod von Glauke und die Ermordung der Kinder für Iason hätten. Ihr Urteil über die Königstochter formuliert sie mithilfe einer prägnanten **Wortwiederholung** („da die Schlechte schlecht / sterben muß durch meine Zaubermittel“, V. 42 f.).

Bekräftigung ihres Vorhabens

Medeas Ziel ist es, von ihren Feinden gefürchtet und von ihren Freunden geliebt zu werden (vgl. V. 46), was durch die **antithetische Gestaltung** ihrer Aussage bekräftigt wird (vgl. V. 44 f.). Sie begründet ihren Wunsch damit, dass sie nur dann ein „ganz und gar ruhmvolles Leben“ (V. 47) führen könne, wenn sie ihre persönliche Kränkung, nämlich „von Feinden verlacht zu werden“ (V. 34), wettgemacht habe. Medeas eigensinnige Motivation, die **ihr Ansehen über alles andere** stellt, tritt damit zum Ende des Monologs noch einmal deutlich zutage.

Abschluss des Monologs: Medeas Motivation

Medea handelt maßlos, denn sie meint, dass aufgrund ihrer göttlichen Abstammung für sie andere Gesetzen gelten würden als für Menschen. Somit fürchtet sie auch keine irdische Bestrafung. Deswegen setzt sie sich über gängige menschliche Handlungsmaximen hinweg, um ihre Racheziele zu erreichen. Medea sieht sich selbst als **rächende und strafende Instanz** im Dienste der Götter, was sich daran zeigt, dass sie sich explizit auf „Dike“ (V. 1), die Göttin der Gerechtigkeit, beruft. Iasons Verrat – er hatte vor den Göttern Medea die Treue geschworen – erachtet sie als unverzeihlich. Der **Bruch eines Eides gilt für Medea als Frevel**. Deshalb plant sie die vollständige Auslöschung des Geschlechts Iasons, will ihn leiden sehen und seinen Aufstieg ins korinthische Königshaus verhindern. Indem Medea den Mord an der Königstochter und noch dazu an ihren eigenen Kindern plant und ausführt, handelt sie – sowohl aus antiker als auch aus heutiger Perspektive – **zutiefst inhuman** und überschreitet alle Grenzen menschlicher sowie gesellschaftlicher Normen.

Bewertung von Medeas Verhalten

Arthur Schopenhauer **unterscheidet** in seinem Buch *Die Welt als Wille und Vorstellung* von 1819 **Strafe von Rache**. Er erläutert, dass erstere „auf die Zukunft gerichtet“ (Z. 1 f.) sei und letztere durch die Vergangenheit bestimmt werde (vgl. Z. 2). Für ihn hat Rache nur den Zweck, „durch den Anblick des fremden Leidens“ (Z. 5 f.) Trost für das eigene Leiden zu finden. Solch ein Verhalten setzt er mit „Bosheit und Grausamkeit“ (Z. 7) gleich. Es sei „ethisch nicht zu rechtfertigen“ (Z. 7).

Schopenhauer über Strafe und Rache

Im Sinne Schopenhauers kann es also **für das Handeln Medeas keine Rechtfertigung** geben. Die Durchführung ihres ausgeklügelten Racheplanes, „der Anblick des fremden Leidens“ soll sie über den Verrat ihres Ehemannes hinwegtrösten und sogar ihrem eigensinnigen Verlangen nach Ruhm dienen. **An Grausamkeit** ist Medeas Plan **kaum zu übertreffen**, opfert sie doch die eigenen Söhne ihren Rachegelüsten. Diese Rache ist zerstörerisch und unmenschlich, hat nach Schopenhauer keinen „Zweck für die Zukunft“ (Z. 4 f.). Medea ist demnach nicht berechtigt, ihr Leiden durch das anderer zu tilgen.

Fazit:

Medea und Schopenhauer

Grundkurs Deutsch (Sachsen): Abiturprüfung 2018
Aufgabe 3: Textgebundene Erörterung

Martin Lüdke (*1943): Ein Held aus dem Hause Hein (2005)

Zwischen Rechtsprechung und Rechtsgefühl: Christoph Heins neues Buch „In seiner frühen Kindheit ein Garten" ist nicht nur ein RAF-Roman

Wieder ist Deutschland ein Stück weiter zusammengewachsen. Nach Christa Wolf *(Leibhaftig)* ist nun auch Christoph Hein, einer der wichtigsten Schriftsteller der DDR, endgültig (und leibhaftig) in der Bundesrepublik Deutschland angekommen, und zwar genau dort, wo einst, etwas verächtlich, von unserer FDGO, der freiheitlich-demokratischen Grundordnung, gesprochen wurde, einem ersichtlich mangelhaften politisch-rechtlichen System, für das sich aber noch keine Alternative gefunden hat. Dieser Befund lässt sich Heins neuem Roman ablesen: *In seiner frühen Kindheit ein Garten.*

Nur geht der Roman in dem Befund nicht auf. Hein selbst möchte ihn, gewiss auch augenzwinkernd, aber zu Recht, als Liebesgeschichte gelesen haben. Wie zuletzt in *Landnahme*[1] wird auch in dem neuen Roman die soziale und politische Problematik aus den individuellen Reaktionen der Figuren heraus entwickelt. Das mag man für antiquiert halten. Doch schärft es den Blick auf unsere Verhältnisse.

Das Buch greift einen bekannten und brisanten Fall auf. Am späten Nachmittag des 27. Juni 1993, einem Sonntag, melden die Nachrichtenagenturen, dass bei einem Schusswechsel in der Nähe des Schweriner Sees, auf dem Gelände des Bahnhofs von Bad Kleinen, die beiden RAF-Mitglieder Birgit Hogefeld und Wolfgang Grams festgenommen worden sind. Grams habe dabei lebensgefährliche Verletzungen erlitten. [...]

Ist das Stoff für einen Roman? Für einen Thriller vielleicht. Aber können die Fragen, die sich in dem Skandal um die Tötung von Wolfgang Grams stellen, über das moralische Empfinden hinaus auch auf ein ästhetisches Interesse rechnen? Eher nicht. Lässt es sich bei der psychologischen Aufbereitung dieses Skandals vermeiden, ins Triviale abzugleiten?

William Gaddis, der amerikanische Erzähler, beginnt seinen großen Justiz-Roman *Letzte Instanz* mit der lapidaren Bemerkung: „Gerechtigkeit gibt's im Jenseits, hier auf Erden gibt's das Recht." Hein weiß das, er gibt sich aber mit dieser Feststellung nicht zufrieden. Er übernimmt den juristisch umstrittenen Sachverhalt getreu den vorliegenden Akten, rückt ihn aber – sein Kunstgriff – in einen neuen, durch und durch fiktiven Zusammenhang. Der Stoff, den der Fall Grams bietet, dient ihm auf diese Weise als Ausgangspunkt und Motor einer ganz anderen Geschichte.

Dr. Richard Zurek, der ein beruflich erfolgreiches Leben als Gymnasialdirektor hinter sich hat, sicher ein guter Lehrer, wohl auch ein guter Vater war, wird von den Umständen, unter denen sein Sohn Oliver ums Leben kam, zunehmend irritiert. [...]

Die Grundsätze, ja die ganze Lebensauffassung des alten Herrn werden mehr und mehr in Frage gestellt. Der Titel, *In seiner frühen Kindheit ein Garten,* verweist nicht nur auf den utopischen Überschuss, den jede Kindheit produziert, sondern auch auf das idyllische Selbstbild der Familie, das nach dem gewaltsamen Tod des Sohnes zerbricht. Zur Trauer kommt die Enttäuschung. Das Verhalten der Medien hat die Zureks nicht weiter überraschen können. [...] Darauf waren sie, trotz übler Auswüchse, gefasst. „Mutter eines Monsters" etwa stand unter einem Bild von Frau Zurek. Womit sie nicht gerechnet hatten, war das üble Spiel der staatlichen Behörden.

Und hier zeigt sich Richard Zurek als wahrer Held aus dem Hause Hein. Der Direktor beginnt, gestützt von einer Moralität, die noch aus dem 19. Jahrhundert stammt, seinen Kampf um Gerechtigkeit – für seinen Sohn. Hein versteht es, plakative Zuschreibungen zu vermeiden, Zwischentöne und Ambivalenzen herauszustellen. Der alte Mann weiß auch um das Unrecht, das allen Überlebenden anhaftet. Der theologische Horizont, vor dem sich solche Fragen stellen, wird sichtbar. Zurek fühlt sich verpflichtet, seinen Sohn vor ungerechtfertigten Schuldzuweisungen zu schützen. Aus dem gleichen Grund, aus dem er, keineswegs blind, doch etwas zu arglos, dem Staat vertraut hatte, kämpft er jetzt mit rechtlichen Mitteln gegen diesen Staat um Aufklärung. Die Entwicklung, die der alte Direktor dadurch nimmt, verändert sein Weltbild und damit sein ganzes Leben, auch das Verhältnis zu seiner Frau und den beiden anderen Kindern. Es ist verblüffend, mit welch sparsamen Mitteln, etwa einer fast spröde zu nennenden Sprache, Christoph Hein diesen Prozess einer mentalen Radikalisierung im und am Alltag dieses alten Ehepaars buchstäblich spürbar zu machen versteht.

Anfangs fragte sich der alte Herr, was er in der Erziehung alles falsch gemacht habe. Er suchte die Schuld bei sich. Für die politischen Ansichten seines Sohnes konnte er nie die geringste Sympathie aufbringen. Doch am Ende ist er – fast! – so weit, die extreme Radikalisierung seines Sohnes nachzuvollziehen. Wer weiß, fragt er sich, was er getan hätte beziehungsweise tun würde, wenn er jünger wäre.

Auf diese Weise geht es plötzlich nicht mehr um richtige oder falsche Tatsachenbehauptungen, nicht einmal um den Politskandal, der damals die Bundesrepublik erschütterte, sondern wieder um die Grundlagen unserer Rechtsordnung: Recht und Gerechtigkeit. Und um die gegenwärtigen Bedingungen, unter denen beides zu haben ist. Richard Zurek verzweifelt fast an diesen Verhältnissen. „Wo leben wir eigentlich?", fragt er eines Tages seinen Rechtsanwalt, der ihn überrascht ansieht und dann erwidert: „Ja, so ist es, Herr Zurek, wo leben wir?" Die strafrechtlichen Möglichkeiten sind erschöpft. Auch der letzte Widerspruch wurde abgewiesen. Alle Ermittlungen sind eingestellt. Doch nun kommt es zu einer wundersamen Volte. Zurek wird nicht wie Kleists Kohlhaas[2] zum „Märtyrer seines Rechtsgefühls", sondern zum Repräsentanten unserer Zivilgesellschaft.

Gerechtigkeit besteht einem Wort Luhmanns[3] zufolge im gleichen Verfahren für jedermann. Wenn alle über den gleichen Kamm geschoren werden, spielt die Länge der Haare keine Rolle mehr. Das mag unbefriedigend sein, es ist aber so. Auch Kleists

Kohlhaas erlebt schließlich den Tag, an dem ihm „Recht geschieht", und das im doppelten Sinn. Er bekommt seine Pferde zurück, gesund und wohlgenährt. Und dann, auch das rechtens, wird er geköpft.

Das explosive Gemisch, das dort entsteht, wo in einer Person Ohnmacht und Unrecht zusammenstoßen, lässt sich in unseren Gesellschaften, zum Glück, meist mit rechtlichen Mitteln wieder entschärfen. So bekommt auch Zurek sein Recht. Das Landgericht Bonn, das die Klage auf Erstattung der Beerdigungskosten zurückweist, attestiert seinem Sohn in der (verklausulierten) Begründung des Urteils, worauf es dem Vater ankam: Sein Sohn war kein Mörder und auch kein Selbstmörder. Trotzdem nimmt der seriöse alte Gymnasialdirektor in einer Rede vor Schülern seines ehemaligen Gymnasiums öffentlich seinen Amtseid zurück. Danach fühlt er sich „unternehmungslustig" wie seit langem nicht mehr. […]

[Der Roman] ist zu einem Lehrstück geworden. Zu einer Geschichte, die uns anrührt. Mehr noch – zu Geschichte, die uns angeht.

Aus: Martin Lüdke, 29.01.2005, http://www.fr-online.de/kultur/literatur/ein-held-aus-dem-hause-hein-a-1201142

1 Roman von Christoph Hein (*1944), erschienen 2004
2 Michael Kohlhaas: Titelfigur einer Novelle Heinrich von Kleists (e. 1810), die im Kampf um Recht und Gerechtigkeit selbst schuldig wird
3 Niklas Luhmann (1927–1998), deutscher Soziologe und Gesellschaftstheoretiker

Figurenverzeichnis: Christoph Hein, In seiner frühen Kindheit ein Garten

Dr. Richard Zurek	ehemaliger Schuldirektor
Friederike Zurek	Ehefrau
Christin, Oliver (†), Heiner	Kinder des Ehepaares Zurek
Feuchtenberger	Anwalt der Familie
Katharina Blumenschläger	Olivers Freundin

Arbeitsanweisung:

Analysieren Sie, wie der Autor seine Position argumentativ entwickelt. Berücksichtigen Sie dabei auch ausgewählte gestalterische Mittel.

Erörtern Sie ausgewählte Aussagen des Autors der Rezension im Hinblick auf die Bedeutung des Romans für den heutigen Leser.

Der Schwerpunkt der Gesamtaufgabe liegt auf der erörternden Auseinandersetzung mit der Textvorlage.

Lösungsvorschlag

Zur Lösung dieser Aufgabe müssen Sie pragmatische Texte sicher erschließen können. Klären Sie zunächst den Inhalt des Textes und bestimmen Sie klar die Position, die der Autor bezüglich des Romans von Christoph Hein einnimmt. Beschreiben Sie anschließend die Argumentationsstruktur, also die Art und Weise, wie Martin Lüdke seine Position entwickelt. Benennen Sie wichtige sprachliche Mittel, wobei Sie unbedingt deren Wirkung im Argumentationszusammenhang bestimmen müssen. Im zweiten Teil der Aufgabe sollen Sie sich mit einigen, von Ihnen ausgewählten Thesen des Autors auseinandersetzen. Beachten Sie dabei den in der Aufgabenstellung benannten Aspekt, nämlich die Bedeutung des Romans „In seiner frühen Kindheit ein Garten" für heutige Leser: Inwiefern ist Heins Roman also heute noch wichtig? In Ihrem Fazit können Sie z. B. auf andere moderne Romane mit gesellschaftlicher Relevanz Bezug nehmen oder aktuelle Beispiele für den Umgang der Zivilgesellschaft mit terroristischen Bedrohungen anführen.

Einleitung

In seiner Rezension *Ein Held aus dem Hause Hein* beurteilt Martin Lüdke Inhalt und Gestaltung des 2005 erschienenen Romans *In seiner frühen Kindheit ein Garten* von Christoph Hein. Der Text wurde im Kulturteil der Homepage *fr-online.de* veröffentlicht. Martin Lüdke wägt in seinem Text unterschiedliche Aspekte zu Christoph Heins Roman gegeneinander ab und würdigt diesen als wichtigen Beitrag, als „**Lehrstück**" (Z. 86), zur **Aufarbeitung** eines Teils **der jüngeren deutschen Geschichte**.

die Position des Autors Lüdke

Analyse:

Argumentationsstruktur des Textes

Der Autor stellt zu Beginn seiner Rezension fest, dass „Deutschland ein Stück weiter zusammengewachsen" (Z. 1) sei, was er mit dem Erscheinen des Romans *In seiner frühen Kindheit ein Garten* im Jahr 2005 in Verbindung bringt. Christoph Hein sei, neben anderen wichtigen DDR-Autoren, endgültig in der Bundesrepublik Deutschland angekommen und nehme **Stellung zur freiheitlich-demokratischen Grundordnung** unseres Landes.

Hein und die BRD

Lüdke stellt verschiedene Lesarten des Romans einander gegenüber. Man könne ihn als **Kritik an einem mangelhaften Rechtssystem** lesen oder auch als **Liebesgeschichte**, was der Verfasser des Romans begrüßen würde (vgl. Z. 8 f.). Dem schließt sich eine kurze **Darstellung des historischen Hintergrundes** der Romanhandlung an, der in einem „bekannten und brisanten Fall" (Z. 13) aus dem Jahr 1993 besteht, nämlich der Festnahme zweier RAF-Mitglieder auf einem mecklenburgischen Bahnhof.

Vielschichtigkeit des Romans

Im vierten Abschnitt werden erneut mögliche Gestaltungen des Romans als „**Thriller**" (Z. 18) bzw. „**psychologische Aufbereitung**" (Z. 21) gegenübergestellt. Lüdke hält den historischen Stoff für ge-

historischer Stoff als gute Ausgangslage

eignet, um ihn als Grundlage eines literarischen Werkes zu verwenden. Diese These stützt er mithilfe eines **Autoritätsargumentes** von William Gaddis: Lüdke zitiert den ersten Satz eines Romans von Gaddis, dass es Gerechtigkeit im Jenseits gebe, hier auf Erden nur das Recht (vgl. Z. 23 ff.).

Richard Zureks Entwicklung

Umfassend schildert der Autor in den folgenden Absätzen die Denk- und Verhaltensweisen des Protagonisten im Roman und bezeichnet Richard Zurek als „wahre[n] Held[en] aus dem Hause Hein" (Z. 41). **Richard Zureks gesamtes Weltbild gerate** durch den Tod seines Sohnes, mit dessen politischen Überzeugungen er nie sympathisierte (vgl. Z. 56 f.), **ins Wanken**. Er beginne „seinen Kampf um Gerechtigkeit – für seinen Sohn" (Z. 42 f.) und stelle dadurch „die Grundlagen unserer Rechtsordnung" (Z. 62.) auf den Prüfstand. Schließlich bewertet Lüdke den Protagonisten als „**Repräsentanten unserer Zivilgesellschaft**" (Z. 69 f.).

Bezug zu Kohlhaas und Luhmann

Ein **analogisierendes Argument**, das sich auf die literarische Figur des Michael Kohlhaas bezieht, verknüpft deren Ausgangssituation mit der Richard Zureks. Bereits zuvor erläutert Lüdke, dass Zureks „Moralität" aus dem 19. Jahrhundert stamme (vgl. Z. 42) – aus der Zeit von Heinrich von Kleist also, des Verfassers von *Michael Kohlhaas*. Das Gerechtigkeitsempfinden der beiden Protagonisten wird miteinander verglichen: Anders als Kohlhaas werde Zurek aber nicht zum „Märtyrer" (Z. 69). Ein erneutes **Autoritätsargument**, jetzt von Niklas Luhmann (vgl. Z. 71 f.), wird in diese Überlegungen mit einbezogen. Luhmann sagt, dass Gerechtigkeit in der **Gleichheit vor dem Gesetz** bestehe.

Lüdkes Schlusswort

In seinem **Fazit** konstatiert Lüdke, dass der Roman „zu einem Lehrstuck geworden" (Z. 86) sei, das den Leser bewege und ihm die **Aktualität von Geschichte** vorführe.

sprachlich-stilistische Gestaltung:

Hein als bedeutender deutscher Autor

Um seinen Überlegungen Nachdruck zu verleihen, bedient sich der Rezensent Martin Lüdke verschiedener sprachlich-stilistischer Mittel. Indem er z. B. Christoph Hein im Zusammenhang mit Christa Wolf sowie indirekt mit Heinrich von Kleist nennt, stellt er ihn **in eine Reihe mit angesehenen deutschen Schriftstellern** und lässt ihm dadurch gewissermaßen **seine Wertschätzung** zukommen. Das Gleiche geschieht auch durch die Verwendung von **Autoritätsbelegen**.

Lüdkes Strategien, seine eigene Meinung zu verdeutlichen

Antithetische Gestaltungsmittel wie der Einsatz von Konjunktionen (vgl. Z. 12, 18, 35) sowie von kontrastierenden Nomen („Recht", Z. 62; „Unrecht", Z. 77; „blind", Z. 48; „Aufklärung", Z. 49) dienen Lüdke zunächst dazu, **gegensätzliche Positionen** herauszuarbeiten, zu denen er dann in einem zweiten Schritt **Stellung beziehen** kann. Er setzt auch rhetorische Fragen (vgl. Z. 18 ff.) ein, die den Leser

zum Mitdenken anregen sollen und es dem Autor gleichzeitig ermöglichen, seinen **persönlichen Ansichten Ausdruck** zu **verleihen**.

Häufig relativiert bzw. bekräftigt Lüdke seine Aussagen durch Adverbien wie „vielleicht" (Z. 18) bzw. „sicher" (Z. 31), wodurch seine schrittweisen Überlegungen und der **abwägende Charakter seiner Aussagen** für den Leser deutlich werden. Dem entspricht ebenfalls der differenzierte Einsatz von **Hypo- und Parataxen** bis hin zu **Ellipsen**. Erstere finden sich, wenn z. B. die Geschichte des Romans zusammengefasst wird (vgl. Z. 30 ff.). Kurze parataktische Formulierungen verwendet der Autor, um seine Gedanken und Wertungen darzustellen (vgl. Z. 86 f.).

Lüdkes Gedankengang für Leser nachvollziehbar

Insgesamt zeichnet den Text von Martin Lüdke eine klare Sprache und Struktur aus. Er bezieht den Leser in seine Gedanken mit ein, was sich nicht zuletzt an der Verwendung des kollektiven **Possessivpronomens** „unserer" (Z. 4) und „unseren" (Z. 78) zeigt, das Lüdke verwendet, um die Gesellschaftsordnung, in welcher der Autor und seine Leser leben, zu bestimmen.

Gemeinschaft von Rezensent und Leser

Erörterung:

Lüdke räumt in seinem Text ein, dass man es „für antiquiert halten" (Z. 11 f.) könne, wenn sich bei Hein die **gesellschaftliche Problematik aus den einzelnen Figuren heraus entwickelt**. Gleichzeitig betont er, dass dies den Blick schärfe (vgl. Z. 12). Schöngeistige Literatur – also auch der Roman von Christoph Hein – dient nicht dazu, geschichtliche Ereignisse faktengetreu und sachlich wiederzugeben. Dafür gibt es genügend Berichte und Abhandlungen, eben auch zu den Ereignissen des Juni 1993. Dem Leser gelingt es bei der Lektüre eines Romans jedoch viel besser, sich in Handelnde hineinzuversetzen, da ihm **ergreifende Einzelschicksale** und das komplexe Zusammenspiel verschiedener fiktiver Figuren dargeboten werden. Er erhält so **individuelle Sichtweisen auf die Ereignisse**, so auch im Roman von Christoph Hein. Indem man das Geschehene gewissermaßen mit dem Protagonisten Richard Zurek durchlebt, erfährt man aus seiner Perspektive vom Leben seines Sohnes sowie von den Ereignissen, die sich nach Olivers Tod zutragen.

Exemplarität der literarischen Figuren

emotionaler Nachvollzug der Handlung

Da es sich bei der Familie, aus der Oliver stammt, um eine durchschnittliche Familie aus einer deutschen Kleinstadt handelt, wird klar, dass die **Entwicklung des Sohnes zum Terroristen** nicht aus einem prekären familiären Umfeld heraus erklärbar ist. Und gerade dieser Fakt lässt Oliver Zureks Eltern zweifeln und nimmt den Leser mit auf die **Suche nach der Schuld**. Vielleicht stellen sich gerade jüngere Leserinnen und Leser die Frage, inwieweit sie selbst **in eine radikale Richtung abdriften** könnten, kämen die richtigen – in diesem Falle falschen – Freunde. Insofern hat Martin Lüdke auch

Schärfung des Blicks auf Oliver Zurek

hier recht, wenn er feststellt, dass eine **individuelle, literarisch überformte Sicht** den Blick auf die Ereignisse und deren Hintergründe schärfe.

Kritik an der Fokussierung auf Richard Zurek

Aber Christoph Hein manipuliert auch in gewisser Weise den Leser, denn er lässt die gesellschaftlichen Gegenspieler Zureks nicht ausreichend zu Wort kommen. Er **setzt** somit seine **ganze Sympathie in den Vater**, dessen Handeln als korrekt und gut dargestellt wird. Man ist gezwungen, mit Richard Zurek zu paktieren, kann anderen Figuren kaum Zuneigung entgegenbringen. Ist jemand **gegenteiliger Meinung als der Protagonist**, wie dessen Tochter Christin und deren Mann, dann beschreibt Hein diese Figuren nicht als Sympathieträger.

zeitlose moralische Fragen in Heins Roman

Die Entscheidung des Richard Zurek am Ende des Romans, seinen Beamtentitel zurückzugeben, zeigt eine Möglichkeit, **persönliche Konsequenzen aus den Ereignissen** zu ziehen. Lüdke verweist in seinem Text auf eine andere Variante, Gerechtigkeit zu erreichen, indem er Michael Kohlhaas anspricht. Beiden Protagonisten ist der unbedingte **Gerechtigkeitssinn** gemeinsam sowie das (bei Kohlhaas allerdings nur anfängliche) **Hinterfragen der persönlichen Schuld**. Am Beispiel zweier literarischer Figuren, die aus völlig verschiedenen historischen Gegebenheiten heraus agieren, zeigt sich, dass moralische Themen, wie eben die Frage nach Schuld und gerechtem Handeln, immer aktuell sind. Beiden Werken, dem Roman und der Novelle, liegen wirkliche Ereignisse zugrunde, an denen die Autoren **existenzielle Fragen** behandeln, die zweifellos ihre Bedeutung für heutige Leser haben.

Frage nach Terrorismus heute

Wenn der Roman *In seiner frühen Kindheit ein Garten* 2018 gelesen wird, sind seit seiner Veröffentlichung 13 Jahre vergangen, seit den darin beschriebenen Ereignissen bzw. seit dem Tod von Wolfgang Grams sogar 25 Jahre. Durch die literarische Bearbeitung können Nachgeborene von diesen Begebenheiten erfahren, vielleicht auch **Anstöße zur tieferen Auseinandersetzung**, z. B. mit den Verbrechen der RAF, erhalten. Der Leser kann auch für sich prüfen, inwieweit Geschildertes noch Aktualität besitzt, und sich u. a. fragen: Wie geht der Staat heute mit aktuellen terroristischen Bedrohungen wie dem IS um? Wie arbeiten der Staat und die Justiz zurückliegende terroristische Verbrechen auf – wie die des NSU?

Funktionalität der sprachlichen Gestaltung

Ob all diese Aspekte beim Leser dieses Buches eine Rolle spielen, hängt nicht zuletzt von der sprachlichen Gestaltung des Romans ab. **Hein bediene sich „einer fast spröde zu nennenden Sprache"** (Z. 52 f.), sagt Martin Lüdke und betont, dass dadurch der „Prozess einer mentalen Radikalisierung" (Z. 53) bei den Eheleuten Zurek

Björn Kuhligk (*1975): Aus den Landschaften (2005)

Man steht an Küsten, unterkühlt
auf Klippen, in Tälern
überpokert von Gipfeln

man hat zwei Zimmerpflanzen
die bekommen Wasser und
dieser Kaktus, der durchhält

man muß nicht wedeln, die Wäsche
trocknet von selbst, die zwei Leben
die man hatte, da paßt ein drittes drauf

man steht unter Bäumen, worunter
auch sonst, da stecken Misteln drin
das sieht verstörend aus

man ist geduldet, ein lebender Gast
mit Schuhwerk am Knöchel, ein
dummes Gewirr, was Größeres will

Aus: Björn Kuhligk: Großes Kino. Berlin: Berlin Verlag GmbH 2005, S. 10

Arbeitsanweisung:

Interpretieren Sie das Gedicht *Abendlied an die Natur.* von Gottfried Keller.

Vergleichen Sie die Gestaltung des Verhältnisses zwischen Mensch und Natur in den Gedichten *Abendlied an die Natur.* von Gottfried Keller und *Aus den Landschaften* von Björn Kuhligk. Berücksichtigen Sie dabei sowohl inhaltliche als auch sprachliche Aspekte.

Der Schwerpunkt der Gesamtaufgabe liegt auf der Interpretation des Gedichts von Gottfried Keller.

Lösungsvorschlag

*Die **erste Teilaufgabe** verlangt von Ihnen die **Interpretation** des Gedichts „Abendlied an die Natur." von Gottfried Keller. Das bedeutet, dass Sie die **inhaltliche, formale** und **sprachlich-stilistische Gestaltung** des Gedichts untersuchen müssen, um zu einer **Gesamtdeutung** zu kommen. Sie müssen nicht zwingend genau jene Aspekte nennen, die im folgenden Lösungsvorschlag angesprochen werden. Es ist aber wichtig, dass Sie Sinnzusammenhänge zwischen den einzelnen Einheiten des Gedichts herstellen. Dies erreichen Sie, indem Sie die formale und sprachlich-stilistische Gestaltung des Textes im Hinblick auf ihre Funktion und Wirkung für die Gesamtaussage analysieren und deuten. Dabei ist es erforderlich, dass Sie Ihr Textverständnis stets mithilfe von **Zitaten** am Gedicht belegen.*
*Die **zweite Teilaufgabe** verlangt einen Vergleich des Gedichts „Abendlied an die Natur." mit dem Gedicht „Aus den Landschaften" von Björn Kuhligk. Dabei sollen Sie sich auf die **inhaltliche und sprachliche Gestaltung des Verhältnisses zwischen Mensch und Natur** in beiden Werken konzentrieren. Eine vollständige Interpretation des Kuhligk-Gedichts ist hier nicht gefordert. Vielmehr müssen Sie geeignete Passagen daraus auswählen und diese vergleichend auf Kellers Darstellung beziehen. Das bedeutet, dass Sie **Gemeinsamkeiten und Unterschiede** im Hinblick auf die Gestaltung des Verhältnisses zwischen Mensch und Natur in beiden Gedichten herausarbeiten müssen. Fassen Sie abschließend Ihre Ergebnisse in einem Fazit zusammen.*

Aufgabe 1
Einleitung
Autor, Titel, Entstehungszeit, Thema und Deutungsthese

Die **Natur** spielt in der deutschen Lyrik über die verschiedenen Epochen hinweg eine zentrale und mannigfaltige Rolle. Dabei steht der Wunsch nach Einklang und Verschmelzen mit der Natur der Distanzierung und Entfremdung des Menschen von seiner natürlichen Umgebung diametral gegenüber. In Gottfried Kellers Gedicht *Abendlied an die Natur.* aus dem Jahr 1889 geht es um die innige und **lebenslange emotionale Verbundenheit** des lyrischen Sprechers **mit der Natur**, von der eine **wohltuende Wirkung** auf das lyrische Ich ausgeht.

Interpretation des Keller-Gedichts
Aufbau und Inhalt des Gedichts

Der Sprecher stellt hier sein enges und emotionales Verhältnis zur Natur dar. In der **ersten Strophe** bittet er die Natur darum, ihn liebe voll **zur Nacht aufzunehmen**, nachdem er den ganzen Tag über ihre Schönheit genossen hat. Die **zweite Strophe** widmet sich zunächst der positiven **Erinnerung** des lyrischen Ich **an seine Kindheit**, in der es die Natur als etwas Aufmunterndes und Erfreuendes erlebt hat. Anschließend verdeutlicht das lyrische Ich, dass es auch noch als Erwachsener die befreiende und **ausgleichende Wirkung** der Natur spürt und sich seine kindliche Unbeschwertheit in der Natur bewahren konnte. In der **dritten Strophe** schwört der lyrische Sprecher der Natur seine **Treue** und betont, dass ein Bruch des Eides ihm selbst schaden würde. In der **letzten Strophe** bittet das lyrische Ich die Natur um Rückhalt und mütterliche **Fürsorge auch in konfliktreichen Lebenslagen**. Außerdem äußert es den Wunsch nach **Seelenfrieden im Tod** durch ein Eingehen in die Natur.

Die **innige Verbundenheit des lyrischen Sprechers mit der Natur** zeigt sich in der konsequenten Verwendung des Personalpronomens „du“ im Nominativ, Dativ und Akkusativ (vgl. V. 3, 5, 10, 12, 16, 19, 21, 22) und des Possessivpronomens „dein“ (vgl. V. 2, 4, 6, 8, 27, 32). Der mit dieser durchgängigen **direkten Anrede** bereits geweckte Eindruck von einer **Personalität der Natur** wird mithilfe zahlreicher, das ganze Gedicht durchziehender Personifikationen verstärkt (vgl. V. 1–4, 9–12, 17–20, 25–28).

innige Verbundenheit des lyrischen Ich mit der Natur durch Anrede der Natur

Die Innigkeit zwischen der Natur und dem Menschen wird in der ersten Strophe als ein **Verhältnis zwischen fürsorglicher Mutter und umsorgtem Kind** ausgestaltet: „Hüll’ ein mich in die grünen Decken,/Mit deinem Säuseln sing’ mich ein,/Bei guter Zeit magst du mich wecken/Mit deines Tages jungem Schein!“ (V. 1–4) Während Mutter Natur dem lyrischen Ich in der ersten Strophe **Geborgenheit** schenkt, gewährt sie ihm in der zweiten Strophe **Schutz** und **Trost:** „Und wollte junger Gram es [das Kinderauge] feuchten,/Du scheuchtest ihn mit buntem Schein“ (V. 11 f.). Die Skizze der mütterlichen Beziehung der Natur zum lyrischen Ich ist hier eingebettet in die Erinnerung des Sprechers an sein Erleben der Natur als Kind (vgl. V. 9–12). Diese Idylle besteht auch im Erwachsenenalter fort, da das lyrische Ich in der Natur alle **Probleme der Erwachsenenwelt abschütteln** und wieder Kind sein kann (vgl. V. 13–16). Die **wohltuende Wirkung der Natur** wird in den ersten beiden Strophen mithilfe von Metaphern („grün[e] Decken“, V. 1; „deines Tages jungem Schein“, V. 4; „mit buntem Schein“, V. 12) hervorgehoben. Zugleich wird der Natur durch die zweifache Antithese „Ob wildes Hassen, maßlos Lieben/Mich zeither auch gefangen nahm:/Doch immer bin ich Kind geblieben,/Wenn ich zu dir ins Freie kam!“ (V. 13–16) eine **befreiende Wirkung** zugeschrieben. Die Gleichsetzung der Beziehung zwischen der Natur und dem Individuum mit dem Verhältnis zwischen Mutter und Kind wird hier augenscheinlich. Gleiches gilt für die letzte Strophe, in der das lyrische Ich die Natur mit einer als Ausruf gestalteten Metapher um **mütterliche Unterstützung bei Problemen** bittet: „Mit deinen warmen Mutterblicken/Ruh’ auf mir auch im schärfsten Streit!“ (V. 27 f.)

Mutter-Kind-Verhältnis zwischen der Natur und dem Menschen

Das Gefühl der Geborgenheit durch eine herzliche Mutter-Kind-Beziehung wird in der dritten Strophe flankiert von einem **idealisierten Liebesverhältnis des lyrischen Ich zur Natur** (vgl. V. 17–20), die als „Geliebte“ (V. 17) apostrophiert wird. Während die **Natur**

idealisiertes Liebesverhältnis zwischen der Natur und dem lyrischen Ich

als Mutter Sicherheit und Schutz gewährt sowie Trost spendet, „erquickt“ (V. 18) und „entzückt“ (V. 20) sie den lyrischen Sprecher **als Geliebte**. Konsequent folgt dann mithilfe einer Exklamation und einer Personifikation des Herzens, das als Pars pro Toto für das lyrische Ich steht, der **Treueschwur des Sprechers:** „Sollt' ich dir jemals untreu werden,/Dich kalt vergessen, ohne Dank,/Dann ist mein Fall genaht auf Erden,/Mein Herz verdorben oder krank!“ (V. 21–24)

Natur als Ruhe- und Rückzugsort

Das bereits in der ersten Strophe evozierte Bild von der Natur als fürsorglicher Mutter, die ihr Kind zudeckt, wird in der letzten Strophe mit der euphemistischen Periphrase für den Tod „Und sollte mich das Ende finden,/Schnell decke mich mit Rasen zu“ (V. 29 f.) wieder aufgegriffen. In beiden Strophen wird die **Natur als Ruhe- und Rückzugsort** angesprochen. Während es in der ersten Strophe aber darum geht, sich zur Nacht zu betten (vgl. V. 5–8), bittet das lyrische Ich die Natur in der letzten Strophe darum, nach dem Tod in sie eingehen und in Frieden ruhen zu dürfen. Hervorgehoben wird dies mithilfe der Interjektion „O selig Sterben und Verschwinden“ (V. 31) und der sich in den letzten beiden Wörtern verdichtenden rhetorischen Figuren des Pleonasmus, des Neologismus und der Metapher „In deiner stillen Herbergsruh!“ (V. 32). Die **metaphorische Rahmung durch das Bild des Zudeckens**, Schutzgewährens und Ruhefindens in der ersten und letzten Strophe verdeutlicht die **Allgegenwärtigkeit und die Allmacht der Natur**. Deren Omnipräsenz offenbart sich zudem darin, dass das lyrische Ich die Natur bei Tag und bei Nacht erlebt (vgl. V. 5–8). Die Omnipotenz wird außerdem in der Begegnung des Sprechers mit der Natur im Leben (vgl. zweite Strophe) und im Tod deutlich (vgl. V. 29–32). In allen Lebensphasen des lyrischen Ich von der Kindheit bis zum Tod wirkt die **Natur positiv** auf das Individuum, sodass selbst das „Sterben und Verschwinden“ (V. 31) nicht als Bedrohung, sondern als beglückender Zustand wahrgenommen wird.

Omnipräsenz und Omnipotenz der Natur

Korrespondenz von Form und Inhalt

Die Innigkeit und **Harmonie zwischen der Natur und dem lyrischen Ich** wird auch mithilfe der **regelmäßigen Form** des Gedichts verdeutlicht. Dieses besteht aus vier gleich gebauten Strophen zu je acht Versen und weist regelmäßige vierhebige Jamben sowie einen Kreuzreim mit alternierenden weiblichen und männlichen Kadenzen auf. Nach dem vierten Vers einer jeden Strophe erfolgt eine gedankliche Zäsur, was durch den Wechsel des Reims auch formal betont wird.

beglückende Bedeutung der Natur für das lyrische Ich

Das Gedicht *Abendlied an die Natur.* betont sowohl inhaltlich als auch formal den **Einklang zwischen** der **Natur und** dem **lyrischen Ich**. Dieses reflektiert die zentrale und **beglückende Bedeutung** der

Natur für sein Lebensgefühl und für seinen Lebenslauf von der Kindheit bis zum Tod.

Aufgabe 2
Überleitung zum Gedichtvergleich

Der **innigen Verbundenheit** des Sprechers mit der Natur in Gottfried **Kellers Gedicht** steht ein **distanziertes Naturerleben** in dem Gedicht *Aus den Landschaften* von Björn **Kuhligk** aus dem Jahr 2005 gegenüber. In Kellers Gedicht geht es um die **Harmonie zwischen Natur und Mensch**. Das Verhältnis zwischen der Natur und dem lyrischen Ich wird hier als eine Mutter-Kind-Beziehung beziehungsweise als Beziehung zu einer Geliebten dargestellt. Dagegen thematisiert Kuhligks poetisches Werk das **gestörte Verhältnis des Menschen zur Natur**.

Gedichtvergleich

Gemeinsamkeiten
Thema, Zusammenhang von Form und Inhalt, Verweischarakter der Titel

Dennoch weisen beide Gedichte auch **Gemeinsamkeiten** auf. Sie bieten eine reflexive und resümierende **Bilanzierung der Beziehung zwischen Mensch und Natur**, wobei letztere sowohl in Kellers als auch in Kuhligks Werk als **omnipräsent** dargestellt wird. Außerdem sind in beiden Werken **Form und Inhalt aufeinander bezogen** und ergänzen sich gegenseitig. Bei beiden Gedichten **verweist** bereits der **Titel auf** das jeweils nachfolgend beschriebene **Verhältnis zwischen** der **Natur und** dem **Menschen**. Dieses ist allerdings ganz unterschiedlich gestaltet.

Unterschiede
ganzheitliche Naturbetrachtung (Keller) vs. disparate Naturbetrachtung (Kuhligk)

In Kellers Gedicht *Abendlied an die Natur.* wird die **personal gedachte Natur** als ganzheitlich erlebt und als **harmonische Einheit** betrachtet. Das erkennt man daran, dass in der ersten Strophe summarisch von der „Pracht" (Text a, V. 6) der Natur gesprochen wird. Lediglich mit „Blumen" (Text a, V. 10) und „Rasen" (Text a, V. 30, vgl. auch V. 1) werden einzelne Naturelemente als Pars pro Toto explizit erwähnt. Der **emphatischen Ansprache der Natur** bei Keller wird in Kuhligks Gedicht *Aus den Landschaften* eine **lakonische Bestandsaufnahme** entgegengesetzt, welche die Distanz des lyrischen Ich zur Natur demonstriert. **Einzelne Naturphänomene** werden **getrennt nach Landschaften** separat betrachtet: „Küsten" (Text b, V. 1), „Klippen" (Text b, V. 2), „Gipfe[l]" (Text b, V. 3), „Zimmerpflanzen" (Text b, V. 4), „dieser Kaktus" (Text b, V. 6), „Bäum[e]" (Text b, V. 10), „Misteln" (Text b, V. 11).

Naturnähe (Keller) vs. Distanz zur Natur (Kuhligk)

Das **gestörte Verhältnis** des Sprechers **zur Natur** in Kuhligks Gedicht offenbart sich zudem deutlich in der Verwendung des **unpersönlichen Pronomens „man"** (Text b, V. 1, 4, 7, 10, 13), mit dem anaphorisch jede der fünf dreiversigen Strophen beginnt. Der Mensch erscheint hier nur als **unbeteiligter Beobachter**, der in keinem emotionalen Verhältnis zur Natur steht. Dies bildet einen Kontrast zur innigen und **herzlichen Beziehung des lyrischen Ich zur Natur** in Kellers Gedicht, der durch eine konsequente persönliche

Anrede der Natur Ausdruck verliehen wird. Der **Mensch** fühlt sich hier **eng mit der Natur verbunden** und erlebt diese in allen Lebenslagen als beglückend.

Auffällig ist in Kuhligks Gedicht auch die **negativ konnotierte Wortwahl**: „Man steht an Küsten, unterkühlt/auf Klippen, in Tälern/überpokert von Gipfeln" (Text b, V. 1–3). Die **Natur** scheint dem Menschen hier geradezu **feindselig** gegenüberzustehen. Auf keinen Fall vermittelt sie die bei Keller erkennbare Sicherheit und Geborgenheit. Zwar ist die Natur durchaus **von praktischem Nutzen**, indem sie zum Beispiel Wäsche an der Leine trocknet (vgl. Text b, V. 7 f.), jedoch begegnet der Mensch ihr **ohne große Emotionen**. Seine Pflanzen „bekommen Wasser" (Text b, V. 5), aber viel mehr investiert der Besitzer nicht in ihre Pflege. Dies wird mit der Ellipse „dieser Kaktus, der durchhält" (Text b, V. 6) hervorgehoben. Misteln in Bäumen, die eigentlich Assoziationen an romantische Küsse unter dem Mistelzweig wecken, empfindet der Sprecher in Kuhligks lyrischem Werk als „verstörend" (Text b, V. 12) und er hat den Eindruck, von der Natur nur „geduldet" (Text b, V. 13) zu sein. Im Gegensatz zu dieser pessimistischen Sichtweise überwiegt bei Keller eine **positiv konnotierte Wortwahl**. Die Natur ist eine „Geliebte" (Text a, V. 17), die „erquickt" (V. 18) und „ohne Reue/[…] entzückt" (Text a, V. 19 f.).

positiver Blick auf die Natur (Keller) vs. negatives Naturbild (Kuhligk)

Auch der **Satzbau** der beiden Gedichte offenbart Unterschiede im Verhältnis von Mensch und Natur. Kellers Gedicht zeichnet sich durch eine **syntaktische Gebundenheit**, Anreden und Ausrufe aus, was die **Verbundenheit** des lyrischen Ich **mit der Natur** zeigt. In Kuhligks Werk lässt sich dagegen eine unverbundene, monotone und zum Teil **elliptische Syntax** finden, die auf die **Distanz und Fremdheit zwischen** dem lyrischen **Sprecher und** der **Natur** verweist.

gebundene Syntax (Keller) vs. teilweise elliptischer Satzbau (Kuhligk)

Die beide Gedichte auszeichnende **Korrespondenz von Form und Inhalt** unterstreicht ebenfalls die unterschiedlichen Sichtweisen auf das Verhältnis zwischen Mensch und Natur. Während der **regelmäßige formale Aufbau des Keller-Gedichts** auf die **Harmonie** zwischen Individuum und seiner natürlichen Umgebung verweist, untermauert die **nüchterne Gestaltung des Kuhligk-Werks** die zwischen der Natur und dem lyrischen Ich herrschende **Fremdheit**. Das Gedicht *Aus den Landschaften* weist weder Reime noch ein regelmäßiges Metrum auf. Obwohl alle Zeilenbrüche mithilfe von Enjambements – teilweise gegen gültige Interpunktionsregeln (vgl. V. 4 f., V. 8 f., V. 11 f.) – überspielt werden, trennen sie inhaltlich Zusammengehöriges bisweilen derart künstlich, dass die **Distanz**

formale Regelmäßigkeit (Keller) vs. nüchterne formale Gestaltung (Kuhligk)

des Menschen zur Natur besonders betont wird. So führt beispielsweise der stark konstruierte Zeilenbruch in der ersten Strophe zu einer exponierten Stellung der Partizipien „unterkühlt" (V. 1) und „überpokert" (V. 3), welche die vom lyrischen Sprecher als unangenehm empfundene **Macht der Natur** verdeutlicht.

Schutz und Geborgenheit (Keller) vs. Isolation und Fremdheit (Kuhligk)

Während das lyrische Ich bei Keller die **Natur als** Schutz und Geborgenheit gewährende **Mutter** und beglückende **Geliebte** wahrnimmt und ihren **positiven Einfluss** in allen Lebenslagen spürt, betrachtet der Sprecher in Kuhligks Gedicht die **Natur als eine autarke Macht**, von der er sich ausgeschlossen fühlt. Die Empfindung der **Isolation** und der **Entfremdung** wird dabei mithilfe zweier metaphorischer Appositionen untermauert, die **Zweifel an der Sinnhaftigkeit der eigenen Existenz** erkennen lassen: „man ist geduldet, ein lebender Gast/mit Schuhwerk am Knöchel, ein/dummes Gewirr, was Größeres will" (Text b, V. 13–15).

Schluss

Obwohl beide Gedichte das Verhältnis des Menschen zur Natur thematisieren, werden ganz unterschiedliche Sichtweisen deutlich. Keller stellt die Beziehung des Menschen zur Natur als eine **beglückend erlebte Verbundenheit** dar, während Kuhligk das **Verhältnis** von Individuum und Natur als **gestört** ansieht. Der Mensch hat **keine Beziehung zur Natur mehr**, er ist ihr **entfremdet**. So verweisen beide Gedichte auf die **Macht der Natur:** entweder als positive Kraftquelle oder aber als Ausgangspunkt für den Zweifel an der Sinnhaftigkeit der eigenen Existenz.

Leistungskurs Deutsch (Sachsen): Abiturprüfung 2018
Aufgabe 2: Interpretation eines literarischen Textes

Christoph Hein (*1944): Landnahme (2004)

[…] Die meisten Vertriebenen waren merkwürdige Menschen, sie sprachen eigenartig und betonten die Worte ganz anders als wir, und sie benutzten Ausdrücke, die nicht deutsch klangen und die keiner in der Stadt verstand, und so war es natürlich, dass die Umsiedler und ihre Kinder untereinander befreundet waren. Sie sprachen eben anders und lebten anders, sie hatten andere Dinge erlebt. Irgendwie kamen sie aus einem Deutschland, das nicht unser Deutschland war.

Aus ihrem Land waren sie vertrieben worden, und in unserem wurden sie nicht heimisch. Sie hatten sich bei uns niedergelassen, sie hatten in unserer Stadt ihr Quartier aufgeschlagen, aber eigentlich bewohnten sie ihre verschwundene Heimat. Fortwährend sprachen sie darüber, was sie alles verloren hatten, und davon wollte keiner in der Stadt etwas hören, denn gut ging es in den Jahren nach dem Krieg auch denen nicht, die man nicht vertrieben hatte. Selbst jene, die keinen Bombenschaden oder andere Verluste durch den Krieg zu beklagen hatten, mussten sehen, wie sie zurechtkamen. Und denjenigen, denen es eigentlich recht gut ging und die eine Wohnung besaßen oder ein Haus, hatte die Stadtverwaltung irgendwelche Leute eingewiesen, Bombenopfer aus den benachbarten Städten oder eben eine der Umsiedlerfamilien. Und nicht jeder konnte seine zwangsweise einquartierten Gäste in einer Futterküche unterbringen, auf einem notdürftig hergerichteten Dachboden oder wie Bauer Griesel in unbenutzten Kammern des Hauses. Die meisten von denen, die Umsiedler zugewiesen bekamen, mussten ein oder sogar zwei Zimmer räumen, um den ungebetenen Gästen Platz zu machen und mit ihnen die Küche und die Toilette zu teilen, und wer ein Bad besaß, der durfte den Fremden die Benutzung nicht verwehren.

Diejenigen Einwohner, die keine Umsiedler zugewiesen bekamen oder nur für ein paar Monate, obwohl sie große Wohnungen oder ein Haus besaßen wie meine Eltern, wurden heftig beneidet, und man erzählte sich Geschichten, wie es ihnen gelungen sei. Vater sprach nie mit mir darüber, auch später nicht, ich ahnte, dass es etwas mit dem Kegelklub zu tun hatte, zu dem er zweimal im Monat ging und dem die Geschäftsleute von Guldenberg angehörten. In der Stadt hieß es, dass dort nicht bloß gekegelt werde, was genau beredet wurde, wusste keiner. Wenn ich Vater danach fragte, lachte er und sagte, ich würde ihm wohl das Vergnügen gönnen, zweimal im Monat mit Freunden ein Bier zu trinken. Er sagte mir, dass der Kegelklub uralt sei und früher Kegelklub Grün-Gold geheißen habe und später Deutscher Kegelklub. Nach dem Krieg wurde der Klub aufgelöst. Man traf sich jedoch weiterhin jeden zweiten Freitag im Adler. Viel später, als ich schon nicht mehr in Guldenberg lebte, hörte ich, dass es wieder einen eingetragenen Kegelklub gebe, der nachträglich in den Karnevalsverein Grün-Gold Guldenberg umbenannt worden sei. Vater und die anderen Mitglieder des Vereins bekamen jedenfalls damals keine Umsiedler eingewiesen, oder sie waren nur kurze Zeit bei ihnen untergebracht und wurden bald anderweitig versorgt, so dass wir unsere Zimmer behalten durften, was mir recht war, denn von den anderen Familien hörte ich schlimme Geschichten über die Flüchtlinge. Sie würden Strom klauen und Lebensmittel aus dem Eisschrank und dem Keller und wären nicht besser als die Zigeuner. Und auch, wer nicht solche unangenehmen Erlebnisse hatte, wusste nicht viel Gutes von ihnen zu erzählen. Denn da die Wohnungen und Einfamilienhäuser nicht für solche Einquartierungen gebaut waren, gab es fast jeden Tag böse Worte zwischen den Wohnungsinhabern und den eingewiesenen Umsiedlern, und wenn es in einer Kneipe oder auf der Kirmes eine Schlägerei gab, so konnte man darauf wetten, dass Einheimische sich mit Umsiedlern geprügelt hatten. Die Vertriebenen galten in der Stadt nicht als richtige Deutsche, hinter ihrem Rücken beschimpfte man sie als Polacken, oder man sagte, es seien die anderen Russen, womit man sie von den richtigen Russen, den Besatzungssoldaten, unterscheiden wollte. [...]

Aus: Christoph Hein: Landnahme. Frankfurt am Main: Suhrkamp Verlag 2004, S. 35 ff.

Figurenverzeichnis

Bernhard Haber	Sohn der Flüchtlingsfamilie Haber
Thomas Nicolas	Banknachbar in der Grundschule, Sohn des Apothekers
Marion Demutz	Klassenkameradin und Bernhards erste Freundin
Peter Koller	Jugendfreund, Klassenkamerad, Schleuser
Katharina Hollenbach	Schwester Riekes, Schwägerin Bernhards
Sigurd Kitzerow	Geschäftspartner

Astrid Messerschmidt (*1965): Befremdungen – oder wie man fremd wird und fremd sein kann (2005)

[...] Fremde kommen und bleiben, sie beanspruchen Verantwortlichkeit und Zugehörigkeit und damit alles das, was den Nichtfremden zusteht. Sie verwischen die Oppositionen und klaren Zuordnungen durch ihr Auftauchen und ihr Bleiben. In der nationalstaatlichen Gesellschaftsordnung wird die Trennlinie entlang der Zugehörigkeit zum nationalen Territorium gezogen. Die Einheimischen sind hier die Nichtfremden, die ihre nationale Identität durch Geburt und über Generationen der Zugehörigkeit erworben haben. Fremd sind auch hier wieder diejenigen, die die Ordnung nationaler Identität durcheinander bringen und durch ihre dauernde Anwesenheit behaupten, dazuzugehören. Eine Strategie, diese Irritation zum Verschwinden zu bringen, ist die Assimilation der Fremden, ihre Anpassung an die Mehrheitsgesellschaft und damit der Verlust alles dessen, was sie fremd macht. Zwar dürfen die Assimilierten an der Gesellschaft und ihren Rechten und Pflichten teilhaben, aber gleichzeitig müssen sie sich der herrschenden Ordnung unterwerfen. Das liberale Angebot der kulturellen Assimilation bestätigt also nur die Dominanz der Mehrheitsgesellschaft. Im Prozess der Assimilation ist der Fremde dauernd dazu gezwungen zu beweisen, dass er/sie dazugehört. Bekämpft wird die Ambivalenz der Fremden, das gleichzeitige Anerkanntwerden und Anderssein, gleich zu sein und verschieden sein zu dürfen. Anerkennung gibt es nur um den Preis des Verschwindens alles dessen, was die Verschiedenheit ausmacht. Fremde werden zu Gleichen durch *Ent-fremdung*. […]

Aus: Schreiner, Peter; Sieg, Ursula; Elsenbast, Volker (Hg.): Handbuch Interreligiöses Lernen. Gütersloh: Gütersloher Verlagshaus 2005, S. 221 f.

Arbeitsanweisung:

Interpretieren Sie den Textauszug aus Christoph Heins Roman *Landnahme*. Beziehen Sie Messerschmidts Aussagen in Ihre Ausführungen ein.

Lösungsvorschlag

Bevor Sie mit der eigentlichen Bearbeitung der Aufgabe beginnen, sollten Sie die Arbeitsanweisung möglichst genau erfassen. Hierbei wird deutlich, dass die ***Interpretation des Textauszuges aus Heins „Landnahme"*** *im Mittelpunkt steht. Die* ***Ausführungen von Messerschmidt*** *sollen dabei lediglich einbezogen werden. Es bietet sich also an, zunächst den Text an sich zu interpretieren, um dann die Aussagen Messerschmidts mit dem zuvor Beschriebenen abzugleichen. Eine besondere Hürde bei der Interpretation dieses Textauszuges ist zudem, dass der* ***Erzähler Thomas Nicolas*** *lediglich seine* ***Sicht auf die Geflüchteten*** *beschreibt und die Hauptfigur Bernhard Haber selbst überhaupt nicht vorkommt. Lassen Sie sich davon nicht abschrecken und beginnen Sie zunächst, eine* ***zentrale Problemfrage*** *zu* ***entwickeln****. Hierbei können Sie sich auch* ***von Messerschmidts Aussagen leiten lassen****, um einen Ansatz zu finden.*
Als Abschluss sollten Sie einen Bogen zur Einleitung herstellen. Wenn Sie in der Einleitung Fragen aufwerfen, sollten Sie diese auf Grundlage Ihrer Interpretation beantworten. Es ist durchaus möglich, eine stark wertende Position einzunehmen und diese begründet zu vertreten.

Einstieg: Beispiel für Erfahrung mit Unvertrautem und Fremdem

Wenn man über Pfingsten in Leipzig ist, kann man ein spannendes Phänomen erleben, denn das WGT (Wave-Gotik-Treffen) sorgt dafür, dass in den Lokalen, in Parks und auf den Straßen die Farbe Schwarz dominiert. Von überall auf der Welt strömen Menschen in die Stadt, um mit Gleichgesinnten der Vorliebe für viktorianische Kleider, düstere Musik und das Dunkle im Allgemeinen zu frönen. Geht man dabei mit seiner „gewöhnlichen" Kleidung durch die Mengen an schwarzgekleideten Menschen, so kann man das **Gefühl des Andersseins oder der Fremdheit** erleben. Man wird dann einen ungewöhnlichen gesellschaftlichen Druck empfinden können, der einem mitteilt, dass man sich selbst am falschen Fleck befinde, dass man hier irgendwie fremd sei.

Weil dieses Gefühl so eigenartig ist, wird es auch oft in der **Literatur** verarbeitet: So kann man die Auswirkung davon, **als fremde Person in einem anderen Land** zu sein, am Beispiel von Medea aus Euripides' gleichnamigem Werk spüren. In Schillers *Maria Stuart* wird der Protagonistin Maria die **Zugehörigkeit zu einer anderen Religion** vorgeworfen, womit ihr anderer Glaube zu ihrem Verhängnis beiträgt. Und auch in dem vorliegenden Textauszug aus dem 2004 erschienenen Roman *Landnahme* von Christoph Hein, der nachfolgend interpretiert und in Zusammenhang mit Astrid Messerschmidts Zitat über „Befremdungen" gebracht werden soll, wird das Thema des Andersseins aufgegriffen.

Thema Fremdheit in der Literatur

Überleitung zu *Landnahme*

In Heins *Landnahme* wird die **Geschichte des Flüchtlings Bernhard Haber** aus der Perspektive von fünf Figuren dargestellt. Diese fünf Personen stellen Menschen aus dem Leben des Protagonisten dar und beschreiben seinen Werdegang – von der **Umsiedlung** seiner Familie nach dem Zweiten Weltkrieg nach Guldenberg, über die **Schwierigkeiten des tatsächlichen Ankommens** und Fußfassens der Habers in der neuen Umgebung, bis hin zur schrittweise erfolgenden **Integration** Bernhards in die Stadtgemeinschaft. Im vorliegenden Textauszug äußert sich Thomas Nicolas, ein ehemaliger Mitschüler Bernhards, über die Geflüchteten und die mit ihrer Ankunft auftretenden Meinungen der ansässigen Bevölkerung sowie über die Strategien des Umgangs mit den Umsiedlern.

Interpretation: *Landnahme* als multiperspektivischer Roman

Im vorliegenden Auszug des Romans beginnt der Ich-Erzähler, die Guldenberger von den Vertriebenen abzugrenzen, indem er zunächst die **Andersartigkeit der Sprache** thematisiert. Demzufolge sei deren Aussprache „eigenartig" (Z. 1) und teilweise „ganz anders" (Z. 2). Auch gäbe es Begriffe, die „nicht deutsch" (Z. 2 f.) klängen, sodass man die Umsiedler in der Stadt nicht verstehe (vgl. Z. 3). Mit der Hyperbel, dass „keiner in der Stadt" (Z. 3) gewisse Ausdrücke der Umsiedler deuten könne, **suggeriert** der Erzähler zudem eine **Hilflosigkeit der Guldenberger**, mit den Neuankömmlingen zu sprechen, sodass es „natürlich [sei], dass die Umsiedler und ihre Kinder untereinander befreundet" (Z. 3 f.) sind. Hier erscheint es geradezu so, als wolle der Erzähler die Verantwortung, sich mit den Neuankömmlingen auseinanderzusetzen, abschieben: Weil die Vertriebenen eben andere Erlebnisse und Lebensweisen hätten, falle der Austausch mit ihnen so schwer.

Abgrenzung durch Sprache

Rechtfertigung des distanzierten Verhaltens

Hierbei wird deutlich, dass der Erzähler eine **klare Position** bezieht, die Situation aber **nicht objektiv** beschreibt: Er selbst ist ja ein Teil der Guldenberger Bevölkerung und drückt dies deutlich durch das kollektive Pronomen „wir" (Z. 2) aus; im Gegensatz dazu werden die Geflüchteten als „sie" (Z. 1, 2, 4, 5) bezeichnet. Allein dadurch

Subjektivität des Erzählers

wird sprachlich ein **Abstand zwischen beiden Gruppierungen** geschaffen, den der Erzähler im Verlauf des Textauszuges weiter aufrechterhält. Zusätzlich verwendet er teilweise **negativ besetzte oder sogar abwertende Bezeichnungen** für die geflüchteten Menschen, indem er sie als „zwangsweise einquartiert[e] Gäste" (Z. 17) und „Fremd[e]" (Z. 22) beschreibt. Andere Guldenberger würden die Vertriebenen sogar „Polacken" (Z. 49) oder „ander[e] Russen" (Z. 49) nennen. Die Guldenberger hingegen bleiben stets die „Einwohner" (Z. 23) oder die „Einheimische[n]" (Z. 47).

auffällige Wortwahl

Bezeichnend ist außerdem, dass der Erzähler die Distanz zu den vertriebenen Menschen damit begründet, dass sie „aus einem Deutschland [kämen], das **nicht unser Deutschland**" (Z. 5 f.) sei. Dadurch eröffnet er neben dem Kommunikationsproblem zwischen den beiden Gruppen auch eine weitere Dimension: die geographische Abgrenzung. Obwohl er mit diesen Worten zugibt, dass beide Gruppierungen eine gemeinsame Wurzel haben, nämlich Deutschland, so will er damit doch nahelegen, dass die **Menschen grundsätzlich verschieden** seien. Auch mit der Wortwahl, dass sich die Umsiedler „niedergelassen" (Z. 8) hätten, deutet der Erzähler an, dass die Flüchtlinge die **freie Wahl** gehabt hätten, ob und wo sie sich neu ansiedeln; dies muss aber offensichtlich verneint werden.

räumliche Abgrenzung

Durch diese Perspektive und die damit verbundene sprachliche Gestaltung könnte beim Leser der Eindruck entstehen, dass der Erzähler mit seiner Position nicht eine Wahrnehmung, sondern die Wirklichkeit abbildet, gerade weil eine andere Sichtweise ausbleibt. Dies erzeugt ein **Zerrbild**, das die **Guldenberger als Leidtragende** darstellt, die „irgendwelche Leute" (Z. 15) erdulden müssen, wobei manche Einheimische „ein oder sogar zwei Zimmer räumen" (Z. 20) müssen und auch „die Benutzung [des Bades] nicht verwehren" (Z. 22) dürfen. Unter der ansässigen Bevölkerung gehen auch viele **Gerüchte** um, die behaupten, dass die Flüchtlinge stehlen würden (vgl. Z. 40 ff.). Auch deshalb sind die Einheimischen neidisch auf jene, die keine Umsiedler aufnehmen oder nur kurzzeitig unterbringen müssen (vgl. Z. 23 ff.).

Guldenberger zu Opfern stilisiert

Vertriebene als Verbrecher dargestellt

Eine besondere Funktion in der Guldenberger Gesellschaft scheint hierbei der Kegelklub zu besitzen, dem vor allem „die Geschäftsleute" (Z. 27) angehören, von denen der Erzähler „ahn[t]" (Z. 26), dass sie **Einfluss auf die Verteilung der Vertriebenen** haben und man eben „nicht bloß [k]egelt[e]" (Z. 28). Bezeichnend ist dabei, dass die Einheimischen auf diese Elite neidisch sind (vgl. Z. 23 ff.), obwohl sich auch der Kegelklub von den restlichen Menschen abgrenzt. Diese Art des Andersseins scheint geduldet zu werden, wodurch auch die **Macht der Geschäftsleute** stillschweigend **legitimiert**

Kegelklub als Beispiel für die Doppelmoral der Guldenberger

wird. Die Bevölkerung differenziert also auf diese Weise, welche Formen von Andersartigkeit gestattet sind und welche nicht.

Astrid Messerschmidt (AM) stellt im Textauszug *Befremdungen – oder wie man fremd wird und fremd sein kann* die These auf, dass Fremde durch ihre Anwesenheit die vorherrschenden Strukturen (u. a. „die […] national[e] Identität", AM, Z. 7 f.) ins Wanken bringen würden, da sie „Verantwortlichkeit und Zugehörigkeit" (AM, Z. 1 f.) einfordern würden. Betrachtet man diese Behauptung als wahr, so werden die Sichtweisen von Thomas Nicolas als Ich-Erzähler in Heins Roman *Landnahme* nachvollziehbar, da die **gesellschaftliche Ordnung der Guldenberger** durch die Anwesenheit und das Bleiben der Flüchtlinge **gestört** würde. Gleichzeitig ginge hierbei der Impuls des Einmischens von den Umsiedlern aus, wodurch die Guldenberger zu den eigentlich Leidtragenden würden, da die Vertriebenen ihr „Quartier" in der fremden Stadt „aufgeschlagen" (Z. 8 f.) hätten. In diesem Zusammenhang betont Messerschmidt, dass „die Trennlinie entlang der Zugehörigkeit zum nationalem Territorium" (AM, Z. 4 f.) gezogen werde. Faktisch gesehen wären die Umsiedler damit keine Fremden; der Ich-Erzähler Thomas Nicolas aus Heins *Landnahme* bezeichnet die Vertriebenen dennoch „nicht als richtige Deutsche" (Z. 48).

Bezug zu Messerschmidts Aussagen:

vermeintlicher Einfluss der Umsiedler auf die Gesellschaft

Widersprüchlichkeit des Erzählers

Als einen möglichen Ausweg, diesen Konflikt des Eindringens der Fremden zu lösen, bringt Messerschmidt eine Strategie an, bei der sich die Fremden assimilieren (AM, vgl. Z. 9 ff.), also anpassen sollen. Sie würden damit ihre eigene ursprüngliche **kulturelle Identität aufgeben**, um sich „an die Mehrheitsgesellschaft" (AM, Z. 10) anzugleichen und die Normen und Werte der Nicht-Fremden zu übernehmen; dadurch würden sie das Fremde ablegen. Geht man auch hier davon aus, dass diese Verhaltensweise der Erwartungshaltung des Ich-Erzähler im Roman entspricht, so wird deutlich, dass die **Flüchtlinge in der Pflicht** wären, die Initiative zu ergreifen und sich zu integrieren. Dann wären auch die Handlungen der Machthabenden vertretbar, weil sie zumindest in einigen Bereichen die „Ordnung nationaler Identität" (AM, Z. 7 f.) wiederherstellen würden. Gleichzeitig wäre auch der Neid der Bevölkerung, die unter den Fremden leiden müssten, auf die Mitglieder des Kegelklubs verständlich: Die Elite hat – auf ihre Weise und exklusiv nur für sich – die **Normalität wiederhergestellt**, weil sie das Andersartige, das Probleme bereitet hat, weitgehend von sich fernhalten konnte.

Assimilation als Strategie der Integration

Auffassung des Erzählers gerechtfertigt?

Messerschmidt beschreibt dabei, dass die Gesellschaft bei der Assimilation der Fremden „den **Preis des Verschwindens** alles dessen, was die Verschiedenheit ausmach[e]" (AM, Z. 18), **zahlen** müsse. Dies würde im Grund zu einer absoluten Integration führen, bei der

Ablegen aller „fremden" Verhaltensweisen

sich die **Fremden den Nicht-Fremden unterwerfen**. Demzufolge müssten sich die Flüchtlinge aus Heins *Landnahme* den gesellschaftlichen Gepflogenheiten der Guldenberger anpassen. Dies tut Bernhard Haber im Roman auch, indem er sich beispielsweise dem Kegelklub anschließt, um **wirtschaftlichen Erfolg genießen** zu können.

Bernhard Haber als Fremder

Auch in seinem Umgang mit den Mitmenschen zeigt Haber ein ähnliches Muster wie die Guldenberger: Im vorliegenden Textauszug wird deutlich, dass die Umsiedler **mit Verachtung für ihre Andersartigkeit gestraft** wurden (vgl. Z. 43–50). Auf ähnliche Weise tritt auch der Protagonist gegenüber den Einheimischen auf. So zeigt er in jungen Jahren **wenig Interesse an seinen Mitschülern** und verschafft sich nur über seine körperliche Überlegenheit Respekt. Er scheint seine Mitmenschen genauso zu verachten, wie sie auch ihn. In späteren Jahren überschreitet er zudem bewusst die **Grenzen der Legalität**, um an Einfluss zu gelangen, indem er zusammen mit Peter Koller einen Fluchthelferdienst einrichtet. Hier agiert er ähnlich wie die Mitglieder des Kegelklubs, die auch geltendes Recht missachten, um Macht zu gewinnen. Ein weiteres wichtiges Indiz für Habers vollständige Integration ist, dass er ab einem bestimmten Punkt seines Lebens **auf Rache verzichtet**. Während er in jungen Jahren noch Morddrohungen ausruft und auch gewalttätige Züge zeigt, so wird er – vermutlich aus Angst, seine neu gewonnene Heimat zu verlieren – zurückhaltender. Obwohl er die Menschen kennt, die den Mord an seinen Vater angestiftet haben, greift er nicht zur Gewalt.

Entwicklung Habers: keine Rache für Mord am Vater

Haber als Beispiel für Integration

Folgt man Messerschmidts Ausführungen, so wäre Bernhard Haber ein positives **Beispiel eines gut integrierten Fremden** und die Einheimischen wären eine tolerante Stadtgemeinschaft, weil sie jene akzeptieren, die bereit sind, die allgemein anerkannten Strukturen der Stadt für sich anzunehmen und ihre Verschiedenartigkeit abzulegen. Messerschmidt beschreibt diesen Prozess der Assimilation mit dem **doppeldeutigen Begriff „Ent-fremdung“** (AM, Z. 19), der zum einen bedeutet, dass die Einheimischen an den Vertriebenen keine Andersartigkeit mehr wahrnehmen können; das Fremde wird also abgelegt. Zum anderen kann man diesem Wort und insbesondere der Schreibweise entnehmen, dass die Fremden ihre ursprüngliche Identität aufgegeben haben, um sich anzugleichen.

Schluss:

Toleranz und Vielfalt

Abschließend ist jedoch die Frage zu stellen, ob diese im Textauszug von Messerschmidt **dargestellte Strategie**, die in Heins *Landnahme* exemplarisch beschrieben wird, tatsächlich **moralisch vertretbar** ist. Schließlich geht sie davon aus, dass sich Andersartige ändern müssen, um gesellschaftlich akzeptiert zu werden. Bezogen auf das Eingangsbeispiel würde dies bedeuten, dass man sich an Pfingsten in Leipzig schwarz anzuziehen habe, wenn man geduldet und geachtet werden wolle. Da dies aber eben nicht so ist, zeigt eine solche Veranstaltung, dass sich die unterschiedlichen Menschen verstehen und einen wichtigen Wert teilen: Toleranz. Menschen, die tolerant sind, akzeptieren Andersartigkeit und können in friedlicher Gemeinschaft mit den „Fremden“ leben, sie verlangen keine Assimilation oder „Ent-fremdung“ und genießen die **Vielseitigkeit des Lebens**.

Leistungskurs Deutsch (Sachsen): Abiturprüfung 2018
Aufgabe 3: Literarische Erörterung

Friedrich Nietzsche (1844–1900): Menschliches, Allzumenschliches (1878)

Wenn man sich an einem Gegner durchaus *rächen* will, so soll man so lange warten, bis man die ganze Hand voll Wahrheiten und Gerechtigkeiten hat und sie gegen ihn ausspielen kann, mit Gelassenheit: so daß Rache üben mit Gerechtigkeit üben zusammenfällt. Es ist die furchtbarste Art der Rache: denn sie hat keine Instanz über sich, an die noch appelliert werden könnte.

Aus: Friedrich Nietzsche: Menschliches, Allzumenschliches. Köln: Anaconda Verlag GmbH 2006, S. 599

Figurenverzeichnisse:
Euripides (480 v. Chr.–406 v. Chr.), Medea (431 v. Chr.)

Medea	Königstochter aus Kolchis
Iason	ihr Ehegatte
Kreon	König von Korinth
die Kinder der Medea und des Iason	
Amme der Kinder	
Erzieher der Kinder	
Chor der korinthischen Frauen	
Aigeus	König von Athen
Bote	

William Shakespeare (1564–1616), Hamlet (1601)

Hamlet	Prinz von Dänemark
Claudius	König von Dänemark, Hamlets Onkel
Gertrude	Königin von Dänemark, Hamlets Mutter
Polonius	Kämmerer des Königs
Ophelia	Tochter des Polonius
Laertes	Sohn des Polonius
Horatio	Freund und Vertrauter Hamlets
Rosenkranz und Güldenstern	Jugendfreunde Hamlets
Fortinbras	Prinz von Norwegen

Arbeitsanweisung:

Erörtern Sie die Auffassung Friedrich Nietzsches auf der Grundlage Ihrer Werkkenntnisse von Euripides' *Medea* oder Shakespeares *Hamlet*.

Lösungsvorschlag

*Lesen Sie den vorgegebenen **Auszug aus Friedrich Nietzsches Text**. Analysieren Sie danach genau den Gedankengang des Autors. Beginnen Sie mit der Erschließung von Nietzsches Position, mit der Sie sich im zweiten Teil Ihrer Darstellung auseinandersetzen. Wählen Sie eines der beiden Dramen aus und legen Sie zunächst kurz die **Entstehungsgeschichte** und die **Handlung** dar. Werfen Sie dann die **grundlegende Fragestellung** auf, die das ausgewählte Drama und den Textauszug miteinander verbindet, also die Frage nach der **Rechtfertigung von Rache**. Wägen Sie in der **Erörterung** ab, inwieweit sich die Auffassung Nietzsches im ausgewählten Drama widerspiegelt. Führen Sie dafür auf der Grundlage Ihrer **Werkkenntnis** Argumente aus dem gewählten Text an, welche die Darstellung Nietzsches **stützen** oder dieser **widersprechen**. Machen Sie auch Ihren **eigenen Standpunkt** deutlich, indem Sie kritisch die Handlungsmotive des Dramas hinterfragen oder weitere stichhaltige Argumente anführen. Auch **persönliche und gesellschaftliche Sichtweisen** können dabei Ihrer Argumentation nützen. Achten Sie bei der Ausarbeitung Ihres Textes darauf, dass das Hauptaugenmerk auf dem erörternden Teil liegt.*

Einleitung:
Annäherung an den Begriff Rache

Rache ist emotionales, manchmal affektgesteuertes Handeln. Wenn Rache geübt wird, dann soll dem anderen **Schaden** zugefügt werden. Man fordert Vergeltung für eine Handlung, die einen selbst oder eine andere Person vermeintlich bloßgestellt, erniedrigt oder schwer verletzt hat. Rache fehlt vor diesem Hintergrund die Ausgewogenheit: Der Rächende macht sich selbst zum **Richter in eigener Angelegenheit**. Nicht nur aus diesem Grund wird Rache in der heutigen Gesellschaft geächtet. Man könnte sagen, Rache existiert höchstens noch in Form von Strafe und ist immer in die **Strukturen von Recht und Staat** eingebettet. Der Ausgleich für vermeintliches und erlittenes Unrecht ist nur in den Grenzen des Rechts möglich. Dies ist auch der Kern des staatlichen Gewaltmonopols: Für die eigene Rechtssicherheit verzichten die Menschen darauf, selbst ungezügelte und grenzenlose Rache auszuüben.

kein Platz für Rache in heutiger Gesellschaft

Inhalt des Zitats:
Nietzsches Auffassung von Rache

Auch der Philosoph Friedrich Nietzsche (1844–1900) befasst sich in seinem Text *Menschliches, Allzumenschliches* (1878) mit Rache. Aus seiner Sicht soll man einen gewissen **Zeitraum abwarten**, bis man alle Umstände der einem zugefügten Tat kennt und sämtliche **Möglichkeiten der objektiven Wahrheitsfindung ausgeschöpft** hat; erst dann darf man handeln. Dies schließt Rache im Affekt aus. Für Nietzsche ist somit ganz entscheidend, dass die Ausübung von Rache mit dem **Walten von Gerechtigkeit** übereinstimmt. Er sieht darin die schrecklichste Vorgehensweise der Racheausübung, denn diese könne man aus seiner Sicht nicht verurteilen. Ob der Philosoph mit „**Instanz**" die Gesellschaft, den Staat, ein unabhängiges Gericht oder allgemeine menschliche Wertvorstellungen meint, bleibt offen.

Wie lässt sich diese Sichtweise Nietzsches auf Rachetaten, beispielsweise in der Literatur, übertragen? Wenn es um Rache geht, fallen einem **viele literarische Figuren und Werke** ein: Shakespeares *Hamlet*, Orest aus Goethes *Iphigenie auf Tauris* oder Medea aus dem gleichnamigen Drama von Euripides. Medeas Taten wurden immer wieder in der Literatur aufgegriffen und diskutiert. Es stellt sich die Frage, ob **Medeas Rache im Sinne von Nietzsche** gerecht ist. Bei der Beantwortung dieser Frage soll nicht außer Acht gelassen werden, dass sich die Auffassung darüber, was Rache und Gerechtigkeit eigentlich bedeuten, **über die Jahrhunderte** mit Sicherheit **verändert** hat: So ist es sehr wahrscheinlich, dass Euripides in der Antike etwas anderes darunter verstand als Friedrich Nietzsche am Ende des 19. Jahrhunderts oder der heutige Mensch im 21. Jahrhundert.

Überleitung zu Euripides' *Medea*

Medeas Taten mit Nietzsches Meinung vereinbar?

Die Geschichte um Medea ist nur ein kurzer **Ausschnitt aus dem antiken Mythos der Argonauten-Sage:** Medea verliebt sich schlagartig in **Iason**, als dieser in Kolchis vor ihrem Vater, dem König Aietes, steht und das **Goldene Vlies** fordert. Iason benötigt dieses wertvolle Vlies, um in seiner Heimat Iolkos den ihm rechtmäßig zustehenden Königsthron besteigen zu können. Bei dieser Aufgabe wird Medea nicht nur zur treuen **Gefährtin** Iasons, sondern – mit ihrem Wissen um Magie und Zauberei – auch zu dessen **Helferin** und **Lebensretterin** in vielen gefährlichen Situationen. Medea tötet sogar auf grausame Weise ihren eigenen Bruder und flieht mit Iason, nachdem dieser das Goldene Vlies an sich gebracht hat. Trotz des Goldenen Vlieses kann Iason den Thron in Iolkos nicht erobern und geht zusammen mit Medea ins **Exil nach Korinth**.

Medea und die Argonauten-Sage

Iason und Medea heiraten, aus ihrer Ehe gehen **zwei Söhne** hervor. Nach einiger Zeit aber begeht Iason Ehebruch und möchte die **Nebenbuhlerin Glauke**, die Tochter des korinthischen Königs Kreon, sogar ehelichen. Genau hier setzt Euripides' Drama *Medea* ein: Medea erfährt von den Eheplänen ihres Mannes, die gleichzeitig eine **Verbannung Medeas und ihrer Kinder** vorsehen, ist am Boden zerstört und rast vor Wut. Sie schmiedet einen furchtbaren Plan und setzt diesen in die Tat um. Sie tötet die junge Braut und deren Vater Kreon. Doch ihr **Rachefeldzug** ist noch nicht vorbei: Sie tötet auch ihre eigenen Söhne, um sich an ihrem Mann Iason zu rächen und um ihre Ehre wiederherzustellen.

Handlung von Euripides' *Medea*

Sind Medeas Morde als Racheakte **gerecht aus Nietzsches Sicht**? Medea ist – auch für den heutigen Leser – **verständlicherweise zutiefst verletzt:** Sie hat für Iason ihre Familie verraten und ihre Heimat Kolchis verlassen, sogar ihren eigenen Bruder ermordet. Weil Iason nicht König in Iolkos werden konnte, folgte sie ihm ins Exil nach Korinth. Dort lebt sie als Nicht-Griechin – ihre Heimat Kolchis galt

Erörterung:

Medea als verletzte und enttäuschte Frau

in Korinth als barbarisch und unzivilisiert – **isoliert als Frau aus der Fremde**. Zudem wird sie aufgrund ihres Wissens um Magie und ihrer Sprachgewalt von den Korinthern **als ständige Bedrohung wahrgenommen**. Insgesamt bringt Medea also viele Opfer für das Zusammenleben mit ihrem Mann Iason und ihren gemeinsamen Kindern. Doch Iason sucht sich – nur aus Machtkalkül und Lust – eine jüngere Frau, Medea und ihre unschuldigen Söhne sollen auf Geheiß des Königs Kreon **sofort und ohne jedes Hilfsangebot verbannt** werden. Ohne Vermögen müsste sie mit ihren Kindern als Bettlerin durch fremde Länder streifen, denn in ihre Heimat Kolchis könnte sie aufgrund ihrer Taten keinesfalls zurückkehren. Medea fühlt sich durch diese Entwicklungen, mit denen sie plötzlich konfrontiert wird, in ihrer Ehre herabgesetzt und entwickelt Wut und Rachegelüste. Dass sie durch Iason Unrecht erleidet, kann wohl kein Leser bestreiten.

Iasons skrupelloses Verhalten

Anders als in der heutigen Zeit wurde Rache in der Antike durchaus als eine **Form des Rechts** angesehen. Die Person, der etwas angetan wurde, war mehr oder minder dazu verpflichtet, sich in irgendeiner Art und Weise zu rächen. Da es noch keinen Rechtstaat in der heutigen Form gab, übten die Menschen häufig Selbstjustiz. Insofern war das Racheausüben in der Antike kein plumpes Verlangen nach Gewalt, sondern wurde als die **Erfüllung einer Pflicht** angesehen mit dem Ziel, die **persönliche Ehre** oder das **Ansehen der eigenen Familie** wiederherzustellen. Dass Medea sich rächen will und Iason schaden will, um ihren Stolz und ihre soziale Stellung zu unterstreichen, und dass sie dafür das Recht in die eigene Hand nimmt, könnte man **aus antiker Sicht** als **verständlich** bezeichnen. Ob das Ausmaß ihrer Rache gerechtfertigt ist, ist eine ganz andere Frage.

Medea in Übereinstimmung mit antiker Auffassung von Rache?

Medeas Verhalten entspricht in gewisser Hinsicht genau der Auffassung Nietzsches. Nach dem erlittenen Unrecht „**wartet**“ sie zunächst ab (vgl. Z. 1), führt **Gespräche**, um mehr zu erfahren (u. a. mit Kreon und Iason), und überlegt sich dann einen geheimen **Racheplan**, der die **Ermordung Glaukes sowie der Kinder von Iason und Medea** vorsieht. Schließlich führt sie diesen Plan eiskalt aus: Medea bittet vermeintlich um einen Aufschub der Verbannung für einen Tag und darum, dass wenigstens ihre Kinder in Korinth bleiben dürfen. Deshalb lässt sie der neuen Gattin Iasons ein Geschenk überbringen, das allerdings vergiftet ist. Nicht nur Glauke fällt ihr zum Opfer, sondern auch König Kreon. Letztendlich tötet sie ihre eigenen Söhne und weigert sich, Iason die Leichen der Kinder zu übergeben. **Medea flieht** mit dem Drachenwagen durch die Nacht zu Aigeus nach Athen.

Medeas Rache teilweise im Sinne Nietzsches

Insofern lässt sich feststellen, dass ein Teil von Nietzsches Auffassung auf Medeas Handlungen zutreffen: Ihr wurde **Leid angetan**,

Medeas fehlende „Gelassenheit“

sie überlegt, wie ihre Rache aussehen könnte, und verübt diese dann auf die „furchtbarste Art“ (Z. 4). Ob auch Nietzsche diese **Rache als gerecht empfinden** würde, kann jedoch nicht beantwortet werden, da aus dem vorliegenden Zitat nicht hervorgeht, was Nietzsche konkret unter Gerechtigkeit versteht – ob er dabei beispielsweise die Anwendung von Gewalt erlauben würde oder ob er es hinnehmen würde, dass Unschuldige der Rache zum Opfer fallen. Man kann aber zweifelsfrei feststellen, dass Medea auf keinen Fall die **innere „Gelassenheit“** (Z. 3) besitzt, die für Nietzsche eine Voraussetzung zur Racheausübung ist. Medea wird vielmehr **angetrieben von ihrer rasenden Wut**, von ihrem verletzten Stolz und von einem unstillbaren Verlangen nach Rache.

Was ist eigentlich Gerechtigkeit? Leerstelle im Nietzsche-Zitat

Dabei waren Medeas Taten ja keinesfalls alternativlos, es hätte sehr wohl **andere Handlungsoptionen** für sie gegeben, wenn sie „gelassener“ gewesen wäre. Sie hat sich jedoch einzig und allein von ihrer unbändigen Wut leiten lassen. Der nüchtern – und durchaus heuchlerisch – argumentierende Iason wollte Medea in gewisser Weise helfen: Laut eigener Aussage hat er **gegen ihre Verbannung gestimmt**. Dass Medea und die Söhne doch verbannt werden sollen, hänge für Iason damit zusammen, dass Medea nicht aufgehört habe, das korinthische Königshaus zu bedrohen. Iason bietet Medea auch **finanzielle Unterstützung** für die Zeit ihrer Verbannung an und lässt sich sogar auf einen **Kompromiss** ein – nicht ahnend, dass er damit Medea bei ihrer grausamen Rache behilflich ist: Er will Medea bei ihrer Bitte unterstützen, dass ihre gemeinsamen Söhne in Korinth bleiben dürfen und nur Medea in die Verbannung gehen muss, und begleitet dafür die Söhne auf dem Weg zur Königstochter Glauke. Somit hätte es also **Chancen für Medea** gegeben, ihre Situation zumindest teilweise zu verbessern oder Iason auf andere Art und Weise zu bestrafen, ohne dabei unschuldige Menschen zu töten.

Medeas nicht wahrgenommene Möglichkeiten

Widerspruch zu Nietzsches Auffassung

Bei allem Verständnis für Medeas Enttäuschung und Wut muss man ihre Tat aus heutiger Sicht selbstverständlich ablehnen und verurteilen. Ihrem Verhalten fehlt **jede Verhältnismäßigkeit und moralische Rechtfertigung**. Für Iason ist der Verlust seiner beiden Söhne die härteste und schlimmste Bestrafung, die ihm seine wütende Ehefrau antun kann. Die **eigenen Kinder** zu **verlieren**, ist ohnehin das Schrecklichste, was Eltern widerfahren kann. Iason erleidet diesen Verlust aber nicht wegen eines Unfalls oder einer todbringenden Krankheit, sondern weil Medea als Mutter **eigenmächtig über den Tod der Söhne entschieden** hat. Die beiden Söhne waren zudem die einzigen männlichen Erben, die Iason zu diesem Zeitpunkt hatte; Medea hat somit auch ein Stück weit die Zukunft seines Geschlechts zerstört. Sie fällt das Urteil und der Vater muss hilflos mit den Konsequenzen leben.

Verurteilung von Medeas Taten

Tötung der Kinder als grausamer Akt der Selbstjustiz

Diese Racheausübung fällt mit Sicherheit nicht mit dem Üben von Gerechtigkeit zusammen. Medea tötet ihre eigenen Kinder, ihr eigen Fleisch und Blut, eigentlich das Wertvollste, was sie besitzt. Diese Kinder, so scheint es, sind damals in Liebe gezeugt worden, Medea und Iason wollten ihrem Geschlecht eine Zukunft geben. Medea, die als Mutter die tiefsten Gefühle für ihre Kinder hegen sollte, **tötet die unschuldigen Söhne aus ihrer Wut heraus**. Diese haben nichts mit dem Ehebruch ihres Vaters zu tun. Indem Medea ihnen das Leben nimmt, begeht sie die **viel größere Ungerechtigkeit**, da Iasons bewusster Fehltritt nicht die Ermordung der Söhne rechtfertigt. Einen Ehebruch mit mehreren Morden zu vergelten, ist **hinterhältig** und **moralisch absolut verwerflich**. Insofern stand durchaus eine „Instanz" über Medeas Rachetat, „an die noch appelliert" (Z. 4 f.) hätte werden können, nämlich Moral, Mitgefühl und Vernunft. Medea **blendet** jedoch jede Regung von **Menschlichkeit aus**. Ihrer Rache fallen auch Menschen zum Opfer, die für die ihr zugefügte Verletzung nicht im Geringsten verantwortlich sind, sondern vielmehr des Schutzes und der Hilfe bedürfen. Dies kann man als Leser nicht als gerecht oder nachvollziehbar empfinden.

Medeas schwere Schuld

Medeas rasende Unmenschlichkeit

Abschließend lässt sich sagen, dass Medeas Rache an Iason in keiner Weise mit Gerechtigkeit vereinbar ist. Medea ist eine zutiefst verletzte und gekränkte Ehefrau und Mutter, die von ihrem Mann bloßgestellt und beschämt wurde; für ihre Lage kann man als Leser **Mitgefühl entwickeln**. Aus antiker Sicht wäre ihr Verlangen danach, sich an Iason zu rächen und ihm zur Wiederherstellung der eigenen Ehre Schaden zuzufügen, sogar in gewisser Hinsicht nachvollziehbar. Dennoch dürfte auch für das antike Verständnis von Rache **das schreckliche Ausmaß ihrer Taten** in keinem Verhältnis zum erlittenen Unrecht stehen. Das **Ermorden von Unbeteiligten** lässt sich mit dem Üben von Gerechtigkeit nicht vereinbaren. In vielerlei Hinsicht trifft Nietzsches Auffassung auf Medeas Vorgehen zu, dennoch bleibt auch hier die Frage offen, ob ihre Rachetat unter **Nietzsches Verständnis von Gerechtigkeit** fällt.

Fazit:

Verständnis für Medeas Wut, Empörung über ihre abscheuliche Tat

Leistungskurs Deutsch (Sachsen): Abiturprüfung 2018
Aufgabe 4: Literarische Erörterung

Lukas Bärfuss (*1971): Der Ort der Dichtung (2011)

Es ist so eine Sache mit den Dichtern und der Dichtung. Man scheint sie zu brauchen, aber man weiß nicht, wozu. Die einen suchen in der Literatur Zerstreuung von den Zumutungen des Alltags, die anderen Kritik an den Verhältnissen. Das wäre nicht weiter beunruhigend, weil es schließlich verschiedene Bedürfnisse gibt, die verschieden befriedigt werden wollen. Aber für den Staat liegt die Sache anders. Er mag keine ungeklärten Verhältnisse. Er will die Beziehung zu den Berufen regulieren, erteilt Zulassungen, verteilt Diplome und erlässt Vorschriften. Ein Metzger muss die Tierschutzbestimmungen und die Hygienevorschriften kennen, und ein Arzt braucht die Approbation, damit er seinen Beruf ausüben darf.

Voraussetzung dafür ist, dass es ein Einverständnis über den Nutzen eines bestimmten Gewerbes gibt, und für die allermeisten Tätigkeiten gibt es diese Übereinkunft. Nicht aber für den Fall der Dichter. Sie leben zwischen den Verhältnissen, gerade auch zwischen den wirtschaftlichen.

Einen Teil ihres Einkommens verdienen sie als freie Gewerbetreibende, indem sie auf dem Markt ihre Ware, das Buch, verkaufen. Daneben treten sie als Schauspieler ihrer selbst vors Publikum, und für ihre Lesungen erhalten sie eine Gage. Der Staat überreicht ihnen bisweilen Stipendien oder Preise, aber das sind außerordentliche Situationen. Ordentliche kennt der Staat im Falle der Dichter nicht.

Um den Dichtern einen Platz zuweisen zu können, müsste man zuerst klären, welchen Nutzen sie dieser Gesellschaft bringen. Falls es diesen Nutzen überhaupt gibt. Der griechische Philosoph Platon wollte die Dichter aus dem Staat verbannen, weil ihre Werke, so schreibt er in seiner *Politeia,* Empfindungen auslösen, die für das Gemeinwesen schädlich seien. Sie kräftigten mit ihren Werken den niedrigen Teil der Seele und verübten den vernünftigen. Und Platon hat auch gleich die Beweislast umgedreht und sardonisch gemeint, wenn die Poeten den Nachweis erbringen könnten, warum sie einem Staate nützlich seien, könne man sie unter Freuden wieder aufnehmen. Ein verführerisches Angebot – ein Dichter sollte sich trotzdem gut überlegen, ob er es annehmen will.

Denn sobald er versucht, seinen Werken eine Funktion einzuschreiben, und ihnen und sich selbst damit einen Ort im Sinne einer gesellschaftlichen Position zuweist – sei es als unbeschwerter Unterhalter oder streitsüchtiger Kritiker –, beschädigt er seine Dichtung. Die übliche Professionalität kann er sich nicht leisten. Von einem Zahnarzt erwarten wir, dass er den faulen Zahn flickt wie hundert Mal zuvor. Und wenn er sich an unserem Gebiss zu schaffen macht mit den Worten, heute wolle er einmal etwas Neues ausprobieren, worin er keinerlei Erfahrung habe, dann werden wir uns sehr schnell einen weniger experimentierfreudigen Kollegen suchen. Was uns beim Zahnarzt in Schrecken, bei einem Handwerker in Misstrauen versetzt, das erwarten wir von den Dichtern. Wenn man von einem Werk sagt, es sei solide, gut ausgeführt und genau das, was man von diesem Dichter erwartet habe, dann wird er dies schwerlich als Lob auffassen. Er soll mit jedem neuen Werk unbekanntes Gelände erkunden.

Das ist derselbe Anspruch, wie man ihn auch an die Wissenschaft stellt. Neue Erkenntnis, nicht die Bestätigung des bereits Bekannten. Der Dichter als Forscher also – und das wäre vielleicht ein Ort für ihn. Aber an den Universitäten findet man selten Poeten. Sie müssten doch, da sie den Bereich des Erfahrbaren erweitern, ihre eigene Fakultät haben. Zwar trifft man an den Unis auf Philologen, die sich mit den Werken der Dichter beschäftigen, sie erschließen, kommentieren, aber die Dichter selbst findet man dort nicht. Offenbar kennt man die Funktion des Ornithologen, aber man weiß nicht, was man mit den Vögeln anfangen soll.

Tatsächlich unterscheidet sich der Dichter vom Wissenschaftler, weil die Literatur, die Kunst überhaupt, keinen Fortschritt kennt. James Joyce hat Charles Dickens nicht widerlegt, und gewisse Werke behalten ihre Gültigkeit, auch wenn die Welt, auf die sie sich beziehen, sich vollständig verändert hat. Wir lesen Homer, obwohl wir nicht mehr zu Pferd in die Schlacht ziehen. Und so ist die Dichtung auch bei den Wissenschaften höchstens gelitten, nicht aufgehoben, und der Dichter steht immer noch da, ohne Ort, und etwas Verlässliches über die Funktion, den Nutzen seiner Werke haben wir nicht gefunden.

[…]

Aus: Lukas Bärfuss: Stil und Moral. Essays. Göttingen: Wallstein Verlag 2015, S. 108 ff.

Arbeitsanweisung:

Analysieren Sie den vorliegenden Text von Lukas Bärfuss.

Erörtern Sie ausgewählte Aussagen am Beispiel zweier Werke aus dem Deutschunterricht der Sekundarstufe II.

Lösungsvorschlag

Die Aufgabenstellung verlangt von Ihnen Verfahrenskenntnisse in der **Analyse von Sachtexten** *und im* **literarischen Erörtern**. *Dazu müssen Sie zum einen den Auszug aus Bärfuss' Essay analysieren, um die darin enthaltene Sicht auf die* **Funktion von Dichtung im gesellschaftlichen Kontext** *zu erschließen. Auf dieser Grundlage wird von Ihnen zum anderen eine differenzierte* **Auseinandersetzung mit zwei Werken aus dem Lektürekanon** *der Sekundarstufe II erwartet, die neben individuellen Lese- auch Theatererfahrungen einschließen kann. Sichere* **Werkkenntnisse zu diesen Lesestoffen** *stellen Ihnen ein reiches Spektrum möglicher Figuren, Figurenkonzeptionen, Figurenbeziehungen bzw. Handlungselemente und Konfliktpotenziale für die anschauliche Auseinandersetzung mit Bärfuss' Überlegungen zur Verfügung. Beachten Sie, dass bei einer literarischen Erörterung* **unter Umständen keine Pro-/Kontra-Argumentation** *geführt werden muss. Da keine Problemfrage vorliegt, bei der Sie nach Abwägung verschiedener Gründe für die eine oder andere Seite entscheiden müssten, kann die von Ihnen gewählte Auseinandersetzung z. B. auch durch analogisierende Argumente bestimmt werden, mit denen das Problem sozusagen eingekreist wird.*

Bei der Auswahl der von Ihnen zur Argumentation verwendeten Texte sollten Sie bedacht vorgehen. Da die Einbeziehung von genau zwei Werken gefordert wird, sollten Sie sich auch auf diese Forderung einlassen – jedes weitere einbezogene Werk erlaubt zwar eine größere Breite in der Argumentation, schränkt aber notgedrungen die zu erwartende Tiefe ein. Insofern kommt es darauf an, nach Möglichkeit **sinnvolle Bezüge zwischen den verwendeten Texten** *herzustellen. Das könnten etwa im Fall der Medea-Texte stoffliche Zusammenhänge der Mythos-Bearbeitungen von Euripides und Christa Wolf sein. Oder Sie entscheiden sich für eine gattungsbezogene Auswahl von Lektüren (z. B. die Tragödien „Hamlet" und „Maria Stuart", die Romane „Landnahme" und „Corpus Delicti"). In jedem Fall sollten Sie diese Bezüge auch in Ihrer Erörterung thematisieren, um so den Eindruck von Beliebigkeit zu vermeiden.*

Kenntnisse zu **Biografien der Autoren** *sollten Sie nach Möglichkeit einfließen lassen. Sie werten diese Arbeit ebenso auf wie Epochenbezüge zu den Entstehungszeiten der literarischen Werke oder Informationen zu deren Rezeption in der deutschen Literaturgeschichte.*

Einleitung:
Spektrum des Lektürekanons

Von der *Medea* des Euripides bis zu *Medea. Stimmen* reicht der Lektürekanon im Deutsch-Leistungskurs am sächsischen Gymnasium. **Zweieinhalb Jahrtausende Literaturgeschichte**, komprimiert in knapp zwei Jahre Abiturstufe; fünf Unterrichtsstunden in der Woche von der griechischen Tragödie (vor Christus) bis zum polyphonen Roman (kurz nach der Wende, aber kurz vor Ende des Jahrtausends). Wir thematisieren die Erhabenheit der Maria und das Elend des Dänenprinzen ebenso wie den hohen Klang rilkescher Verse und den nüchternen Duktus kafkascher Prosa. Der Aufstieg Bernhard Habers und der Fall Mia Holls waren Schwerpunkte unserer literarischen Beschäftigung. Auch **Lukas Bärfuss** denkt darüber nach, **was Literatur eigentlich ist**, was sie will, und was sie, in Bezug auf den

Überleitung zum Text von Bärfuss

Leser, können kann und können soll. Das **Ergebnis seiner Überlegungen** ist aber einigermaßen überraschend: nämlich **eindeutig uneindeutig**.

Analyse

Bärfuss' Suche nach der Funktion von Literatur

Mit seinen Ausführungen unter dem Titel *Der Ort der Dichtung* aus dem Jahr 2011 richtet sich Bärfuss an ein geschultes Publikum, das mit seinen Überlegungen zu **Nutzen und Aufgabe von Dichtung** vertraut gemacht werden soll. Auch wenn deren Funktion in der bzw. für die Gesellschaft nicht immer konkret und detailliert beschrieben werden könne, wird doch in dem **Bemühen des Autors um die Zuweisung eines Platzes für Literatur** – eben eines „Ortes für Dichtung" – deutlich, dass er von deren Notwendigkeit überzeugt ist.

Argumentationsstruktur und gedanklicher Gehalt:

Erwartungen der Leser

Die sieben Abschnitte des gegebenen Auszugs dokumentieren die Suche des Verfassers nach diesem Platz, der nicht so einfach zu finden ist. Die Gründe dafür liegen wohl auch in den **unterschiedlichen Bedürfnissen der Leser** – die einerseits „Zerstreuung von den Zumutungen des Alltags" (Z. 2 f.), andererseits „Kritik an den Verhältnissen" (Z. 3) suchen.

Verhältnis zwischen Staat und Dichter

Diese schwierigen, weil „**ungeklärten Verhältnisse**" (Z. 6) seien für den Staat problematisch, wie Bärfuss in den ersten beiden Abschnitten zu Beginn seiner Argumentationskette ausführt (vgl. Z. 1–13). In dem Bestreben, sämtliche Beziehungen in der Gesellschaft regulieren zu wollen, würden Zulassungen erteilt, Diplome verteilt und Vorschriften erlassen (vgl. Z. 6 f.). „Tierschutzbestimmungen", „Hygienevorschriften" und die ärztliche „Approbation" (Z. 7 ff.) werden als Beispiele für den **Reglementierungswillen des Staats** angeführt, dem die Dichter jedoch, weil sie „zwischen den Verhältnissen" (Z. 12) leben würden, entgehen könnten.

Einnahmequellen für Dichter

Im dritten Abschnitt (vgl. Z. 14–18) zeigt Bärfuss an mehreren Beispielen, auf welche Art und Weise Dichter zu ihrem **Einkommen** kommen: als „freie Gewerbetreibende", als „Schauspieler" oder als Empfänger von „Gage", „Stipendien oder Preise[n]" (Z. 14 ff.). In jedem Falle seien diese Einkünfte aber unregelmäßig bzw. „außerordentli[ch]" (Z. 17), womit er die **problematischen Einkommensverhältnisse** euphemistisch umschreibt.

schädlicher Einfluss der Literatur?

Das scheinbare **Autoritätsargument** mit Bezug auf den griechischen Philosophen **Platon**, das sich im vierten Absatz anschließt (vgl. Z. 19–28), bekräftigt zunächst noch einmal die fragwürdige Rolle der Dichter. Platon schreibt in seiner *Politeia*, Dichter seien aus dem Staat zu verbannen, weil ihre Werke „für das Gemeinwohl schädlich" (Z. 22 f.) seien. Sie sollten daher selbst ihre **Nützlichkeit beweisen**. Mit dem Hinweis, dass dies ein „**verführerisches Angebot**" (Z. 26 f.) sei, der Dichter sich aber gleichwohl überlegen solle,

„ob er es annehmen will“ (Z. 27 f.), macht Bärfuss jedoch seine **indirekte, ironisierende Argumentation** deutlich: Er teilt Platons Auffassung nicht, was auch in den folgenden Abschnitten deutlich wird, in denen die außergewöhnlichen Herausforderungen im Dichterberuf durchaus positiv dargestellt werden.

Indem er im fünften Abschnitt (vgl. Z. 29–40) die Dichter mit Zahnärzten und Handwerkern vergleicht, deren „übliche Professionalität“ (Z. 32) der Dichter sich nicht leisten könne, wertet er das Handwerk der Dichtung enorm auf. Es sei außergewöhnlich und mit herkömmlichen Maßstäben nicht erfassbar. Weil er „mit jedem neuen Werk unbekanntes Gelände erkunden“ solle (Z. 40), müsse der Dichter **neugierig, kreativ und experimentierfreudig** sein, was man weder vom Zahnarzt noch vom Klempner, Schlosser oder Tischler erwarten dürfe. Vielmehr rücke der Anspruch, „[n]eue Erkenntnis“ (Z. 41) zu generieren, den Dichter in die **Nähe des Wissenschaftlers**.

Anforderung an Dichter, neue Erkenntnisse zu liefern

Deshalb wird im sechsten Abschnitt (vgl. Z. 41–48) die **Universität als möglicher Ort** für Poeten in Erwägung gezogen (vgl. Z. 42 f.). Aber auch dieser Gedanke müsse verworfen werden, weil literarische Werke, jedenfalls die besten, anders als wissenschaftliche Erkenntnisse **keinem Verschleiß unterworfen** seien (vgl. siebter Abschnitt, Z. 49–56). Stattdessen dürften sie **ewige Gültigkeit** beanspruchen (vgl. Z. 49 ff.). Mit den Beispielen der klassischen Autoren Homer, Dickens und Joyce untermauert Bärfuss diese These.

Anspruch der Dichtung auf Überzeitlichkeit

Mit einer gewissen **Ratlosigkeit** endet der vorliegende Auszug. Bärfuss hat das Thema zwar eingekreist; indessen scheint es ihm in der Kürze des Textes nicht möglich, „etwas Verlässliches“ (Z. 55), d. h. eine eindeutige Antwort auf die Frage nach dem „Ort der Dichtung“ zu finden. Das legt nahe, dass die **Stellung von Dichtung** in ihrem gesellschaftlichen Kontext **von jedem Leser selbst gefunden** werden müsse. Denn diese Position ist zum einen abhängig davon, ob sich der Autor „als unbeschwerter Unterhalter“ oder als „streitsüchtiger Kritiker“ (Z. 31) versteht – und zum anderen, mit welchen Erwartungen der Leser an die Literatur herantritt.

keine Funktionszuschreibung möglich

Betrachtet man Bärfuss’ Text unter sprachlichen Gesichtspunkten, fällt die deutliche **Ansprache seiner Leser** ins Auge. Das Pronomen „wir“ im letzten Satz des Auszugs (Z. 56) deutet darauf hin, dass er den Leser zu einem **Einverständnis mit seinen Aussagen** überreden möchte. Jedenfalls ist sein Umgang mit bildhaften Beispielen sehr unterhaltend, auch weil er dem Leser durch seine **Anschaulichkeit** die schwierige Situation des Dichters verdeutlichen will. Einen Schriftsteller mit Metzgern (vgl. Z. 7), Ärzten (vgl. Z. 8, 32, 36 f.),

sprachliche Gestaltung:

Bemühen um Bildhaftigkeit

Handwerkern (vgl. Z. 37) oder gar Ornithologen (vgl. Z. 47) zu vergleichen, ist ungewöhnlich und lässt nachvollziehbar werden, warum ein Platz für diese Spezies so schwer zu finden ist: In der **Komplexität dieser Welt** ist das Berufsbild des Dichters wohl kaum in einem Katalog zur Berufsorientierung zu finden.

Herausarbeiten von Gegensätzen

Aber auch die Gegensätze jenseits der sprachlichen Bilder zeigen, wie Bärfuss den Leser immer wieder geschickt zu lenken versucht. Da sind zum einen die **Antithesen**, mit denen er die Begriffe „Staat" und „Dichtung" einander gegenüberstellt: Ordentliche und außerordentliche Situationen (vgl. Z. 17 f.) werden gegeneinander abgewogen, die Dichtung dem Handwerk (vgl. Z. 29 ff.) entgegengesetzt, die fortwährende Gültigkeit von Dichtung mit der vollständigen Veränderung der Welt kontrastiert (vgl. Z. 49 ff.). Zum anderen sind es bestimmte **Wortfelder**, mit denen Bärfuss die thematische Einkreisung vorantreibt, wenn er von der Brauchbarkeit der Dichtung (vgl. Z. 1), von „Bedürfnisse[n]" (Z. 4), vom „Nutzen" (z. B. Z. 10), von „Funktion" (z. B. Z. 29) und von „Anspruch" (Z. 41) spricht.

Vokabular zur „Nützlichkeit" der Literatur

Erörterung:

Kafkas unstetes Leben als Schriftsteller

Bärfuss' Wortspiel über die „außerordentliche[n] Situationen" (Z. 17), in denen die Dichter stecken, verweist ziemlich naheliegend auf die Lebenssituation Franz Kafkas, dessen Berufsleben seiner schriftstellerischen Existenz oftmals im Wege stand. Mit den Erlösen aus dem Verkauf seiner Texte wäre kein bürgerliches Leben, gar noch für eine Familie, zu finanzieren gewesen. Seine **Tätigkeit als Versicherungsbeamter** war deshalb zwar einerseits notwendig, andererseits aber auch **der künstlerischen Hingabe abträglich**. Nicht umsonst wohl hatte Franz Kafka seinen Freund Max Brod testamentarisch verpflichtet, nach seinem Tod alle **unveröffentlichten Schriften zu verbrennen**. Für ihn war Dichtung vor allem ein Mittel zur Erkundung des eigenen Ichs, weniger auf ein Lesepublikum hin geschrieben als vielmehr zur **Selbstverständigung**, und mit dem Anspruch auf Perfektion, d. h. auf Außerordentlichkeit.

Funktion von Dichtung für Kafka

Franz Kafka: *In der Strafkolonie*

Sein **Ringen um die perfekte künstlerische Form** ist auch im Fall der Erzählung *In der Strafkolonie* nachzuvollziehen. Er war mit dem Schluss der Geschichte selbst nicht vollends zufrieden, der Verkauf war mühsam: Die 1 000 Exemplare der ersten Auflage, die erst 1919 erschien, reichten für mehr als zehn Jahre. Und nun lesen tausende (sächsische) Abiturienten jedes Jahr dieses **Beispiel grotesker**, **absurder**, **befremdlicher Literatur**. Warum? Und mit welchem Ergebnis? Welchen Platz hat diese Dichtung in den Bücherschränken des Landes – oder welche Funktion in der Leseliste des Freistaates?

Hat Kafka seiner Erzählung eine „Funktion [ein]schreiben“ (Z. 29) wollen? Dass er mit diesem Text kaum der „unbeschwert[e] Unterhalter“ (Z. 31) sein will, liegt auf der Hand – aber auch für „streitsüchtig[e] Kriti[k]“ (Z. 31) gibt es keine Indizien. Das hieße, dass Bärfuss Recht hat, wenn er im Falle solcher Indienstnahmen eine Beschädigung von Dichtung prophezeit (vgl. Z. 31 f.). Gerade weil Kafkas Dichtung **keine offensichtliche Funktion** zu haben scheint, sondern am ehesten als **Ausdruck eines allgemeinen Unbehagens** an den gesellschaftlichen Umbrüchen vor dem Ersten Weltkrieg verstanden werden kann, ist sie so herausragend anders und für ihre Leser immer wieder herausfordernd.

Funktion von *In der Strafkolonie?*

Deutungsoffenheit von Kafkas Text

Die Konstellation zwischen den beiden Hauptfiguren überprüft, wie angesichts neuer Entwicklungen Überliefertes bewahrt werden kann. Der **Offizier**, unter dessen Verantwortung und Allmacht die Bestrafungen in der Kolonie nach den Ritualen des alten Kommandanten vorgenommen werden, trifft auf einen **Reisenden**, der im Auftrag des neuen Kommandanten die **Rechtmäßigkeit des Verfahrens prüfen** soll. Der Offizier ist mit Hingabe bei der Sache; voller Leidenschaft versucht er, den Prüfer von der Zweckmäßigkeit, ja von der Schönheit eines Apparates zu überzeugen, mit dessen Hilfe dem Verurteilten seine **Schuld buchstäblich auf den Leib geschrieben** wird. Der Tod des Verurteilten infolge der Prozedur wird vom Offizier nicht nur billigend in Kauf genommen, sondern sogar mit dessen einhergehender Erkenntnis der Schuld und der damit verbundenen Erlösung gerechtfertigt.

Annäherung an den Sinngehalt durch Wiedergabe der Handlung

Brutalität des Bestrafungsapparats

Der Reisende hingegen, ein Europäer, ist skeptisch. Er versteht nicht, warum das aus seiner Sicht **barbarische Verfahren** vom Offizier so vehement verteidigt wird. Die Identifikation des Offiziers mit der „Maschine“, die in ihrer technischen Perfektion zu dessen Lebensinhalt geworden ist, ist „zweifellos“. Mit ihrer Hilfe übt er seine **absolute Macht auf der Insel** aus. Er verurteilt, richtet und bestraft die von ihm ohne jeglichen Zweifel oder Skrupel dazu bestimmten Opfer.

Unverständnis des Reisenden

Der Leser ist bei der Deutung von Kafkas Versuchsanordnung ebenso **ratlos wie Bärfuss**, wenn dieser die Funktion von Dichtung bestimmen will. Die Bewunderung oder gar **Ehrfurcht des Offiziers** in Bezug auf die absolute, „zweifellose“, Ästhetik einer Maschine, die aber eben nicht nur ein Präzisionsinstrument, sondern vor allem ein **Tötungswerkzeug** ist, stößt ihn ab. Ernüchternd ist andererseits aber auch die **Zurückhaltung**, mit der der Reisende über den gesamten Gesprächsverlauf hinweg agiert, und die Vorsicht, mit der er seine Ablehnung der Mordmaschine dem neuen Kommandanten nur unter vier Augen mitzuteilen beabsichtigt.

keine Identifikation des Lesers mit den beiden Figuren möglich

Die Spannung des Lesers, seine ergebnislose Suche nach einer Identifikationsfigur und seine **Bemühungen um ein Verständnis** des Textes enden auch nicht am **Schluss der Erzählung**. Statt beim neuen Kommandanten für die Abschaffung des blutigen Rituals zu votieren, besucht der Reisende das **Grab des alten Kommandanten**. Statt sich um das weitere Schicksal des Verurteilten und des Soldaten zu kümmern, bedroht er sie und **verlässt** schließlich fluchtartig den **Schauplatz des Geschehens**.

Rätselhaftigkeit des Textes

Die Offenheit des Textes lädt zu einer **Vielzahl von Deutungen** ein. Offensichtlich scheint zu sein, dass Kafkas „Ort der Dichtung" nicht zufällig eine exotische Insel weit weg von Europa ist – der Protagonist aber mit seinem europäischen Blickwinkel seine Schwierigkeiten hat, die ihm fremdartigen Verhaltensweisen und Einstellungen angemessen zu bewerten und seinerseits darauf zu reagieren. Die dabei zutage tretenden **Eskalationen der Gewalt** fordern eigentlich eine deutlichere Parteinahme, ein **Eingreifen des Reisenden** zugunsten einer humanistischen oder wenigstens humanitären Lösung. Sie ist dem Europäer, d. h. dem Fremden – der nicht involvierten „unparteiischen" Partei – nicht gegeben. Greift er trotzdem ein, macht er sich ebenso mitschuldig. Im ersten Fall liegt seine Schuld in der Unterlassung, im zweiten in der Anwendung unzulässiger Maßnahmen. Das **Dilemma** ist „immer zweifellos"; und schon Kafka hatte es erkannt und beschrieben.

keine offensichtliche Funktion von *In der Strafkolonie*

mögliche Kritik am Verhalten des Reisenden

Weniger schwierig als die Zuschreibung einer „Funktion" zu Kafkas Erzählung ist die **Standortbestimmung für** Juli Zehs Roman ***Corpus Delicti***. Als angesehene Biologin ist die Protagonisten **Mia Holl** eine Vorbild-Figur im staatlichen System, das sie mit ihrer naturwissenschaftlichen Arbeit unterstützt, bis ihr **Bruder Moritz** wegen einer falschen Mord-Anklage im Gefängnis Selbstmord begeht. Die Trauer um ihren Bruder führt zu Zweifeln an seiner Schuld und die Zweifel an seiner Schuld führen zu **Zweifeln an der METHODE**. Deren behauptete Unfehlbarkeit wird durch Mia und ihren Anwalt Rosentreter immer deutlicher als bloßes Phantom entlarvt.

Juli Zeh: *Corpus Delicti. Ein Prozess*

Mia Holls Weg zur Rebellin

Als **Juristin** und **gesellschaftspolitisch engagierte Journalistin** ist Juli Zeh zweifellos dem „Staate nützlich" (Z. 26), aber als Schriftstellerin erkundet sie „**unbekanntes Gelände**" (Z. 40): Denn *Corpus Delicti* spielt in einem gesellschaftlichen System, das es so nicht gibt; es besteht aber – zumindest nach Zehs Auffassung – die Gefahr, dass dieses System Realität werden könnte.

Frage nach dem Nutzen von *Corpus Delicti*

Einerseits laufen **Indoktrination** und **Propaganda** (wie im Beispiel der Wächterhäuser oder der Talk-Show mit Würmer) als Inszenie-

thematische Aspekte:

rung für die Massen nahezu perfekt. Andererseits reagiert der totalitäre Apparat des Überwachungsstaats mit **repressiven Maßnahmen** bei Nichtbefolgung der Gesundheitsregeln (fehlende Berichte, ausgelassene Fitness-Einheiten) rigide mit juristischen Mitteln wie fürsorglicher Betreuung, Abmahnungen, Auflagen, Anklagen. Ein **Justizirrtum**, wie er im Fall Moritz stattfindet, wird durch die staatlichen Organe nicht in Erwägung gezogen: Weil nicht sein kann, was nicht sein darf, müssen auch keine Ermittlungen dahingehend geführt werden; die METHODE hat immer Recht.

totalitäre Gesundheitsdiktatur

Entlarvung des Systems durch den Fall „Moritz Holl"

Als sich schließlich zeigt, dass die METHODE tatsächlich geirrt hat, scheint es zunächst für einen Moment, als könnte Mias mutiges **Eintreten für das Recht des Individuums** auf einen fairen Prozess, auf seine Selbstbestimmung und seine Freiheit womöglich eine **Veränderung des Systems** bewirken. Aber dann wäre der Roman keine Dystopie, sondern ein Polit-Märchen. Das System schlägt zurück. Nachdem Mia durch „Einfrieren auf unbestimmte Zeit" kaltgestellt werden soll, ist die **Wendung am Schluss des Romans** umso ernüchternder. Damit sie von den Systemgegnern nicht zur Märtyrerin stilisiert werden kann, wird sie zur Bewährung im Alltag und zur „Resozialisierung" (in einem asozialen System) verurteilt. Zur Höchststrafe, sozusagen.

Scheitern von Mias Kampf um Freiheit

Was Juli Zeh bzw. ihre Erzählfigur uns darbietet, spielt angeblich „in der Mitte des [21.] Jahrhunderts". Nur: Die Elemente ihrer Erzählung kommen uns seltsam vertraut vor. Wir kennen die repressiven **Methoden staatlicher Überwachung** aus den Diktaturen des 20. Jahrhunderts ebenso wie den **Fitness-Wahn** und die „gläsernen" Bürger, deren Daten nicht weniger als geschützt sind, aus der unmittelbaren Gegenwart. Wir kennen die Überwachung von mutmaßlichen Gefährdern, die nach Europa kommen, Diktaturen, die nach außen keine sein wollen. Wir kennen auch Zensur, **willkürliche Festnahmen** von Journalisten, Datenklau und Phishing in sozialen Netzwerken … Aus dem Geschichtsunterricht (und der Sekundärliteratur zu *Corpus Delicti*) wissen wir um Inquisition, Hexenverfolgung, Folter und Schauprozesse. Wer die Schauplätze dystopischer Literatur nur in einer fiktiven Wirklichkeit der Zukunft sucht, muss die Merkmale des Genres noch einmal überprüfen. Der **Ort dystopischer Dichtung** ist in aller Regel eher die **Gegenwart des Autors** als eine imaginäre Zukunft.

Corpus Delicti und aktuelle gesellschaftliche Entwicklungen

Gegenwartsbezug von dystopischer Literatur

Resümierend lässt sich sagen, dass **Bärfuss' Frage nach dem Ort der Dichtung** ganz offenbar nur eine **rhetorische** war. Weil sie sich allgemein nicht pauschal beantworten lässt, sondern nur jeweils im **Kontext des konkreten Werks und seiner Leser**, muss sie allerdings immer wieder neu gestellt werden.

Relativierung von Bärfuss' Position

Für die diskutierten Werke von Franz Kafka und Juli Zeh lässt sich konstatieren, dass auf sehr unterschiedliche Weise dennoch dasselbe Thema behandelt worden ist: Beide Autoren verlassen ihren historisch gegebenen Lebensraum, um „**fremde**" **Welten zum Ort ihrer Dichtung** zu machen. Kafka wählt einen geographisch entlegenen Raum, einen **Nicht-Ort**, als Schauplatz seiner Erzählung. Der Reisende dahin hat Europa an den Sohlen. Juli Zeh hingegen entscheidet sich für eine **Zeitreise in die Zukunft** – aber sie hat jede Menge Vergangenheit und Gegenwart im Gepäck. Gemeinsam ist den Handlungsorten, dass in ihnen Regeln gelten, die den unseren, in Deutschland, im Jahr 2018, widersprechen. Weder bei Kafka noch bei Zeh gibt es eine **Gewaltenteilung**, wie wir sie aus unserem demokratisch verfassten Gemeinwesen kennen. Der Offizier ist Ankläger, Richter und Exekutor in einem. Der Reisende, der uns näherstehen sollte als andere Figuren der Erzählung, lässt uns enttäuscht zurück. Heinrich Kramer in seiner Omnipräsenz (im Gericht, bei den Medien, als Autor, auf Mias Couch) ist für uns als Leser schwer zu (be)greifen. Mia Holl hätte vielleicht durch ihren **Entwicklungsprozess** das Zeug zur Identifikationsfigur – muss aber auf ein erhabenes Ende (à la Maria Stuart) verzichten.

Vergleich von Kafka und Zeh:

Ort für Dichtung

Ratlosigkeit und Ernüchterung beim Leser

Vielleicht liegt es an solchen schillernden Gestalten, an solchen **ambivalenten Charakteren und Konstellationen**, dass man von guter Literatur immer wieder gefesselt werden möchte. Wenn es den Autoren gelingt, in die von ihnen erzählten Geschichten **unsere eigenen Erfahrungen** mit hineinzuschreiben, dann ist der von Bärfuss gesuchte „Ort der Dichtung" weder die Universität, noch der Zahnarztstuhl, sondern mein Sofa. Wo Literatur von Lesern genutzt wird, wo sich Dichtung entfalten kann und nicht im Regal zum Verstauben verurteilt ist, wird auch der Dichter – und zwar von seinen Lesern – die angemessene Würdigung erfahren. Und sei es durch das „Abarbeiten" eines Lektürekanons.

Schluss:

eigene Überlegungen zum Zweck von Literatur

Grundkurs Deutsch (Sachsen): Abiturprüfung 2019
Aufgabe 1: Interpretation eines epischen Textes

Franz Hohler (*1943): Der Sonderling (1979)

Er war keine alltägliche Erscheinung. Schon von weitem sah man ihm an, daß er eigentlich ein anderer war. War es der Buckel, der ihm aus dem linken Schulterblatt über den Kopf hinauswuchs und auf dem sich ein Zwergreiherpaar eingenistet hatte, welches jeden, der sich nähern wollte, mit langen Schreien vertrieb? Oder war es sein Gang, der bei aller Behendigkeit[1] etwas Hinkendes hatte, was vielleicht daher kam, daß sein rechtes Bein ein Krokodilsschwanz war? Möglicherweise war es auch der Unterleib einer Nixe, die sich in seinem bis über die Knie reichenden Fellmantel versteckte. Genau konnte man es nicht sagen, denn die Reiher ließen niemanden nahe heran, und auch wenn man einen Feldstecher auf ihn richtete, erkannte man ganz unterschiedliche Einzelheiten. So schien es einem manchmal, seine Ellenbogen seien mit Schildkrötenpanzern überzogen, und aus seiner Brust, die immer halb entblößt war, schauten zwei Schweineschnauzen. Um den Gürtel herum war der Mantel stark gewölbt und in ständiger Bewegung, bei günstigem Wind trug es einem Pferdegetrappel an die Ohren, und man vernahm Zurufen und Klatschen einer großen Menschenmenge. Von ihm selber allerdings hat nie jemand etwas anderes gehört als die krächzende Ermunterung: „Hopp, meine Bären!“ Seinen Mund bekam man kaum zu sehen, weil er unter dem Elefantenrüssel, der seine Nase war, stets verdeckt blieb. Seine Haare waren nicht eigentlich Haare, sondern ein Nest von Blindschleichen, aus dem sich die Zwergreiher von Zeit zu Zeit eine herauszerrten. Das waren die Momente, in denen man den Sonderling röhren hörte wie einen Hirsch. Dann ließen die Leute, die ihn von ihren Booten aus beobachteten, wie er an der Mündung des Kanals hin und herging, die Feldstecher sinken und packten ihre Ruder. Einige sagten auch, sie hätten seine Augen gesehen. Sie seien lid- und wimpernlos, und wenn man den Feldstecher ganz scharf einstelle, dann seien es zwei Weltkugeln, die sich im Kopf des Sonderlings um sich selbst drehten.

Auch sein Domizil ist ungewöhnlich. Er hält sich nicht in Häusern, Dörfern und Städten auf wie wir, sondern haust zwischen zwei Buchdeckeln, und er lebt eigentlich nur, wenn man das Buch unvermittelt aufschlägt. Manche aber, die das Buch aufgeschlagen haben, sagen, daß er seither auch bei ihnen lebe, und es scheint, daß er im Begriff ist, seinen bisherigen Wohnort zu verlassen und nach und nach in die Gehirne der Leute einzudringen.

Aus: Franz Hohler: Der Autostopper. Die kurzen Erzählungen. Luchterhand München 2014, S. 259 f.

1 Behendigkeit: Schnelligkeit und Geschicklichkeit

Arbeitsanweisung:

Interpretieren Sie den Text. Erläutern Sie dabei, wie das Verstehen und die Wirkung von Literatur dargestellt werden.

Lösungsvorschlag

Wenn Sie diese Aufgabe bearbeiten wollen, müssen Sie wissen, was ein ***parabolischer Text*** *ist und wie man einen solchen interpretiert. Analysieren Sie zuerst den Inhalt und den Aufbau des Textes sowie die* ***Haltung des Erzählers****. Anschließend sollten Sie die sprachlich-stilistische Gestaltung der Parabel genauer untersuchen. Achten Sie hierbei darauf, dass Sie* ***rhetorische Figuren*** *nicht nur benennen, sondern stets* ***in ihrer Funktion*** *betrachten. Weil es sich eben um einen parabolischen Text handelt, müssen Sie schließlich die Bildebene auf eine Sachebene übertragen. Hier hilft Ihnen die Aufgabenstellung, da Ihnen durch diese eine Interpretationsrichtung vorgegeben wird. Erläutern Sie also – immer in Bezug auf den Text –, wie das* ***Verstehen und die Wirkung von Literatur*** *in Franz Hohlers „Der Sonderling" dargestellt werden.*

Einleitung: Gedanken zum Titel des Textes

Der Titel *Der Sonderling* löst beim Leser eine **gewisse Erwartungshaltung** aus. So muss im Mittelpunkt des Erzählten eine männliche Figur stehen, die sich – **durch ihr Verhalten oder auch ihr Aussehen** – von den anderen Menschen stark unterscheidet.

Interpretation: Aussageabsicht von Hohlers Text

Nach dem Lesen wird schnell klar, dass Franz Hohler in seinem **parabolischen Text** von 1979 eben eine solche Person in den Fokus rückt. Am Beispiel des Sonderlings wird beschrieben, dass literarische Figuren oft besonders sind und spezifische Eigenschaften oder auch **Eigenheiten** aufweisen können. Außerdem thematisiert die Parabel, dass es zwar schwierig sein kann, sich literarischen Texten zu nähern und diese zu verstehen, aber dass Literatur gleichzeitig die **Fantasie anregen** kann; Hohlers Text ist selbst ein Beweis dafür.

erster Teil des Textes

Die Parabel von Franz Hohler besteht aus **zwei Teilen**. Zuerst wird in den Zeilen 1 bis 25 eine unklare Situation beschrieben. Der Leser erfährt kaum etwas über den Raum der Handlung, nur vage wird eine Flusslandschaft angedeutet (vgl. Z. 20 f.). Ebenso unbestimmt ist die Handlungszeit. Im Zentrum der Beschreibung steht „keine alltägliche Erscheinung" (Z. 1), sondern eine eigenartige Figur, die als **Mischwesen aus Mensch und Tier** gekennzeichnet wird. Dieses besticht durch einen äußerst skurrilen Körperbau sowie ungewöhnliches Verhalten. Eine **unbestimmte Menschenmenge** (vgl. Z. 20, 22) beobachtet den Sonderling aus der Distanz.

Handlung und beteiligte Figuren

Weiterhin agiert in der Erzählung ein „**Zwergreiherpaar**“ (Z. 3), das sich im oberen Teil der Titelfigur „eingenistet hatte“ (Z. 3). Es **verhindert, dass** die **Leute sich** dem **Sonderling nähern** können (vgl. Z. 8 f.). Außerdem ernähren sich die Zwergreiher von diesem, da sie sich aus dem „Nest von Blindschleichen“ (Z. 18), das die Haare des Sonderlings darstellt, „von Zeit zu Zeit eine herauszerrten“ (Z. 19).

Zwergreiherpaar als Bestandteil des Sonderlings

Im zweiten Textteil ab Zeile 26 wird der Leser über das **eigentliche Wesen des Sonderlings** aufgeklärt. Man erfährt den konkreten Ort, an dem er zu Hause ist, nämlich „**zwischen zwei Buchdeckeln**“ (Z. 27). Auch wird die anfangs beschriebene Distanz zwischen den Menschen und dem Mischwesen durch das Buch aufgehoben, denn es wird geschildert, dass das Wesen im Begriff ist, „in die Gehirne der Leute einzudringen“ (Z. 30 f.).

zweiter Teil des Textes

Erzählt wird das Geschehen aus einer **auktorialen Perspektive**, was sich daran zeigt, dass der Erzähler das gesamte Geschehen überschaut. Er beschreibt den Sonderling und gleichzeitig das Verhalten der Menschen. Des Weiteren kommentiert er Fakten, indem er z. B. das Äußere der Hauptfigur als nicht alltäglich (vgl. Z. 1) und deren Domizil als „ungewöhnlich“ (Z. 26) bezeichnet. Aber er ist auch **unsicher bezüglich des Erzählten** und zeigt das, indem er Fragen stellt (vgl. Z. 2 ff.) und teilweise die indirekte Rede zur Wiedergabe des Geschehens nutzt (vgl. Z. 22 ff., 28 f.). Dadurch wird auch der Leser auf gewisse Weise verunsichert.

Erzählweise

Vermittlung von Unsicherheit

Insgesamt betrachtet vermittelt die Beschreibung des Sonderlings ein **Gefühl der Fremdartigkeit**, da die Figur aus Teilen verschiedener Lebensbereiche zusammengebaut ist. So werden menschliche Körperteile benannt (z. B. „Schulterblatt“, Z. 2; „Ellenbogen“, Z. 10; „Mund“, Z. 16), die **mit tierischen verbunden** sind. Der Sonderling hat u. a. anstelle des rechten Beines einen Krokodilschwanz (vgl. Z. 6) oder den „Unterleib einer Nixe“ (Z. 7) und einen „Elefantenrüssel, der seine Nase war“ (Z. 17). Außerdem wird das **Bild einer Zirkuswelt** geschaffen, was durch „Pferdegetrappel“ (Z. 13), „Zurufen und Klatschen einer großen Menschenmenge“ (Z. 14) sowie durch die Aufforderung „Hopp, meine Bären!“ (Z. 16) deutlich wird. Indem die Figur mit einem Krokodilschwanz bzw. einem Nixenunterleib sowie einem Nest von Zwergreihern ausgestattet ist, wird zusätzlich das Bild einer **Wasserwelt** erzeugt.

Aussehen des Sonderlings

Verknüpfung verschiedener Bereiche

Neben den Äußerlichkeiten werden **Verhaltensauffälligkeiten** beschrieben. Der Sonderling ist zwar flink unterwegs, hinkt aber (vgl. Z. 5 f.), äußert sich krächzend (vgl. Z. 15) und röhrt wie ein Hirsch

Widersprüchliches am Sonderling

(vgl. Z. 20). Insgesamt entsteht so vor dem Auge des Lesers ein **vielgestaltiges Fantasiewesen voller Widersprüche**. Es fällt dem Leser demnach sehr schwer, sich das Aussehen und das Wesen dieser Figur wirklich vorzustellen.

Verhältnis der Menschen zum Sonderling

Verschiedene Formulierungen, die sich auf **Nähe bzw. Distanz** beziehen, deuten auf den Abstand hin, der zwischen dem Sonderling und den Menschen herrscht. Denn Letztere beobachten „ihn von ihren Booten aus" (Z. 20 f.) durch einen „Feldstecher" (Z. 9) und „[s]chon von weitem" (Z. 1) sieht man dem Protagonisten seine Andersartigkeit an. Diese Distanz erstreckt sich auch auf die Art des Erzählens und wird in der **Verwendung des Konjunktivs** sichtbar. Beobachter sagen, „sie hätten seine Augen gesehen" (Z. 22 f.), diese „seien lid- und wimpernlos" (Z. 23). Dass der Erzähler sich seiner Darstellung ebenfalls nicht sicher ist, zeigt sich auch an **relativierenden Wendungen** wie „eigentlich" (Z. 2) und „[m]öglicherweise" (Z. 6).

Relativierungen durch Erzähler

Auffälligkeiten in der Benennung der Figuren

Die Titelfigur wird im gesamten Text mit dem **Personalpronomen** „er" bezeichnet, wogegen für die anderen Menschen das unpersönliche „man" (Z. 23), „[m]anche" (Z. 28) oder „[e]inige" (Z. 22) verwendet wird. Auch das sorgt für eine **Abgrenzung** zwischen dem Sonderling und den „Leute[n]" (Z. 20). Im zweiten Teil des Textes wird der Leser dann mit dem Pronomen „wir" **direkt in die Handlung einbezogen**. Damit und durch den Wechsel vom Präteritum (im ersten Teil der Parabel) zum Präsens (im zweiten Teil) erfolgt der **Übergang von der Bild- zur Sachebene**.

Wirkung des Textes

Durch die **Gleichnishaftigkeit der Erzählung** wird veranschaulicht, wie das Aneignen von Literatur geschehen kann. Zuerst hinterlässt die Beschreibung einer sehr fremdartigen Erscheinung beim Rezipienten eine **gewisse Ratlosigkeit und Neugier**. Er fragt sich, was dies alles zu bedeuten hat. Zum Schluss erhält der Leser einen Schlüssel, um **Gelesenes übertragen und verstehen zu können**. Im zweiten Teil des Textes wird verdeutlicht, dass es sich bei der Darstellung des Sonderlings und der anderen Menschen um Möglichkeiten des Verstehens, Deutens sowie Wirkens von Literatur handelt.

Sachebene des Textes

Aussagen von *Der Sonderling* über Literatur

So kann man beispielsweise aus der Ungewissheit der Beobachter bezüglich der wahrgenommenen Details sowie dem Wissen darüber, dass der Sonderling „eigentlich ein anderer war" (Z. 2), schlussfolgern, dass Literatur **verschiedene Lesarten zulässt** und **keine allgemeingültigen Erklärungen liefert**. Dazu trägt auch die Zusammensetzung der Titelfigur aus Stücken unterschiedlicher Bild- und Lebensbereiche bei. Dies kann als Indiz dafür gewertet werden, dass Literatur die **Realität verfremden** kann und durch die Verbindung eigentlich unvereinbarer Einzelheiten **fantastische Wesen und Welten erschaffen** kann. Die Beschreibung der Augen des Sonderlings als „zwei Weltkugeln“ (Z. 24) kann auch darauf hinweisen, dass es in der Literatur möglich ist, die ganze Welt zu sehen, zu erfassen und zu zeigen.

Wirkung literarischer Texte auf Leser

Im Verhalten der Beobachter des Sonderlings spiegelt sich wider, auf welchen Wegen eine Annäherung an Literatur erfolgen kann. Der „**Feldstecher**“ (Z. 9) symbolisiert die Neugier und gleichzeitig die Faszination und zeigt, dass manche versuchen, **literarische Texte durch genaue Beobachtung zu verstehen**. Auch gibt es diejenigen, die ihre Begeisterung für literarische Texte mit „Zurufen und Klatschen“ (Z. 14) kundtun. Im Schlussteil der Parabel zeigt sich deutlich, dass der Sonderling – symbolisch für die Literatur – „in die Gehirne der Leute“ (Z. 30) einzudringen vermag, wenn diese es zulassen.

Literatur und Imagination der Leser

Also ist es möglich, dass **in der Vorstellung der Rezipienten** Geschichten entstehen können und sie sich vielleicht ursprünglich fremde Erfahrungen zu eigen machen.

Deutungsthese zum Zwergreiherpaar

In der **Metapher des Zwergreiherpaares** wird hingegen deutlich, wie Literatur vereinnahmt werden kann. Denn die Vögel zerren sich aus dem „Nest von Blindschleichen“ (Z. 18) von Zeit zu Zeit eine heraus, nutzen diese also als Nahrungsquelle. Im übertragenen Sinn zeigt sich daran das **Funktionieren von Literaturkritik oder Medienberichterstattung**.

Literatur in der Öffentlichkeit

Einige Texte schaffen es, im Feuilleton oder in einer Literatursendung besprochen zu werden, manche Autoren bekommen Lob, andere Tadel von Rezensenten. Somit sind literarische Texte zwar die Grundlage für solche Besprechungen, die Rezensionen haben aber erheblichen **Einfluss über** deren **weitere Verbreitung** und auf deren **Wahrnehmung in der Öffentlichkeit**.

Fazit

Versteht man Franz Hohlers Text *Der Sonderling* als Parabel, dann kann der Bildebene eine Sachebene zugeordnet werden. Es wird erkennbar, dass die Beschreibung der Titelfigur die **Wirkungsweise literarischer Texte verbildlicht**. Des Weiteren wird thematisiert, dass man häufig versucht, sich Literatur mithilfe bekannter Strukturen, also mit bereits vorhandenem Wissen, anzueignen. Der Leser kann u. a. eine **literaturhistorische Einordnung** oder eine **Zuordnung zu bestimmten Textsorten** vornehmen, um sich einen Zugang zu einem literarischen Text zu eröffnen. Es müssen aber auch **gängige Muster durchbrochen** werden, um sich einer Fantasiewelt zu stellen. Schließlich bietet Literatur durch ihr **Wesensmerkmal der Fiktionalität** fast unbegrenzte Möglichkeiten für den Leser, wenn sich dieser darauf einlässt.

Grundkurs Deutsch (Sachsen): Abiturprüfung 2019
Aufgabe 2: Textgebundene Erörterung

Constanze Becker (*1978): Ich bin ein Mensch, und so geht man nicht mit mir um (2013)
Ein Interview mit Constanze Becker[1] – Theatertreffen-Blog 2013 (Auszug)

Eva Biringer: Wer ist diese Medea?

Constanze Becker: Keine Ahnung.

EB: Wie fremd ist Ihnen diese Medea? Gibt es Punkte, wo Sie sich in ihr wiederfinden können?

CB: Ich kann im Ansatz alles nachvollziehen, sonst kann ich es ja nicht spielen. Ich glaube, jeder von uns musste sich schon mit Eifersucht und Demütigung jeder Art befassen. Die Form, wozu es führt, das ist mir fremd. Aber das Analytische, was sie hat, ihre Denkschritte: Die verstehe ich gut.

EB: Ist Medea eine Feministin?

CB: Schwer zu sagen. Ich glaube, im Sinn des Feminismus, wie wir ihn heute sehen, darüber geht es hinaus. Sie ist manchmal fast so jenseits weit von Weiblichkeit und Frau-Sein. Natürlich ist die Kränkung Jasons eine weibliche Verletzung, aber was daraus resultiert, ist eine sehr männliche Art. Sie denkt nicht „ich bin eine Frau und muss mich behaupten“, sondern, „ich bin ein Mensch, und so geht man mit mir nicht um“. Auch das Kindertöten ist ja das Letzte, was man mit Frau-Sein verbindet.

EB: Ich dachte an das Motiv der weiblichen Hysterikerin …

CB: Aber sie ist ja nicht hysterisch, sondern durchdacht! Sie macht nichts aus dem Affekt heraus, jeder von uns handelt affektvoller als sie. Sie denkt alle Konsequenzen mit, sichert sich vorher ab. Das finde ich beängstigend.

EB: Ich hatte immer wieder Momente, in denen ich mich dabei erwischte, dass ich sie cool fand. […]

CB: Auch mich reizt dieser Coolness-Faktor. Spannend ist ja, dass sie nicht durchweg sympathisch ist, auch mir nicht. Wie sie mit Menschen umgeht, das ist ziemlich ätzend und link. Zumal sie nicht erst durch Jasons Kränkung „durchknallt“, sie hat ja davor schon Dinge gemacht, die nicht integer sind. Es bewegt sich zwischen Verstehen und Nicht-Verstehen. Es gibt Momente, wo ich denke: Klar muss man so handeln, sie macht das eben auf sehr konsequente Art, dann denke ich wieder: Warum? Warum so unversöhnlicher Hass?

EB: Dabei ist ihr eigentlicher Antrieb ihre übergroße Liebe zu Jason. Welche Rolle spielt die Liebe?

CB: Sie ist ein absoluter Mensch, und wenn sie liebt, dann absolut. Es gibt im Mythos die unterschiedlichsten Geschichten, wie Jason und Medea sich kennenlernten. Was das Stück verhandelt, ist, was nach der Liebe passiert, die Liebe hat sich komplett in Hass gewandelt. Ich glaube, dass Medea sich diese Schwäche vorwirft, dass sie sich durch diese Liebe so angreifbar gemacht hat, dem Mann gegenüber, dass sie ihre Heimat verlassen und alles verloren hat. Das wirft ihr sogar Jason vor, dass sie von Eros so betört wurde, dass sie gar nicht beurteilen konnte, inwieweit er ihre Hilfe braucht oder nicht.

EB: Was ist dieser Jason für ein Typ?

CB: Ich bin mir auch noch nicht ganz sicher, was das für ein Mensch ist. Wir haben uns gefragt: Ist er ein Macho? Oder ein Karrierist, der seinen Aufstieg machen will und denkt, mit Medea, der Fremden in diesem Land, komme ich gesellschaftlich nicht weiter? Ich glaube aber, er ist genau wie Medea um Anerkennung bemüht, ein sehr unsicherer Mensch, der gar nicht sieht, was er mit diesem Streben nach Bestätigung den Menschen um sich herum antut. Was spannend ist: In der letzten Szene löst sich nicht ein, was sie wollte, nämlich ihn zu treffen, ihm zu zeigen, was er ihr angetan hat. Jason sagt: „Ich hab das immer gewusst, du bist eine Barbarin.“ Eine sehr ignorante Haltung dem gegenüber, was sie von ihm will: Verstehe, welches Leid du mir angetan hast, verstehe es durch dein Leid. […]

Aus: Constanze Becker: Ich bin ein Mensch, und so geht man nicht mit mir um (2013), Interview mit Eva Biringer, https://theatertreffen-blog.de/tt13/2013/05/04/ich-bin-ein-mensch-und-so-geht-man-nicht-mit-mir-um, abgerufen am 17. 11. 2017

1 Die Schauspielerin erhielt mehrfach Auszeichnungen, u. a für die Rolle der Medea.

Figurenverzeichnis: Euripides (480–406 v. Chr.): Medea (431 v. Chr.)

Medea	Königstochter aus Kolchis
Jason	ihr Ehegatte
Kreon	König von Korinth
die Kinder der Medea und des Jason	
Amme der Kinder	
Erzieher der Kinder	
Chor der korinthischen Frauen	
Aigeus	König von Athen
Bote	

Arbeitsanweisung:
Erschließen Sie die Kernaussagen Constanze Beckers.

Erörtern Sie ausgewählte Positionen der Schauspielerin zur Tragödie *Medea*.

Lösungsvorschlag

*Eine wichtige Voraussetzung zur Bewältigung dieser Aufgabe ist, dass Sie über gründliche Lektürekenntnisse zu Euripides' Tragödie „Medea" verfügen. Zuerst müssen Sie die **Kernaussagen der Schauspielerin Constanze Becker** aus dem Interview herausarbeiten. Anschließend wählen Sie sich einige Positionen aus, welche die Schauspielerin vertritt, und setzen sich mit diesen erörternd auseinander. Das heißt, Sie benennen jeweils eine **Position Beckers** und geben an, ob Sie dieser zustimmen oder sie ablehnen. Daran anschließend **begründen Sie Ihren jeweiligen Standpunkt** und belegen diesen mit Argumenten und Beispielen. Beziehen Sie in Ihre Überlegungen **Werkkenntnisse** und Ihr **Wissen über den Medea-Mythos** mit ein, um Ihre Gedanken zu untermauern.*

Einleitung: Informationen zur Textgrundlage

Eva Biringer führte 2013 mit der Schauspielerin Constanze Becker ein Interview, das auf der Internetseite *theatertreffen-blog.de* unter dem Titel *Ich bin ein Mensch, und so geht man nicht mit mir um* veröffentlicht wurde. Im Zentrum des Gesprächs steht die **mythologische Figur Medea**, für deren Verkörperung die Schauspielerin ausgezeichnet wurde.

Kernaussagen von Becker: zwischen Fremdheit und Verständnis

Constanze Becker äußert insgesamt eine **ambivalente Sicht auf Medea**. Sie könne sich teilweise mit der Figur identifizieren, da „Eifersucht und Demütigung jeder Art" (Z. 6) allgemeine menschliche Erfahrungen widerspiegelten. Fremd sei ihr allerdings, „wozu es führt" (Z. 7). Medea verfüge auch über ein **ausgeprägtes analytisches Denken**, das für Becker nachvollziehbar ist (vgl. Z. 8).

Medeas „männliche" Art

Des Weiteren zeige Medea „eine sehr männliche Art" (Z. 13). Obwohl Jason Medea in ihrer Weiblichkeit kränke (vgl. Z. 12), stelle diese aber ihr **Mensch-Sein über** das **Frau-Sein** (vgl. Z. 13 f.). Medea handle also „durchdacht" (Z. 17) und dies schließe Affekthandlungen weitestgehend aus (vgl. Z. 17 f.). Die Schauspielerin gibt zu, dass sie dieser „Coolness-Faktor" (Z. 22) bei Medea reize, aber die Figur ihr nicht „durchweg sympathisch ist" (Z. 22 f.). Becker selbst beschreibt ihr **Verhältnis zu Medea als zwiespältig** (vgl. Z. 25 ff.).

Liebe wird zu Hass

Als ausschlaggebende Motivation für das Handeln der Titelfigur benennt die Schauspielerin, dass sich die **Liebe zwischen Medea und Jason komplett in Hass verwandelt** habe (vgl. Z. 33 f.). Medea werfe sich jedoch selbst vor, „dass sie sich durch diese Liebe so angreifbar gemacht hat" (Z. 34 f.).

Jason als streitbare Figur

Schließlich reflektiert Constanze Becker auch die **Rolle Jasons** und stellt fest, dass diese **widersprüchlich** sei. Denn es werde nicht deutlich, ob er „ein Macho" (Z. 41) oder doch eher „ein Karrierist" ist (Z. 41). Jason sei „um Anerkennung bemüht" (Z. 43), er sehe jedoch nicht, was er mit diesem Streben anderen Menschen antue (vgl. Z. 44 f.). Jason wird von Becker als „ein sehr unsicherer Mensch" (Z. 43 f.) wahrgenommen. **Medea gegenüber** verhalte er sich **ignorant** (vgl. Z. 47 f.).

Erörterung:

These: Medea bleibt fremd

Constanze Becker antwortet in dem Interview auf die Frage: „Wer ist diese Medea?" (Z. 1), dass sie das nicht wisse (vgl. Z. 2), aber „im Ansatz alles nachvollziehen" (Z. 5) könne, was diese tut. Medea bleibt in ihrem Handeln vielleicht auch dem Leser bzw. Zuschauer bis zum Ende des Stückes „fremd" (Z. 7), da ihre **Taten so unmenschlich** sind. Aufgrund von Jasons Ehebruch schmiedet sie einen **grausamen Racheplan**, den sie dann mit erschreckender Konsequenz in die Tat umsetzt. Medea wird zur mehrfachen **Mörderin**, sie tötet Glauke, die Geliebte Jasons, sowie deren Vater Kreon und schließlich sogar ihre eigenen Söhne. **Medeas Enttäuschung und** die **daraus resultierende Wut** sind aber grundsätzlich **nachvollziehbar**, denn sie fühlt sich durch Jason ausgenutzt und verstoßen.

teilweise Zustimmung zu Beckers Aussage

Medeas Taten für Jason

Die Vorgeschichte zu Euripides' Tragödie erzählt davon, wie Medea zu **Jasons Unterstützerin und Retterin** geworden ist. Sie half ihm dabei, das Goldene Vlies zu erlangen und anschließend mit den Argonauten aus Kolchis zu fliehen. Hierbei hat Medea sogar den Tod ihres eigenen Bruders verschuldet, um Zeit für die Flucht zu gewinnen. In Iolkos hat Medea dann den Tod des Königs Pelias herbeigeführt. All diese Dinge hat sie getan, weil sie Jason übermäßig liebt. Die beiden heiraten und werden Eltern von zwei Söhnen. **Ihr Handeln aus Liebe** macht Medea aber nicht „durchweg sympathisch" (Z. 22 f.), da sie ihr Ziel – nämlich Jason ihre Liebe zu beweisen – auf so brutale Weise umsetzt. Liebe bedeutet für Medea, dass zwischen den Ehepartnern **unbedingte Loyalität** herrschen muss und alle anderen Dinge dieser untergeordnet sind. Medea glaubt an **bedingungslose Liebe**.

Medeas Auffassung von Liebe

Verständnis für Medeas Gefühle

Nachdem die Eheleute **nach Korinth ins Exil** gegangen sind, ändert sich aufgrund von Jasons Verhalten die Beziehung zwischen den beiden. Jason begeht Ehebruch und will die Königstochter Glauke heiraten, um König von Korinth werden zu können. Deshalb ist **Medea zutiefst verletzt und wütend**. Sie erkennt, „dass sie sich durch diese Liebe so angreifbar gemacht hat" (Z. 34 f.), wie Becker sagt, und sie realisiert, dass sie alles verloren hat. Sie hat in ihren Augen bisher sehr viel für ihren Mann Jason getan, sogar ihre Heimat aufgegeben, hat **in einer für sie fremden Welt gelebt** und wird nun tief gedemütigt. Dass Medea an dieser Stelle Rachegelüste hat, ist in menschlicher Hinsicht verständlich und logisch. Aber dass sie diese Pläne so grausam umsetzt, **entspricht keineswegs humanen Wer-**

kein Verständnis für ihre Taten

ten und ist daher als äußerst verwerflich zu bewerten. Die Ermordung eines Menschen ist nicht zu rechtfertigen. Medea bietet somit für Rezipienten der Tragödie **keine Basis zur Identifikation**.

Dass Constanze Becker Medeas Verhalten als „sehr männlic[h]" (Z. 13) bezeichnet, ist auf den ersten Blick nachvollziehbar. Medea reagiert auf den Vertrauensbruch durch Jason, wie Becker ausführt, sehr analytisch und durchdenkt ihre weiteren Handlungsschritte gründlich. Dies sind Charaktereigenschaften, die oft Männern zugeschrieben werden und auch **häufig in der griechischen Mythologie** dargestellt werden. So ziehen beispielsweise in der Argonautensage männliche Helden aus, um unter ihrem Anführer Jason Abenteuer zu bestehen, zu kämpfen und für ihren Einsatz belohnt zu werden. Aber es gibt auch Beispiele dafür, dass **Frauen genauso zielgerichtet agieren**, was sich u. a. auch an der Figur der Antigone zeigt, die dem Göttergesetz folgend sehr logisch und konsequent handelt.

These: Medea agiert männlich

Bestätigung: männliche griechische Heroen

Gegenbeispiel: Antigone

Medea geht ebenfalls analytisch vor, allerdings ist sie rasend vor Wut und sehr verletzt. Sie handelt also auch aus emotionalem Befinden heraus. Diese Eigenschaft wird Frauen oft unterstellt. Constanze Becker unterliegt hier teilweise den **üblichen Sichtweisen zu weiblichem und männlichem Verhalten**. Sie bestärkt diese Perspektive mit ihrer Aussage, dass der Kindsmord nicht zum Frau-Sein passe (vgl. Z. 15). Hier stellt sich die Frage, ob solche Handlungen denn zum Mann-Sein passen. Gleichzeitig widerlegt Becker ihre eigenen Überlegungen zum Teil, indem sie Medea die Worte in den Mund legt: „[I]ch bin ein Mensch, und so geht man mit mir nicht um" (Z. 14). Es ist demzufolge **nicht ausschlaggebend, ob Medea mehr Frau oder mehr Mann** verkörpert. Ihr Handeln steht grundlegend für menschliches Verhalten, das **frei von Geschlechtervorstellungen** beurteilt und in diesem Fall verurteilt werden muss.

klischeehafte Geschlechtervorstellungen

Medea als Mensch im Fokus

„Das finde ich beängstigend" (Z. 19), sagt Becker bezogen darauf, dass Medea durchdacht handelt und sich absichert, indem sie **alle Folgen mitdenkt**. Dieser Aussage ist zuzustimmen, denn indem Medea ihre Schritte bis ins kleinste Detail plant und ihr Ziel, sich an Jason zu rächen, so konsequent verfolgt, besteht kaum eine Möglichkeit, dass sie von ihren Plänen ablässt. Das heißt, **Medea** handelt **stur und eiskalt** und ist nicht offen für andere – weniger blutrünstige – Varianten, Jason zu bestrafen.

Ablehnung von Medeas Starrsinnigkeit

Jason stellt für Medea das absolute Angriffsziel dar, da er es war, der sie **aus egoistischen Gründen** betrog. Sie lebt als fremde Frau in Korinth völlig isoliert, bringt für ihre Liebe zu Jason enorme Opfer. Jener nimmt sich eine jüngere Frau zur Geliebten und will diese aus Machtgier sogar heiraten. Damit erscheint Jason als „Karrierist, der

These: Jason als Karrierist

seinen Aufstieg machen will“ (Z. 41) und der nicht davor zurückschreckt, dafür Medea zu verstoßen. Er ist es, der **Medea Unrecht zufügt**. Deshalb muss Medeas Vergeltung logischerweise Jason treffen. Er hat den Eid gebrochen und muss dafür bestraft werden. Jason sehe aber gar nicht, was er den Menschen um sich herum antue (vgl. Z. 44 f.), sagt Constanze Becker.

Jasons Schuld

Dass sie damit vollkommen recht hat, zeigt sich u. a. daran, dass Jason versucht, Medea auf eine **sachliche Art** die neue Lage zu schildern. Er habe gegen ihre Verbannung gestimmt, biete ihr finanzielle Unterstützung – nur versteht Jason nicht, wie schwer er Medea verletzt hat. **Ohne Einsicht** steht Jason am Ende des Stückes da und beschimpft Medea, die mit den Kinderleichen im Arm auf dem Drachenwagen erscheint, als Scheusal, Verräterin und Mörderin. Er stellt sogar seine einstige Liebe zu ihr infrage. Er beklagt, dass Medea ihm die Bestattung seiner Söhne verwehrt und ruft in seiner Klage Götter an. Er wünschte, er hätte mit Medea keine Kinder gezeugt. **Jason reflektiert sein Handeln nicht**, er ignoriert die eigene Schuld.

Jason als Pragmatiker

kein Blick für die eigenen Verfehlungen

Die **Aussagen der Schauspielerin Constanze Becker** zur Figur der Medea sind **weitestgehend nachvollziehbar**. Zuschauer bzw. Leser schaffen sich ihr eigenes Bild der Titelfigur, beurteilen deren Wünsche und deren Tun. Der Schauspielerin aber fällt es zu, die Figur lebendig werden zu lassen. Sie geht also eine **besondere Beziehung zur Medea-Figur** ein. Dass sich Becker mit Medeas Motiven und Handeln auseinandergesetzt hat, zeigt sich deutlich im Interview. Bei der Tragödie des Euripides ist es sicher nicht möglich, sich vollständig in Medea hineinzuversetzen. Man kann ihre Rolle aber dennoch hinterfragen und ihr Handeln bewerten. Dazu ist es auch hilfreich, den Ausgang der Handlung bei Euripides zu betrachten. Denn der **Dichter bestraft in seinem Stück Medea nicht**, stellt sie nicht eindeutig an den Pranger als Täterin, die u. a. ihre Kinder ermordete. Medea kann fliehen und der Zuschauer muss sich seine eigene Meinung bilden.

Fazit

Grundkurs Deutsch (Sachsen): Abiturprüfung 2019
Aufgabe 3: Interpretation lyrischer Texte

Ernst Stadler (1883–1914): Glück (e. 1912)

Nun sind vor meines Glückes Stimme alle Sehnsuchtsvögel weggeflogen.
Ich schaue still den Wolken zu, die über meinem Fenster in die Bläue jagen –
Sie locken nicht mehr, mich zu fernen Küsten fortzutragen,
Wie einst, da Sterne, Wind und Sonne wehrlos mich ins Weite zogen.
In deine Liebe bin ich wie in einen Mantel eingeschlagen.
Ich fühle deines Herzens Schlag, der über meinem Herzen zuckt.
Ich steige selig in die Kammer meines Glückes nieder,
Ganz tief in mir, so wie ein Vogel, der ins flaumige Gefieder
Zu sommerdunklem Traum das Köpfchen niederduckt.

Aus: Ernst Stadler: Der Aufbruch und andere Gedichte. Stuttgart 2014, S. 24

Joseph von Eichendorff (1788–1857): Glück (1817)

Wie jauchzt meine Seele
Und singet in sich!
Kaum, daß ich's verhehle,
So glücklich bin ich.

Rings Menschen sich drehen
Und sprechen gescheut,
Ich kann nichts verstehen,
So fröhlich zerstreut. –

Zu eng wird das Zimmer,
Wie glänzet das Feld,
Die Täler voll Schimmer,
Weit herrlich die Welt!

Gepreßt bricht die Freude
Durch Riegel und Schloß,
Fort über die Heide!
Ach, hätt ich ein Roß! –

Und frag ich und sinn ich,
Wie *so* mir geschehn: –
Mein Liebchen herzinnig,
Das soll ich heut sehn!

Aus: Joseph von Eichendorff: Glück. In: Eichendorffs Werke in einem Band, hrsg. von Nationale Forschungs- und Gedenkstätten in Weimar. Berlin & Weimar 1980, S. 53 f.

Arbeitsanweisung:

Interpretieren Sie Ernst Stadlers Gedicht *Glück*.

Vergleichen Sie es mit dem Gedicht *Glück* von Joseph von Eichendorff.

Der Schwerpunkt der Gesamtaufgabe liegt auf der Interpretation des Gedichts von Ernst Stadler.

Lösungsvorschlag

Haben Sie sich für diese Aufgabe entschieden, müssen Sie zunächst das Gedicht von Ernst Stadler interpretieren. Dazu geben Sie am besten wieder, in welcher Situation sich das lyrische Ich befindet und wie es diese wahrnimmt. Beachten Sie dabei, auf welche Art und Weise das Gedicht sprachlich sowie formal verfasst ist. Deuten Sie Auffälligkeiten dabei stets in ihrer Funktion, d. h. immer im Hinblick auf den Inhalt bzw. die Aussageabsicht. Für den Vergleich mit dem Gedicht von Joseph von Eichendorff wird in der Aufgabenstellung kein Aspekt vorgegeben, deshalb wählen Sie sich selbst passende Gesichtspunkte. Möglich ist es, die jeweilige Situation des lyrischen Ichs gegenüberzustellen und zu schauen, wie die sprachliche Gestaltung den Inhalt stützt. Formale Unterschiede sollten ebenso herausgearbeitet werden. Schließlich können Sie Ihre Überlegungen durch literaturhistorisches Wissen abrunden, indem Sie beide Texte jeweils zeitlich einordnen.

Einleitung: Ernst Stadlers *Glück*

Ernst Stadlers Gedicht von 1912 trägt den Titel *Glück* und verweist damit auf eine **subjektive Empfindung**. Denn Glück bedeutet für fast jeden Menschen etwas anderes. Man kann glücklich sein, weil man in einer Beziehung lebt, mit sich im Reinen ist, gerade etwas Besonderes erlebt hat oder insgesamt ein erfülltes Leben führt.

Interpretation: Kernaussage des Gedichts

Beim Lesen des Gedichtes wird deutlich, dass hier das **Glücksempfinden** thematisiert wird, das aus einer tiefen **Liebe** resultiert. Das lyrische Ich vergleicht seine derzeitige emotionale Situation mit der vergangenen. Es stellt fest, dass an die Stelle einer unbestimmten Sehnsucht eine **tiefe innere Ruhe** getreten ist und es nun selbstbestimmt und zurückgezogen lebt.

Glücksgefühl des lyrischen Ichs

Das im Titel allgemein benannte Gefühl des Glücks wird gleich zu Beginn des Textes als **gegenwärtiger persönlicher Ist-Zustand** beschrieben. Das lyrische Ich „schau[t] still“ (V. 2) nach draußen und konstatiert, dass es nicht mehr „wehrlos“ (V. 4) den „Sehnsuchtsvögel[n]“ (V. 1), also einem unbestimmten inneren Drang, ausgeliefert ist und Verlockungen (vgl. V. 2 f.) widerstehen kann. Der **Grund für das Glück** wird in der Mitte des Gedichts benannt: „deine Liebe“ (V. 5). Diese umhüllt das lyrische Ich (vgl. V. 5), beschützt es und schafft ein **Gefühl von Geborgenheit**. Schließlich wird im Vers 6 beschrieben, dass die Herzen der Liebenden im Einklang schlagen, was beim lyrischen Ich ein seliges Gefühl auslöst (vgl. V. 7). Das ermöglicht ihm, ganz bei sich zu sein (vgl. V. 7 f.) und somit ein tiefes **Wohlbefinden** zu erleben.

harmonische Liebe

Neben dem Titel wird durch die Verwendung verschiedener sprachlicher Bilder ein Gefühl von **Leichtigkeit und Zärtlichkeit** hervorgerufen. Die **Personifizierung** des Glücks (vgl. V. 1) unterstreicht das ruhige, positive Empfinden des lyrischen Ichs, was umso intensiver wirkt, indem sein stilles Schauen den jagenden Wolken (vgl. V. 2) gegenübersteht. Die **Adverbien** „[n]un" (V. 1) und „einst" (V. 4) zeigen dabei, dass eine **Veränderung in der seelischen Wahrnehmung** stattgefunden hat. „Sterne, Wind und Sonne" (V. 4) waren gemeinsam mit den Wolken diejenigen Kräfte, die im lyrischen Ich früher eine unbestimmte Sehnsucht hervorgerufen haben, was sich in der **Metapher „Sehnsuchtsvögel"** (V. 1) widerspiegelt.

sprachliche Gestaltung

Der **Vergleich** „wie in einen Mantel eingeschlagen" (V. 5) beschreibt anschaulich, in welch friedlichem Zustand sich das lyrische Ich befindet, und die Wiederholung des Titels (vgl. V. 1 und 7) verdeutlicht dessen Glücksempfinden. Da dieses Substantiv stets in Verbindung mit dem Possessivpronomen „mein" gebraucht wird und das Personalpronomen „ich" im Gedicht am Anfang dreier Verse vorkommt (vgl. V. 2, 6, 7), zeigt sich, **wie individuell Glück wahrgenommen wird**. Der gegenwärtige Zustand des lyrischen Ichs wird abschließend durch das Bild des Vogels, der „das Köpfchen niederduckt" (V. 9), nochmals intensiviert. Fast demütig beugt es sich vor dem Glücksgefühl nieder.

bildhafte Ausdrucksweise

Wiederholung der Vogel-Metaphorik

Die formale Gestaltung unterstützt die Aussageabsicht. Das Gedicht besteht aus einer Strophe mit neun Versen, die **prosaähnlich** verfasst sind. Die ersten vier Verse beschreiben vergleichend **verschiedene Lebensphasen**, die letzten vier verdeutlichen die derzeitige Situation. Eine besondere Funktion hat der fünfte, also der **mittlere Vers**. Dieser verbindet formal sowie inhaltlich beide Gedichtteile, denn hier führt der Vers zum einen den umarmenden Reim aus dem ersten Teil des Gedichts (V. 1–4) fort, zum anderen wird der **Grund für die Gefühlslage** des lyrischen Ichs genannt.

Form des Gedichts

Ab Vers 6 zeigt sich noch ein umarmender Reim. Fast alle Verse weisen weibliche Kadenzen auf. Zudem stehen am Ende der ersten vier Verse **Verben der Bewegung**, durch die – verbunden mit angegebenen Richtungen (z. B. „ins Weite", V. 4) – eine **Entwicklung in der Wahrnehmung des lyrischen Ichs** unterstrichen wird. Die miteinander verbundenen Verse 6 bis 9 zeigen deutlich, dass es sich am

Reimstruktur

Erich Kästner (1899–1974): Kleines Solo (1947)

Einsam bist du sehr alleine.
Aus der Wanduhr tropft die Zeit.
Stehst am Fenster. Starrst auf Steine.
Träumst von Liebe. Glaubst an keine.
Kennst das Leben. Weißt Bescheid.
Einsam bist du sehr alleine –
Und am schlimmsten ist die Einsamkeit zu zweit.

Wünsche gehen auf die Freite[1]
Glück ist ein verhexter Ort.
Kommt dir nahe. Weicht zur Seite.
Sucht vor Suchenden das Weite.
Ist nie hier. Ist immer dort.
Stehst am Fenster. Starrst auf Steine.
Sehnsucht krallt sich in dein Kleid.
Einsam bist du sehr alleine –
Und am schlimmsten ist die Einsamkeit zu zweit.

Schenkst dich hin. Mit Haut und Haaren.
Magst nicht bleiben, wer du bist.
Liebe treibt die Welt zu Paaren.
Wirst getrieben. Mußt erfahren,
daß es nicht die Liebe ist …
Bist sogar im Kuß alleine.
Aus der Wanduhr tropft die Zeit.
Gehst ans Fenster. Starrst auf Steine.
Brauchtest Liebe. Findest keine.
Träumst vom Glück. Und lebst im Leid.
Einsam bist du sehr alleine –
Und am schlimmsten ist die Einsamkeit zu zweit.

Aus: Erich Kästner: Der tägliche Kram, Chansons und Prosa 1945–1948, Zürich: Rascher 1948

1 auf Freite gehen: auf Brautschau gehen, sich eine Frau suchen; allgemeiner: um jemanden werben

Arbeitsanweisung:

Interpretieren Sie das Gedicht *Wonne der Einsamkeit* von Ludwig Tieck.

Vergleichen Sie die Gestaltung des Themas Einsamkeit in den Gedichten *Wonne der Einsamkeit* von Ludwig Tieck und *Kleines Solo* von Erich Kästner. Berücksichtigen Sie dabei sowohl inhaltliche als auch sprachlich-formale Aspekte.

Leistungskurs Deutsch (Sachsen): Abiturprüfung 2019
Aufgabe 1: Interpretation lyrischer Texte

Ludwig Tieck (1773–1853): Wonne der Einsamkeit (1802)

O holde Einsamkeit,
O süßer Waldschatten,
Ihr grüne Wiesen, stille Matten[1]
Bei euch nur wohnt die Herzensfreudigkeit.

Ihr kleinen Vögelein
Sollt immer meine Gespielen sein,
Ziehende Schmetterlinge,
Sind meiner Freundschaft nicht zu geringe.

Unbefangen
Zieht ihr des Himmels blaue Luft,
Der Blumen Duft
In euch mit sehnendem Verlangen.
Ihr baut euch euer kleines Haus,
Haucht in den Zweigen Gesänge aus
Von Himmels-Ruhe rings umfangen.

Weit! weit!
Liegst du Welt hinab,
Ein fernes Grab.
O holde Einsamkeit!
O süße Herzensfreudigkeit!

Kommt ihr Beengten
Herzbedrängten,
Entfliehet, entreißt euch der Quaal,
Es beut[2] die gute Natur,
Der freundliche Himmel,
Den hohen gewölbten Saal,
Mit Wolken gedeckt, die grüne Flur:
Entflieht dem Getümmel!

O holde Einsamkeit!
O süße Freudigkeit!

Aus: Ludwig Tieck, Schriften in zwölf Bänden, hrsg. von Manfred Frank u. a., Bd. 7: Gedichte, hrsg. von Ruprecht Wimmer, Deutscher Klassiker Verlag, Frankfurt a. M. 1995, S. 471, Orthografie nach dieser Ausgabe

1 Matten: Bergwiesen
2 beut: bietet

brechen. Auch die **Adjektive** und eine **Vielzahl von Ausrufen** unterstreichen die Emotionen des Sprechers (vgl. V. 4, 12, 15 f., 19 f.), wodurch sich eine weitere Gemeinsamkeit zwischen den beiden Gedichten ergibt.

Eichendorffs *Glück* als Gedicht der Romantik

Das Gedicht *Glück* von Joseph von Eichendorff entstand während der Zeit der **Romantik** (ca. 1795–1848). In seiner Form und Sprache spiegelt der Text diese Epoche sehr deutlich wider. So werden die vierzeiligen **volksliedhaften Strophen** zusammen mit dem Kreuzreim häufig verwendet. Ebenso stehen Gefühle im Zentrum, die durch entsprechende **emotionsgeladene Wörter** ausgedrückt werden. Romantische Motive wie **Liebe**, Sehnsucht und Naturverbundenheit finden sich auch in Eichendorffs Gedicht. Ersteres wird direkt benannt (vgl. „Liebchen", V. 19). **Sehnsucht** besteht zum einen nach der Geliebten, zum anderen findet sich diese im Zusammenhang mit der Natur. Das lyrische Ich will der Enge des Zimmers entfliehen (vgl. V. 9) und lieber ins „Feld" (V. 10) hinaus oder auf „die Heide" (V. 15), also in die **Natur**.

Stadlers *Glück* als zeitlose Lyrik

Ernst Stadler wird **eigentlich als Vertreter des Expressionismus** angesehen und auch das Erscheinungsdatum des Gedichts spricht für eine Einordnung in diese Epoche. Jedoch weist das Gedicht **keine expressionistischen Merkmale** auf. Die Liebes-Thematik ist klassisch, die Ästhetik ist keinesfalls unkonventionell, sondern eher traditionell und prosaisch. In expressionistischen Gedichten wird der Mensch meist als innerlich zerrissen dargestellt, in Stadlers Gedicht kommt jedoch ein **in sich ruhendes lyrisches Ich** zu Wort. Der Expressionist Ernst Stadler hat mit *Glück* also ein sehr **modernes, aber kein expressionistisches Gedicht** vorgelegt.

Fazit

So kann man schlussfolgern, dass Glück **sehr subjektiv empfunden** wird, aber im Inneren der Menschen oft **gleiche Emotionen auslöst** – ganz unabhängig davon, wann diese Menschen gelebt haben oder immer noch leben. Schriftsteller wie Eichendorff und Stadler nähern sich diesem Phänomen auf ganz unterschiedliche Arten. Die Tendenzen einer bestimmten Epoche können dabei deutlich werden oder auch nicht. **Glück und Liebe sind eben zeitlose Themen.**

Ende des Gedichts um die **Beschreibung eines Zustandes** handelt. Insgesamt unterstützt die gewählte Form – mit klarer Syntax, umarmenden Reimen sowie dem Vermeiden von einzelnen Strophen – das **ganzheitliche Reflektieren** des lyrischen Ichs.

Zusammenwirken von Form und Inhalt

Wie Stadler wählt Joseph von Eichendorff den Titel *Glück* (1817) für sein Gedicht. Auf den ersten Blick fällt aber dessen **völlig andere Form** auf. Es besteht aus fünf Strophen, die jeweils vier Verse beinhalten. Die gleichmäßige Form wird unterstützt durch den **Kreuzreim** und die sich regelmäßig abwechselnden **Kadenzen** (weiblich – männlich). Jeder Vers ist auftaktlos und weist zwei Hebungen auf. Zwischen diesen Hebungen finden sich immer zwei Senkungen. So wirkt das Gedicht **fast schon musikalisch beschwingt**, wohingegen im Stadler-Gedicht eine ruhige Stimmung dominiert.

Gedichtvergleich:

Eichendorffs *Glück*

Unterschiede in der Form des Gedichts

Auch in Eichendorffs Gedicht formuliert das lyrische Ich schon in der ersten Strophe sein **Glücksgefühl als tiefes persönliches Empfinden**. In beiden Texten wird dieses neue Lebensgefühl reflektiert. Während das lyrische Ich in Stadlers Gedicht für sich feststellt, dass es in einem Gefühl friedvoller Ruhe leben kann, äußert es sich bei Eichendorff **fröhlich, sogar euphorisch**. Denn das lyrische Ich erlebt seinen inneren Zustand ekstatisch. Des Weiteren zeigt es sich extrovertiert, während der Sprecher im Stadler-Gedicht eher in sich gekehrt ist, sich in sein Inneres zurückzieht. Gleich ist aber, dass in beiden Texten das **Glück durch die Liebe** erreicht wird. Nur die Konzepte von Liebe bzw. die Reaktionen der lyrischen Ichs auf diese Liebe sind unterschiedlich.

unterschiedliche Auffassung von Glück

Gemeinsamkeit: Liebe als Grundlage für Glück

Zunächst formuliert das lyrische Ich bei Eichendorff: „So glücklich bin ich." (V. 4) Es ist „fröhlich zerstreut" (V. 8), sodass es zwar andere Menschen wahrnimmt, aber nicht mit ihnen in Kontakt kommt. Den Sprecher zieht es **aus der Enge des Zimmers** (vgl. V. 9) in die Natur, die er lobpreist (vgl. V. 10 ff.). Schließlich wird in der letzten Strophe – nach einer Art Selbstbefragung – beschrieben, wie groß die **Sehnsucht nach der Geliebten** ist. An dieser Stelle zeigt sich die Ursache für das Hochgefühl des lyrischen Ichs – es wird sein „Liebchen" (V. 19) treffen. Damit reflektiert der lyrische Sprecher bei Eichendorff den **Grund für seine Emotionen zum Schluss**, wogegen die Ursache für das Glücksgefühl im ersten Gedicht schon in der Mitte des Textes formuliert wird.

Treffen mit der Geliebten als Ursache des Glücks

Der **Gefühlsüberschwang** des lyrischen Ichs im zweiten Gedicht zeigt sich deutlich in den verwendeten Verben. So „jauchzt" (V. 1) dessen Seele, die Freude „bricht" (V. 13) hervor. Der **Konjunktiv** (vgl. V. 16) demonstriert den Wunsch, sofort zur Geliebten aufzu-

verwendete Sprache bei Eichendorff

Lösungsvorschlag

*Der **Operator „interpretieren Sie"** verlangt für das erste Gedicht (Tiecks „Wonne der Einsamkeit") die umfassende Untersuchung von **Inhalt und Aufbau sowie formaler und sprachlich-stilistischer Gestaltung**. Aus der gründlichen Arbeit am Text sollen Sie schlüssige Deutungsansätze entwickeln und das Gedicht interpretieren.*
*Ausgehend von Ihren Ergebnissen sollen Sie dann einen **Gedichtvergleich** vornehmen, also **Gemeinsamkeiten und Unterschiede** aus Tiecks Text und Erich Kästners „Kleines Solo" herausarbeiten. Der Fokus liegt auf dem gemeinsamen **Thema „Einsamkeit"**: Die Aufgabenstellung fordert ausdrücklich, dass Sie inhaltliche sowie ausgewählte sprachliche und formale Aspekte berücksichtigen. Das Kästner-Gedicht muss dabei nicht vollständig interpretiert werden, sondern in der Motivgestaltung anhand von **selbstgewählten Vergleichskriterien** dem ersten Gedicht gegenübergestellt werden.*
*Um einen geschlossenen Eindruck zu erreichen, ist es wichtig, auch die **Einleitung** und den **Schluss** auf den Wesenskern des Gedichts abzustimmen. Im vorliegenden Fall bieten sich dabei Querverbindungen zum **Phänomen der Einsamkeit** in der heutigen Gesellschaft an. Auch über eine Abgrenzung der Begriffe „Einsamkeit" als subjektive Empfindung und „Alleinsein" als objektiver Zustand kann ein passender Zugang zum Themenfokus erreicht werden. Im Schlussteil könnten auch Parallelen zu eventuell im Unterricht behandelten Texten im Hinblick auf das Einsamkeits-Motiv gezogen werden. Oft ist aber auch das **Fazit aus dem Motivvergleich** ein geeigneter Schlussgedanke, dem nichts mehr weiter hinzugefügt werden muss.*
*Der **Hauptteil** Ihres Aufsatzes beginnt vor der eigentlichen Interpretation mit einer knappen **strukturierten Inhaltsangabe**, die den gedanklichen Aufbau des Gedichts in eigenen Worten wiedergibt. Daher sind in diesem überblicksartigen, informierenden Teil noch keine Zitate aus dem Gedicht aufzuführen. Nach dieser inhaltlichen Klärung wählen Sie geeignete **Interpretationsschwerpunkte** und überprüfen diese am Text. Die Erschließung der **formalen** und **sprachlich-stilistischen Gestaltung** sollte nicht getrennt von der Interpretation erfolgen, vielmehr besteht die Hauptaufgabe einer Gedichtinterpretation darin, die **Leistung der Form und Sprache für die Aussage des Gedichts** herauszuarbeiten. Am Ende dieses Abschnitts lassen sich die erarbeiteten Ergebnisse zu einer **abschließenden zusammenhängenden Deutung** zusammenführen, bei der man ggf. auch auf den Epochenhintergrund der Romantik eingehen kann. In jedem Fall müssen Sie **Ihre Thesen mithilfe von Textbelegen genau begründen**. Achten Sie dabei auch auf eine korrekte Zitierweise.*
*Die **Vergleichsaufgabe** schließt sich nahtlos an. Achten Sie auf eine entsprechende **Überleitung**. Eine Möglichkeit bietet z. B. die Gegenüberstellung der beiden **Gedichttitel**. Bei der Analyse der Unterschiede sind Sie in der **Wahl der Vergleichskriterien** frei. Allerdings ist ein Rückgriff auf die Ergebnisse der Untersuchung von Tiecks Gedicht empfehlenswert (z. B. Blickrichtung des lyrischen Ichs, Rolle des Raums, Grundstimmung der Sprechhaltung). Da die Aufgabenstellung ausdrücklich auch auf **sprachlich-formale Aspekte** abzielt, müssen Sie besonders aussagekräftige Auffälligkeiten in Ihre Darstellung einbeziehen. Da eine Epochenzuordnung nicht explizit in der Aufgabenstellung verlangt ist, genügt hier ein rein **textbezogener Motivvergleich**.*

Einsamkeit – für die meisten ist dies ein **bedauernswerter Zustand** von Menschen, die ohne Freunde und Familie abgeschieden von der Gesellschaft ein trauriges Dasein fristen. Vor unserem inneren Auge erscheinen hier vor allem alte Menschen, die **sozial isoliert** kaum mehr Kontakte zu ihren Mitmenschen haben. In der Literatur ist die Einsamkeit ein **Motiv**, das immer wieder in unterschiedlichen Kontexten aufgegriffen und thematisiert wird. Vor allem in Texten der Moderne, wie z. B. in Hauptmanns Drama *Einsame Menschen* oder auch in den Parabeln von Kafka, steht der allein auf sich gestellte Mensch im Mittelpunkt. Heißt Einsam-Sein jedoch auch zwangsläufig Unglücklich-Sein? Schon immer suchen Menschen auch ganz gezielt die **Abgeschiedenheit**, um beispielsweise als Eremit oder Einsiedler eine meditative Gotteserfahrung zu erleben.

Einleitung:

Einsamkeit – Mangel oder Chance?

Einsamkeit in der Literatur

Dass die **Einsamkeit auch eine Chance**, ja ein ausgesprochen erstrebenswerter Zustand sein kann, zeigt sich in Texten des Barock, der Romantik oder des Biedermeier. Bereits der Titel von Ludwig Tiecks 1802 erschienenem Gedicht *Wonne der Einsamkeit* schließt mit dem ersten Wort „Wonne" gleich von Anfang an jede negative Assoziation aus und bewertet die vom lyrischen Ich erlebte Einsamkeit in der Natur als einen **Glückszustand**.

Interpretation:

Wonne der Einsamkeit von Ludwig Tieck

Das sechsstrophige Gedicht lässt sich in **drei gedankliche Abschnitte** gliedern. Im ersten Teil, der die erste bis dritte Strophe umfasst, betrachtet das lyrische Ich voll leidenschaftlicher Empathie die Natur, die dem Leser als idyllische, weiträumige Landschaft zwischen Wiesen und Wald vorgeführt wird. Gleich zu Beginn erfolgt der **Lobpreis der in diesem Naturraum erfahrenen Einsamkeit**, die auch als Grund für sein Glücksempfinden benannt wird. Daraufhin erfolgt eine Ansprache an die Vögel und Schmetterlinge als Bewohner dieser friedlichen Idylle, denen sich der Sprecher in besonderer Weise verbunden fühlt (V. 1–15).

Inhalt und Aufbau des Gedichts:

Lob der einsamen Naturszenerie

Ein thematischer Einschnitt geschieht zu Beginn der vierten Strophe, wo das Glücksempfinden in der Natur mit der Enge der **Zivilisation** kontrastiert wird (V. 16–20). Aus dem Bewusstsein einer beglückenden Distanz zu dieser als lebensfeindlich beschriebenen Menschenwelt heraus wendet sich der Sprecher im dritten Abschnitt mit einem **Appell an die Stadtbewohner**. Die beiden letzten Strophen sind eine Aufforderung, es ihm gleichzutun und sich aus gesellschaftlichen Zwängen zu befreien, um in der Einsamkeit der Natur Erfüllung zu finden. Bekräftigt wird dies durch eine zusammenfassende **Verherrlichung der Glückserfahrung in der Einsamkeit** (V. 21–30).

Gegenüberstellung der Idylle mit der Gesellschaft

Aufforderung, sich der Natur zuzuwenden

Ungewöhnlich für die Entstehungszeit um 1800, in der die Orientierung an der klassisch-harmonischen Form die Regel war, sind die im

Form und Sprache:

Strophenbau und auch in der Versgestaltung auffälligen **Abweichungen von und Brüche mit lyrischen Mustern**. Das Erleben der Natur wird nicht nur inhaltlich als befreiend von gesellschaftlichen Zwängen empfunden, sondern spiegelt sich auch in der zwanglosen formalen Darstellung. Die unverstellte, direkte Gefühlsaussprache korrespondiert mit der Aussage des Textes, welcher **Freiheit und natürliche Ungebundenheit** einfordert. Mit den vielen Apostrophen und Interjektionen (vgl. V. 1 f., 16) orientiert sich die sprachliche Gestaltung eher an den hymnischen Naturgedichten des Sturm und Drang als an der Regelmäßigkeit klassischer Gedichte. Abgesehen von den zwei vierzeiligen Strophen zu Beginn lässt sich im formalen Aufbau **kein einheitliches Kompositionsprinzip** erkennen, lange und kurze Strophen wechseln sich ab. Die beiden Vierzeiler bewirken dabei einen dynamisch-fließenden Einstieg in die Naturszenerie. Auch durch Enjambements innerhalb der Strophen (vgl. V. 11 f.) erweckt das Gedicht den Eindruck einer **spontanen Gefühlsaussprache**.

gefühlsbetonte Sprache

keine einheitliche Form

Zudem ist das Metrum nah an der gesprochenen Sprache. Das wechselnde Versmaß mit unregelmäßiger Hebungszahl lässt dabei sowohl Ausrufe der Begeisterung wie Kommentierungen der Naturszenerie zu. Die Interjektion „O“ erscheint insgesamt sechs Mal jeweils gedoppelt in der ersten, vierten und sechsten Strophe und ist dadurch unmittelbarer **Ausdruck von Pathos und Emotion**. Das **Reimschema** variiert stark und zeugt im unregelmäßigen Wechsel zwischen unbetonten und betonten Kadenzen von der **Impulsivität des Sprechers**. Die Verflechtung der Verse geschieht jeweils durch die Verbindung mit mindestens einem anderen Vers durch einen Paarreim, Kreuzreim oder umarmenden Reim. Trotz der offenbar spontanen Gefühlsaussprache des lyrischen Ichs erhält das Gedicht so eine fast unbewusst scheinende formale Struktur.

Versmaß: Nähe zur gesprochenen Sprache

Reimschema

Der Gedankengang des Gedichts ist damit wesentlich geprägt durch die **Blickrichtung des Sprechers** und durch den Raum, in dem er sich befindet – die einsame Natur. Das lyrische Ich tritt im Text jedoch nicht direkt in der „Ich“- Aussprache auf. Seine Gegenwart in der Naturidylle erschließt sich vielmehr zunächst indirekt durch die Verwendung von Possessivpronomina („meine Gespielen“, V. 6; „meiner Freundschaft“, V. 8) und in der **direkten empathischen Ansprache** der Umgebung. Eine innige Vertrautheit zeigt sich bei der Anrede der „kleinen Vögelein“ (V. 5) im Diminutiv und der Schmetterlinge in der zweiten Person Plural (vgl. V. 10).

Sprechsituation und Sprechhaltung:

lyrisches Ich

Diese dadurch personifizierten Lebewesen werden so zu einem **lyrischen Du**, mit dem der Sprecher gleichsam einen Dialog führt. Deren Lebensfreude macht diese Tiere, die Lebendigkeit wie Zartheit

Anrede an Tierwelt

verkörpern, zum Inbegriff des sorglosen Glücks. In ihrer „[u]nbefangen[en]“ (V. 9) Naivität und bedingungslosen Zuversicht zeigt sich, „umfangen“ (V. 15) von „Himmels-Ruhe“ (V. 15), das Ideal eines Aufgehobenseins in der Natur. Durch den Begriff „Freundschaft“ (V. 8) findet auch hier eine **Übertragung in den menschlichen Bereich** statt.

Um seine **Haltung und Anschauung zu objektivieren**, wird die Anrede durchgehend im Indikativ Präsens formuliert. Damit erhält das Glücksempfinden in der einsamen Natur den Rang einer allgemeingültigen Tatsache. Der **Sprecherstandpunkt** in der beschriebenen Natur wird auch durch die ausholende sprachliche Verweisgeste mit dem gedoppelten, adverbial gebrauchten Adjektiv „Weit! weit!“ (V. 16) deutlich gemacht. Die stark verkürzte, atemlose Exclamatio betont die Distanz zwischen seinem Standort oben („Luft“, „Himme[l]“, V. 10) und der Menschenwelt unten („hinab“, V. 17) und verstärkt den **Gegensatz zwischen diesen beiden so unterschiedlichen Sphären**. Die metaphorische Herabwürdigung der Welt als „fernes Grab“ (V. 18) könnte den Kontrast zu der „süße[n] Herzensfreudigkeit“ (V. 20) kaum größer machen. Die Position des lyrischen Ichs wirkt hier wie die eines euphorischen Wanderers auf einer baumbestandenen Lichtung, fern vom Alltagsgeschehen der Stadt.

Bemühen um Objektivität

sprachliche Auffälligkeiten

Gegensatz: oben – unten

Vor allem im zweiten Teil des Gedichts bekommt die Sprechhaltung einen enthusiastischen, beinahe missionarischen Gestus, wenn das lyrische Ich vom fast intimen Gespräch mit Vögeln und Schmetterlingen zur direkten, wenn auch nur fiktiven **Ansprache an die Stadtbewohner** wechselt. Mittels Interjektionen (V. 16, 19 f.) und einer Häufung von Imperativen (V. 21, 23, 28) wird eine geradezu **euphorische** Stimmung für den **Appell** erzeugt, aus dem Leben in der Zivilisation auszubrechen und Befreiung inmitten der Natur zu suchen.

Appell an die Stadtbewohner

Die Schmetterlinge und Vögel dienen dabei als Vorbilder für ein ungezwungenes, seelenruhiges und freies Leben in **aktiver Selbstverwirklichung**. Das Adjektiv „[u]nbefangen“ (V. 9) beschreibt sie nicht nur als physisch frei in der Luft, sondern auch als frei in ihrem Urteil, fern von allen gesellschaftlichen Zwängen und (Vor-)Urteilen. Mit der Synästhesie „blaue Luft“ (V. 10), der „Blumen Duft“ (V. 11) und dem „sehnende[n] Verlangen“ (V. 12) wird das romantische Zentralmotiv der „blauen Blume“ anzitiert. Dieser Inbegriff der **Sehnsucht nach einem Ausbrechen aus der bürgerlichen Existenz** erscheint in der Sphäre des Himmlischen gestillt.

Kontrastierung von Gesellschaft und Natur

blaue Blume

Ein religiöser Hintergrund zeigt sich auch in der Vorstellung von der **Natur als idealem Wohnraum**. Verben und Partizipien, die Behaglichkeit und das „Zu-Hause-Sein“ ausdrücken (vgl. V. 4, 13, 26 f.),

religiöse Anklänge in der Naturdarstellung

verleihen dem Gedicht durch nahezu alle Strophen eine thematische Verklammerung. Bereits in Strophe 1 wird der Aufenthalt auf Wiesen mit dem Verb „wohnen“ (vgl. V. 4) verbunden. Die Vögel bauen ein „kleines Haus“ (V. 13) statt eines Nestes, das ein **Zufriedensein mit dem zum Leben Nötigen** andeutet. Dagegen erhält der Naturraum in der vorletzten Strophe einen fast schon **sakralen Charakter**. Der Himmel wird zu einem „hohen gewölbten Saal“ (V. 26), der einer Kathedrale gleicht. Die Natur bietet durch ein „[m]it Wolken gedeckt[es]“ (V. 27) Himmelszelt eine architektonische Schönheit, die die städtischen Behausungen mit künstlich eingezogenen Zimmerdecken nicht bieten können. Freiheit und Schönheit der einsamen Landschaft steht auch hier gegen das mit der Metonymie „Getümmel“ (V. 28) abgewertete Leben der Stadtbewohner.

Natur als Wohnraum

Natur als Kirche

Die Wortwahl bedient sich häufig des **Mittels der Kontrastierung** durch extrem negative bzw. positive Konnotationen. Die Verben „[e]ntfliehet“ (V. 23, vgl. V. 28) und „entreißt“ (V. 23) wecken Assoziationen an ein Gefängnis und lassen die **Stadt als Ort der Freiheitsberaubung** erscheinen. Auch die metaphorische Gleichsetzung mit einem „ferne[n] Grab“ (V. 18) und „Quaal“ (V. 23) degradiert die menschliche Gesellschaft zu einem **Platz des Leidens und der Tötung jeder Lebensfreude**. Die Bezeichnung der Stadtbewohner als „Beengt[e]“ (V. 21) spielt dabei einerseits auf die **städtebauliche Enge** an, umfasst andererseits aber auch die durch die gesellschaftlichen Ansprüche und Regeln innerlich „Herzbedrängten“ (V. 22). Dieser negativ konnotierte Neologismus wird begrifflich direkt der „Herzensfreudigkeit“ (V. 20) gegenübergestellt. Die Wortneuschöpfung aus Vers 4 wird hier aufgegriffen und als thematische Klammer zu dem zu Beginn evozierten Glücksgefühl in der Natur genutzt.

effektvolle Wortwahl: die Stadt als Gefängnis und Grab

Neologismus „Herzbedrängte“

Die Kräfte der Natur erzeugen so nicht nur ein subjektives Glücksempfinden, sondern auch **sprachschöpferische Kraft**, um den euphorisierenden Zustand auch adäquat benennen zu können. Bei der Überhöhung der Natur dienen Adjektive wie „hold“ und „süß“ (vgl. V. 1 f.) sowie die Fügungen „gute Natur“ (V. 24) und „freundliche[r] Himmel“ (V. 25) als **Lobpreis** in einem volksliedhaften – „natürlichen“ – Ton. Sogar die Verortung des Sprechers im „Waldschatten“ (V. 2) erhält durch das Adjektiv „süß“ eine positive Zuschreibung im Sinne einer erfrischenden Kühle.

sprachliche Überhöhung der Natur

Zusammenfassend lässt sich Tiecks Gedicht als enthusiastische Aufforderung an seine Zeitgenossen begreifen, zur Erfahrungsreise in die Natur aufzubrechen und die eigene Lebenssituation zu verändern. Die **Hingabe des Einzelnen an die einsame Natur** erhält hier eine **heilende Kraft**, da er den sozialen Zwängen in der Stadt ent-

Rückzug in die Natur: Ausdruck der Sehnsucht nach Sinnerfüllung

kommt. Einsamkeit wird zum Weg der Selbstfindung und der **Verwirklichung eines umfassenden Glücksempfindens** auch im Sinne eines romantischen Universalitätsanspruchs. *Wonne der Einsamkeit* hat damit einen starken appellativen Charakter; der Text liest sich als eine Art Ratgeber zu einem besseren Leben in der Natur, das ganz im romantischen Sinne als eine bessere und musterhafte Alternativlösung für alle vorgeführt wird, die unter dem Zustand der Welt als „Quaal" (V. 23) leiden.

Ausbruch aus qualvoller Welt

Im Entstehungsjahr 1802, während der Napoleonischen Kriege, könnte dies für viele ein mehr als nachvollziehbarer Gedanke gewesen sein. Die Abwendung vom gegenwärtigen Geschehen wird damit zu einer **Weltflucht** und Flucht in die **Natur, die religiös überhöht als Seelenlandschaft** und Sinnbild „süßer" (V. 30) Empfindungen und poetischer Anmutung erscheint. Einsamkeit, d. h. die Ferne von jeglicher menschlichen Gesellschaft, verhilft zum wohltuenden „Wonne"-Glück, das man mit den Naturgeschöpfen als Seelenverwandten teilt und mit dem man selbst in der universalen Schöpfung aufgeht.

geschichtliche Einordnung des Gedichts

Auch in Erich Kästners Gedicht *Kleines Solo* (1947) ist die Erfahrung von Einsamkeit **Anlass einer intensiven Reflexion**. Wie bei Tieck weist der Titel auf das Thema hin, bleibt dabei aber sehr viel offener. Der Begriff „Solo" lässt zunächst an ein **Musikstück** denken, das allein durch einen Solisten ausgeführt wird. Durch die Attribuierung „klein" erhält der Titel **etwas Beiläufiges**, wenig Bedeutungsvolles. Die Erwartungshaltung für das folgende Gedicht wird eher im Ungefähren gelassen im Gegensatz zu Tieck, der bereits mit der programmatischen Überschrift *Wonne der Einsamkeit* die Kernaussage seines Textes ankündigt – ein Harmonie und Behaglichkeit ausstrahlendes Glücksgefühl, das durch Einsamkeit hervorgerufen wird. Beide Gedichte beschreiben eine Szenerie, in der weitere Personen fehlen, die Sprecher sind alleine, fern von anderen Menschen.

Gedichtvergleich:
Einsamkeit in Tiecks Gedicht und in Kästners *Kleines Solo*

Bedeutung der Gedichttitel

Allerdings unterscheiden sich sowohl Sprechsituation wie Perspektive in beiden Texten ganz wesentlich voneinander. Während der Sprecher in Tiecks Naturpreis inmitten seiner „Gespielen" (V. 6) alles andere als alleine ist, trifft Kästners Gedicht gleich im ersten Vers die entschiedene Feststellung: „Einsam bist du sehr alleine." Aber auch hier bleibt der Text allgemeiner als bei der konkreten Situierung bei Tieck. Die „Du"-Ansprache wird zur **Selbstreflexion im Stil eines Monologs**, die jedoch eine Übertragung auf andere Personen zulässt und so einen **Allgemeingültigkeitsanspruch** erhält. Auch im Tieck-Gedicht wird ein lyrisches Du angesprochen, jedoch viel konkreter. Zunächst ist das Gegenüber die Natur und ihre Lebewesen, im appellativen Teil dann die Leser des Textes als mögliche Gefolgsleute auf dem **Weg in die glücksbringende Einsamkeit**.

unterschiedliche Sprechersituation und Perspektive

„Du"-Ansprache bei Kästner

Bedeutung des jeweiligen Raumes für die Aussage

Bestimmend für die unterschiedliche Sprechhaltung sind die Räume, in denen sich die Sprecher befinden und die in beiden Texten eine **symbolische Bedeutung** haben. Die geistige und persönliche Entfaltungsmöglichkeit erhält der Sprecher in *Wonne der Einsamkeit* durch die grenzenlose Weite des Naturraums in einer waldumsäumten Wiesenlandschaft. Das *Solo* wird in einem begrenzten Zimmer gesprochen, das lyrische Ich steht „am Fenster" (V. 3, 13, 24) und wendet dem Raum den Rücken zu. Das gerade in der Romantik so beliebte Fenstermotiv als Ausdruck unstillbarer Sehnsucht nach Freiheit und Grenzüberschreitung wird hier zur **Metapher für eine ausweglose Situation**. Der Blick trifft nicht wie bei Tieck auf eine paradiesische Idylle, sondern „starrt auf Steine" (vgl. V. 3, 13, 24).

das Fenstermotiv bei Kästner

negative Einsamkeit in *Kleines Solo*

Auch im modernen Text wird die Sehnsucht benannt, aber personifiziert als **Leidenserfahrung** („Sehnsucht krallt sich in dein Kleid", V. 14). Einsamkeit, die durch das **Alleine-Sein des Sprechers** auch objektiv vorgeführt wird, erhält in dieser Perspektivlosigkeit eine zutiefst **pessimistische und negative Bewertung**. Die Unüberwindbarkeit dieser als existenziell beschriebenen Erfahrung wird durch die paradox erscheinende, dreimal wiederholte Feststellung „und am schlimmsten ist die Einsamkeit zu zweit" (V. 7, 16, 28) potenziert. Der Kästner-Text erhält durch die Ausweitung des Themas auf die **innerlich erlebte Einsamkeit in einer Paarbeziehung** eine neue Dimension. Der Zustand „alleine" wird sogar zur Steigerung des „Einsam-Seins", wenn er auf paradoxe Weise die Situation eines intimen Zusammenseins beschreibt: „Bist sogar im Kuß alleine." (V. 22)

Steigerung: „Einsamkeit zu zweit"

Kleines Solo: Einsamkeit in einer Paarbeziehung

Das *Kleine Solo* beschreibt damit das **Nebeneinanderherleben vieler moderner Paare**, bei denen der Austausch über die Gedanken und die Anteilnahme an den Gefühlen des anderen verloren gegangen sind. Sprachlich wird dies durch **plastische Bilder** illustriert: So beschreibt die Metapher einer Wanduhr, aus der die Zeit „tropft" (V. 2, 23), die **quälende Unausweichlichkeit einer erkalteten Paarbeziehung**. Bei Tieck dienen sprachliche Bilder vor allem seiner Argumentationsführung im fiktiven Dialog mit dem Leser. Verherrlichende Personifizierungen der Natur und abschreckende Metaphern für die menschliche Gesellschaft sollen einen möglichst großen Kontrast dieser beiden Welten aufmachen und den Leser dadurch von der **Glückserfahrung in der einsamen Natur** überzeugen. *Wonne der Einsamkeit* will zur Umkehr der Lebensweise aufrufen, ja durch seinen enthusiastischen Sprachduktus wie in einer Predigt den Leser dazu bekehren, es dem lyrischen Ich gleichzutun.

Wonne der Einsamkeit: willkommene Einsamkeit in der Natur

Versgestaltung bei Kästner und Tieck

So unterscheidet sich auch der **Grundton beider Texte**, was sowohl in der Versgestaltung als auch im Versmaß sichtbar wird. Kästners

Gedicht konstatiert in knappen, parataktischen Aussagesätzen nüchtern und lakonisch die **Vereinsamung des modernen Menschen als Gesetzmäßigkeit**. Seinen Ausdruck findet das formal in der Wiederholung von Versen und Versteilen, insbesondere beim Eingangsvers „Einsam bist du sehr alleine“ (V. 1, 6, 15, 27), der gleichsam als **Refrain** erscheint und so die Ausweglosigkeit zementiert. Zudem verleiht der alternierende Versfuß des Trochäus dem Text eine **Schwere** und Nachdrücklichkeit, die die **Monotonie** der alltagssprachlich gehaltenen kurzen, teils elliptischen Sätze unterstreicht. Auch bei Tieck sind Wiederholungen von Versteilen Gestaltungsprinzip, hier werden jedoch Ausrufe und direkte Gefühlsaussprache als **Bekräftigung einer empathischen Grundhaltung** gebraucht.

Wirkung des Refrains bei *Kleines Solo*

Beiden Gedichten ist die Feststellung gemeinsam, dass das **Zusammenleben mit anderen Menschen keine Befriedigung und Erfüllung** bietet. Im Gegensatz zu Tiecks Gedicht, das in der Besinnung auf die heilenden Kräfte der Natur nicht nur einen **Lösungsansatz** bietet, sondern sogar „Herzensfreudigkeit“ (V. 4, V. 20) verspricht, bleibt im modernen Text Kästners nur **Resignation und passives Sich-Fügen** in das als unvermeidlich Erkannte. Die Einsamkeit ist hier unüberwindlich, der Mensch ist auf sich allein gestellt, das Lebensglück ist fern, ja es meidet sogar die Menschen, sucht „vor Suchenden das Weite“ (V. 11). Die Fokussierung auf die Zweierbeziehung der Moderne, in der man sich körperlich nah und emotional doch so fern ist, ist typisch für die Strömung der „Neuen Sachlichkeit“. Vordergründig kühl und sachlich wird in Aussagesätzen die gesellschaftliche Realität beschrieben und doch schwingt gerade in dieser Kühle auch **Melancholie und tiefes Bedauern über die verloren gegangenen Gefühle** mit: „Träumst vom Glück. Und lebst im Leid.“ (V. 26)

Tieck: Optimismus – Zuwendung zur Natur

Kästner: Resignation – Melancholie und Trauer

Die Bewertung von **Einsamkeit als sinnstiftende Chance oder als deprimierende Erfahrung** hängt wohl zuallererst von der Lebenseinstellung jedes Einzelnen ab. „Ich bin sehr gerne mit mir alleine“, verkünden wohl eher die Menschen, die in einem stabilen sozialen Umfeld leben und das Gefühl der Einsamkeit nicht als Verlassenheit erleben. Einsamkeit im negativen Verständnis nimmt jedoch gerade in unserer modernen Medienwelt auch bei jungen Menschen immer mehr zu. **Soziale Netzwerke und mediale Kontaktbörsen** sind offensichtlich kein Ersatz für persönlichen Austausch und für reale soziale Beziehungen. Das im *Kleinen Solo* vorgeführte lähmende Gefühl der Einsamkeit kann insbesondere jene treffen, die unreflektiert nur ein gesellschaftlich normiertes Leben führen, anstatt die Tieck'sche „Herzensfreudigkeit“ wahrzunehmen, die nicht nur im intensiven Erleben der Natur, sondern auch im bewussten Anteilnehmen am Leben des Gegenübers entsteht.

Schluss:
das Phänomen der Einsamkeit in der Gesellschaft heute

Leistungskurs Deutsch (Sachsen): Abiturprüfung 2019
Aufgabe 2: Interpretation eines literarischen Textes

Franz Kafka (1883–1924): In der Strafkolonie (1914, Auszug)

„[…] Das ist mein Plan; wollen Sie mir zu seiner Ausführung helfen? Aber natürlich wollen Sie, mehr als das, Sie müssen." Und der Offizier faßte den Reisenden an beiden Armen und sah ihm schweratmend ins Gesicht. Die letzten Sätze hatte er so geschrien, daß selbst der Soldat und der Verurteilte aufmerksam geworden waren; trotzdem sie nichts verstehen konnten, hielten sie doch im Essen inne und sahen kauend zum Reisenden hinüber.

Die Antwort, die er zu geben hatte, war für den Reisenden von allem Anfang an zweifellos; er hatte in seinem Leben zu viel erfahren, als daß er hier hätte schwanken können; er war im Grunde ehrlich und hatte keine Furcht. Trotzdem zögerte er jetzt im Anblick des Soldaten und des Verurteilten einen Atemzug lang. Schließlich aber sagte er, wie er mußte: „Nein." Der Offizier blinzelte mehrmals mit den Augen, ließ aber keinen Blick von ihm. „Wollen Sie eine Erklärung?" fragte der Reisende. Der Offizier nickte stumm. „Ich bin ein Gegner dieses Verfahrens", sagte nun der Reisende, „noch ehe Sie mich ins Vertrauen zogen – dieses Vertrauen werde ich natürlich unter keinen Umständen mißbrauchen –, habe ich schon überlegt, ob ich berechtigt wäre, gegen dieses Verfahren einzuschreiten, und ob mein Einschreiten auch nur eine kleine Aussicht auf Erfolg haben könnte. An wen ich mich dabei zuerst wenden müßte, war mir klar: an den Kommandanten natürlich. Sie haben es mir noch klarer gemacht, ohne aber etwa meinen Entschluß erst befestigt zu haben, im Gegenteil, Ihre ehrliche Überzeugung geht mir nahe, wenn sie mich auch nicht beirren kann."

Der Offizier blieb stumm, wendete sich der Maschine zu, faßte eine der Messingstangen und sah dann, ein wenig zurückgebeugt, zum Zeichner hinauf, als prüfe er, ob alles in Ordnung sei. Der Soldat und der Verurteilte schienen sich miteinander befreundet zu haben; der Verurteilte machte, so schwierig dies bei der festen Einschnallung durchzuführen war, dem Soldaten Zeichen; der Soldat beugte sich zu ihm; der Verurteilte flüsterte ihm etwas zu, und der Soldat nickte.

Der Reisende ging dem Offizier nach und sagte: „Sie wissen noch nicht, was ich tun will. Ich werde meine Ansicht über das Verfahren dem Kommandanten zwar sagen, aber nicht in einer Sitzung, sondern unter vier Augen; ich werde auch nicht so lange hier bleiben, daß ich irgendeiner Sitzung beigezogen werden könnte; ich fahre schon morgen früh weg oder schiffe mich wenigstens ein."

Es sah nicht aus, als ob der Offizier zugehört hätte. „Das Verfahren hat Sie also nicht überzeugt", sagte er für sich und lächelte, wie ein Alter über den Unsinn eines Kindes lächelt und hinter dem Lächeln sein eigenes wirkliches Nachdenken behält.

„Dann ist es also Zeit", sagte er schließlich und blickte plötzlich mit hellen Augen, die irgendeine Aufforderung, irgendeinen Aufruf zur Beteiligung enthielten, den Reisenden an. „Wozu ist es Zeit?" fragte der Reisende unruhig, bekam aber keine Antwort. […]

Aus: Franz Kafka: In der Strafkolonie. In: Franz Kafka: Das erzählerische Werk, Bd. 1, hrsg. von Klaus Hermsdorf. Rütten & Loening Berlin 1983, S. 189–191

Wolf Kittler (*1945): In dubio pro reo[1] (2007)

[…] Es ist die Geschichte eines Mannes, des Reisenden, der, ohne etwas Böses getan zu haben, sich plötzlich in der Rolle eines Henkers, wenn nicht Mörders wiederfindet, die Geschichte eines Mannes, der buchstäblich seine Unschuld verliert. […]

Aus: Wolf Kittler: In dubio pro reo. In: Kafkas Institutionen, hrsg. von Arne Höcker, Oliver Simons. Transcript Verlag Bielefeld 2007, S. 39

1 In dubio pro reo: Im Zweifel für den Angeklagten, juristische Klausel

Arbeitsanweisung:

Interpretieren Sie den Textauszug unter besonderer Berücksichtigung der Funktion des Reisenden in der Erzählung.

Beurteilen Sie auf der Grundlage Ihrer Interpretationsergebnisse die Gültigkeit der Aussage von Wolf Kittler.

Lösungsvorschlag

Bevor Sie mit der Bearbeitung der Aufgabe beginnen, sollten Sie die Arbeitsanweisung möglichst genau erfassen, schließlich gibt diese Ihnen **konkrete Analysekriterien** *vor: In diesem Falle müssen Sie innerhalb Ihrer Interpretation insbesondere die* **Funktion des Reisenden** *erklären und anschließend die* **Aussage von Wolf Kittler** *beurteilen. Es kommt hinzu, dass der Textauszug aus Kafkas „In der Strafkolonie" nicht allzu umfangreich ausfällt, weshalb Sie über eine* **solide Werkkenntnis** *verfügen müssen. Glücklicherweise können Sie aber mit Kittlers These den Interpretationsrahmen abstecken: Es geht um die* **Schuld oder Unschuld des Reisenden***.*

Aus dieser ersten Erkenntnis leitet sich schnell die **Problemfrage** *ab, auf deren Grundlage Sie dann weitere Analysekriterien festlegen können. Beachten Sie dabei diesen Tipp: Je klarer Ihre Frage an dieser Stelle formuliert ist, desto leichter wird Ihnen die aspektorientierte Analyse gelingen. Ist Ihre Frage zu weitreichend, könnten Sie sich in den verschiedenen Deutungsebenen verlieren.*

Nachdem Sie Ihre Analyse sowie Ihre ersten Interpretationsansätze vorformuliert haben, sollten Sie eine Einleitung entwickeln. Besonders überzeugend wirken dabei Eröffnungen, die **gesellschaftskritische oder alltägliche Bezüge** *besitzen, weil diese dem Leser Ihres Textes zeigen, dass Sie in der Lage sind, die* **literarische Vorlage** *zu abstrahieren und* **auf andere bzw. aktuelle Problemfelder** *zu* **übertragen***.*

In Ihrem Schlussteil können Sie einen **Bogen zur Einleitung** *herstellen. Werfen Sie in der Einleitung Fragen auf, sollten Sie diese auf Grundlage Ihrer Interpretation beantworten. Es ist hier durchaus möglich, eine* **wertende Position** *einzunehmen, wenn Sie diese begründet vertreten.*

Einleitung:
Menschen in Entscheidungssituationen

Das **Fallen von Entscheidungen** ist nicht immer leicht. Jeder, der einmal stundenlang über ein Problem gegrübelt hat und dann doch nicht zu einem Entschluss gekommen ist, kann dies nachvollziehen. Gleichwohl gibt es aber auch Entscheidungen, die keinen Aufschub dulden und innerhalb kürzester Zeit getroffen werden müssen. Das **Helfen bei einem Unfall** ist ein Beispiel dafür. Dabei muss man in Sekundenschnelle den Entschluss fassen, zu helfen. Und obwohl die Antwort eigentlich logisch und klar sein sollte, mehren sich die Situationen, in denen Menschen die **Verantwortung von sich schieben** und sich gegen die Unterstützung eines Verletzten entscheiden. Doch ist dieses Verhalten menschlich? Und was treibt diese Menschen an, die doch eigentlich genau wissen, was zu tun wäre?

Entscheidungen literarischer Figuren

Mit diesen Fragen beschäftigen sich nicht nur Juristen, Philosophen und Psychoanalytiker, sondern auch **Literaten**, indem sie ihre Figuren ähnlichen Herausforderungen aussetzen und damit **exemplarische Lösungsansätze** liefern. In Juli Zehs Roman *Corpus Delicti* steht beispielsweise Mia Holl vor der Entscheidung, ob sie gegen das politische System der METHODE vorgehen oder mit der Vergangenheit abschließen soll, obwohl sie selbst von der **Fehlbarkeit dieses**

gesellschaftlichen Modells ausgeht. Auch im vorliegenden Textauszug aus *In der Strafkolonie* (1914) von Franz Kafka werden diese Fragen aufgeworfen, die nach der Interpretation und nach der Beurteilung einer Aussage von Wolf Kittler beantwortet werden sollen.

Überleitung zu Kafkas *In der Strafkolonie*

Interpretation:

Plot von *In der Strafkolonie*

In der Erzählung *In der Strafkolonie* wird der Protagonist, der als „der Reisende" bezeichnet wird, vom Kommandanten einer militärisch organisierten Kolonie gebeten, an einer **Hinrichtungsprozedur** teilzunehmen, die ein Offizier mithilfe einer speziellen Maschine ausführt. Jener Offizier, der seine **Begeisterung für die Funktionsweise der Maschine** mit dem Reisenden teilen möchte und ihm deshalb detailliert den Aufbau des Gerätes sowie den Ablauf des zwölfstündigen Hinrichtungsprozesses erklärt, versucht, den Reisenden von der **Wichtigkeit des Apparates** zu überzeugen. Während dieser Erläuterung wird dem Reisenden bewusst, dass der Offizier sowohl Kläger, Richter und Henker eines Verurteilten ist, der wiederum gar nicht weiß, dass, wofür und wie er bestraft wird.

Reisender als Gegner des Verfahrens

Aus diesem Grund **spricht sich** der Reisende **gegen die Hinrichtungsprozedur aus**, nachdem er vom Offizier zu seiner Position zum Verfahren gefragt wird. Der Offizier, der von der Meinung des Reisenden überrascht zu sein scheint, begnadigt plötzlich den Verurteilten, startet den Apparat und setzt sich selbst der Folter der Maschine aus. Während der Reisende, der verschonte Verurteilte und ein beistehender Soldat den **Qualen des Offiziers** gebannt zuschauen, zerfällt das Gerät in seine Einzelteile, bis es schließlich stoppt und der Leichnam des Offiziers aus den Überresten geborgen wird. Die Erzählung endet damit, dass der Reisende die Strafkolonie verlässt.

Verortung des Textauszuges

Der vorliegende Textauszug lässt sich **kurz vor dem Wende- und Höhepunkt der Erzählhandlung**, der beginnenden Selbsttötung des Offiziers, verorten.

resolute Entscheidung des Reisenden

Betrachtet man die Figur des Reisenden, so erscheint dieser zunächst souverän. Dies kann man schon anhand seiner **erhöhten Redeanteile** erkennen (vgl. Z. 13–20, 27–31), in denen er ausführlich seine Auffassung sowie Vorgehensweise erklärt. So macht er deutlich, dass er „ein **Gegner dieses Verfahrens**" (Z. 13) sei, und sich auch nicht „beirren" (Z. 20) lasse, er dem Kommandanten aber **nur „unter vier Augen**" (Z. 29) seine Sichtweise erklären würde.

auffällige Wortwahl des Reisenden

Dies wird auch sprachlich durch die Wahl von Worten gestützt, die absolute Zustände beschreiben. Der Reisende habe „keine Furcht" (Z. 9), dem Offizier seine Ansicht mitzuteilen; auch „[d]ie Antwort, die er zu geben [habe, sei] zweifellos" (Z. 7 f.). Sein Entschluss sei sogar so „klar" (Z. 18), dass er sich „natürlich" (Z. 18) an den Kommandanten wenden müsse.

Hierbei wird ein besonderes Bild des Reisenden gezeichnet, der sich stets **seiner moralisch-ethischen Überzeugungen sicher** ist. Seine Handlungen hingegen deuten auf das **Gegenteil** hin: Schließlich erträgt er die Erklärungen des Offiziers zur Funktionsweise der Maschine sowie die beginnende Folter des Verurteilten und greift mit seinen Worten erst nach der konkreten Frage des Offiziers ein (vgl. Z. 1). Auch „zöger[t]" (Z. 9) er zu Beginn seiner Ausführungen und wird nach der Reaktion des Offiziers sogar „unruhig" (Z. 37). Die **Inkongruenz zwischen seiner inneren Haltung und seinen äußeren Handlungen** gipfelt darin, dass er den Offizier nicht rettet, als dieser sich der Maschine aussetzt.

Zurückhaltung des Reisenden

Gedanken vs. Handlungen

Der Offizier hingegen tritt hingegen klar auf und stellt somit einen **Kontrast zum Reisenden** dar. Sein Handeln, seine Körpersprache, seine Gefühle und seine Gedanken erscheinen während der gesamten Erzählung **im Einklang**. Mithilfe des Textauszuges wird dies sichtbar: Im Zuge seiner Unsicherheit, ob ihn der Reisende auch unterstützen werde, redet er sich in Rage, er ist laut und wird sogar körperlich (vgl. Z. 2 f.: „Und der Offizier faßte den Reisenden an beiden Armen […]. Die letzten Sätze hatte er […] geschrien […]"). Gleichzeitig wird diese Reaktion durch seine Worte noch verstärkt; er wechselt vom Modalverb „wollen" zu „müssen" (Z. 1 f.: „Aber natürlich wollen Sie, mehr als das, Sie müssen."). Dadurch gewinnt seine Äußerung an Kraft. **Seine Bitte wird** damit auf gewisse Weise **zum Befehl, zur Verpflichtung**.

Übereinstimmung von Wort und Tat beim Offizier

forsches, emotionales Auftreten des Offiziers

Auch kurz nachdem er vom Forschungsreisenden abgewiesen wird, wirken seine **Handlungen, Gefühle und Gedanken kongruent**. So ist der Offizier dieses Mal „stumm" (Z. 13, 21) und verliert sich in Details, indem er an der Maschine hantiert, „als prüfe er, ob alles in Ordnung sei." (Z. 22 f.) Er wirkt innerlich gebrochen, **sein Weltbild scheint zerstört**, nun muss er sich zunächst finden, ist fassungslos und kann nur das Offensichtliche wiederholen: „Das Verfahren hat Sie also nicht überzeugt" (Z. 32 f.). In diesem Augenblick scheint er außerdem nicht aufnahmefähig zu sein, weil es nicht so aussieht, „als ob [er] zugehört hätte" (Z. 32) und er eher mit seinem „Nachdenken" (Z. 34) beschäftigt ist.

Fassungslosigkeit des Offiziers angesichts der Entscheidung des Reisenden

Nach den Ausführungen des Reisenden erweckt er jedoch den Anschein, wieder entschlossen zu sein. Dies wird durch seine Ankündigung, dass es „[d]ann […] also Zeit" (Z. 35) sei, und an seinen „hellen Augen" (Z. 35) erkennbar, die symbolisch auf seinen nun **veränderten mentalen Zustand** hinweisen. Seine **selbstinitiierte Hinrichtung**, die nach dem Textauszug folgt, bekräftigt dies. Und auch hier wieder gleicht seine innere Gefühls- und Gedankenwelt seinen äußeren Handlungen.

entschlossene Reaktion: Selbsttötung des Offiziers

Vergleicht man den Offizier mit dem Reisenden, so wird schnell erkennbar, dass der Offizier nicht nur **dynamischer** auftritt, sondern dass er außerdem in jeder Hinsicht die deutlich **stärkere Figur** darstellt: Er ist konsequent, seine Handlungen folgen seinen inneren Überzeugungen und er scheut sich nicht, seine Ansichten mitzuteilen. Der Reisende hingegen, dessen Tätigkeiten sich auf das Sprechen und Hinterhergehen (vgl. Z. 27) beschränken, verhält sich durch sein **Nicht-Eingreifen** unmoralisch, ist im Geiste aber von gänzlich anderen Absichten (vgl. Z. 13 ff.) geprägt. So ist dem überzeugten Offizier ein unsicherer Reisender gegenübergestellt. Für den Leser nimmt der Forschungsreisende eine von Zerrissenheit gekennzeichnete Rolle ein, an der man **exemplarisch menschliches Handeln nachvollziehen** kann.

Vergleich: Offizier vs. Reisender

Gegensätzlichkeit der Figuren

Insgesamt besitzt der Reisende in der Erzählung je nach Perspektive noch weitere Funktionen. Für den Verurteilten tritt er als **Retter** auf. Für den Kommandanten ist er eine Art **Sündenbock:** Der Kommandant scheint die Verantwortung für das Fortbestehen der Maschine und für die Hinrichtungsprozesse auf den Reisenden abzuschieben. Für sich selbst, also in seinen eigenen Augen ist der Reisende ein **neutraler Forscher**. Betrachtet man jedoch seine Funktion für den Offizier, so entsteht ein spannendes Konzept: Der Reisende scheint eine Art **moralisch-ethischer Prüfstein** für den Offizier zu sein, was bezogen auf die Überzeugungen und Handlungen der beiden Figuren auf den ersten Blick widersprüchlich erscheint. Dieser **scheinbare Konflikt** kann aber dadurch gelöst werden, dass man sich eine einfache Wahrheit bewusst macht: Kein Mensch hält sich selbst für unmoralisch oder böse. So ist es auch beim Offizier, der von sich glaubt, dass sein Handeln vernünftig sei und der Gesellschaft diene.

unterschiedliche Funktionen des Reisenden

Bedeutung des Reisenden für den Offizier

Umso schwieriger ist es für den Reisenden, seine Position zu verdeutlichen. Statt seiner Ansicht mit klaren Worten Nachdruck zu verleihen, sucht er Ausflüchte, indem er seine **eigene Berechtigung zum Einschreiten** überdenkt (vgl. Z. 15 f.). Auch die Art und Weise seines Plans, nämlich „unter vier Augen" (Z. 29) mit dem Kommandanten zu sprechen, ist zwar diplomatisch, erscheint aber im Vergleich zu den forschen Handlungen des Offiziers eher als schwach. Diese **Asymmetrie** ist es auch, die den Reisenden letztendlich scheitern lässt und von der die Leser lernen sollten. Schließlich macht sich der Reisende durch seine **mangelnde Stärke** und durch sein **fehlendes Handeln** mitschuldig.

zögerliches Verhalten des Reisenden

Wolf Kittler, der Kafkas *In der Strafkolonie* untersucht, sieht den Reisenden sogar als „Henke[r], wenn nicht Mörde[r]" (Z. 2, Kittler), ohne dass dieser „etwas Böses getan" (Z. 1, Kittler) habe. Diese **ex-**

Beurteilen von Kittlers Aussage:

treme Interpretation zeigt in besonderem Maße, welche gravierenden Konsequenzen sich aus der **Passivität des Reisenden** ergeben können. Dieser ist **nicht in der Lage**, die **Verantwortung zu übernehmen**, weil er zu beschäftigt ist mit seinen eigenen Bedürfnissen: So weiß er nicht, welche Rechte er eigentlich hat (vgl. Z. 15: „ob ich berechtigt wäre"), und fragt sich sogar, „ob [sein] Eingreifen auch nur eine kleine Aussicht auf Erfolg haben könnte" (Z. 16 f.).

fragwürdige Tatenlosigkeit des Reisenden

Auch sein **diplomatisches Auftreten** deutet darauf hin, dass es ihm wichtig ist, wie er von anderen beurteilt wird (vgl. Z. 28–31). Auf diese Weise ist er so auf sich selbst fixiert, dass er seinem moralisch-ethischen Ideal nicht folgen kann. Dies ist der Grund, warum er laut Kittler „buchstäblich seine Unschuld verliert" (Z. 3, Kittler). Dass der Reisende dabei „die Rolle eines Henkers" oder „Mörders" (Z. 2, Kittler) innehaben soll, stellt eine **grenzwertige Deutung** dar. Schließlich hat der Forschende nicht die Intention, den Offizier tatsächlich zu töten. Deshalb kann man ihm zwar **Fahrlässigkeit, aber nicht Vorsatz** unterstellen.

Zustimmung für Kittler: Schuld des Reisenden

Relativierung von Kittlers hartem Urteil

Schluss:

Wenn man die Figur des Reisenden also genauer betrachtet, so kann man besser nachvollziehen, warum viele Menschen zwar das Wissen um das richtige Handeln besitzen, aber dennoch nicht verantwortungsvoll agieren und beispielsweise bei einem Unfall helfen. Man kann durchaus behaupten, dass dieses **Verhalten menschlich, aber gleichzeitig ethisch verwerflich** ist. Diese Menschen besitzen nicht das Bewusstsein, dass es in einer solchen Situation **nicht um die eigenen Befindlichkeiten** geht. Nach der Frage, ob man sich selbst in Gefahr bringen würde, muss sofort die Überlegung folgen, wie es der betroffenen Person geht und wie man ihr helfen kann. Es sollte dabei nicht im Vordergrund stehen, wie man selbst gesehen wird und was man verpassen könnte. Hierbei hilft den Menschen die Literatur. Sie kann uns vor Augen führen, was passiert, wenn nicht gehandelt wird. Und damit kann sie uns unterstützen, ein **Bewusstsein für unsere eigene Verantwortung** zu entwickeln, damit wir am Ende eben nicht schuldig werden, „ohne etwas Böses getan zu haben" (Z. 1 f., Kittler).

Rückbezug zur Einleitung

Literatur als Orientierungshilfe

Melanie Arzenheimer (*1972): Gelobtes Land (2016)

Wo nach
der Ankunft
die Herkunft
die Zukunft
nicht
überschattet.

Aus: Melanie Arzenheimer: Heimat. Gedichte, hrsg. von Anton G. Leitner. Reclam Stuttgart 2017, S. 42

Christa Wolf (1929–2011): Medea. Stimmen (1996)

Medea

Auch tote Götter regieren. Auch Unglückselige bangen um ihr Glück. Traumsprache. Vergangenheitssprache. Hilft mir heraus, herauf aus dem Schacht, weg von dem Geklirr in meinem Kopf, warum höre ich das Klirren von Waffen, kämpfen sie denn, wer kämpft, Mutter, meine Kolcher, höre ich ihre Kampfspiele in unserem Innenhof, oder wo bin ich, wird denn das Geklirr immer lauter. Durst. Ich muß aufwachen. Ich muß die Augen öffnen. Der Becher neben dem Lager. Kühles Wasser löscht nicht nur den Durst, es stillt auch den Lärm in meinem Kopf, das kenn ich doch. Da hast du neben mir gesessen, Mutter, und wenn ich den Kopf drehte, so wie jetzt, sah ich die Fensteröffnung, wie hier, wo bin ich, da war doch kein Feigenbaum, da stand doch mein geliebter Nußbaum. Hast du gewußt, daß man sich nach einem Baum sehnen kann, Mutter, ich war ein Kind, fast ein Kind, ich hatte zum erstenmal geblutet, aber ich war doch nicht deswegen krank, du hast doch nicht deswegen bei mir gesessen und mir die Zeit vertrieben, den Kräuterumschlag auf Brust und Stirn gewechselt, mir meine Hände dicht vor die Augen gehalten und mir die Linien in den Handflächen gezeigt, zuerst die linke, dann die rechte, wie verschieden, du hast mich gelehrt, sie zu lesen, oft habe ich mich ihrer Botschaft entzogen, habe die Hände zu Fäusten geballt, habe sie ineinander verschlungen, habe sie auf Wunden gelegt, habe sie zu der Göttin aufgehoben, habe das Wasser vom Brunnen getragen, das Leinen mit unseren Mustern gewebt, habe sie in den warmen Haaren der Kinder vergraben. Einmal, Mutter, in einer anderen Zeit, habe ich mit meinen beiden Händen zum Abschied deinen Kopf umspannt, seine Form ist als Abdruck in meinen Handflächen geblieben, auch Hände haben ein Gedächtnis. Jeden Flecken von Jasons Körper haben diese Hände abgetastet, erst heute nacht, aber ist denn jetzt Morgen, und welcher Tag.

Ruhig. Ganz ruhig, eins nach dem anderen. Besinn dich. Wo bist du. Ich bin in Korinth. Der Feigenbaum vor der Fensteröffnung der Lehmhütte war mir ein Trost, als sie mich aus dem Palast des Königs Kreon wiesen. Warum? Das kommt später. Ist das Fest vorüber, oder muß ich noch hingehen, wie ich es Jason schließlich zugesagt habe. Du kannst mich jetzt nicht im Stich lassen, Medea, von diesem Fest hängt viel ab. Nicht für mich, habe ich ihm gesagt, und das weißt du auch, aber meinetwegen, ich komme, habe ich zu ihm gesagt, aber das ist das letzte Mal. Du hast mir damals jene winzige Linie in der linken Hand mit dem Fingernagel nachgezogen, du hast mir gesagt, was es bedeuten würde, wenn sie irgendwann einmal die Lebenslinie kreuzte, du hast mich gut gekannt, Mutter, lebst du noch.

Sieh her. Da kreuzt diese winzige Linie, die sich vertieft hat, die andere. Paß auf, hast du gesagt, Hochmut läßt dein Inneres erkalten, mag ja sein, aber Schmerz, Mutter, Schmerz hinterläßt auch eine wüste Spur. Wem sage ich das. Wie dunkel es auch gewesen ist, als wir an Bord der „Argo" gingen, deine Augen habe ich gesehen und nicht vergessen können, ihr Blick brannte mir ein Wort ein, das ich vorher nicht kannte: Schuld.

Aus: Christa Wolf: Medea. Stimmen. Luchterhand München 1996, S. 13 f.

Figurenverzeichnis

Medea	Kolcherin, Tochter des Königs Aietes
Lyssa	Kolcherin, Medeas Vertraute
Arinna	Kolcherin, Lyssas Tochter
Jason	Schiffsführer der „Argo"
Agameda	Kolcherin, vormals Medeas Schülerin
Kreon	König von Korinth
Akamas	Korinther, erster Astronom des Königs Kreon
Presbon	Kolcher, Veranstalter der Spiele in Korinth
Leukon	Korinther, zweiter Astronom Kreons
Glauke	Korintherin, Tochter Kreons

Arbeitsanweisung:

Erschließen Sie die in Melanie Arzenheimers Gedicht *Gelobtes Land* gestaltete Problematik.

Erörtern Sie diese in Bezug auf Christa Wolfs Roman *Medea. Stimmen.* Nutzen Sie auch den Textauszug für Ihre Argumentation.

Lösungsvorschlag

Die Besonderheit der vorliegenden Aufgabe zur literarischen Erörterung liegt in der Kombination von **Elementen des Erörterns und des Interpretierens**, *was sowohl für das Gedicht als auch für den Romanauszug gilt. Diese Aufgabe verlangt von Ihnen sichere Werkkenntnisse zu Christa Wolfs Roman „Medea. Stimmen", ohne die Sie die Erörterungsleistung nicht erbringen können. Den Gegenstand Ihrer Erörterung müssen Sie aber zuvor erst erschließen, indem Sie das* **Gedicht von Melanie Arzenheimer** *auf seinen Sinngehalt hin untersuchen und inhaltliche Bezüge zwischen Gedicht und Roman herstellen. Der* **beigegebene Romanauszug** *(aus der ersten „Stimme" Medeas) kann Ihnen dabei behilflich sein. Darüber hinaus können aber sicher auch* **Lektüreerfahrungen zur „Medea" des Euripides bzw. Kenntnisse zum Medea-Mythos** *sinnstiftend eingebracht werden, wenn Sie dadurch an die Rezeptionsgeschichte von Stoffen und Motiven in der literarischen Tradition anknüpfen wollen. Bezüge zu weiteren Lektüren, die sich inhaltlich zwar anbieten (etwa zu Christoph Heins „Landnahme") sollten, wenn überhaupt, nur sparsam hergestellt werden. Weil die Aufgabenstellung ganz explizit nur auf Christa Wolfs Werk abzielt, sollte die* **argumentative Auseinandersetzung mit wechselnden Deutungen zur Figur der Medea** *in historischen, psychologischen, sozialen oder (auto)biografischen Kontexten auch für Sie im Mittelpunkt Ihrer Überlegungen stehen.*

Einleitung: Annäherung an Medea

„Jeder Mensch ist Ausländer. Fast überall." Ist dieser alte Spruch der Schlüssel zur antiken Wunderheilerin Medea? Die ihren Bruder zerstückelt und ihre Kinder ermordet haben soll? Zu Medea, dem Monster oder doch der liebenden Mutter? Die zwar aus Kolchis geflohen, aber in Korinth nie angekommen ist?

Verknüpfung mit Thema „Heimat"

Heimatlosigkeit, Entwurzelung, Verlustängste: Das sind Assoziationen zur Problematik, die bei der Lektüre der beiden vorliegenden Texte aufkommen. Man muss sie hinterfragen, wenn man sich der Figur der Medea nähern will, die ihre **Spuren in der Geschichte der Weltliteratur hinterlassen** hat und darüber hinaus auch in mehreren Opern, Verfilmungen und zahllosen bildnerischen Darstellungen verewigt wurde. Die auch heute noch auf deutschen und internationalen Bühnen gespielt wird und immer wieder aufs Neue **Anlass** gibt **zu kontroversen Interpretationen**. Diese Annäherung wird nicht einfach sein, aber sie wird zeigen, warum so viele verschiedene Perspektiven möglich sind auf eine Frau, die aus der grauen Vorzeit zu kommen scheint, aus dem antiken Mythos vor mehr als 2000 Jahren – deren Probleme uns allerdings auch noch heute betreffen.

Medeas enorme Wirkungsgeschichte

Erschließen des Gedichts: *Gelobtes Land*

Melanie Arzenheimers Gedicht mit dem Titel *Gelobtes Land* stammt aus dem Jahr 2016, erschienen in einem **Sammelband mit dem Namen „Heimat"**. Heutzutage werden diese beiden Begriffe bzw. ihre Bedeutungen im gesellschaftlichen Diskurs oftmals gleichgesetzt. Das ist hier offensichtlich nicht der Fall. Die beiden Titel verweisen in ihrem Zusammenspiel vielmehr auf ein Thema, das auch auf die Situation Medeas in Korinth zutrifft.

inhaltliche und sprachlich-formale Gründe für die Aussagekraft des Gedichts

Arzenheimers Trick für die ungeheure Verdichtung ihres Themas (in gerademal einem Dutzend Wörter, in einem Halbsatz) besteht dabei einerseits in der **antithetischen Gegenüberstellung von Verheißung** (Titel) **und Enttäuschung** (Überschattung, vgl. V. 6), andererseits in der kumulativen Verwendung der drei Begriffe „Ankunft", „Herkunft" und „Zukunft" (V. 2–4). Diese können ihren gemeinsamen Wortursprung aus dem Verb „kommen" nicht verbergen. Durch ihre Nominalisierung und die **jeweilige Platzierung in einem gesonderten Vers** erhalten sie ihr ganz eigenes Gewicht.

Vergangenheit – Gegenwart – Zukunft

Wo die eigene Vergangenheit (die Herkunft aus einer verlorenen Heimat) die Exilsituation (die Ankunft in der Gegenwart) beeinflusst und damit die Lebensgestaltung in der Zukunft problematisch erscheinen lässt, kann kein guter Ort für die Existenz eines Menschen sein. Die in der Überschrift angedeutete Erinnerung an das „gelobte Land" (des Alten Testaments) bleibt in einem solchen Kontext **eine bloße Verheißung**, eine Illusion, eine Utopie. Was im Gedicht als Überschattung (vgl. V. 6) bezeichnet wird, kann einerseits als ein individuelles Gefühl verstanden werden, das für **Fremdheit oder Unbehaustheit** steht. Andererseits lassen sich darunter auch äußere Einflüsse auf den Einzelnen vorstellen, beispielsweise **kulturelle Missverständnisse**, **überhöhte Erwartungen** oder **falsche Schuldzuweisungen**.

Bedeutung des Begriffs „überschatten"

Integration als doppelte Herausforderung

Für das anzustrebende Ziel, diese Überschattung aufzuheben, gibt es im Prinzip zwei Wege, die aber nicht getrennt voneinander gedacht werden können: Der Fremdling (Ausländer, Migrant, Flüchtling) muss bereit sein, sich den **Rahmenbedingungen im Land seiner Wahl** anzupassen, d. h. prinzipiell dessen Sitten und Gebräuche zu erkennen, anzuerkennen und im besten Fall für sich zu adaptieren. Und, andersherum, muss es das Ziel der aufnehmenden Gesellschaft sein, diese **Adaption** zu ermöglichen, damit eine **Integration** denkbar wird. Für den einzelnen Ankömmling heißt das in jedem Fall, dass seine Identität nach der Ankunft eine andere sein wird als vorher. **Anzukommen ist** in diesem Verständnis auch **eine Aufgabe** – und zwar im doppelten Wortsinn.

Erörterung:

Das Thema der Ankunft wird auch in Christa Wolfs Roman *Medea. Stimmen* von Beginn an immer wieder angesprochen. Bereits in dem **Motto von Elisabeth Lenk**, das den Roman einleitet, klingt es an, wenn die Rede davon ist, dass Epochen einander „durch die Zeitwände hindurch" begegnen können. Wenn man Hans Magnus Enzensbergers Sentenz richtig versteht, dass das einzig wahre Ausland die Vergangenheit sei, dann begegnet uns mit Medea also die **Inkarnation der Fremdheit:** Sie ist nicht nur aus der Zeit gefallen, sondern auch aus allen Räumen, die sie aus den verschiedensten Gründen immer wieder verlassen musste.

Motiv der Fremdheit

Im vorgegebenen Textauszug, als erste „Stimme" in Wolfs polyphonem Roman spricht Medea über ihre **verlorene Heimat in Kolchis**, über ihre Kindheit und deren Ende, über ihre Mutter, ihren Mann Jason und über die **Verluste**, die mit diesen beiden Figuren einhergingen. Weil diese Rede aber eine **Rede im Fieber** ist und an niemand Bestimmten gerichtet, **ist** sie **assoziativ**. Das erlaubt es der Autorin, einer Ouvertüre gleich, verschiedene Akkorde anzuschlagen, Themen anzureißen, die sich erst im weiteren Verlauf des Romans ausgestalten, durchgeführt, d. h. entwickelt werden und **leitmotivisch** immer wiederkehren.

Kontext und Inhalt der vorgelegten Textstelle

Hier und jetzt erinnert sich Medea an früher und **reflektiert ihre derzeitige Situation**. Dabei erkennt sie bereits ihre **Position als Außenseiterin** als singulär, zwischen allen Stühlen. Mit dem letzten Wort des Textauszuges werden die verschiedenen Assoziationsfelder verknüpft: Mit Jason wegzugehen aus der Heimat ihrer Kindheit, bedeutete „Schuld" (Z. 39). Medea erfährt diese **Schuldzuweisung aus dem Blick der Mutter**. Diese war doch für sie da gewesen, hatte sich um sie gesorgt, über ihre Bildung und Ausbildung gewacht, hatte sich für sie verantwortlich gefühlt – und wurde nun von ihr verlassen. Man kann das als **Verrat Medeas an ihren Wurzeln** deuten, aber auch als **Hypothek auf ihre Zukunft**, wenn man die Beziehung zu Jason als einen Beweggrund für ihre Abreise gelten lassen möchte. Das Schicksal ihres Bruders Absyrtos wird an dieser Stelle noch nicht erwähnt.

Erinnerung und Reflexion

Medeas Abreise aus Kolchis als Schlüsselereignis

Es ist die Erzählweise Christa Wolfs, die in dieser Eingangssequenz wie im gesamten Roman immer wieder **neue Perspektiven eröffnet**. Aus den von ihr erzählten Figuren heraus hören wir ihre Stimmen. Aus ihrem Blickwinkel schauen wir auf die jeweils anderen Akteure. Die **wechselnden Binnensichten** von Medea, Jason, Agameda, Akamas, Leukon und Glauke ermöglichen es der Autorin, ihre **Botschaft schrittweise** zu **entfalten**, sie im Wechselspiel einer Aussage auf die anderen zu verkleiden, zu verbergen und zu relativieren und zu enthüllen.

Erzählweise des Romans

Multiperspektivität

Der Leser nimmt zunächst – in Kenntnis der *Medea* des Euripides – eine **brutale, menschenverachtende Gesinnung der Titelheldin** an: Immer wieder werden Medea in der Jahrtausende alten Rezeption

mögliche Vorbehalte des Lesers

die Mitwirkung am Raub des Goldenen Vlieses, die Zerstückelung des Bruders, die Mitverantwortung am Tod des Pelias, die Tötung der Nebenbuhlerin zugeschrieben, nicht zuletzt die **Ermordung der eigenen Söhne**.

Umdeutung des Medea-Mythos durch Christa Wolf

Nicht so in Christa Wolfs Roman. Wie bereits in dem gegebenen Textauszug deutlich wird, ist **Medea alles andere als ein Monster**. Vielmehr wird sie uns als **Opferfigur** vorgeführt, die aufgebrochen war, um an einem anderen, besseren Ort als Kolchis einen **Neuanfang wagen** zu können. Sie ist auf der Suche nach einem gelobten Land, sieht sich aber mit den Überschattungen konfrontiert, die aus ihrer Vergangenheit stammen. Diese reichen bis in ihre Gegenwart und beeinflussen ihre Zukunft.

Symbolik des Baums

Die Schwierigkeiten der aktuellen Situation Medeas macht Wolf auf metaphorische Weise und in der **Reflexion vergangener Erlebnisse** anschaulich. So gelingt ihr mit dem Bild des geliebten Nußbaums auf dem Hof in Kolchis (vgl. Z. 9 f.) eine eindrucksvolle **Kontrastierung** zum Feigenbaum (vgl. Z. 9, 25), der vor dem Fenster der Lehmhütte in Korinth steht. „Hast du gewußt, daß man sich nach einem Baum sehnen kann, Mutter […]“ (Z. 10 f.). Die Textstelle erinnert mich an ein sibirisches Sprichwort, in dem es sinngemäß heißt: „Nicht wo du die Bäume kennst, wo die Bäume dich kennen, ist deine Heimat.“ Die **Sehnsucht nach** dem **Baum ist** die **Sehnsucht nach** der **Heimat**, nach der Geborgenheit im Schoß der Familie, nach kindlicher Unbeschwertheit und Unschuld. Sicher nicht zufällig erinnert sich Medea daran, dass sie „zum erstenmal geblutet“ hatte (Z. 11); ein Ereignis, das für den Übergang von der Kindheit zum Erwachsenendasein steht und auf ihre künftige Mutterschaft hindeuten kann.

Heimweh

Bedeutung der Hände

In ähnlich vielschichtiger Weise thematisiert Wolf – bzw. ihre Erzählerin Medea – die Facettenvielfalt ihrer Hauptfigur in einem anderen Sprachbild. In der Aussage „auch Hände haben ein Gedächtnis“ (Z. 21) bündeln sich **Erinnerungen Medeas aus verschiedenen Lebensstadien** in vielfältiger Weise. Die eigenen Kinderhände als Gegenstand der Erkenntnis (vgl. Z. 13 ff.) werden ebenso thematisiert wie die zur Faust geballten Hände als Ausdruck starker Emotionen (vgl. Z. 16), ihre Funktionen im Gebet der **Priesterin** (vgl. Z. 17), bei der Arbeit als **Heilerin** (vgl. Z. 17) oder als liebende **Mutter** (vgl. Z. 19.). Diese Hände haben aber („in einer anderen Zeit“, Z. 19) auch schon Abschied genommen von der eigenen Mutter und sie bewahren das Gedächtnis an den Geliebten (vgl. Z. 22).

Medeas Hände als Ausdruck der Vielschichtigkeit

neue Sichtweisen auf Medeas Leben

Dieses Sichtbarmachen von „**Lebenslinien**“ (vgl. Z. 32) ist eine der Stärken in Wolfs Roman, mit dem sie dem antiken Mythos eine neue, ganz andere Deutung zu geben vermag. Rezensenten haben kritisiert, dass eine **Medea ohne Mord keine Medea** mehr sei, und sie haben den literarischen Wert des Romans in der Tradition des Mythos infrage gestellt. Ich finde, dass der Mythos gerade dadurch am Leben gehalten werden kann, dass immer neue Blickweisen probiert und dem Lesepublikum angeboten werden. Wenn es wie bei Christa Wolf möglich wird, dem alten Stoff **neue Geschichten mit Bezügen zu unserer Gegenwart** abzulauschen, können auch die überlieferten Storys für uns junge Leser spannend bleiben.

Frage nach Medeas Wesenskern

Für die Autorin Christa Wolf gilt das mit dem Stoff aus der Antike in besonderer Weise. Zunächst kann sie aufgrund ihrer eigenen Biografie mit dem **Thema einer verlorenen Kindheit** umgehen. Literarisch hat sie das mit ihrem Roman *Kindheitsmuster* von 1976 bereits gezeigt, in dem die Ich-Erzählerin auf der **Suche nach ihrer Identität** in verschiedenen Erzählebenen Vergangenheit und Gegenwärtiges miteinander verknüpft. Im Zusammenhang mit den **Folgen des Zweiten Weltkriegs** wurde sie selbst aus ihrem Geburtsort im heutigen Polen, dem Land ihrer Kindheit, vertrieben. Sie kennt also die die Verluste, die mit einem solchen biografischen Bruch einhergehen, aus eigenen Erfahrungen.

biografischer Hintergrund des Romans:

Vertreibung im Jahr 1945

Ähnlich gravierend für sie müssen die Erlebnisse um den **Epochenumbruch 1989** gewesen sein. Zwar findet nun keine erneute Vertreibung statt; aber das von ihr **als Heimat verstandene Land DDR** zerbricht und geht unter. Auch ohne ein Land verlassen zu müssen, verliert sie ihren gewohnten Lebensraum, und damit einen nicht unerheblichen **Teil ihrer Identität**. *Was bleibt?,* fragt sie daraufhin in einem 1990 erschienenen Text – und wird für diesen Beitrag zur Erinnerungskultur angefeindet. Ganz offensichtlich war dieses Zeugnis ihrer Herkunft im Land ihrer Ankunft nicht erwünscht. Als sechs Jahre später der Roman *Medea. Stimmen* erscheint, ist dies ihr erstes selbstständiges literarisches Werk nach der Wiedervereinigung. Ein gelobtes Land kann Christa Wolf in der Bundesrepublik Deutschland aber nicht erkennen. **Kolchis und Korinth** funktionieren im Roman **als Metaphern für zwei unterschiedliche Gesellschaften**, die aber dem Einzelnen weder hier noch da die gewünschten Entfaltungsmöglichkeiten garantieren können.

Auflösung der DDR 1989 – 1990

Exemplarität von Kolchis und Korinth

Was Medea bewog, Kolchis zu verlassen, war nach der Deutung Christa Wolfs **weder das Goldene Vlies noch die Liebe zu Jason**. Vielmehr bot ihr Jasons Erscheinen erst die Möglichkeit zur Flucht aus der Heimat, in der sie es nicht mehr aushielt: Die Tötung des Absyrtos geschah **auf Geheiß des Aietes**, der befürchtete, sein Sohn könne ihm den Thron streitig machen – sie ist demzufolge nicht, wie bei Euripides, eine Freveltat Medeas, sondern löst vielmehr ihren

Wolfs Begründung für Medeas Flucht aus Kolchis

Weggang aus der Heimat erst mit aus. Angekommen im korinthischen Exil entdeckt sie, dass Absyrtos sein Gegenstück in der ermordeten Königstochter Iphinoe hat – also beide Königreiche auf **ähnlich inhumanen Verhältnissen** gründen.

Die **Konfrontation mit diesen Verhältnissen** müssen andere Figuren nicht aushalten: Anders als Medea, die dem Geheimnis auf die Spur kommt, als sie Merope hinterherschleicht, haben z. B. **Agameda und Presbon** zwar ebenfalls eine kolchische Herkunft. Es gelingt ihnen jedoch, in der korinthischen Gesellschaft anzukommen. Zwar sind sie gemeinsam mit Medea aus Kolchis geflohen, nun aber **integrieren** sie sich im neuen Umfeld, allerdings um einen hohen Preis. Als ehemalige Schülerin Medeas muss sich Agameda selbst verraten, um ihrer inzwischen zur Feindin erklärten Lehrerin zu schaden. Skrupellos schläft sie sich in der korinthischen Gesellschaft nach oben, während Presbon **aus Karrieregründen** (als Veranstalter der königlichen Spiele) seine Herkunft nahezu vergessen zu haben scheint. Wenn Ankunft in einem neuen sozialen Umfeld diese Art von Anpassung erfordert, muss gefragt werden, ob sie dann noch gewollt ist.

weitere Figuren: Agameda und Presbon

fragwürdige Integration in Korinth

Medea **bekennt sich zu ihrer Herkunft**, schon rein äußerlich: Sie trägt die bunten, leuchtenden Kleider ihrer kolchischen Heimat und ihr Haar offen, wie sie es von früher gewohnt ist. Dass sie damit Anstoß erregt in einer Gesellschaft, in der andere Gepflogenheiten herrschen, stört sie nicht. Sie bringt neben ihren Bräuchen auch **ihr Wissen und ihre Fähigkeiten mit nach Korinth**, und sie möchte beides mit allen teilen. So setzt sie ihre Heilkräfte ein, um Glauke Linderung zu verschaffen, so berät sie die Korinther, wie das Überleben während einer Hungersnot möglich werden kann. Aber sie stellt sich mit diesen besonderen Fähigkeiten eben auch außerhalb der Gemeinschaft – **sie erregt Neid und Missgunst**.

Medea als bekennende Kolcherin in Korinth

Medeas Leistung für Korinth

Auf diesem Nährboden gedeihen denn auch die **Intrigen**, von Akamas und Agameda, die Medeas positive Ausstrahlung ins Gegenteil verkehren – ihre **Diffamierung als böse Frau und gar Hexe** ist dieser erfolgreichen Kampagne geschuldet. Die Gerüchte von Medeas Schuld am Tod des Absyrtos und von deren Giftmord an Glauke fallen auf fruchtbaren Boden. Der **kulturelle Unterschied** zwischen den in Kolchis noch gelebten matriarchalischen Werten und der korinthischen, von Männern dominierten Gesellschaft ist immer wieder Anlass zu Skepsis und Abwehr. Er führt letztendlich dazu, dass die um ihre Dominanz fürchtenden Herrscher in Korinth **Medea zum Sündenbock** machen, was in letzter Konsequenz selbst dann noch funktioniert, als die von den Korinthern selbst gesteinigten Kinder Medeas zu Medeas Mordopfern erklärt werden.

gezielter Rufmord an Medea

Patriarchat vs. Matriarchat

Die Geschichte Medeas in der Lesart Christa Wolfs ist damit ein Zeiten überwindendes, **zeitloses Narrativ**, das ohne Probleme in den Neunzigerjahren des vorigen Jahrhunderts verstanden werden konnte – und heute, nach der **Flüchtlingskrise 2015** und dem damit verbundenen wieder erstarkenden **Heimatbewusstsein** erneut auf dem Prüfstand steht.

Aktualität von *Medea. Stimmen*

Christa Wolf führt uns vor Augen, **wie irrational Ängste vor dem Anderen**, dem Unbekannten, dem Fremden sind. Die Verbindung von Medea und Oistros macht anschaulich, dass man sogar „ohne Herkunft" (so ähnlich drückt es Leukon aus) in gelingender Partnerschaft aufgehen kann. Wenn man **das Fremde nicht als Bedrohung, sondern als Herausforderung** betrachtet, muss man es nicht bekämpfen, sondern kann die Chancen erkennen, die in der Andersartigkeit liegen.

mögliche Lehre aus Wolfs Roman

Fazit:

In unserem Zeitalter, das von globalen Herausforderungen wie Klimawandel, Bürgerkriegen und den damit verbundenen Migrationsprozessen geprägt ist, besteht die **humanistische Verantwortung** darin, in gemeinsamen Anstrengungen die Aufgaben der Zukunft zu erkennen, anzugehen und zu meistern. Diese Gemeinsamkeit bedeutet auch, dass mein syrischer, ghanaischer oder afghanischer Nachbar in meiner Heimat **nicht nur geduldet** wird, sondern dass er **sich aktiv einbringen darf** und sie durch seine Mitgestaltung auch zu seiner, zu einer neuen Heimat machen kann. Die rechtliche Grundlage dafür wurde übrigens schon vor 70 Jahren in das Grundgesetz der Bunderepublik aufgenommen: „**Niemand darf wegen** seines Geschlechtes, seiner Abstammung, seiner Rasse, seiner Sprache, **seiner Heimat und Herkunft**, seines Glaubens, seiner religiösen oder politischen Anschauungen **benachteiligt** oder bevorzugt **werden**." (GG Art 3) Die Würde Medeas ist unantastbar.

Übertragen der Lehre auf aktuelles Thema

Leistungskurs Deutsch (Sachsen): Abiturprüfung 2019
Aufgabe 4: Materialgestütztes Verfassen eines argumentierenden Textes

Thema: Romantik und ihre Aktualität

Material 1: Rüdiger Safranski (*1945): Romantik. Eine deutsche Affäre (2007)

Was man um 1800 die „Romantische Schule" genannt hat, was sich um die Gebrüder Schlegel versammelte, was sich in deren kurzlebiger, aber heftiger Zeitschrift „Athenäum" selbstbewußt und bisweilen doktrinär zu Wort meldete, dieser entfesselte Spekulationsgeist des philosophischen Beginns von Fichte und Schelling, was in den frühen Erzählungen von Tieck und Wackenroder bezauberte als Vergangenheitssehnsucht und als neu erwachter Sinn für das Wunderbare, diese Hinneigung zur Nacht und zur poetischen Mystik bei Novalis, dieses Selbstgefühl des Neuanfangs, dieser beschwingte Geist einer jungen Generation, die zugleich gedankenschwer und verspielt auftrat, um den Impuls der Revolution in die Welt des Geistes und der Poesie zu tragen – diese ganze Bewegung hat selbstverständlich eine Vorgeschichte, einen Anfang vor dem Anfang.

Die jungen Leute, denen es nicht an Selbstbewußtsein mangelte, wollten einen neuen Anfang setzen, aber sie setzten doch auch fort, womit eine Generation früher der „Sturm und Drang" begonnen hatte. […]

Die Romantik ist eine Epoche. Das Romantische eine Geisteshaltung, die nicht auf eine Epoche beschränkt ist. Sie hat in der Epoche der Romantik ihren vollkommenen Ausdruck gefunden, ist aber nicht darauf beschränkt; das Romantische gibt es bis heute. Es ist nicht nur ein deutsches Phänomen, aber es hat in Deutschland eine besondere Ausprägung erfahren, so sehr, daß man im Ausland bisweilen die deutsche Kultur mit Romantik und dem Romantischen gleichsetzt. […]

Die beste Definition des Romantischen ist immer noch die von Novalis: *Indem ich dem Gemeinen einen hohen Sinn, dem Gewöhnlichen ein geheimnisvolles Ansehn, dem Bekannten die Würde des Unbekannten, dem Endlichen einen unendlichen Schein gebe, so romantisiere ich es.* […]

Der romantische Geist ist vielgestaltig, musikalisch, versuchend und versucherisch, er liebt die Ferne der Zukunft und der Vergangenheit, die Überraschungen im Alltäglichen, die Extreme, das Unbewußte, den Traum, den Wahnsinn, die Labyrinthe der Reflexion. Der romantische Geist bleibt sich nicht gleich, ist verwandelnd und widersprüchlich, sehnsüchtig und zynisch, ins Unverständliche vernarrt und volkstümlich, ironisch und schwärmerisch, selbstverliebt und gesellig, formbewußt und formauflösend. Der alte Goethe sagte, das Romantische sei das Kranke.

Aber auch er mochte nicht darauf verzichten.

Aus: Rüdiger Safranski: Romantik. Eine deutsche Affäre. Carl Hanser Verlag München 2007, S. 11–13

Material 2: Friedrich Schlegel (1772–1829): Athenäums-Fragment Nr. 116 (1798)

Die romantische Poesie ist eine progressive Universalpoesie. Ihre Bestimmung ist nicht bloß, alle getrennten Gattungen der Poesie wieder zu vereinigen, und die Poesie mit der Philosophie und Rhetorik in Berührung zu setzen. Sie will, und soll auch Poesie und Prosa, Genialität und Kritik, Kunstpoesie und Naturpoesie bald mischen, bald verschmelzen, die Poesie lebendig und gesellig, und das Leben und die Gesellschaft poetisch machen, den Witz poetisieren, und die Formen der Kunst mit gediegnem Bildungsstoff jeder Art anfüllen und sättigen, und durch die Schwingungen des Humors beseelen. Sie umfaßt alles, was nur poetisch ist, vom größten wieder mehre Systeme in sich enthaltenden Systeme der Kunst, bis zu dem Seufzer, dem Kuß, den das dichtende Kind aushaucht in kunstlosen Gesang. […]

Aus: Friedrich Schlegel: Fragmente. In: Theorie der Romantik, hrsg. von H. Uerlings. Reclam Stuttgart 2000, S. 79

Material 3: Joseph Freiherr von Eichendorff (1788–1857): Sehnsucht (1834)

Es schienen so golden die Sterne,
Am Fenster ich einsam stand
Und hörte aus weiter Feme
Ein Posthorn im stillen Land.
Das Herz mir im Leib entbrennte,
Da hab ich mir heimlich gedacht:
Ach wer da mitreisen könnte
In der prächtigen Sommernacht!

Zwei junge Gesellen gingen
Vorüber am Bergeshang,
Ich hörte im Wandern sie singen
Die stille Gegend entlang:
Von schwindelnden Felsenschlüften,
Wo die Wälder rauschen so sacht,
Von Quellen, die von den Klüften
Sich stürzen in die Waldesnacht.

Sie sangen von Marmorbildern,
Von Gärten, die über'm Gestein
In dämmernden Lauben verwildern,
Palästen im Mondenschein,
Wo die Mädchen am Fenster lauschen,
Wann der Lauten Klang erwacht
Und die Brunnen verschlafen rauschen
In der prächtigen Sommernacht. –

Aus: Joseph von Eichendorff: Werke in sechs Bänden. Bd. 1, hrsg. von Hartwig Schultz. Frankfurt/M. 1987, S. 315

Material 4: Heinrich Heine (1797–1856): Die romantische Schule (1835)

Was war aber die romantische Schule in Deutschland?
Sie war nichts anders als die Wiedererweckung der Poesie des Mittelalters, wie sie sich in dessen Liedern, Bild- und Bauwerken, in Kunst und Leben, manifestiert hatte. [...]
Unsere Poesie, sagten die Herren Schlegel, ist alt, unsere Muse ist ein altes Weib mit einem Spinnrocken, unser Amor ist kein blonder Knabe, sondern ein verschrumpfter Zwerg mit grauen Haaren, unsere Gefühle sind abgewelkt, unsere Phantasie ist verdorrt; wir müssen uns erfrischen, wir müssen die verschütteten Quellen der naiven, einfältigen Poesie des Mittelalters wieder aufsuchen, da sprudelt uns entgegen der Trank der Verjüngung. Das ließ sich das trockne dürre Volk nicht zweimal sagen; besonders die armen Dursthälse, die im märkischen Sande saßen, wollten wieder blühend und jugendlich werden, und sie stürzten nach jenen Wunderquellen, und das soff und schlürfte und schlückerte mit übermäßiger Gier. Aber es erging ihnen wie der alten Kammerjungfer, von welcher man folgendes erzählt: Sie hatte bemerkt, daß ihre Dame ein Wunderelixir besaß, das die Jugend wiederherstellt; in Abwesenheit der Dame nahm sie nun aus deren Toilette das Fläschchen, welches jenes Elixir enthielt, statt aber nur einige Tropfen zu trinken, tat sie einen so großen, langen Schluck, daß sie durch die höchstgesteigerte Wunderkraft des verjüngenden Tranks, nicht bloß wieder jung, sondern gar zu einem ganz kleinen Kinde wurde. Wahrlich, so ging es namentlich unserem vortrefflichen Herrn Tieck, einem der besten Dichter der Schule; er hatte von den Volksbüchern und Gedichten des Mittelalters so viel eingeschluckt, daß er fast wieder ein Kind wurde [...]

Aus: Heinrich Heine: Werke in fünf Bänden, Bd. 3, hrsg. von Rolf Toman. Könemann Verlag, Köln 1995, S. 10, 27

Material 5: Peter Hacks (1928–2003): Zur Romantik (2000)

Ein romantischer Autor ist ein Autor, der um seiner Jugendlichkeit willen geschätzt zu werden beansprucht.
Gegen die Romantiker spricht ferner, daß sie meistens zu jung sind. Von denen unter ihnen, die überhaupt eine nennenswerte Zahl von Jahren erreichen, muß eingestanden werden, daß sie weniger altern denn verschimmeln, so etwa von den Schlegelbrüdern oder Schelling. Tieck allein hat etwas wie ein vorzeigbares Alter.
Figuren wie Wackenroder, Novalis, Theodor Körner, die Grünschnäbeligkeit derer, die das „Athenäum" verfaßten, erwecken Mißtrauen. Die Jugend ist eine Not, aus der der romantische Lebensstil versucht, eine Tugend zu machen.
[...] Ein von der Romantik befallenes Land sollte die Möglichkeit seines Untergangs in Betracht ziehen. [...]

Aus: Peter Hacks: Zur Romantik. Eulenspiegel Verlag Berlin 2008, S. 89–90, 109

Material 6: Wieland Freund (*1969), Richard Kämmerlings (*1969): Die Rückkehr der Romantik (2016)

Baumbücher werden Bestseller, Schäfer sind die neuen Stars auf Twitter und am Kiosk gibt's die „Landlust": Natur ist der neue Mega-Trend. Längst sprechen Philosophen von der „Romantik 2.0". Aber was bedeutet die neue Natursehnsucht? Ist sie nur eine Flucht vor einer zunehmend virtuellen Gegenwart oder ein echter Bewusstseinswandel? […]

Die Bäume stehen für ein unserer Alltagswelt entgegengesetztes Zeitmaß, sie wurzeln buchstäblich in fernen Vergangenheiten und sind so ideale Verkörperungen von Entschleunigung und Besinnung. Das kommt dem Wellness-Trend der Achtsamkeit entgegen, der Ruhe auch im hektischen Alltag finden will, im Dauerfeuer der sozialen Netzwerke. Natur ist Projektionsfläche eines unentfremdeten Lebens und zugleich auch Religionsersatz. Was man früher in der Kirche fand, sucht man jetzt außerhalb der Städte, in einer neuen Romantik, die längst mehr ist als Erholung und Ertüchtigung. Nämlich Sinnersatz. Natur ist wieder einmal das Andere der Gesellschaft.

Doch wie genau sieht unser Verhältnis zur Natur heute aus? Wie romantisch ist die Gegenwart wirklich?

Aus: https://www.welt.de/print/wams/article157531975/Die-Rueckkehr-der-Romantik.html (abgerufen am 03. 08. 2018)

Material 7: Hans-Jürgen Sarfert (*1944): Dresden als Stadt der literarischen Romantik (1996)

In der Epochengeschichte der europäischen Aufklärung dominierte die Romantik als Gruppenphänomen mit den Modetopoi empfindsamer Dichterfreundschaften und literarischer Produktionsgemeinschaften. Sie war unmittelbarer Reflex gegen die reglementierende Vernunftherrschaft der Aufklärung und Ruf zur geistigen Erneuerung, der Hinwendung zur Entgrenzung der Einbildungskraft und des Empfindungsausdruckes, zu gefühlsgeleiteten Wahrnehmungsformen. Einer der „Poetizismen" von Novalis lautete: „Lessing sah zu scharf und verlor darüber das Gefühl des undeutlichen Ganzen, die magische Anschauung der Gegenstände …" Es geschah als aggressive Protestgeste gegen die Banalisierung der Welt und die Zerstörung einer Ganzheitskultur. Die Romantik wuchs zur ersten Literaturbewegung mit starken lokalen Zentren wie Berlin, Heidelberg und Jena.

In dieser Konstellation trat Dresden kurzzeitig und erstmals als Ort literarischer Kultur deutlich hervor, obwohl die Stadt infolge ihres landschaftlich facettenreichen Eingebundenseins bis zum heutigen Tag vor allem kreative Wirkungsstätte der Maler und Musiker geblieben ist. […]

Aus: Hans-Jürgen Sarfert: Dresden als Stadt der literarischen Romantik. In: Von der Liberey zur Bibliothek. 440 Jahre Sächsische Landesbibliothek, hrsg. von G. Gattermann. Sandstein Verlag Dresden 1996, S. 151

Arbeitsanweisung:

An Ihrer Schule wurde ein Romantik-Projekt durchgeführt.

Sie werden gebeten, zur Abschlusspräsentation der Ergebnisse vor Mitschülern, Lehrern und Eltern eine Rede zu halten.

Verfassen Sie diese Rede unter der Fragestellung, ob die Romantik im 21. Jahrhundert noch zeitgemäß ist.

Nutzen Sie dafür die angegebenen Materialien (M 1–M 7). Beziehen Sie im Unterricht erworbenes Epochenwissen und eigene Erfahrungen ein.

Der Umfang der Rede sollte etwa 1 000 Wörter betragen.

Zitate aus den Materialien werden ohne Zeilenangabe nur unter Nennung des Autors und gegebenenfalls des Titels wiedergegeben.

Beachten Sie, dass in der Prüfungssituation Hinweise auf Ihren Namen, Ihren Wohnort und auf den Standort des Gymnasiums unzulässig sind.

Lösungsvorschlag

*Nach eingängiger **Lektüre der Materialien** sollten Sie sich für oder gegen die **These der Aufgabenstellung** entscheiden. Im Anschluss daran arbeiten Sie – zunächst zur gegenteiligen Ansicht – **Argumente** aus den Materialien heraus. Ordnen Sie diese entsprechend der Gewichtung. Wichtig ist dabei, dass jeder **These** eine **Begründung** und ein **Beispiel** nachgestellt werden, damit das jeweilige Argument vollständig ist. Dasselbe vollziehen Sie dann für Ihre eigene Position.*

*Sie müssen übrigens nicht alle zur Verfügung gestellten Materialien nutzen, sondern sollen natürlich auch Ihr im Unterricht erworbenes **Wissen zur Romantik** und Ihre eigenen Erfahrungen einfließen lassen.*

*Verfassen Sie Ihre Rede, indem Sie zuerst die **Argumente der Gegenposition** anführen. Achten Sie hierbei darauf, dass man mit dem stärksten Argument beginnt und mit dem schwächsten schließt. **Ihre eigene Position** stellen Sie dann in umgekehrter Weise dar, also vom schwächsten Argument zum stärksten. Optimal wäre es, wenn Sie die Argumente der Gegenseite sukzessive durch die Argumente Ihrer eigenen Position widerlegen könnten.*

*Da Sie vor Publikum sprechen, sollte Ihre Rede nicht nur **informativ und überzeugend** sein, sondern auch **unterhaltsam und abwechslungsreich**. Gestalten Sie Ihre Rede also in stilistischer Hinsicht ansprechend. Dabei empfiehlt es sich, rhetorische Stilmittel zu verwenden und allzu lange, komplexe Schachtelsätze zu vermeiden. Denken Sie außerdem an die **Anrede** des Publikums, an die **Nennung des Redeanlasses** und an die **Verabschiedung**.*

Anrede des Publikums

Liebe Mitschülerinnen und Mitschüler,
liebe Eltern, liebe Lehrerinnen und Lehrer,

Einstieg: Hinführung zum Thema

„ach, ist das romantisch“, „glotz nicht so romantisch“, „ich liebe romantische Filme“, „ich bin kein Fan von Romantik“ – Wer kennt diese Aussprüche nicht? Geht es um die Romantik, scheiden sich die Geister. Sind das Nomen Romantik und das dazugehörige Adjektiv nun positiv oder negativ konnotierte Wörter? In Verbindung mit der **Epoche der Romantik**, die sich ca. von 1795 bis 1848 erstreckte, stellt sich die Frage, ob die Romantik selbst nur eine **Verklärung vorangegangener Epochen** ist oder ob sie sogar **im 21. Jahrhundert noch zeitgemäß** ist. Mit dieser Frage haben sich die Schülerinnen und Schüler der Jahrgangsstufe 12 in einem mehrwöchigen Projekt beschäftigt.

Aufgreifen der Fragestellung

Hauptteil: Argumente der Gegenseite – Romantik ist nicht zeitgemäß

Die Romantik als Epoche ist im 21. Jahrhundert auf den ersten Blick alles andere als zeitgemäß. Immerhin leben wir in einem **digitalen Zeitalter**, in dem wir die täglichen Nachrichten im Newsfeed unseres Instagram-Accounts lesen und eher damit beschäftigt sind, andere zu liken als sich dem Romantischen zuzuwenden. Warum auch? Die Romantik reihte sich doch selbst nur an die **Epoche der revolutionären Stürmer und Dränger**, deren wohl bekanntestes Werk – *Die Leiden des jungen Werther* von Goethe – die Leserschaft tatsächlich nachhaltig beeinflusst hat. Litten nicht viele am **Werther-Fieber**? Kann man Ähnliches vom Zeitalter der Romantik behaupten?

Wirkungsmacht der Weimarer Klassik

Doch nicht nur die Stürmer und Dränger sind hier zu nennen, sondern auch die gereiften und der Antike verschriebenen **Klassiker**. Man denke nur an die großartigen Werke Schillers, wie *Maria Stuart*, wo es um **essenzielle Fragen der Menschheit** geht: um Macht und Moral und um die Rolle der Frau. Nicht zu vernachlässigen sind die bedeutungsvollen Hymnen Goethes wie *Das Göttliche* oder *Grenzen der Menschheit*. Welchen Einfluss aber hatte die Romantik?

Bezugnahme der Romantik auf das Mittelalter

Bezug zu M 4

Sehnsucht nach verlorener Einheit

Selbst **Heinrich Heine**, der ursprünglich als Romantiker, gleichzeitig aber auch als Überwinder ebenjener Epoche galt, definiert die Romantik als „nichts ander[es] als die Wiedererweckung der Poesie des Mittelalters, wie sie sich in dessen Liedern, Bild- und Bauwerken, in Kunst und Leben, manifestiert hatte“ (Heinrich Heine: *Die romantische Schule,* 1835). So spielt z. B. auch das romantische Kunstmärchen *Undine* von Friedrich de la Motte Fouqué im Mittelalter. Dabei erwies sich die **Imitation des Mittelalters** immer nur als Projektionsraum einer einst realen, doch in der Romantik **verloren geglaubten Einheit** verschiedener Lebensbereiche, die es wieder zu verbinden galt. Die Klüfte zwischen Glauben und Wissen, Mensch und Natur, Traum und Wirklichkeit, aber auch Endlichem und Unendlichem schienen im idealisierten Mittelalter verbunden und sollten es auch in der Romantik wieder werden.

Polemisch stellt Heine fest, dass schon die **Gebrüder Schlegel** bemerkt hätten, dass ihre **Fantasie verdorrt** war und sie sich erfrischen mussten, und dass sie dafür die „verschütteten Quellen der naiven, einfältigen Poesie des Mittelalters wieder aufsuchen“ sollten (Heine). Dabei fielen sie förmlich in den Trank der Verjüngung, der sie aber nicht nur entgreiste, sondern sogar förmlich **infantil** machte (vgl. Heine). Auch Peter Hacks kritisierte die romantischen Autoren genau dafür, dass sie eben **für ihre Jugendlichkeit geschätzt** werden wollten. Und noch mehr: Ein Land, das unter romantischem Einfluss steht, solle besser untergehen (Peter Hacks: *Zur Romantik,* 2000).

Jugendwahn der Romantiker

Bezug zu M 4

Bezug zu M 5

Doch sind die **Sehnsucht nach Gefühlen**, die **Flucht aus der Wirklichkeit**, die Rückkehr in die Natur und das Entfliehen aus der Großstadt nicht charakteristische Merkmale der heutigen Gesellschaft? Spricht man hier von einer „Flucht vor einer zunehmend virtuellen Gegenwart oder [von] ein[em] echte[m] Bewusstseinswandel“ (Wieland Freund/Richard Kämmerlings: *Die Rückkehr der Romantik,* 2016)? Die Menschen erfahren eine **Romantisierung der Welt in Form der Hinwendung zur Natur**. Bäume stehen als Sinnbild der „fernen Vergangenheiten und sind so ideale Verkörperungen von Entschleunigung und Besinnung“ (Freund / Kämmerlings).

Argumente der Pro-Seite: Romantik ist zeitgemäß

Bezug zu M 6

romantische Naturbegeisterung

Gerade der Mensch im 21. Jahrhundert versucht, in der hektischen **Alltagswelt voller Digitalisierung** Ruhe zu finden, und sehnt sich nach **Möglichkeiten des Rückzugs**. Schlagworte wie Wellness, Achtsamkeit, Reise zum inneren Ich sind nun mehr in fast jeder Zeitung oder Zeitschrift zu finden. Und auch Meditationsreisen und große Wandertouren sind wieder hip, man fühlt sich gar an Eichendorffs *Taugenichts* erinnert. Die Natur ist für die Menschen damals wie heute „**Projektionsfläche eines unentfremdeten Lebens** und zugleich auch Religionsersatz“ (Freund/Kämmerlings).

heutiger Lebensstil und aktuelle Trends als Erbe der Romantik

Bezug zu M 6

Die Menschen bemühen sich, eine **Gegenwelt zum stressigen und eintönigen Alltag** zu schaffen. Ebenjene Gegenwelt kann mit dem Aufleben der Romantik, mit einer Wiedergeburt der „Romantik 2.0“ erzeugt werden (Freund/Kämmerlings). Denn immerhin gilt die Romantik „als neu erwachter Sinn für das Wunderbare“, das „**Selbstgefühl des Neuanfangs**“ und sie will den „Impuls der Revolution in die Welt des Geistes und der Poesie […] tragen“ (Safranski: *Romantik. Eine deutsche Affäre,* 2007). Erleben wir momentan nicht genau das? Sind es nicht die Jugendlichen, die jeden Freitag auf die Straße gehen, um **für eine bessere Zukunft** und für ein gutes Klima zu

Romantik als Gegengewicht zum Alltag

Bezug zu M 6

Bezug zu M 1

kämpfen? Erleben wir nicht das Phänomen der Jugendlichkeit ganz besonders als eine **Abgrenzung gegenüber den anderen Generationen**? Zeigt sich nicht auch hier der revolutionäre Gedanke der Romantiker? Muss es immer ein radikaler Bruch mit dem Vorangegangenen sein?

Widerstand der jungen Generation

So setzten die jungen Romantiker doch auch dort an, wo ihre Vorgänger, die Stürmer und Dränger, begonnen hatten (vgl. Safranski). Ist es nicht auch so, dass sich **Epochen als ständige Weiterentwicklung des Vorherigen** verstehen? Safranski verdeutlicht, dass die „Romantik […] eine Epoche [sei…], das Romantische [aber] eine **Geisteshaltung**, die **nicht auf eine Epoche beschränkt** ist" (Safranski). Die Romantik wird weithin als deutsches Phänomen angesehen. Sie hat sich aber auch in anderen Ländern ausgebreitet. Und „das Romantische gibt es bis heute" (Safranski).

Bezug zum Sturm und Drang

Zeitlosigkeit der Romantik

Bezug zu M 1

Die Romantik ist vielschichtig. Sie verbindet getrennte Gattungen der Literatur, um **neue kreative Verknüpfungen** zu schaffen (vgl. Schlegel: *Athenäums-Fragment Nr. 116,* 1798). Auch heutzutage können wir mannigfaltige Verbindungen unter Künstlern finden, die sich gegenseitig beeinflussen und **traditionelle Genres aufweichen**, um Neues oder gar Revolutionäres hervorzubringen. So gibt es Kollaborationen von Musikern, Designern, Dichtern und Denkern, die gerade durch ihre Zusammenarbeit Großes schaffen. Die Grenzen des Bekannten verschwimmen und geben **Raum für Neues**. Das ist ein **Erbe der Romantik**.

Romantik als Inspiration für Künstler und Kreative

Bezug zu M 2

Dabei ist der romantische Geist so facettenreich: Er verwandelt sich, wirkt widersprüchlich, greift gleichermaßen **sehnsüchtig nach der Ferne, der Vergangenheit und der Zukunft**, schwärmt, ironisiert, erscheint egoistisch und gleichzeitig gesellig, ist verbindend und auflösend. Kann man diese Heterogenität und Vielgestaltigkeit nicht auch auf unsere heutige komplexe Zeit projizieren? **Das Romantische ist also aktuell** und wird es hoffentlich noch lange bleiben.

Fazit:

Vielen Dank für Ihre Aufmerksamkeit!

Ende der Rede: Dank an Zuhörer

Grundkurs Deutsch (Sachsen): Abiturprüfung 2020
Aufgabe 1: Interpretation eines epischen Textes

Martin Suter (*1948): Decision Making (2007)

Steffen sieht ihn von weitem. Er steht zwischen zwei Schaufenstern dicht an der Hauswand, trägt eine Schildmütze und hält eine Zeitschrift in der Rechten, die er den Passanten diskret entgegenhält, wenn sie auf seiner Höhe sind. Der Mann verkauft das Straßenmagazin. Ein Arbeitsloser.

Steffen ist versucht, auf die andere Straßenseite zu wechseln. Nicht, weil ihn die fünf Franken reuen würden, er ist nicht knauserig. Doch die Begegnung hätte er ganz gerne vermieden. Nicht die mit dem Mann, die mit dem Phänomen. Aber das Reformhaus, in dem er für Rosemarie die Bachblüten[1] abholen soll, liegt auf dieser Seite, zehn Meter nach dem Arbeitslosen. Jemand, der ihn dabei beobachtet, wie er eine verkehrsreiche Straße zweimal überquert, nur um einem Straßenmagazinverkäufer aus dem Weg zu gehen, könnte daraus falsche Schlüsse ziehen. Zum Beispiel, daß er dem Thema aus dem Weg gehen wolle. Weil es für ihn eines sei. Oder werden könnte.

Das wäre natürlich Unsinn, Steffen befindet sich in gefestigter Stellung im oberen Middlemanagement, zwar nicht gerade unkündbar, aber ziemlich unersetzlich. Er bleibt also auf Kurs.

Am besten, er kauft eines. Damit würde er beweisen, daß das Thema ihn zwar berührt, aber nicht betrifft. Einfach kurz stehenbleiben, die Münze übergeben und das Magazin entgegennehmen. Die Abwicklung eines alltäglichen Geschäfts zwischen zwei normalen, wenn auch ungleichen Handelspartnern.

Vielleicht sollte er das Geld bereithalten, sonst verwickelt ihn der Handelspartner womöglich in ein Gespräch, während Steffen danach sucht. Er möchte lieber nicht dabei beobachtet werden, wie er auf einem von Berufstätigen bevölkerten Trottoir in ein Gespräch mit einem Arbeitslosen vertieft ist. Sonst sieht das so aus, als mache er sich mit dessen Situation vertraut.

Nur: Wie wirkt es, wenn er im Gehen fünfzehn Meter vor der Begegnung mit einem Unbeschäftigten den Schirm in die andere Hand wechselt und sein Portemonnaie aus der Hosentasche fischt? Weshalb, würde sich ein zufälliger Beobachter fragen, weshalb wird dieser Businessman beim Anblick eines aus dem Erwerbsleben Geschiedenen plötzlich so nervös? Hat er etwas mit der Sache zu tun?

Wahrscheinlich ist es am unverfänglichsten, wenn er den Mann übersieht. Nicht absichtlich. Einfach, weil er als Führungspersönlichkeit mit den Gedanken beim Job ist. Das könnte allerdings auch den Eindruck erwecken, er verdränge ein gesellschaftliches Problem. Doch Steffen ist kein Verdränger. Schon gar nicht von Problemen, die ihn persönlich nicht betreffen.

Er wird eines kaufen. Er wird stehenbleiben, sein Portemonnaie zücken und den Handel ganz unbefangen abschließen.

Allerdings müßte er es unmittelbar danach diskret entsorgen. Ein Straßenmagazin kaufen ist eine Sache. Mit einer Arbeitslosenfachzeitschrift unter dem Arm erwischt werden eine ganz andere.

Vielleicht sollte er lieber den Kaufpreis aushändigen und auf das Produkt verzichten. In diesem Moment bleibt eine Frau beim Verkäufer stehen und beginnt in ihrer Handtasche zu kramen. Steffen beschleunigt den Schritt und geht vorbei. Schlange stehen, um eine Arbeitslosenzeitschrift zu kaufen, wäre dann doch etwas übertrieben. Schließlich ist er ein – sorry, lieber Arbeitsloser – vielbeschäftigter Mann.

Aus: Suter, Martin: Unter Freunden. Diogenes Zürich 2007, S. 176 ff.

1 Bachblüten: pflanzliches Heilmittel

Arbeitsanweisung:

Interpretieren Sie den Text.

Lösungsvorschlag

*Wenn Sie diese Aufgabe bearbeiten wollen, müssen Sie wissen, wie Kurzprosa interpretiert wird. Möglich ist ein **Einstieg über den Titel**, indem Sie z. B. beschreiben, welche Assoziationen dieser Titel bei Ihnen auslöst. Sie sollten den Inhalt des Textes zusammenfassen, das Thema benennen und anschließend untersuchen, wie das Geschriebene dargestellt wird. Berücksichtigen Sie hierbei auch die **Sprachebene** sowie **aussagekräftige rhetorische Mittel in ihrer Funktion**. Achten Sie darauf, die handelnden Figuren zu charakterisieren, um so die Beziehung zwischen diesen herauszuarbeiten. Sie können auch das **Genre bestimmen** und nachweisen, warum es sich bei dem vorliegenden Text um eine Kurzgeschichte handelt. Dafür müssen Sie nicht jedes Merkmal extra benennen und am Text belegen, bauen Sie einzelne Aspekte in Ihre Darstellung ein. Wichtig ist, dass Sie abschließend **plausible Deutungsmöglichkeiten** formulieren.*

Einleitung: Gedanken zum Titel

Die Kurzgeschichte von Martin Suter aus dem Jahr 2007 trägt den englischen Titel *Decision Making*, was so viel wie „eine Entscheidung fällen" bedeutet. Damit wird dem Leser suggeriert, dass im Text eine **bedeutsame Entscheidungssituation** geschildert wird. Um was für eine Entscheidung es sich handelt, wird jedoch nicht näher bestimmt.

Hauptteil:

In der Kurzgeschichte wird eine alltägliche Szene dargestellt: Ein Arbeitsloser „verkauft das Straßenmagazin" (Z. 3 f.) und wird dabei von Steffen, einem Geschäftsmann, beobachtet. Dieser will die **Begegnung mit dem Arbeitslosen gerne vermeiden**. Deshalb überdenkt er verschiedene Möglichkeiten, wie er sich dem Zeitungsverkäufer gegenüber verhalten könnte. Wiederholt benennt er für sich mehrere **Entscheidungsoptionen**, begründet diese und widerlegt sie schließlich wieder. Wichtig scheinen ihm Überlegungen zur konkreten Geschäftsabwicklung (vgl. Z. 5 f.), zu seiner **Wirkung auf andere Menschen**, die „falsche Schlüsse ziehen" (Z. 11) könnten, sowie zu seinem gesellschaftlichen Ansehen (vgl. Z. 23 f.). Das Problem des Protagonisten, sich entscheiden zu müssen, wird am Ende dadurch gelöst, dass „eine Frau beim Verkäufer stehen" (Z. 41) bleibt und Steffen einfach an dem Arbeitslosen vorbeigehen kann. Denn „Schlange stehen, um eine Arbeitslosenzeitschrift zu kaufen, wäre dann doch etwas übertrieben" (Z. 42 f.).

Inhalt und Struktur des Textes:

Steffens Entscheidungsfindung im Mittelpunkt

Wie in einer Kurzgeschichte üblich wird eine Alltagssituation geschildert, in der sich der Leser unvermittelt wiederfindet. Er nimmt – durch die personale Erzählhaltung – aus dem **Blickwinkel des Geschäftsmannes** die Straßenszene wahr und an den Gedanken des Protagonisten teil. Nur zwei Figuren werden im Laufe der Geschichte im Kontrast zueinander charakterisiert. Anfangs wird „[e]in Arbeitsloser" (Z. 4) durch seine äußeren Merkmale beschrieben. Er „trägt eine Schildmütze und hält eine Zeitschrift in der Rechten" (Z. 2), die er Passanten zum Kauf anbietet. Der Mann „steht zwischen zwei Schaufenstern dicht an der Hauswand" (Z. 1 f.). Da er namenlos bleibt, kann man ihn als **stellvertretend für die Gruppe der Arbeitslosen** ansehen. Im weiteren Textverlauf verdeutlichen die Synonyme „Unterbeschäftigte[r]" (Z. 26), „aus dem Erwerbsleben Geschiedene[r]" (Z. 27) und „ungleiche[r] Handelspartne[r]" (Z. 19) die **herablassende Haltung des Geschäftsmannes Steffen** gegenüber dem „Straßenmagazinverkäufer" (Z. 10).

sprachlich-stilistische Gestaltungsmittel:

Charakterisierung des Zeitungsverkäufers

Der Geschäftsmann sticht aus der Masse heraus, denn durch den Namen „Steffen" (Z. 1) wird er – im Gegensatz zu dem Arbeitslosen – individualisiert. Schnell zeigt sich, dass sich der Protagonist selbst als **erfolgreich im Berufsleben** wahrnimmt, denn er „befindet sich in gefestigter Stellung im oberen Middlemanagement" (Z. 13 f.) und ist eine „Führungspersönlichkeit" (Z. 31). **Redewendungen aus dem Geschäftsleben** dominieren Steffens Gedanken, z. B. „Abwicklung eines alltäglichen Geschäfts" (Z. 18), „Handelspartner" (Z. 20) oder „Businessmann" (Z. 28). Dadurch und durch die Verwendung eines gehobenen Sprachstils („den Kaufpreis aushändigen", Z. 40) wird verdeutlicht, dass sich der Geschäftsmann für eine **gesellschaftlich höhergestellte Person** hält. Gleichzeitig erfolgt damit eine **Abgrenzung nach unten** gegenüber dem Arbeitslosen.

Steffens Selbstwahrnehmung

Steffens vielsagende Wortwahl

Allerdings besteht **zwischen Steffens Selbstbild und der Realität eine Diskrepanz**. Denn Steffen präsentiert sich unsicher, wenn er sein gewohntes Terrain, das Geschäftsleben, verlässt. Nervös versucht er, zu einer fundierten Entscheidung im Umgang mit einem in seinen Augen Nicht-Erfolgreichen, einem Arbeitslosen, zu kommen. Das zeigt sich u. a. an den **zweifelnden Fragen**, die der Protagonist formuliert und unbeantwortet lässt (vgl. Z. 25 ff.). Der Erzähler lässt Steffen hypothetisch sein mögliches Verhalten gegenüber dem Arbeitslosen durchdenken. Die **Verwendung des Konjunktivs** bei Modalverben (z. B. „müßte", Z. 37), des Adverbs „[v]ielleicht" (Z. 20, 40) sowie des Adjektivs „[w]ahrscheinlich" (Z. 30) verdeutlicht dabei **Steffens zunehmende Unsicherheit**. Der Indikativ wird verwendet, wenn Steffen seine Handlungsabläufe gedanklich durchspielt (vgl. Z. 35). Damit will er **seine Überlegungen** gewissermaßen **vor sich selbst bekräftigen**. Parataxen (vgl. Z. 35 f.) und Ellipsen (z. B. Z. 30 f.) vermitteln zudem den Eindruck, dass sich Steffen in seinen Vorstellungen zunehmend sicher fühlt.

Widersprüchlichkeit in Steffens Gedankengängen

Entlarvung von Steffens Unsicherheit

Die Kurzgeschichte ist stringent erzählt und konzentriert sich auf einen Handlungsstrang, der einen sehr begrenzten Zeitraum umfasst. Der Leser erhält einen **Einblick in die Gedankenwelt des Protagonisten** und wird am Ende der Geschichte mit einem sarkastischen, zynischen Gedanken zurückgelassen. Steffen sei schließlich vielbeschäftigt und könne nicht warten, um eine Zeitung zu kaufen (vgl. Z. 42 ff.). Wie das Leben von Steffen weitergeht, kann nur vermutet werden.

Decision making als Kurzgeschichte

Martin Suter veranschaulicht am Beispiel einer alltäglichen Straßenszene verschiedene **unterschwellige Ängste gesellschaftlich angesehener und gut gestellter Personen**. So zeigt sich beim Geschäftsmann Steffen die latente Angst vor sozialem Abstieg, denn er will lieber „dem Thema aus dem Weg" (Z. 11 f.) gehen, als sich mit einer möglichen Arbeitslosigkeit auseinanderzusetzen. Er ist „nicht gerade unkündbar, aber ziemlich unersetzlich" (Z. 14) und denkt darüber nach, wie es aussehe, wenn er ein Gespräch mit dem Arbeitslosen führen würde. Letztlich zeigen sich seine **Arroganz** als „Führungspersönlichkeit" (Z. 31) und seine **Selbstüberschätzung** noch einmal überdeutlich im abschließenden Satz, in dem er klar seine scheinbare Überlegenheit dem Arbeitslosen gegenüber formuliert.

Deutungsmöglichkeiten:

Steffens verborgene Ängste

Außerdem wird die **Berührungsangst im Umgang mit gesellschaftlich wenig angesehenen Personen** thematisiert. Steffen zeigt in der Geschichte seine Unsicherheit, er weiß nicht, ob und wie er eine einfache Interaktion, nämlich ein „alltägliche[s] Geschäf[t]"

Unsicherheit im Umgang mit anderen Menschen

(Z. 18) mit einem Arbeitslosen, durchführen soll. Als Geschäftsmann lebt er in einer völlig anderen Welt und grenzt sich gezielt von weniger erfolgreichen Menschen ab.

Sozialkritik in Suters Text

Anhand der beschriebenen Situation zeigt sich eine deutliche **Gesellschaftskritik.** Die Geschäftswelt wird am Beispiel von Steffen als von der Realität abgehoben charakterisiert, denn er stellt für sich fest, dass es sich bei dem Arbeitslosen und dessen Straßenverkauf um Probleme handelt, „die ihn persönlich nicht betreffen" (Z. 33 f.). Dadurch wird eine **Abgrenzung gegenüber sozial Benachteiligten** vorgenommen. Des Weiteren thematisiert die Kurzgeschichte, wie gesellschaftliche Probleme verdrängt werden (vgl. Z. 16 f.) und soziale Kälte den Umgang der Menschen bestimmt. Deshalb wird in der Geschichte nur die Sicht Steffens, des Geschäftsmannes, gezeigt. Völlig ausgeblendet werden **Gedanken des Straßenzeitungsverkäufers**, die sich der Leser selbst ergänzend denken kann.

Steffens Verhalten als Symptom für Verdrängung sozialer Probleme

Fazit

Erwartet man beim Lesen des Titels, der der Manager-Sprache entlehnt ist, die Beschreibung einer besonderen und v. a. bedeutsamen Entscheidungssituation, wird man beim Lesen der ganzen Geschichte schnell eines Besseren belehrt. Es geht um **keine geschäftlichen Abschlüsse oder gar gesellschaftliche Weichenstellungen**, sondern um ein alltägliches Geschehen. Jeder hat schon einmal einen Obdach- oder Arbeitslosen beim Verkauf von Straßenzeitungen gesehen, vielleicht auch bereits einmal eine dieser Zeitschriften erworben und sich keine großen Gedanken über das eigentliche Prozedere gemacht. Die eigenen Beweggründe für einen solchen Kauf mögen unterschiedlich sein. Sich aber so intensiv wie Steffen mit der Situation und ihrer Wirkung auf andere auseinanderzusetzen, erscheint sehr befremdlich.

falsche Erwartung durch Titel des Textes

ironische Haltung des Erzählers

Die Entscheidungsfindung, das „Decision Making", wird von Martin Suter ins Zentrum gerückt. Das erzeugt beim Leser eine gewisse Überraschung und **fordert zum Nachdenken und Beurteilen der Situation auf**. Obwohl der Erzähler kaum wertet, stellt er doch seine zentrale Figur Steffen bloß, indem er ihn auf ironische Weise charakterisiert. Dessen **Gedankengänge** erscheinen beim Lesen **übertrieben und nicht nachvollziehbar**. Deutlich wird Steffens Bestreben, auf keinen Fall mit dem Arbeitslosen in Verbindung gebracht zu werden. Gleichzeitig wird **Steffens Angst vor sozialem Abstieg** hervorgehoben, da er immer wieder betont, dass seine eigene Anstellung gesichert sei. So selbstsicher, wie Steffen sich nach außen gibt, ist er wohl gar nicht. Deshalb fällt ihm die Entscheidungsfindung so schwer.

Ricarda Huch (1864–1947): Die Romantik. Ausbreitung, Blütezeit und Verfall (1908)

„Es kam den Romantikern in der Tat weniger auf eine klare, sichtbare Welt an, als auf die unergründeten Tiefen, auf die verborgenen Zauberkessel, wo die Elemente sich mischen und kochen […].“

Aus: Ricarda Huch: Die Romantik. Ausbreitung, Blütezeit und Verfall. Leipzig 1908, S. 4.

Friedrich de la Motte Fouqué (1777–1843): Undine (1811)

„Ich machte mich denn gestern morgen auf den Weg“, fuhr der Ritter, Undinen freundlich anlächelnd, fort. „Die Baumstämme blitzten so rot und schlank im Morgenlichte. das sich hell auf dem grünen Rasen hinstreckte, die Blätter flüsterten so lustig miteinander, daß ich in meinem Herzen über die Leute lachen mußte, die an diesem vergnüglichen Orte irgend etwas Unheimliches erwarten konnten. ‚Der Wald soll bald durchtrabt sein, hin und zurück‘, sagte ich in behaglicher Fröhlichkeit zu mir selbst, und eh' ich noch daran dachte, war ich tief in die grünenden Schatten hinein und nahm nichts mehr von der hinter mir liegenden Ebene wahr. Da fiel es mir erst aufs Herz, daß ich mich auch in dem gewaltigen Forste gar leichtlich verirren könne und daß dieses vielleicht die einzige Gefahr sei, welche den Wandersmann allhier bedrohe. Ich hielt daher stille und sah mich nach dem Stande der Sonne um, die unterdessen etwas höher gerückt war, indem ich nun so emporblicke, sehe ich ein schwarzes Ding in den Zweigen einer hohen Eiche. Ich denke schon, es ist ein Bär, und fasse nach meiner Klinge; da sagt es mit einer Menschenstimme, aber recht rauh und häßlich, herunter: ‚Wenn ich hier oben nicht die Zweige abknusperte, woran solltest du denn heut um Mitternacht gebraten werden, Herr Naseweis?‘ Und dabei grinst es und raschelt mit den Ästen, daß mein Gaul toll wird und mit mir durchgeht, eh' ich noch Zeit gewinnen konnte, zu sehen, was es denn eigentlich für eine Teufelsbestie war.“

„Den müßt ihr nicht nennen“, sagte der alte Fischer, und kreuzte sich; die Hausfrau tat schweigend desgleichen; Undine sah ihren Liebling mit hellen Augen an, sprechend: ‚Das beste bei der Geschichte ist, daß sie ihn doch nicht wirklich gebraten haben. Weiter, du hübscher Jüngling.“

Der Ritter fuhr in seiner Erzählung fort: „Ich wäre mit meinem scheuen Pferde fast gegen Baumstämme und Äste angerannt; es triefte von Angst und Erhitzung und wollte sich doch noch immer nicht halten lassen. Zuletzt ging es gerade auf einen steinigen Abgrund los; da kam mir's plötzlich vor, als werfe sich ein langer weißer Mann dem tollen Hengste quer vor in seinen Weg, der entsetzte sich davor und stand; ich kriegte ihn wieder in meine Gewalt und sah nun erst, daß mein Retter kein weißer Mann war, sondern ein silberheller Bach, der sich neben mir von einem Hügel herunterstürzte, meines Rosses Lauf ungestüm kreuzend und hemmend.“

„Danke, lieber Bach!“ rief Undine, in die Händchen klopfend. Der alte Mann aber sah kopfschüttelnd in tiefem Sinnen vor sich nieder.

„Ich hatte mich noch kaum im Sattel wieder zurechtgesetzt und die Zügel wieder ordentlich recht gefaßt“. fuhr Huldbrand fort, „so stand auch schon ein wunderliches Männlein zu meiner Seiten, winzig und häßlich über alle Maßen, ganz braungelb und mit einer Nase, die nicht viel kleiner war als der ganze übrige Bursche selbst. Dabei grinste er mit einer recht dummen Höflichkeit aus dem breitgeschlitzten Maule hervor und machte viele tausend Scharrfüße und Bücklinge gegen mich. Weil mir nun das Possenspiel sehr mißhagte, dankte ich ihm ganz kurz, warf meinen noch immer zitternden Gaul herum und gedachte, mir ein andres Abenteuer oder, dafern ich keines fände, den Heimweg zu suchen, denn die Sonne war während meiner tollen Jagd schon über die Mittagshöhe gen Westen gegangen. Da sprang aber der kleine Kerl mit einer blitzschnellen Wendung herum und stand abermals vor meinem Hengste. – ‚Platz da!‘ sagt’ ich verdrießlich, ‚das Tier ist wild und rennet dich leichtlich um.‘ – ‚Ei‘, schnarrte das Kerlchen und lachte noch viel entsetzlich dummer, ‚schenkt mir doch erst ein Trinkgeld, denn ich hab ja Euer Rösselein aufgefangen; lägt Ihr doch ohne mich samt Eurem Rösselein in der Steinkluft da unten, hu!‘ – ‚Schneide nur keine Gesichter weiter‘, sagte ich, ‚und nimm dein Geld hin, wenn du auch lügst, denn siehe, der gute Bach dorten hat mich gerettet, nicht aber du, höchst ärmlicher Wicht.‘ Und zugleich ließ ich ein Goldstück in seine wunderliche Mütze fallen, die er bettelnd vor mir abgezogen hatte. Dann trabte ich weiter; er aber schrie hinter mir drein und war plötzlich mit unbegreiflicher Schnelligkeit neben mir. Ich sprengte mein Roß im Galopp an; er galoppierte mit, so sauer es ihm zu werden schien und so wunderliche, halb lächerliche, halb gräßliche Verrenkungen er dabei mit seinem Leibe vornahm, wobei er immerfort das Goldstück in die Höhe hielt und bei jedem Galoppsprunge schrie: ‚Falsch Geld! Falsche Münze! Falsche Münze! Falsch Geld!‘ Und das krächzte er aus so hohler Brust heraus, daß man meinte, er müsse nach jeglichem Schreie tot zu Boden stürzen. Auch hing ihm die häßlich rote Zunge weit aus dem Schlunde. Ich hielt verstört; ich fragte: ‚Was willst du mit deinem Geschrei? Nimm noch ein Goldstück, nimm noch zwei, aber dann laß ab von mir.‘ – Da fing er wieder mit seinem häßlich höflichen Grüßen an und schnarrte: ‚Gold eben nicht, Gold soll es eben nicht sein, mein Jungherrlein; des Spaßes hab ich selbsten allzuviel; will’s Euch mal zeigen.‘

Da ward es mir auf einmal, als könn’ ich durch den grünen festen Boden durchsehen, als sei er grünes Glas und die ebene Erde kugelrund und drinnen hielten eine Menge Kobolde ihr Spiel mit Silber und Gold. Kopfauf, kopfunten kugelten sie sich herum, schmissen einander zum Spaß mit den edlen Metallen und pusteten sich den Goldstaub neckend ins Gesicht. Mein häßlicher Gefährte stand halb drinnen, halb draußen; er ließ sich sehr, sehr viel Gold von den andern heraufreichen und zeigte es mir lachend und schmiß es dann immer wieder klingend in die unermeßlichen Klüfte hinab. Dann zeigte er wieder mein Goldstück, was ich ihm geschenkt hatte, den Kobolden drunten, und die wollten sich drüber halb totlachen und zischten mich aus. Endlich reckten sie alle die spitzigen metallschmutzigen Finger gegen mich aus, und wilder und wilder, und dichter und dichter, und toller und toller klomm das Gewimmel gegen mich herauf; –

da erfaßte mich ein Entsetzen, wie vorhin meinen Gaul. Ich gab ihm beide Sporen und weiß nicht, wie weit ich zum zweiten Male toll in den Wald hineingejagt bin.
Als ich nun endlich wieder stillhielt, war es abendkühl um mich her. Durch die Zweige sah ich einen weißen Fußpfad leuchten, von dem ich meinte, er müsse aus dem Forste nach der Stadt zurückführen. Ich wollte mich dahin durcharbeiten, aber ein ganz weißes, undeutliches Antlitz mit immer wechselnden Zügen sah mir zwischen den Blättern entgegen; ich wollte ihm ausweichen, aber wo ich hinkam, war es auch. Ergrimmt gedacht' ich endlich mein Roß darauf loszutreiben, da sprudelte es mir und dem Pferde weißen Schaum entgegen, daß wir beide geblendet umwenden mußten. So trieb es uns von Schritt zu Schritt immer von dem Fußsteige abwärts und ließ uns überhaupt nur nach einer einzigen Richtung hin den Weg noch frei. Zogen wir aber auf dieser fort, so war es wohl dicht hinter uns, tat uns jedoch nicht das geringste zuleide. Wenn ich mich dann bisweilen nach ihm umsah. merkte ich wohl, daß das weiße, sprudelnde Antlitz auf einem ebenso weißen, höchst riesenmäßigen Körper saß. Manchmal dacht' ich auch, als sei es ein wandelnder Springbronn, aber ich konnte niemals recht darüber zu Gewißheit kommen. Ermüdet gaben Roß und Reiter dem treibenden weißen Manne nach, der uns immer mit dem Kopfe zunickte, als wolle er sagen: ‚Schon recht! Schon recht!‘ – Und so sind wir endlich an das Ende des Waldes hier herausgekommen, wo ich Rasen und Seeflut und eure kleine Hütte sah, und wo der lange weiße Mann verschwand.“

Aus: Friedrich de la Motte Fouqué: Undine. In: Undinenzauber, hrsg. von Frank R. Max, Stuttgart 2009. S. 125 ff.

Figurenverzeichnis: Friedrich de la Motte Fouqué (1777–1843): Undine (1811)

Undine	
Ein altes Fischerehepaar	Undines Pflegeeltern
Ritter Huldbrand von Ringstetten	
Bertalda	ein adliges Fräulein
Kühleborn	Wasserfürst, Undines Onkel

Arbeitsanweisung:

Interpretieren Sie den Textauszug aus Friedrich de la Motte Fouqués *Undine* unter besonderer Berücksichtigung der Naturdarstellung. Beziehen Sie die Äußerung Ricarda Huchs ein.

Lösungsvorschlag

Voraussetzung für die Bearbeitung diese Themas ist eine ***genaue Werkkenntnis der romantischen Erzählung „Undine“****. Da der vorliegende Auszug recht umfangreich ist, sollten Sie ihn zunächst in Sinnabschnitte gliedern und deren Inhalt zusammenfassen. Anschließend analysieren Sie ihn. Untersuchen Sie dabei auch die* ***Textgestaltung****. Achten Sie darauf, stilistische Besonderheiten nicht nur zu benennen, sondern betrachten Sie diese stets in ihrer Funktion. Deuten Sie nun den Textinhalt unter dem angegebenen Aspekt, also besonders in Bezug auf die* ***Darstellung der Natur****. Spätestens an dieser Stelle müssen Sie eine Verbindung zur* ***Aussage von Ricarda Huch*** *herstellen. Geben Sie dazu deren Inhalt kurz wieder und setzen Sie das Zitat mit dem Textauszug in Beziehung.*

Einleitung: Benennen des Themas

Das Kunstmärchen *Undine* von Friedrich de la Motte Fouqué, das 1811 veröffentlicht wurde, verdeutlicht die **Sehnsucht der Romantiker**, die **Grenzen zwischen Mensch und Natur aufzuheben**. So steht eine Liebesgeschichte zwischen der Seejungfrau Undine und dem Ritter Huldbrand von Ringstetten im Zentrum des Geschehens.

Einordnung des Textauszugs

Dieser Ritter reitet auf Wunsch seiner angebeteten Bertalda in den Spukwald, um ihr zu berichten, wie es in diesem zugeht. Nachdem Huldbrand den Forst durchquert hat, erreicht er eine Halbinsel, auf der ein altes Fischerpaar mit seiner Pflegetochter Undine wohnt. Diese ist eigentlich ein **Wasserwesen**, das auf Geheiß seines Vaters **einen Menschen heiraten soll, um eine Seele zu bekommen**. Der Ritter wird freundlich aufgenommen. Undine will von seinen Abenteuern hören, was aber vom Pflegevater verwehrt wird. Daraufhin rennt das Mädchen weg und kann nur zur Rückkehr bewogen werden, indem Huldbrand verspricht, von seinem Ritt zu erzählen.

Huldbrands Bericht über Erlebnisse im Wald

Undine lässt sich zu Füßen des Ritters nieder und jener beginnt seinen Bericht, der im vierten Kapitel des Kunstmärchens steht. Undine erfährt den **Anlass von Huldbrands Ritts in den Wald und von dessen Erlebnissen** dort.

Ausblick auf Geschehen nach dem Textauszug

Da Huldbrand aufgrund von Hochwasser nicht zurückreiten kann, beginnt er, sich bei den Fischersleuten heimisch zu fühlen und erliegt **Undines Charme**. Sie heiraten schließlich und reisen in die Stadt, wo Undine Bertalda kennenlernt. Die beiden Frauen freunden sich an und Undine enthüllt **Bertaldas wahre Herkunft als eigentliche Tochter des Fischers**. Ab diesem Punkt in der Erzählung wird geschildert, wie sich Undine und Huldbrand langsam auseinanderleben.

Huldbrand zwischen Undine und Bertalda

Sie wohnen gemeinsam auf der Burg Ringstetten, aber der Ritter wendet sich mehr und mehr von seiner Frau ab und stattdessen Bertalda zu. Letztlich fordert Kühleborn, Undines Onkel, der stets im Hintergrund Einfluss auf die gesamten Ereignisse nimmt, **dass Undine in**

die Wasserwelt zurückkehrt. Huldbrand heiratet nach einer Trauerzeit Bertalda und wird **von Undine**, die als weißer Wassergeist auftritt, **durch einen Kuss getötet**. Am Schluss schlängeln sich zwei Wasserarme um den Grabhügel Huldbrands, welche die Umarmung des Ritters durch Undine symbolisieren.

Analyse von Inhalt und Struktur:

Im Textauszug berichtet Huldbrand von seinem **Ritt durch den Zauberwald**. Zuerst schildert der Ritter seinen **Aufbruch in den Forst** (Z. 1–11), den er „in behaglicher Fröhlichkeit" (Z. 6) erlebt. Die Natur nimmt er positiv wahr, ist sich aber **der Gefahren bewusst**, die der Wald birgt (vgl. Z. 9 f.). Seine Angst kann Huldbrand zunächst mithilfe rationaler Überlegungen bewältigen, was sich z. B. zeigt, als er sich „nach dem Stande der Sonne um[sieht]" (Z. 11).

Gefahr durch übernatürliche Erscheinungen

Im zweiten Sinnabschnitt (Z. 11–32) wird geschildert, dass der Ritter **irrationale Phänomene als Bedrohung** wahrnimmt: Er begegnet einer „Teufelsbestie" (Z. 18), die zum ihm spricht. Sein Pferd reagiert mit „Angst und Erhitzung" (Z. 24) und kann nur durch eine zweite Erscheinung, die als „langer weißer Mann" (Z. 26) beschrieben wird, zum Halten gebracht werden. An dieser Stelle erkennt Huldbrand erneut, dass es doch eine rationale Erklärung dafür gibt: Es ist „ein silberheller Bach" (Z. 29), der das Pferd stoppt.

Bestätigung der Gefahr durch Undine und Fischer

Während seiner Erzählung wird der Ritter zweimal durch Kommentare von Undine und dem Fischer unterbrochen, die beide **von der Existenz magischer Naturwesen überzeugt** sind (vgl. Z. 19 ff., 31 f.). Der alte Fischer bekreuzigt sich, als Huldbrand von einer „Teufelsbestie" spricht (vgl. Z. 18 f.). Er bestätigt dadurch nachträglich die Gefahr, in der sich Huldbrand befunden hat.

Auftreten des seltsamen Kobolds

Die Begegnung mit einem „wunderliche[n] Männlein" (Z. 34 f.) dominiert den dritten Teil des Berichts (Z. 33–62). Das Fabelwesen bedroht den Ritter und erpresst ihn. Erst wenn Huldbrand dem Kobold Geld gibt (vgl. Z. 45 f.), darf er weiterreiten. Der Ritter versucht erneut, für das Geschehen eine vernünftige Erklärung zu finden (vgl. Z. 41 f.), lässt sich aber auf einen **Handel mit dem Männlein** ein. Dies zeigt, dass Huldbrand **das Magische als Bestandteil der Welt akzeptiert**, was im vierten Sinnabschnitt (Z. 63–75) mit dem Blick „durch den grünen festen Boden" (Z. 63) verstärkt wird. Er sieht in der Erde eine Koboldwelt, durch die er sich erneut bedroht fühlt, ihn erfasst „ein Entsetzen" (Z. 74). Deshalb flüchtet Huldbrand in die Tiefen des Waldes.

Huldbrands Weg zur Fischerhütte

Sein Ziel, in die Stadt zurückzukehren, kann der Ritter nicht erreichen, da ihm im letzten Abschnitt (Z. 76–93) erneut Naturwesen begegnen, die seinen Weg bestimmen und ihn „an das Ende des Waldes" (Z. 91) und damit zur Fischerhütte lenken. Der Ritter **fügt**

sich in das magische Geschehen ein und versucht nicht mehr, die Erlebnisse im Wald rational zu deuten (vgl. Z. 89 f.).

In der Erzählung des Ritters steht die **Wirkung der Natur** im Fokus. Anfangs wird diese als sehr beglückend wahrgenommen, was sich an der Verwendung der Adjektive zeigt: Es ist ein „vergnügliche[r]“ Ort (Z. 4 f.), der auf den Ritter „behagli[ch]“ (Z. 6) wirkt. Die Personifikation der Blätter, die lustig miteinander flüstern (vgl. Z. 3 f.), unterstreicht die **frohe Aufbruchstimmung** ebenso wie die Tageszeit, die mit dem sich „hell“ (Z. 3) hinstreckenden „Morgenlichte“ (Z. 2) umschrieben ist.

gestalterische Mittel:

Glück und Freude zu Beginn des Ritts

Wenn sich Huldbrand beim weiteren Durchqueren des Waldes vorstellt, was ihm Schlimmes zustoßen könnte, nutzt er in seiner Erzählung den **Konjunktiv I und II**. Das zeigt sich z. B. zu Beginn des Textauszuges, als ihm bewusst wird, dass er sich „verirren könne“ (Z. 9) und einer Gefahr ausgesetzt sei (vgl. Z. 10).

Huldbrands Verwendung des Konjunktivs

Im Gegensatz zur Natur beschreibt der Ritter in seinem Bericht das Fantastische mit negativ konnotierten Wörtern. Das „schwarz[e] Ding“ (Z. 12) entpuppt sich als „Teufelsbestie“ (Z. 18) und spricht „recht rauh und häßlich“ (Z. 14). **Expressive Verben**, wie z. B. „grinst“ (Z. 16), unterstreichen die **bedrohliche Atmosphäre**. Besonders deutlich zeigt sich dies auch in der Beschreibung des „wunderliche[n] Männlein[s]“ als „winzig und häßlich“ sowie „braungelb“ (Z. 34 f.). Es hat eine riesige Nase (vgl. Z. 36), ein „breitgeschlitzte[s] Mau[l]“ (Z. 37), eine „häßlich rote Zunge“ (Z. 58) und „schrie“ (Z. 55) und „krächzte“ (Z. 56). Der Ritter wertet mit seinen Äußerungen wie „recht dumme Höflichkeit“ (Z. 37) oder „höchst ärmlicher Wicht“ (Z. 49) das Auftreten des Koboldes ab. Das Adjektiv „häßlich“ wird mehrmals wiederholt und verstärkt somit das **Abstoßende in der Darstellung des Männleins**. Die Beschreibung der vielen Kobolde wird noch gesteigert: Sie richten „die spitzigen metallschmutzigen Finger“ gegen Huldbrand und nähern sich ihm „wilder und wilder, und dichter und dichter, und toller und toller“ (Z. 72 f.). Auch **Alliterationen** wie „grünes Glas“ (Z. 64) und „ebene Erde“ (Z. 64) zeigen, wie intensiv und lebendig Huldbrand diese Erscheinungen wahrnimmt.

Gefahr durch die fantastischen Wesen

detaillierte Schilderung der Kobolde

Intensität von Huldbrands Erlebnis

An zwei Stellen werden Geisterwesen zunächst als bedrohlich angesehen, erweisen sich jedoch letztlich als **Hilfe**. Dem Ritter schien es, „als werfe sich ein langer weißer Mann“ (Z. 26) in den Weg – der stellt sich aber als „silberheller Bach“ (Z. 29) heraus. Das Farbadjektiv weiß **relativiert die Gefahr**. Gleiches schildert Huldbrand noch einmal im letzten Abschnitt. Ein „ganz weißes, undeutliches

Kühleborn als helfendes Wesen

Antlitz“ (Z. 78 f.) sitzt auf „einem ebenso weißen, höchst riesenmäßigen Körper“ (Z. 87). Der Ritter stellt jedoch fest, dass es „uns [...] nicht das geringste zuleide“ (Z. 85) tat. Der weiße Mann spricht außerdem beruhigend auf Reiter und Pferd ein (vgl. Z. 90 f.) und verschwindet, sobald der Ritter in Sicherheit ist. Zudem verdeutlichen der „weiß[e] Fußpfad“ (Z. 77) und die Abendkühle (vgl. Z. 76) das **abgewendete Unheil**.

Einbeziehen des Zitats von Ricarda Huch:

Im Rückblick auf die literarische Epoche der Romantik formuliert Ricarda Huch im Jahr 1908, dass es den Romantikern auf die **Darstellung von sich mischenden Elementen** ankomme. Das heißt, die Romantiker verbinden unterbewusste seelische Vorgänge mit der äußeren Lebensrealität. Sie beschreiben den **Einfluss von Irrationalem sowie Fantastischem** auf das Leben der Menschen.

Vermischung der Elemente in *Undine*

Im Kunstmärchen *Undine* zeigt sich dies u. a. an der Rolle, welche die Natur in der Geschichte spielt. Natur ist hier der Ort, an dem Magisches passiert und **rationales Denken an seine Grenzen stößt**. Huldbrand versucht zwar mehrmals, sich die Situation im Wald vernünftig zu erklären, fügt sich aber zunehmend dem magischen Geschehen und lässt sich so zur Fischerhütte leiten.

Übereinstimmung zwischen Natur und Huldbrands Gefühlen

Die Naturdarstellung **spiegelt** im vorliegenden Textauszug auch **Huldbrands Gefühle wider**. Anfangs reitet der Ritter unbeschwert in den Wald und nimmt den Ort als freundlich und lebendig wahr. Als sich die Umgebung ändert, wechselt auch Huldbrands Stimmung. Aus der anfänglichen „Fröhlichkeit“ (Z. 6) entwickelt sich das **Bewusstsein, einer Gefahr ausgesetzt zu sein** (vgl. Z. 8 ff.). Wirklichkeit und Irrationales vermischen sich. Diese Vermengung wird auch in der Beschreibung der Zauberwesen deutlich, die zwar nicht als Menschen geschildert, aber **mithilfe menschlicher Attribute charakterisiert** werden, z. B. bei der Begegnung mit dem Kobold.

Zwiespältigkeit der Erscheinungen

Huldbrand nimmt die **Naturerscheinungen als ambivalent** wahr. Das zeigt sich z. B. bei der Darstellung des weißen, undeutlichen Antlitzes (vgl. Z. 78 f., auch Z. 26 f.), das dem Ritter zwar den Rückweg versperrt, ihn aber letztlich sicher zur Fischerhütte leitet. Damit wird verdeutlicht, dass fantastische Erscheinungen in die Gedanken des Menschen einziehen und sein Handeln mitbestimmen können. Indem Huldbrand sich von Irrealem lenken lässt, kann er Undine, einem Wasserwesen, begegnen und sich sogar in dieses verlieben. Damit werden Grenzen verwischt, **Märchenhaftes bricht in die Wirklichkeit ein**.

Wald als Ort gesteigerter Intensität

Außerdem dient die Naturdarstellung dazu, Räume zu charakterisieren. Der **Wald** wird im Gegensatz zur Stadt **als magischer Raum** geschildert, der eine besondere Erlebnisintensität aufweist und bei

Menschen Emotionen ausbrechen lassen kann, z. B. bei Huldbrand das **Gefühl, bedroht zu sein**. Die Wassersymbolik („silberheller Bach", Z. 29; „wandelnder Springbronn", Z. 98) verdeutlicht, wie sich Huldbrand gewissermaßen **vom Übersinnlichen mitreißen** und davontragen lässt.

Fazit

Insgesamt lässt sich sagen, dass Ricarda Huchs Aussage auf den Textausschnitt zutrifft. Auch in anderen Textabschnitten der *Undine* zeigt sich die von Huch angesprochene romantische Darstellungsweise und die Sehnsucht der Romantiker, die **Grenzen zwischen der Natur und den Menschen aufheben** zu können. Das Märchenhafte und Irrationale greift in die reale Lebenswelt der Menschen ein und entfaltet dort seine mächtige Wirkung – ob zum Guten oder zum Bösen.

romantische Vorstellung von der Wirkungsmacht der Natur

Grundkurs Deutsch (Sachsen): Abiturprüfung 2020
Aufgabe 3: Textgebundene Erörterung

Uwe Timm (*1940): Im Laufe der Zeit (1991/92)

[…] Der Leser muß nicht lesen. Das Lesen ist ein freiwilliger Akt. Die meisten Menschen lesen, obwohl sie es könnten, nicht. Etwas, für mich, ganz und gar Unverständliches. Ich habe noch sehr genau in Erinnerung, was es für mich als Kind bedeutete, endlich lesen zu können. Damit begann das Reich der Freiheit gegenüber den normativen Angriffen der Erwachsenenwelt. Und mehr noch, ich konnte mich der Langeweile der Sonntagnachmittage entziehen. So war ich – das ist meine Erinnerung – ein wenig Herr über die Zeit geworden.

[…] Und nochmals zu den Nichtlesern, die aber lesen könnten. Sie sind ebenfalls wichtig. Sie erst machen Literatur überflüssig und das Lesen zu einem freiwilligen Akt. Daß sie sich durch ihr Nichtlesen selbst bestrafen, ist für mich immer wieder erstaunlich, ja, unbegreifbar, auch wenn ich weiß, daß es zumeist unwissentlich geschieht.

Sie werden nicht lesend auf diese Reise nach innen gehen, um sich und die eigene Geschichte zu erforschen. Vielleicht werden sie im Alltag, erzählend oder zuhörend, vergleichbare Erfahrungen machen. Diese Möglichkeit steht ja allen offen. Das macht das Überflüssige der Literatur aus: Man kann wählen. Man braucht Literatur nicht notwendig. Sie für sich zu entdecken ist immer ein freiwilliger Akt. Und darin liegt die Würde des Lesers. Das ist die Irritation, die vom Leser ausgeht.

Ich möchte Ihnen zum Abschluß noch eine Begebenheit erzählen. Es ist eine Geschichte vom Reisen, und Sie merken daran, daß ich gern – früher jedenfalls – gereist bin. Ich bin einmal durch Paraguay gefahren, in der Zeit, als Stroessner[1] noch als Diktator herrschte. Ich saß während der langen Fahrten in den Überlandbussen und las. Die Busse wurden auf diesen Fahrten durch das Land immer wieder gestoppt. Man suchte Oppositionelle. Man suchte Guerilleros. Ein Militärpolizist stieg dann in den Bus und ging langsam durch den Gang, sah in die Gesichter, sah die Menschen an, die da saßen, Hühner auf dem Schoß hatten, Kleinkinder, oder auch nur die Hände im Schoß gefaltet hielten. Aber nur ich wurde immer wieder aus dem Bus geholt, mußte meinen Paß zeigen, wurde umständlich kontrolliert. Zunächst dachte ich, man sähe mir den Fremden, den Europäer an. Es gab aber andere ebenso europäisch aussehende Menschen im Bus, die nicht von den Militärpolizisten kontrolliert wurden. Schließlich fiel mir ein, daß mich vielleicht etwas anderes verdächtig machte. Ich las. Ich las ein Buch. Danach steckte ich das Buch, hielt der Bus an den Kontrollstationen, weg und reiste fortan unbehelligt.

All die Militärpolizisten hatten verstanden, und zwar instinktiv: Wer liest, nimmt für sich eine grundsätzliche Freiheit in Anspruch.

Das eben ist Literatur gegenüber der Wirklichkeit: Aussetzen der normativen Zeit, Überfluß und Zufluß an neuen Möglichkeiten und damit an anderen Wirklichkeiten, an Alternativen zum Bestehenden. Das weckt – einmal abgesehen von jedem kritischen, möglicherweise sie in Frage stellenden Inhalt – das Mißtrauen der Herrschenden.

Auszug aus der 4. Paderborner Poetik-Vorlesung des Autors. Aus: Timm, Uwe: Erzählen und kein Ende. Köln 1993, S 108ff.

1 Alfredo Stroessner (1912–2006): von 1954 bis 1989 Präsident von Paraguay, vorher General und Oberbefehlshaber der Streitkräfte Paraguays

Arbeitsanweisung:

Analysieren Sie den vorliegenden Auszug aus Uwe Timms 4. Paderborner Poetik-Vorlesung. Erörtern Sie – basierend auf Ihren Lektüreerfahrungen – das Potenzial von Literatur. Stützen Sie sich in Ihrer Argumentation auch auf mindestens ein Werk der aktuellen Lektüreliste der gymnasialen Oberstufe.

Lösungsvorschlag

Machen Sie sich vor der Lösung dieser Aufgabe bewusst, dass Sie in Ihre Überlegungen mindestens eine Ganzschrift einfließen lassen müssen, die Sie in der 11. bzw. 12. Jahrgangsstufe behandelt haben. Lesen Sie den vorliegenden Textauszug gründlich und formulieren Sie dessen Thema. Um den Text analysieren zu können, sollten Sie zunächst seine ***Kernaussagen*** *zusammenfassen und seinen Aufbau beschreiben. Des Weiteren müssen Sie die* ***sprachlich-stilistische Gestaltung*** *des Textauszuges untersuchen und wiedergeben, welche Wirkung von dieser Gestaltung ausgeht. Bestimmen Sie abschließend die* ***Intention des Autors****, zu der Sie im zweiten Teil Ihrer Darstellung Stellung nehmen sollen. Vorgegeben ist, dass Sie das „****Potenzial von Literatur****", also ihre* ***Wirkungsmöglichkeiten*** *erörtern sollen. Was kann Literatur leisten? Welchen Nutzen hat der Mensch vom Lesen? Sie sollen sich dabei auch auf* ***persönliche Leseerfahrungen*** *stützen. Behalten Sie aber im Auge, dass explizit gefordert ist, mindestens ein* ***Werk der aktuellen Leseliste*** *in Ihre Ausführungen einzubeziehen.*

Einleitung: Benennen des Themas

In dem Textauszug *Im Laufe der Zeit* aus Uwe Timms 4. Paderborner Poetikvorlesung, die er 1991/1992 gehalten hat, setzt sich der Autor mit der **Bedeutung des Lesens** auseinander und zeigt auf, welche **Wechselwirkung zwischen Lesen und Freiheit** besteht.

Inhalt und Struktur des Textauszuges:

Uwe Timm beginnt seine Ausführungen mit der Feststellung, dass der Leser nicht lesen müsse (vgl. Z. 1), und verweist auf die vielen Nichtleser. Dem stellt Timm seine eigenen **Leseerfahrungen aus der Kindheit** gegenüber, die als er befreiend erlebt hat. Denn der Autor entdeckte für sich „das Reich der Freiheit" (Z. 4) und wurde „ein wenig Herr über die Zeit" (Z. 6 f.).

Im zweiten Textabschnitt bezieht sich Timm nochmals auf die **Freiwilligkeit des Lesens** und bewertet Nichtlesen als unbewusste Selbstbestrafung (vgl. Z. 10 ff.). Nichtleser würden freiwillig auf eine „**Reise nach innen**" (Z. 12) verzichten und ebenso darauf, sich mit eigener Geschichte auseinanderzusetzen. Dem möglichen Einwand, dass im Alltag das mündliche Erzählen eine gleiche Bedeutung wie das Lesen habe, begegnet Uwe Timm damit, die „Würde des Lesers" (Z. 17) zu betonen. Denn der Leser entdecke Literatur für sich immer freiwillig (vgl. Z. 16) und könne entscheiden, ob und was er lese.

Lesen vs. Nicht-Lesen

Lesen als freiwillige Handlung

Zur Illustration seiner Überlegungen kündigt Timm ein persönliches Beispiel an. In diesem beschreibt er eine **Busreise durch Paraguay zur Zeit der Diktatur**, um zu zeigen, dass Lesen ein selbstbestimmter Prozess sei. Der Lesende mache sich in einer Diktatur allein **durch öffentliches Lesen verdächtigt** und handle fast schon rebellisch. Mithilfe des Beispiels verdeutlicht der Autor den Freiheitsanspruch des Lesers bei gleichzeitigem Misstrauen der Herrschenden. Abschließend zieht Timm ein resümierendes Fazit. Im Vergleich zur Wirklichkeit biete Literatur **Freiheitsgewinn** sowie „neu[e] Möglichkeiten" (Z. 36), sich mit Realität auseinanderzusetzen und somit „Alternativen zum Bestehenden" (Z. 37) zu durchdenken.

Lesen als Akt der Freiheit und Selbstbestimmung

Der Textauszug ist **Teil einer Vorlesung**. Durch den parataktischen Satzbau gelingt es dem Autor, den Zuhörern und Lesern seine Gedanken verständlich zu machen. Das zeigt sich z. B. am Anfang, wenn Timm thesenartig formuliert: „Der Leser muß nicht lesen. Das Lesen ist ein freiwilliger Akt." (Z. 1). Selbst Hypotaxen (z. B. Z. 17) sind übersichtlich, was dem Zuhörer entgegenkommt und den Lesefluss unterstützt. **Seine eindeutige Positionierung** wird auch in der **Verwendung elliptischer Strukturen** deutlich, wenn der Autor schreibt: „Etwas, für mich, ganz und gar Unverständliches." (Z. 2 f.), wobei der Einschub „für mich" seine Position als subjektiv beschreibt. Er zählt sich zu den Lesern, die er antithetisch den Nichtlesern gegenüberstellt. Die Correctio „ja, unbegreiflich" (Z. 11) betont seine Einstellung.

sprachlich-stilistische Gestaltung:

Verständlichkeit von Timms Aussagen

Im weiteren Textverlauf bezieht sich Uwe Timm stets auf eigene Erfahrungen, was seinen Aussagen **Authentizität** verleiht. Ausgehend von seinen Kindheitserlebnissen beschreibt er an einem persönlichen Beispiel (vgl. Z. 20 ff.), wie er die Bedeutung des Lesens erkannte. Ist es anfangs noch die Erkenntnis, „**Herr über die Zeit**" (Z. 7) zu sein, erfährt der Autor schließlich, dass Lesen **zur Selbstbestimmung** beitragen kann (vgl. Z. 30 ff.). Timm betont die Freiwilligkeit des Lesens mit der Wiederholung „freiwilliger Akt" (Z. 1, 16) und illustriert dies mit offenen Möglichkeiten (vgl. Z. 14) oder spricht

Schilderung eigener Erlebnisse

sogar vom „Überflüssige[n] der Literatur“ (Z. 15). Jedem Menschen stehe es frei, seine eigene Geschichte erzählend und zuhörend oder eben lesend zu erforschen. Literatur sei dazu nicht zwingend notwendig. Mit dem Gebrauch des Konjunktivs im Modalverb „könnten“ (Z. 2, 8) unterstreicht er nochmals die **Entscheidungsfreiheit eines jeden Menschen** in Bezug auf das Lesen.

Timms Aussageabsicht: Lesen als Bereicherung

Timm bezieht in seine Überlegungen **verschiedene Möglichkeiten von Erfahrungen** ein („[v]ielleicht“, Z. 13) und relativiert damit zunächst die Bedeutung des Lesens. Insgesamt lebt der Text aber von Timms wertenden Aussagen. Der Zuhörer bzw. Leser wird direkt angesprochen (vgl. Z. 18) und dadurch **zum Mitdenken über die Bedeutung von Literatur angeregt**. Zum Schluss verweisen prägnante Thesen nochmals auf die Intention des Autors: „Wer liest, nimmt für sich eine grundsätzliche Freiheit in Anspruch“ (Z. 33 f., vgl. auch Z. 35). **Literatur kann die Wirklichkeit beeinflussen**, indem sie Möglichkeiten des Denkens und Handelns eröffnet und damit Alternativen zum realen Status quo aufzeigt.

Freiheitsdrang der Leser

Erörterung:

vielfältige Vorteile des Lesens für Menschen jeden Alters

Lesen fördert die Entwicklung des Wortschatzes, hilft beim Erlernen der Rechtschreibung, trägt zur Allgemeinbildung bei und beeinflusst die Fantasie. Das sind die **Vorteile des Lesens**, die wohl jeder in seiner Kindheit und Jugend wenigstens einmal zu hören bekommt. Uwe Timm geht ein Stück weiter, wenn er der Bedeutung des Lesens nachspürt. Er sagt, dass der Leser Freiheit gewinnt, wenn er zum Buch greift. Er entkomme der Langeweile und könne **sein Inneres sowie seine eigene Geschichte erforschen**. Dem ist völlig zuzustimmen, denn spannende Geschichten können Kinder in eine andere Welt entführen. Sie lassen es z. B. teilhaben an den Abenteuern verschiedener Helden und an deren mutigen Entscheidungen. Märchen enden damit, dass das Gute siegt. Somit kann die Lektüre dieser Geschichten dazu beitragen, dass die Leser **moralische Verhaltensweisen und Werte**, wie Ehrlichkeit oder Hilfsbereitschaft, **reflektieren und verinnerlichen**.

Wert von Abenteuergeschichten und Märchen

Veränderung des eigenen Verhaltens

Diese Funktion des Lesens, nämlich sich in fremde Welten entführen zu lassen, bleibt im Erwachsenenalter bestehen. Aber das Potenzial von Literatur ist größer, denn sie kann die Wirklichkeit beeinflussen, wenn der Leser aufgrund des Gelesenen **seine eigenen Einstellungen hinterfragt**. Beschäftigt man sich zum Beispiel mit *Medea* von Euripides, kann man einen antiken Mythos nachverfolgen, wird aber auch gezwungen, sich mit der **Berechtigung von Rache, deren Motiven und Ausführung** auseinanderzusetzen.

Euripides' *Medea*

Denn die Titelfigur übt auf grausame Art Rache an ihrem Ehemann Iason, indem sie u. a. ihre gemeinsamen Kinder ermordet. Persönlich tief **gekränkt durch den Verrat Iasons** steigert sich Medea in ihre Rachegelüste und handelt schließlich zutiefst unmenschlich. Der Leser erkennt das und beurteilt ihr Auftreten. Im besten Fall lernt er, dass man eigenes Leid nicht dadurch mildert, anderen das Gleiche zuzufügen, dass man manchmal seine Gefühle der Vernunft unterordnen muss, um Mensch zu bleiben.

Unmenschlichkeit von Medeas Racheakt

Rache spielt auch in anderen literarischen Werken eine große Rolle. So thematisiert Friedrich Dürrenmatt häufig die **Frage der Schuld und deren Sühne**. In der Tragikomödie *Der Besuch der alten Dame* verdeutlicht er dies an der Figur der Milliardärin Claire Zachanassian, die **Rache für ein weit zurückliegendes Unrecht** üben will. Anders als Medea lässt sie ihren Gefühlen wenig Freiraum, sondern unterbreitet den Einwohnern von Güllen – der Kleinstadt, in der sie ihre Kindheit und Jugend verbrachte – ein **unmoralisches Angebot**: eine Milliarde für Güllen, wenn jemand Alfred Ill tötet. Dieser hatte die Vaterschaft für Claires Kind geleugnet und den Prozess gegen sie mithilfe bestochener Zeugen gewonnen, was Claire letztlich in die Prostitution zwang.

Dürrenmatts *Der Besuch der alten Dame*

Claires Angebot an Bewohner von Güllen

Im Laufe der Geschichte offenbart sich, dass fast alle Menschen im Ort auf den Geldsegen hoffen. Und **in Erwartung dieses Geldes** beginnen sie, **über ihre Verhältnisse zu leben und sich von Ill zu distanzieren**. Schließlich liefert sich Ill seinen Mitbürgern aus und stirbt für den Milliardenscheck. Ähnlich wie Medea ist Claire unerbittlich, wenn es darum geht, ihre Rachegelüste zu befriedigen, aber sie überlässt es anderen, diese auszuführen. Der Leser kann sich auch hier fragen: **Wie hätte ich mich verhalten?** Wäre ich anfällig für Käuflichkeit? Was sind für mich echte Werte? Und bei der Beantwortung dieser Fragen kann der Leser für sich andere Handlungsmöglichkeiten entdecken.

Verführbarkeit der Bewohner Güllens

Leser zur Positionierung aufgefordert

„Wer liest, nimmt für sich eine grundsätzliche Freiheit in Anspruch" (Z. 35 f.), sagt Uwe Timm. Der Leser entscheidet selbst, ob, was und wann er liest. Dass dieses Lesen bei Herrschenden **Misstrauen** erwecken kann, belegt u. a. eine Anekdote aus der **Literatur des Vormärz**. Uwe Timms Beispiel erinnert an Heinrich Heines *Deutschland. Ein Wintermärchen*, in dem Heine zu Beginn von seinem Grenzübertritt nach Preußen berichtet. Zöllner durchsuchen sein Gepäck nach verbotenen Büchern – auch hier ist also von der Gefahr die Rede, die Literatur für die staatliche Obrigkeit darstellen kann. Heine hatte kein Buch dabei, aber er sagt, er habe alle seine Ideen im Kopf.

Heinrich Heine als Beispiel für Freiheit des Lesers

Gesellschaftliche und politische Themen spielen auch in zeitgenössischer Literatur eine Rolle. Juli Zeh thematisiert z. B. in ihrem

Juli Zehs *Corpus Delicti*

Roman *Corpus delicti* die **Gefahren einer möglichen Gesundheitsdiktatur**. Menschen werden überwacht, ihre Nahrungsaufnahme sowie das Absolvieren ihres Sportprogramms kontrolliert. Oberstes Ziel ist es, eine Gesellschaft zu erschaffen, in der es keine Krankheiten mehr gibt. Dieses Ziel erscheint auf den ersten Blick logisch und erstrebenswert. Allerdings zeigt sich, dass dafür die **persönliche Freiheit aufgegeben** werden muss.

Aufgeben der Freiheit zum Zweck der Gesundheit

Diese Ambivalenz wird in Zehs Buch diskutiert, ist aber auch in unserer jetzigen Zeit aktuell. Um Infektionsketten nachvollziehen zu können, steht eine **Corona-App** bereit, die jeder deutsche Bürger auf sein Smartphone laden kann. Diese App zeigt an, ob man in den letzten Tagen einem Infizierten begegnet ist. Prinzipiell ist dies ein gutes Instrument zur Eindämmung der Pandemie, allerdings könnte der Benutzer dieser App teilweise gläsern werden. Deshalb ist es ausgesprochen wichtig, **Rechte des Datenschutzes** zu garantieren. Anders als in Zehs Roman leben wir in einer Demokratie, trotzdem ist die Gefahr des Missbrauchs real. Und so kann auch die Lektüre von *Corpus delicti* dazu beitragen, dass wir auf einen sorgsamen Umgang mit persönlichen Daten achten, unsere Privatsphäre schützen und **sensibilisiert** sind **für gesellschaftliche Prozesse**. Ganz im Sinne von Uwe Timm kann Literatur Denkfreiheit geben, indem sie vor problematischen Entwicklungen und Gefahren warnt und uns Alternativen zu gesellschaftlich-politischen Gegebenheiten aufzeigt.

Aktualität von Zehs Roman

Übertragbarkeit der Romanaussagen auf unsere heutige Situation

Literatur unterhält, eröffnet fantastische Räume, bietet Fluchtmöglichkeiten vor dem Alltag. Aber durch Literatur kann es auch gelingen, Einsichten zu erlangen oder gar Verhaltensweisen zu überdenken und zu ändern. Und indem der Lesende sich die Freiheit nimmt, zu lesen und sich selbst den Lesestoff auszuwählen, **beeinflusst und bereichert Literatur sein Leben**.

Fazit

Franz Hohler (*1943): Unterwegs (1995)

Es regnet.
Vor dem Eisenbahnfenster wird Dänemark durchgezogen. Der Bühnenbildner hat sich für Bäume, Büsche, Äcker und Wiesen entschieden. Auf zusammenhängende Wälder hat er verzichtet. Dafür hat er an Nebelkrähen gedacht, und dort – ist das nicht ein Fasan? Ab und zu läßt er ein paar schwarzweiße Kühe auftreten, die zu einem Bauernhof im Hintergrund gehören. Die Höfe hat er mit einem Siloturm kenntlich gemacht.
Auch an Seen ist kein Mangel; des trüben Wetters wegen ist man oft im Ungewissen, ob es sich vielleicht um eine Meeresbucht handelt. Die Windknechte stehen gern in der Nähe des Meeres, es sind hohe Masten mit dreiflügligen Propellern, die den Wind einfangen und in die Steckdosen jagen. Manchmal stehen sie in ganzen Reihen da. Wenn ich der Wind wäre, würde ich versuchen, ihnen auszuweichen.
Aber ich bin nicht der Wind. Ich bin nur ein Bahnreisender, der sich wundert, wie unglaublich schmal und langgestreckt die dänische Flagge ist, die über so vielen Häusern flattert.

Aus: Hohler, Franz: Die blaue Amsel. btb München 1995, S. 26

Arbeitsanweisung:

Interpretieren Sie das Gedicht *roadmovie* von Albert Ostermaier.

Vergleichen Sie die Gestaltung des Themas Reisen in Ostermaiers Gedicht *roadmovie* und in Franz Hohlers Kurzprosatext *Unterwegs*. Berücksichtigen Sie dabei neben inhaltlichen auch sprachliche und formale Aspekte.

Der Schwerpunkt der Aufgabe liegt auf der Interpretation des Gedichts von Albert Ostermaier.

Lösungsvorschlag

Die Aufgabenstellung verlangt von Ihnen Methodenwissen zum untersuchenden und vergleichenden Erschließen lyrischer Texte. Da zunächst Albert Ostermaiers Text zu interpretieren ist, zu dem Ihnen außer den Lebensdaten des Verfassers und dem Entstehungsjahr keine weiteren Informationen vorliegen, stützen Sie sich bei diesem Gedicht vorrangig auf den ***werkimmanenten Interpretationsansatz****.*
Beachten Sie dabei, dass trotz der etwas sperrigen Form (Kleinschreibung, Reimfreiheit, Verzicht auf regelmäßige Metrik), die für moderne Texte allerdings konstitutiv ist, bei Ihrer Analyse literaturtheoretische Grundbegriffe benutzt werden sollten. Dies ist in diesem Gedicht schon bei der ***Bestimmung der lyrischen Situation*** *bzw. des lyrischen Ichs eine Herausforderung. Weil der Sprecher des Gedichts, statt Ich zu sagen, immer nur vom Du spricht, ist es hier problematisch, den Begriff des lyrischen Ichs sinngerecht zu verwenden.*
Im Zusammenspiel mit Hohlers Text, dessen Vita Ihnen wahrscheinlich ebenso unbekannt ist, ergeben sich durch die ***Aspektorientierung der Aufgabenstellung*** *weitere Deutungsmöglichkeiten. Angesichts der Alltagsdimension beider Texte sollten Sie neben Ihren Kenntnissen zu moderner Lyrik auch Wissensbestände aus dem Bereich Allgemein- und Weltwissen aktivieren.*

Einleitung:
Gedanken zum Gedichttitel

On the Road, On the Road again, King of the road… Die Assoziationen, die der Titel des vor mir liegenden Gedichtes auslöst, sind vielfältig. Sie sind einerseits musikalischer Art, wie auch die Liedzeile *Im Wagen vor mir fährt ein junges Mädchen…* – oder aber als Filmtitel abgespeichert, wie es bei *Easy Rider* oder *Vincent will Meer* oder auch *Tschick* der Fall ist. Die Gemeinsamkeiten dieser Assoziationen sind durch den englischen **Begriff des Roadmovies** bestimmt, der es auch schon in den deutschen Wortschatz geschafft hat. Er beschreibt damit offensichtlich eine **kulturelle Erfahrung, die vor Ländergrenzen oder Kontinenten nicht haltmacht**. Es wird spannend sein zu überprüfen, inwieweit Albert Ostermaiers Gedicht aus dem Jahr 1997 die Erwartungen des Lesers bedient und was Franz Hohlers kurzer Prosatext *Unterwegs* von 1995 dazu beitragen kann.

Überleitung zu den beiden Texten

Interpretation:
roadmovie von Albert Ostermaier

Der Titel *roadmovie* eröffnet dem Leser rasch die Option, den Inhalt des folgenden Textes **in den englischsprachigen Kulturraum** zu übertragen. Bei der weiteren Lektüre des Textes stellt sich heraus, dass die **Kleinschreibung** konsequent bis zum „ende“ (V. 26) durchgehalten wird. Die Eingangsbilder, die Ostermaier verwendet, um den Leser in die lyrische Situation mit hineinzunehmen, atmen eine **gewisse Unbestimmtheit:** „kein ende der strasse eine weite/ die dir das hemd aufknöpft“ (V. 2 f.). Da ist „kein/ baum kein strauch“ (V. 3 f.), der die Sicht auf den Horizont versperren könnte. Dieser schiebt sich zwar „müde voran“ (V. 5 f.), aber doch immerhin so beständig, dass alles „immer […] weiter [geht]“ (V. 1). Das Szenario

unbestimmte lyrische Situation

für den ersten Teil des Gedichts präsentiert **den lyrischen Sprecher als einen Reisenden**, der ganz offensichtlich unterwegs, also *on the road* ist. Unklar bleibt allerdings zunächst, „wohin" (V. 1) die Reise geht. Die Reisenden befinden sich wahrscheinlich auf dem Weg zu einem entfernteren Ziel, denn „die nacht" (V. 7) kommt dazwischen und „die fahrer wechseln" (V. 8 f.).

unbestimmtes Ziel der Reise

Auffällig ist in Ostermaiers Gedicht, dass der lyrische Sprecher in der du-Form spricht. Eine mögliche Deutung dieser Besonderheit könnte lauten, dass der Sprecher den Leser durch die du-Form **zum Nachvollziehen des Textgeschehens auffordern** möchte. Es wäre aber auch denkbar, dass der Sprecher mit diesem Trick **seine eigene Involviertheit** in die Textgeschehnisse – möglicherweise aus Selbstschutz – gewissermaßen **verstecken** möchte und deshalb unter dem Deckmantel der du-Form spricht.

mögliche Deutungen für du-Form

Ein **Wechsel der Situation** findet dann etwa **in der Mitte des Gedichts** statt. Der Landschaftsdarstellung aus der Perspektive des Reisenden wird nun eine neue Komponente hinzugefügt. Der lyrische Sprecher hält „plötzlich/ das haar des mädchens vor [sich] in/ den händen" (V. 12 ff.). Diese Darstellung ist **schwer vereinbar mit der Vorstellung von Auto- oder Truckreisen**. Es wird noch schwieriger, wenn „um eine haaresbreite/ [...] die augen geschlossen" worden wären (V. 14 f.). Vielleicht soll der Leser jetzt an den zweiten Teil des Titels denken: Nach der Assoziation von „road" kommt jetzt die Vorstellung von „movie". Nach der „strasse &/ endlosigkeit (V. 16 f.) wird jetzt der **Kinosaal** aufgerufen **mit Sitzreihen**, in denen eben auch ein Mädchen sitzen kann, das man vielleicht gern kennenlernen würde.

neuer Bildbereich: Kino

neue Person: Mädchen

Das **vor dem lyrischen Sprecher sitzende Mädchen** ist Anlass für eine weitere Gedankenreise. Aus der konkreten Situation im dunklen Kino wird nun eine Verbindung hergestellt zur Straße auf der Leinwand: „eine strasse &/ endlosigkeit die man nur zu/ zweit ertragen kann" (V. 16 ff.). Die **Verschränkung dieser beiden Bildbereiche** bereitet schließlich den Showdown im dritten Teil vor.

Reise im Film vs. Erlebnis im Kino

„[W]enn der film & das popcorn/ aus sind" (V. 21 f.) und das Mädchen, das eben noch vor einem saß, den Saal schon verlassen haben wird, geht „ein mann seinen/ weg allein" (V. 22) nach Hause. Dort wird er aus der **Kinoerfahrung** von „strasse &/ endlosigkeit" (V. 16 f.) und aus seiner **Leere im Herzen** – weil er zu dem Mädchen keinen Kontakt aufgenommen hat – vielleicht ein Gedicht machen.

Situation des Sprechers beim Verlassen des Kinos

Ein wesentliches Strukturmerkmal in diesem Gedicht ist der **Umgang des Autors mit dem Thema Zeit** und dem Gestaltungsmittel der Zeit. Rahmenbildend wirken hier das auf Beständigkeit hinweisende

Strukturierung durch Zeitangaben

Zeitadverb „immer“ (V. 1) und im Gegensatz dazu das den Schlusspunkt alles Seienden bestimmende Nomen „ende“ (V. 26). Dazwischen findet sich zweimal die **temporale Konjunktion** „wenn“, die jeweils das Ende der Abschnitte vorbereitet. „[W]enn die fahrer/ wechseln […] [und] du dir ein herz/ fasst und den atem hältst“ (V. 8 ff.) steht vor dem Temporaladverb „plötzlich“ (V. 12), das den Wechsel vom anfänglichen Blick zur Leinwand zum Blick auf den Menschen einleitet. Das zweite Mal, „wenn der film […] aus [ist]“ (V. 21 f.), ist die Leere im Herzen des Sprechers deutlich geworden.

Blickwechsel: vom Film in die Realität

Diese Leere ergibt sich wesentlich durch das sprachliche Mittel des Konjunktiv II (vgl. V. 15), der in diesem Gedicht den **Unterschied zwischen einer Möglichkeit und deren ausbleibender Nutzung** markiert. Hätte der lyrische Sprecher das Haar des Mädchens wirklich in den Händen gehalten und hätte er also wirklich die Augen geschlossen und sich der Situation und dem Mädchen und sich selbst hingeben können – dann wäre die **Zeit nach diesem Kinobesuch** mit einiger Gewissheit anders verlaufen. Denn es heißt ja nicht nur, dass die Augen hätten geschlossen werden, sondern auch, dass „die liebe [hätte] erfunden“ (V. 16) werden müssen. Wenn Liebe er- statt nur gefunden werden muss, ist es **um die realen Möglichkeiten der Partnersuche wahrscheinlich schlecht bestellt**.

Bedeutung des Konjunktivs „hättest“

Muss die Liebe als „eine strasse &/ endlosigkeit“ (V. 16 f.) verstanden werden? Durch die **Auflösung klarer syntaktischer Zusammenhänge** ebenso wie durch die konsequente **Kleinschreibung** und die **Enjambements** über das gesamte Gedicht hinweg werden inhaltliche Zusammenhänge für den Leser schwer bestimmbar. Allerdings bieten Relativsätze in dieser Passage eine Verstehenshilfe an. Eine „endlosigkeit die man nur zu/ zweit ertragen kann“ (V. 17) und „ein glück/ das keine zeit hat sich zu zeigen“ (V. 18 f.) deuten auf eine **problematische Vorstellung von Zweisamkeit** hin – auch wenn durch die Assonanz in diesen Versen („zweit“, „keine“, „zeit“, „zeigen“) ein zunächst harmonisch erscheinender Gleichklang entsteht. Die logische Kontrastfigur, dass das Glück keine Zeit habe sich zu zeigen, „doch du die zeit es zu verlieren“ (V. 20), verdoppelt quasi die **Abwesenheit von Glück beim lyrischen Sprecher**. Was so flüchtig ist, dass es sich mir nicht zeigen kann, kann ich also auch kaum besitzen und demnach auch kaum verlieren.

uneindeutige syntaktische Beziehungen

Relativsätze als strukturierendes Merkmal

Seelenzustand des Sprechers

Das darauf folgende Filmtitelzitat *Ein Mann geht seinen Weg* wird durch **Hinzufügung des Modaladverbs** „allein“ (V. 23) verstärkt. Durch die Einbettung in den Temporalsatz „wenn ein mann seinen/ weg allein geht […] zum/ ende“ (V. 21 ff.) wird eine **Resignation** angedeutet, die die **Einsamkeit** und Leere der auf der Leinwand gezeigten Landschaft auch **im Inneren des Sprechers** vermuten lässt.

Abwandlung eines Filmtitels

Auch die vom Dichter verwendeten Metaphern helfen bei der Deutung dieses Textes. Kann „der schnee [der] dir an den/ schuhen schmilzt“ (V. 10 f.) durchaus noch wörtlich als **Niederschlagsphänomen** verstanden werden, so kommt es zum Ende des Gedichts im Zusammenhang mit einem zweiten Bild zu einer weiteren Deutung. Ein Mann „mit sand in den/ augen doch mit schnee/ in den schuhen“ (V. 23 ff.) lässt darauf schließen, dass er Tränen in den Augen und kalte Füße bekommen hat. Offenbar hat eine wie auch immer geartete **emotionale Wirkung auf den lyrischen Sprecher durch den Film und das Mädchen** stattgefunden, aber er darf dies wohl nicht zugeben – vielleicht weil er glaubt, Mann sein zu müssen und sich keine Gefühle erlauben zu dürfen.

Metaphern: „Sand in den Augen“ und „Schnee in den Schuhen“

Das Gedicht *roadmovie* von Albert Ostermaier lässt sich also lesen als ein Text über einen Vertreter der Generation Golf, der auf der **Suche nach dem Sinn seines Lebens** einsehen muss, dass die Identifikationsangebote aus der cineastischen Mottenkiste der 60er- und 70er-Jahre für junge Menschen kurz vor dem Beginn des nächsten Jahrtausends nicht ausreichen. **Konfrontiert mit der opulenten Bildwelt auf der Leinwand** wird ihm deutlich, dass die Produkte der Hollywoodindustrie **keinen Ersatz für gelebtes Leben** bieten können. Weil es ihm letztlich unmöglich ist, sich ein Herz zu fassen (vgl. V. 11 f.), wird der Flucht-Raum Kino zum Fluch-Traum. Die Einsamkeit in seinem Leben, vor der der Kinobesucher in eine virtuelle Wirklichkeit fliehen wollte, holt ihn auch dort ein und wirft ihn auf sich selbst zurück. Das als Pop-Literatur auftretende Textkonstrukt ohne strophische Gliederung erweist sich als eine **existenzialistisch-resignative Momentaufnahme**.

Fazit zu Ostermaiers Gedicht:

Tragik des Kinobesuchs

Um eine Momentaufnahme handelt es sich auch bei Franz Hohlers kurzer Prosaskizze *Unterwegs* aus dem Jahr 1995. Obwohl nahezu zeitgleich zu Ostermaiers Gedicht entstanden und über das Reisemotiv mit diesem Text gut vergleichbar, liegt hier jedoch eine gänzlich **andere Art von Wirklichkeitserfahrung und -beschreibung** vor. Kein introvertierter, sich selbst bespiegelnder lyrischer Sprecher, sondern ein **neugieriger Ich-Erzähler auf Reisen** präsentiert uns seine **Weltsicht aus dem Zugfenster**.

vergleichende Interpretation:

Unterwegs von Franz Hohler

„Es regnet“ (Z. 1). Sehr viel trister kann ein Reisetext nicht beginnen. Da der Erzähler selbst wohl warm und trocken sitzt, gönnt er sich eine im Wortsinn **beschauliche Auszeit**, in deren Verlauf „[v]or dem Eisenbahnfenster […] Dänemark durchgezogen [wird]“ (Z. 2). Dieser Einstieg wirkt prägend für den weiteren Verlauf der Betrachtungen. Er suggeriert eine **passive Weltsicht**, die frei ist von Aktionismus und Unruhe und stattdessen die Welt-Anschauung als Form

Erzähler als ruhiger Betrachter einer Landschaft

der Wirklichkeitserfahrung vorführt. Es ist eine Sicht, die darauf vertraut, dass **die Welt im Ganzen wohl geordnet** eingerichtet ist: „Der Bühnenbildner hat sich für Bäume, Büsche, Äcker und Wiesen entschieden." (Z. 2 f.) Der Requisiteur hat sich um „Nebelkrähen" und „ein[en] Fasan" (Z. 4) gekümmert. Auf kostspielige großflächige Kulissen wie „zusammenhängende Wälder [...] verzichtet" (Z. 3 f.) die Inszenierung.

Weltbild des Erzählers

Der **Vergleich mit einer Theateraufführung** funktioniert, weil er auch in den folgenden Abschnitten des Textes aufgegriffen und weiterentwickelt wird. „[S]chwarzweiße Kühe" (Z. 5) treten auf, „die zu einem Bauernhof im [Bühnen][h]intergrund gehören" (Z. 5 f.). Nicht die wirkliche Funktion eines „Siloturm[s]" (Z. 6) ist für Franz Hohlers Erzähler relevant, sondern die Tatsache, dass damit für den Zuschauer „[d]ie Höfe [...] kenntlich gemacht" (Z. 6) worden sind, an denen er vorbeifährt.

Ereignisse vor dem Zugfenster als Theaterinszenierung

Die Handlung des „Stückes" ist sparsam gestaltet. Neben den Kühen treten „Windknechte" (Z. 8) auf, „hohe Masten mit dreiflügligen Propellern, die den Wind einfangen und in die Steckdosen jagen" (Z. 9 f.). Dieses Bild offenbart die **verfremdende Perspektive des Erzählers**. Die „[m]anchmal [...] in ganzen Reihen" (Z. 10) dastehenden Windkraftanlagen sind das einzig bewegte Element in dieser Landschaft, obwohl sie doch statisch sind und nur ihre Rotoren kreisen, um für die Menschen Strom zu erzeugen. Aber selbst diese Bewegung scheint dem Erzähler noch zu viel: „Wenn [er] der Wind wäre, würde [er] versuchen, ihnen auszuweichen" (Z. 11). In diesen Konjunktiven offenbart sich der **Wunsch des Erzählers, sich einer Nutzbarmachung natürlicher Kräfte zu entziehen** und stattdessen einfach nur sein zu wollen. Die äußerste Zurücknahme jeglicher Aktion zeigt sich in der folgenden, nun wieder indikativischen **Selbstbeschreibung des Erzählers**: „Aber ich bin nicht der Wind. Ich bin nur ein Bahnreisender" (Z. 12).

Handlungs- und Bewegungsarmut im Text

Zufriedenheit des Erzählers mit seiner Situation

Was ihm bleibt, in seiner auf das hinter dem Fenster Sitzen zurückgeschnittenen Daseinsweise, ist die **Möglichkeit der Verwunderung**. Er staunt darüber, „wie unglaublich schmal und langgestreckt die dänische Flagge ist, die über so vielen Häusern flattert" (Z. 12 ff.). Staunen zu erzeugen gehört zum Wesen des Theaters. Und schließlich „flattert" (Z. 14) diese Fahne sogar. Sie ist also ein weiteres bewegtes Moment im **Schauspiel der Natur**.

Staunen des Erzählers

Am Motiv des Reisens und damit der örtlichen Veränderung werden in Ostermaiers wie auch in Hohlers Text die **seelischen Zustände der Sprecher sichtbar**. Während Ostermaiers Sprecher den Leser mitnimmt auf eine virtuelle Reise in **fiktionale Kinolandschaften**,

Textvergleich:

Reisen in *road-movie* und in *Unterwegs*

darf man sich bei Hohler eine **konkrete dänische Landschaft am Meer** vorstellen. Der behaupteten Endlosigkeit der besonnten Landschaft bei Ostermaier steht die begrenzte, kulissenartige, verregnete dänische Ebene entgegen. Während das Gedicht also scheinbar Reales als Illusion eines Kinofilms entlarvt, wirkt im Prosatext Reales wie eine künstlich-theatralische Inszenierung. Das **Fernweh und die Sehnsucht** des *roadmovie*-Protagonisten einerseits kontrastiert mit der totalen **Hier-und-jetzt-Erfahrung** des Reisenden, der im Norden unterwegs ist.

unterschiedliches Verhältnis zu Zeit

In beiden Texten spielt auch die Zeit eine wesentliche Rolle. Zwar wird sie von Hohlers Ich-Erzähler nicht thematisiert – eben, weil er genügend davon zu haben scheint. Er geht gänzlich auf in ihr. Sie ist ihm keiner Erwähnung wert, seine **Aufmerksamkeit** ist **auf das äußere Geschehen** fokussiert. Ostermaiers Sprecher hingegen spürt die verlorene Zeit. Ob es nur **der verlorene Nachmittag im Kino** war oder doch auch das Gespür größerer Verluste, die sich an jenem Nachmittag andeuten? Eine Liebe nicht nur nicht zu leben aus Mangel an Gelegenheiten, sondern sie noch nicht einmal erfinden zu können, aus Mangel an Vorstellungskraft – das ist eine mögliche Deutung für das Dilemma, das in diesem Gedicht auf die Leinwand projiziert wird. Filmhelden, lyrische Sprecher, Eisenbahnreisende – sie alle sind unterwegs, durch die Welt und zu sich selbst.

Schilderung einer Lebenskrise in Ostermaiers Gedicht?

Resümee:

In den sehr unterschiedlichen formalen Ausprägungen von Pop-Gedicht und Prosaskizze werden wir so in diesen beiden Texten mit Fragestellungen konfrontiert, die auch uns als Jugendliche auf der **Suche nach unserem Lebenssinn** bewegen könnten. Zu welchem Zweck gehen wir ins Kino? Und zu welchem Zweck gehen wir auf Reisen? Wie können wir – in unserer begrenzten Lebenszeit – einen möglichst großen **Schatz von Welterfahrung** erwerben? Sowohl das Kino als auch das Reisen ermöglichen uns Einsichten, die wir in unserem alltäglichen Rhythmus – von Schule, später Ausbildung, Studium, Beruf – nicht finden können. Sie bieten uns **Fluchträume, Rückzugsorte und Zeitfenster**, von wo aus **neue Perspektiven auf die Zumutungen unseres Alltags** möglich werden. Durch den Wechsel der Sehweisen üben wir uns in der Fähigkeit, auch das Andere wahrzunehmen, nicht nur das Eigene. In diesem Sinn plädieren sowohl Ostermaier als auch Hohler für den **Aufbruch zu uns selbst**. Mit einem gelungenen Kinonachmittag darf man anfangen. Und die nächste Reise darf man zu planen beginnen.

Kino und Reisen als Erfahrungsmöglichkeiten

Heinrich von Kleist (1777–1811): Von der Überlegung. Eine Paradoxe (1810)

[…]
„Die Überlegung […] findet ihren Zeitpunkt weit schicklicher *nach,* als *vor* der Tat. Wenn sie vorher oder in dem Augenblick der Entscheidung selbst, ins Spiel tritt: so scheint sie nur die zum Handeln nötige Kraft, die aus dem herrlichen Gefühl quillt, zu verwirren, zu hemmen und zu unterdrücken; dagegen sich nachher, wenn die Handlung abgetan ist, der Gebrauch von ihr machen läßt, zu welchem sie dem Menschen eigentlich gegeben ist, nämlich sich dessen, was in dem Verfahren fehlerhaft und gebrechlich war, bewußt zu werden, und das Gefühl für andere künftige Fälle zu regulieren. Das Leben selbst ist ein Kampf mit dem Schicksal; und es verhält sich auch mit dem Handeln wie mit dem Ringen. Der Athlet kann, in dem Augenblick, da er seinen Gegner umfaßt hält, schlechthin nach keiner anderen Rücksicht, als nach bloßen augenblicklichen Eingebungen verfahren; und derjenige, der berechnen wollte, welche Muskeln er anstrengen, und welche Glieder er in Bewegung setzen soll, um zu überwinden, würde unfehlbar den kürzeren ziehen, und unterliegen. Aber nachher, wenn er gesiegt hat oder am Boden [liegt], mag es zweckmäßig und an seinem Ort sein, zu überlegen, durch welchen Druck er seinen Gegner niederwarf, oder welch ein Bein er ihm hätte stellen sollen, um sich aufrecht zu erhalten. Wer das Leben nicht, wie ein solcher Ringer, umfaßt hält, und tausendgliedrig, nach allen Windungen des Kampfs, nach allen Widerständen, Drücken, Ausweichungen und Reaktionen, empfindet und spürt: der wird, was er will, in keinem Gespräch, durchsetzen; vielweniger in einer Schlacht." […]

Quelle: https://gutenberg.spiegel.de/buch/aufsatze-und-kleine-schriften-5889/10. 13. 09. 19

Euripides (480–406 v. Chr.): Medea (431 v. Chr.)

3. Epeisodion
MEDEA. […]

O Zeus und Zeustochter Dike und Helioslicht,
jetzt werden wir schönen Sieg über die Feinde, liebe Frauen,
erringen und sind schon auf bestem Wege.
Nun gibt es Hoffnung, daß meine Feinde Buße zahlen.
Denn dieser Mann ist, als wir am meisten in Not waren,
erschienen als rettender Hafen für meine Beschlüsse.
An ihm wollen wir das Haltetau festknüpfen
und gehen in die Stadt und Gemeinde der Pallas.
Nun aber will ich dir alle meine Pläne
offenbaren. Vernimm freilich Worte, die nicht angenehm sind.
Ich will also einen meiner Diener schicken

und Iason bitten, mir vor Augen zu treten.
Ist er da, will ich ihm schmeichelnde Worte sagen,
daß auch ich einverstanden bin und daß es so gut ist,
die Ehe mit der Königstochter, für die er mich preisgab,
und daß es nützlich sei und wohl bedacht.
Ich will ihn bitten, daß meine Kinder bleiben dürfen,
nicht damit ich sie hier in feindlichem Lande lasse,
meinen Feinden meine Kinder zum Gespött,
sondern um mit List die Königstochter zu töten.
Denn ich will sie mit Geschenken in den Händen hinsenden,
sie der Braut zu bringen, daß sie dieses Land nicht verlassen müssen,
ein dünnes Gewand und ein goldgetriebenes Geflecht.
Und nimmt sie dann den Schmuck und legt ihn um den Leib,
so geht sie elend zugrunde und jeder, der das Mädchen berührt.
Mit solchen Zaubermitteln will ich salben die Geschenke.
Und hier nun will ich diese Rede abbrechen.
Ich muß weinen, denke ich, welches Werk ich dann vollbringen muß.
Denn meine Kinder werde ich töten.
Es gibt niemand, der sie wird retten können.
Und wenn ich dann das gesamte Geschlecht Iasons vernichtet habe,
will ich das Land verlassen, vor der liebsten Kinder Mord
fliehend, wenn ich das gottloseste Werk vollbracht habe.
Denn von Feinden verlacht zu werden ist nicht erträglich, liebe Frauen.
Soll es dahingehen! Was nützt mir das Leben? Weder Heimat
noch ein Haus habe ich noch Zuflucht aus dem Unglück.
Einen Fehler machte ich damals, als ich verließ
das Vaterhaus, den Worten eines griechischen Mannes
vertrauend, der uns, so Gott hilft, Buße zahlen wird.
Denn weder wird er die Kinder von mir jemals wieder in Zukunft
lebend erblicken, noch wird er von der neuverbundenen
Braut ein Kind erhalten, da die Schlechte schlecht
sterben muß durch meine Zaubermittel.
Keiner soll mich für gering und schwach halten
und ruheliebend, sondern von entgegengesetzter Art,
schrecklich für die Feinde und den Freunden wohlgesinnt.
Denn nur solche Menschen haben ein ganz und gar ruhmvolles Leben.
[…]

Aus: Euripides: Medea, Griechisch/Deutsch, übersetzt und herausgegeben von Karl Heinz Eller. Stuttgart 2011, S. 63 ff.

William Shakespeare (1564–1616): Hamlet (1601)

Szene IV/4
HAMLET. […]

Wie jeder Anlass mich verklagt und spornt
Die träge Rache an! Was ist der Mensch,
Wenn seiner Zeit Gewinn, sein höchstes Gut
Nur Schlaf und Essen ist? Ein Vieh, nichts weiter.
Gewiss, der uns mit solcher Denkkraft schuf
Vorauszuschaun und rückwärts, gab uns nicht
Die Fähigkeit und göttliche Vernunft,
Um ungebraucht in uns zu schimmeln. Nun,
Sei's viehisches Vergessen oder sei's
Ein banger Zweifel, welcher zu genau
Bedenkt den Ausgang – ein Gedanke, der,
Zerlegt man ihn, ein Viertel Weisheit nur
Und stets drei Viertel Feigheit hat – ich weiß nicht,
Weswegen ich noch lebe, um zu sagen:
„Dies muss geschehn", da ich doch Grund und Willen
Und Kraft und Mittel hab, um es zu tun.
Beispiele, die zu greifen, mahnen mich.
So dieses Heer von solcher Zahl und Stärke,
Von einem zarten Prinzen angeführt,
Des Mut von hoher Ehrbegier geschwellt,
Die Stirn dem unsichtbaren Ausgang beut
Und gibt sein sterblich und verletzbar Teil
Dem Glück, dem Tode, den Gefahren preis,
Für eine Nussschal'. Wahrhaft groß sein, heißt,
Nicht ohne großen Gegenstand sich regen;
Doch einen Strohhalm selber groß verfechten,
Wenn Ehre auf dem Spiel. Wie steh denn ich,
Den seines Vaters Mord, der Mutter Schande,
Antriebe der Vernunft und des Geblüts,
Den nichts erweckt? Ich seh indes beschämt
Den nahen Tod von zwanzigtausend Mann,
Die für 'ne Grille, ein Phantom des Ruhms,
Zum Grab gehn wie ins Bett: es gilt ein Fleckchen,
Worauf die Zahl den Streit nicht führen kann;
Nicht Gruft genug und Raum, um die Erschlagnen
Nur zu verbergen. O von Stund' an trachtet
Nach Blut, Gedanken, oder seid verachtet!

Aus: Shakespeare, William: Hamlet. Prinz von Dänemark, übersetzt von August Wilhelm Schlegel, hrsg. von Dietrich Klose. Stuttgart 2001, S. 95 f.

Friedrich Schiller (1759–1805): Maria Stuart (1801)

4. Aufzug, 10. Auftritt
ELISABETH *(allein).*

O Sklaverei des Volksdiensts! Schmähliche
Knechtschaft – Wie bin ich's müde, diesem Götzen
Zu schmeicheln, den mein Innerstes verachtet!
Wann soll ich frei auf diesem Throne stehn!
Die Meinung muß ich ehren, um das Lob
Der Menge buhlen, einem Pöbel muß ich's
Recht machen, dem der Gaukler nur gefällt.
Oh, *der* ist noch nicht König, der der Welt
Gefallen muß! Nur *der* ist's, der bei seinem Tun
Nach keines Menschen Beifall braucht zu fragen.
Warum hab ich Gerechtigkeit geübt,
Willkür gehaßt mein Leben lang, daß ich
Für diese erste unvermeidliche
Gewalttat selbst die Hände mir gefesselt!
Das Muster, das ich selber gab, verdammt mich!
War ich tyrannisch, wie die spanische
Maria war, mein Vorfahr auf dem Thron, ich konnte
Jetzt ohne Tadel Königsblut verspritzen!
Doch war's denn meine eigne freie Wahl,
Gerecht zu sein? Die allgewaltige
Notwendigkeit, die auch das freie Wollen
Der Könige zwingt, gebot mir diese Tugend.
Umgeben rings von Feinden, hält mich nur
Die Volksgunst auf dem angefochtnen Thron.
Mich zu vernichten streben alle Mächte
Des festen Landes. Unversöhnlich schleudert
Der röm'sche Papst den Bannfluch auf mein Haupt,
Mit falschem Bruderkuß verrät mich Frankreich,
Und offnen, wütenden Vertilgungskrieg
Bereitet mir der Spanier auf den Meeren.
So steh ich kämpfend gegen eine Welt,
Ein wehrlos Weib! Mit hohen Tugenden
Muß ich die Blöße meines Rechts bedecken,
Den Flecken meiner fürstlichen Geburt,
Wodurch der eigne Vater mich geschändet.
Umsonst bedeck ich ihn – Der Gegner Haß
Hat ihn entblößt und stellt mir diese Stuart,
Ein ewig drohendes Gespenst, entgegen.
Nein, diese Furcht soll endigen!
Ihr Haupt soll fallen. Ich will Frieden haben!
– Sie ist die Furie meines Lebens! Mir

Ein Plagegeist vom Schicksal angeheftet.
Wo ich mir eine Freude, eine Hoffnung
Gepflanzt, da liegt die Höllenschlange mir
Im Wege. Sie entreißt mir den Geliebten,
Den Bräut'gam raubt sie mir! *Maria Stuart*
Heißt jedes Unglück, das mich niederschlägt!
Ist *sie* aus den Lebendigen vertilgt,
Frei bin ich, wie die Luft auf den Gebirgen.
(Stillschweigen.)
Mit welchem Hohn sie auf mich niedersah,
Als sollte mich der Blick zu Boden blitzen!
Ohnmächtige! Ich führe beßre Waffen,
Sie treffen tödlich, und du bist nicht mehr!
(Mit raschem Schritt nach dem Tische gehend und die Feder ergreifend.)
Ein Bastard bin ich dir? – Unglückliche!
Ich bin es nur, solang *du* lebst und atmest.
Der Zweifel meiner fürstlichen Geburt,
Er ist getilgt, sobald ich *dich* vertilge.
Sobald dem Briten keine Wahl mehr bleibt,
Bin ich im echten Ehebett geboren!
(Sie unterschreibt mit einem raschen, festen Federzug, läßt dann die Feder fallen und tritt mit einem Ausdruck des Schreckens zurück. Nach einer Pause klingelt sie.)

Aus: Schiller, Friedrich: Maria Stuart, hrsg. von Christian Grawe, Stuttgart 1990, S. 106 ff.

Figurenverzeichnisse

Euripides: Medea

Medea	Königstochter aus Kolchis
Iason	ihr Ehegatte
Kreon	König von Korinth
die Kinder der Medea und des Iason	
Amme der Kinder	
Erzieher der Kinder	
Chor der korinthischen Frauen	
Aigeus, König von Athen	
Bote	

William Shakespeare: Hamlet

Hamlet	Prinz von Dänemark
Claudius	König von Dänemark, Hamlets Onkel
Gertrude	Königin von Dänemark, Hamlets Mutter
Polonius	Kämmerer des Königs
Ophelia	Tochter des Polonius
Laertes	Sohn des Polonius
Horatio	Freund und Vertrauter Hamlets
Rosenkranz und Güldenstern	Jugendfreunde Hamlets

Friedrich Schiller: Maria Stuart

Elisabeth	Königin von England
Maria	Königin von Schottland
Georg Talbot, Graf von Shrewsbury	Berater Elisabeths
Wilhelm Cecil, Baron von Burleigh	Großschatzmeister
Robert Dudley, Graf von Leicester	Vertrauter Elisabeths
Graf Aubespine	französischer Gesandter
Graf Bellievre	außerordentlicher Botschafter von Frankreich
Amias Paulet	Ritter, Hüter der Maria
Mortimer	sein Neffe
Drugeon Drury	zweiter Hüter der Maria
Melvil	ihr Haushofmeister
Burgoyn	ihr Arzt
Hanna Kennedy	ihre Amme
Margareta Kurl	ihre Kammerfrau

Arbeitsanweisung:

Analysieren Sie den Inhalt des Textauszuges von Kleist.

Erörtern Sie die Aussage Kleists in Bezug auf das Entscheidungsverhalten von mindestens zwei der literarischen Figuren Medea, Hamlet und Elisabeth.

Nutzen Sie dazu die gegebenen Werkauszüge.

Lösungsvorschlag

Die von Ihnen zu erarbeitende literarische Erörterung auf Grundlage einer mehrteiligen Aufgabenstellung verlangt zunächst, dass Sie Ihre ***Kompetenzen bei der Analyse von pragmatischen Texten*** *unter Beweis stellen. Es wird explizit* ***nur eine Inhaltsanalyse*** *erwartet. Formale und stilistische Besonderheiten des Textes sind für Ihren Aufsatz nicht relevant. Der Kleist-Text muss in seiner argumentativen Struktur und seinem Problemgehalt erfasst werden, damit Sie auf Basis dieser Ergebnisse eine eigene Argumentation zur Gültigkeit der Aussage Kleists entwickeln können. Biografische Kenntnisse zu Heinrich von Kleist werden nicht vorausgesetzt.*

In der sich anschließenden Erörterung haben Sie die Aufgabe, das ***Entscheidungsverhalten von mindestens zwei der literarischen Figuren Medea, Hamlet und Elisabeth im Kontext der Thesen Kleists*** *zu diskutieren. Diese Teilaufgabe setzt sichere, anwendungsbereite Kenntnisse zu den von Ihnen ausgewählten Ganzschriften der Pflichtlektüre voraus. Aufgrund der* ***Komplexität der Aufgabenstellung*** *sollten Sie genau überlegen, ob es unter Prüfungsbedingungen sinnvoll ist, alle drei genannten Dramenfiguren in die Erörterung einzubeziehen, da sonst die Gefahr besteht, dass Sie das Verhalten der literarischen Figuren nicht tiefgründig genug hinterfragen und diskutieren können oder eine ausufernde Textproduktion die Folge ist.*

Die Gliederung des vorliegenden Lösungsvorschlages ist eine mögliche Variante. Es erscheint jedoch unbedingt sinnvoll, die Basis für die Erörterung des Entscheidungsverhaltens so zu legen, dass Sie den ***tragischen Konflikt, in dem sich die jeweilige Figur befindet und die ihr Handeln bestimmt, kurz umreißen****. Es wird von Ihnen erwartet, dass Sie sich differenziert und aspektreich mit dem Entscheidungsverhalten der Figuren auseinandersetzen und auch ein* ***klares Fazit zur Übereinstimmung mit der Position Kleists formulieren****. Beachten Sie, dass die Aufgabenstellung nicht verlangt, das Verhalten der einbezogenen Dramenfiguren zu vergleichen.*

Die Aufgabenstellung fordert von Ihnen die ***Nutzung vorgegebener Werkauszüge****, wobei die Formulierung „Nutzen Sie…“ einen gewissen Spielraum für verschiedene Varianten der Einbeziehung erlaubt. Alle drei Monologe zielen auf die zu diskutierende* ***Entscheidungssituation und den Kernkonflikt der jeweiligen Tragödie*** *ab. Eine Analyse oder Inhaltszusammenfassung der Monologe wird nicht von Ihnen erwartet und würde den Rahmen des Aufsatzes sprengen. Achten Sie in der Erarbeitungsphase darauf, inwieweit Sie die Monologe zielführend für die eigene Argumentation nutzen können. Konkrete Bezugnahmen auf den Text in Form von Textbelegen und Paraphrasierungen sind unbedingt notwendig. Eine fundierte Erörterung des Entscheidungsverhaltens der Dramenfiguren lässt sich jedoch nur* ***unter konsequenter Einbeziehung des Gesamtwerkes*** *erstellen.*

Sie sollten Ihren Aufsatz in jedem Fall mit einem resümierenden ***Fazit zur Gültigkeit von Kleists Theorie*** *abschließen und eventuell auch einen Aktualitätsbezug jenseits der literarischen Texte herstellen.*

Entscheidungen zu treffen, gehört zu unserem Leben. Ebenso die Erfahrung zu machen, dass wir eine Fehlentscheidung getroffen haben, die wir durch genaueres Überlegen hätten vermeiden können. Meist reflektieren wir unsere Handlungen im Anschluss bewusst oder auch unbewusst und sind in der Lage, die **gewonnenen Erkenntnisse in ähnlichen Situationen zu unserem Vorteil anzuwenden**. In anderen Situationen stellen wir fest, dass wir durch zu langes Zögern und Überlegen **den richtigen Moment der Entscheidung verpasst** haben. Charaktere wie Medea, Hamlet und Elisabeth faszinieren uns oft dadurch, dass sie in besonderen Konfliktsituationen zu ungewöhnlichen Entscheidungen tendieren.

Einleitung: Hinführung zum Thema des Kleist-Textes

Der Schriftsteller Heinrich von Kleist setzt sich in seinem 1810 verfassten Text *Von der Überlegung. Eine Paradoxe* mit der Frage auseinander, welchen Einfluss Überlegungen auf unser Entscheidungsverhalten und den **Erfolg oder Misserfolg unseres Handelns** haben. So untersucht er u. a. die Frage, ob der **Zeitpunkt der angestellten Überlegungen** im Kontext einer Entscheidungssituation das Ergebnis der Handlung positiv oder negativ beeinflusst.

Überleitung: Informationen zum Text

In der Überschrift kündigt Kleist an, sich in seinem Text mit der „Überlegung" auseinanderzusetzen, und weckt das Interesse des Lesers, indem er behauptet, dass es sich bei dem Vorgang des Überlegens um eine „Paradoxe" handelt. Paradox ist laut Lexikon etwas, das einen **Widerspruch in sich** birgt. Kleist beginnt seinen Text mit der These, dass es „schicklicher" (Z. 2) sei, **nach einer Tat Überlegungen anzustellen** als vor dieser. Durch die kursiv gesetzten Begriffe „nach" und „vor" lenkt der Autor die Aufmerksamkeit des Lesers darauf, dass seine Behauptung **der üblichen Reihenfolge von Tat und Überlegung widerspricht**.

Analyse des Kleist-Textes:

Empfehlung, erst nach einer Tat zu reflektieren

Die sich anschließende Erläuterung der These gestaltet Kleist antithetisch, wobei er gegenüberstellt, dass **Überlegungen vor oder im Augenblick der Tat unsere Handlungen nur behindern** (vgl. Z. 3 ff.). Überlegungen nach einer Tat seien im Sinne einer Reflexion des Geschehenen als weit produktiver und konstruktiver anzusehen (vgl. Z. 5 ff.). So behauptet der Autor, dass alle Überlegungen, die vor oder im Augenblick einer Handlung angestellt werden, den Menschen handlungsunfähig machen, da sie ihm die zum Handeln benötigte Kraft rauben. Die **Quelle unserer Kraft und Handlungsfähigkeit** sieht Kleist in unseren Gefühlen.

Beeinträchtigung durch zu langes Grübeln

Gefühle als Handlungsmotor

Als Gegenentwurf dazu stellt Kleist nun die These auf, dass die Fähigkeit des Überlegens dem Menschen ursprünglich gegeben sei, um **Handlungen im Nachhinein zu reflektieren** und sich des „[F]eh-

Lernen aus Fehlern

lerhaft[en] und [G]ebrechlich[en]" (Z. 7) derselben bewusst zu werden, um daraus **Schlussfolgerungen für das künftige Handeln** abzuleiten. Gleichzeitig sieht der Autor in dieser Vorgehensweise die Möglichkeit, das Gefühl, das ursächlich für Erfolg oder Misserfolg unserer Handlungen verantwortlich ist, zu „regulieren" (Z. 8), das heißt zu kontrollieren.

Kontrolle über Gefühle

Der Autor behauptet nun, das Leben sei ein **Kampf mit dem Schicksal** (vgl. Z. 8 f.). Im Kontext des ersten Sinnabschnitts ließe sich diese Aussage dahingehend deuten, dass der Mensch durch die bewusst unterlassenen Vorüberlegungen dem Geschehen eher unvermittelt ausgeliefert scheint, da er ja im Vorfeld nicht alle **Eventualitäten und Kausalitäten der Handlung** „überlegt" hat.

Metapher: Leben als Kampf

Im Folgenden veranschaulicht Kleist seine aufgestellte Theorie mithilfe eines Beispiels aus dem Bereich des Sports (vgl. Z. 9 ff.). Er behauptet, man könne aus dem **Verhalten eines Ringers während des Ringkampfes** direkte Parallelen zum korrekten Entscheidungsverhalten des Menschen in allen Bereichen des Lebens ziehen. Der Athlet befinde sich während des Kampfes in einer Situation, in der er stets spontan entscheiden müsse, um seine **Chancen auf den Sieg** zu wahren. Während des Kampfes zu überlegen, „welche Muskeln er anstrengen, und welche Glieder er in Bewegung setzen soll" (Z. 12 f.), würde unweigerlich zur Niederlage führen. Nur das Handeln „nach keiner anderen Rücksicht, als nach bloßen augenblicklichen Eingebungen" (Z. 11 f.) führe in dieser Situation zum Erfolg.

Beispiel: Ringkampf

Zeitpunkt der Überlegungen entscheidend für Sieg oder Niederlage

An diesen Gedanken anschließend behauptet Kleist, dass es nach dem Kampf – unabhängig davon, ob der Ringer einen Sieg errungen oder eine Niederlage erlitten habe – „zweckmäßig und an seinem Ort" (Z. 15) sei, das Geschehene zu reflektieren. Der Ringer könne und solle nun **überlegen**, welches Verhalten ihm **zum Sieg verhalf** oder **zur Niederlage führte** (vgl. Z. 16 f.).

Notwendigkeit der anschließenden Reflexion

Im abschließenden Fazit fordert Kleist den Leser auf, sich im Leben genauso wie ein Ringer zu verhalten. Der Autor behauptet, dass nur derjenige, der wie ein Ringer das Leben „tausendgliedrig […], nach allen Windungen des Kampfs, nach allen Widerständen, Drücken, Ausweichungen und Reaktionen, empfindet und spürt" (Z. 18 f.), erfolgreich sein werde. Unübersehbar ist auch hier wieder die **Fokussierung auf das spontane Entscheiden im Augenblick auf Basis des Gefühls als Kraftquelle**. Alternatives Verhalten würde dem Menschen einerseits den Erfolg in verbalen Auseinandersetzungen verwehren (vgl. Z. 19 f.) und ihm andererseits jegliche Erfolgsaussicht in einer Schlacht nehmen (vgl. Z. 20).

gefühlsbasierte Augenblicksentscheidungen als Weg zum Erfolg

Die Argumentation Heinrich von Kleists erscheint auf den ersten Blick klar strukturiert und logisch. Der Autor propagiert in seinem appellativen Text sehr nachdrücklich ein Entscheidungsverhalten, das den Menschen auffordert, **gefühlsbetont und auf Basis seiner erworbenen Erfahrungen** in Konfliktsituationen mehr oder weniger spontan zu reagieren. Belegt wird diese Einstellung mithilfe eines einzigen, sehr umfangreich erläuterten Beispiels aus dem Bereich des Sports. Das Handlungsergebnis – egal ob positiv oder negativ – werde nach Kleists Überzeugung in jedem Fall dazu dienen, Erfahrungen zu sammeln, die in zukünftigen identischen Situationen zur Verfügung stünden und bei Bedarf augenblicklich abrufbereit seien.

Wertung der Argumentationsweise:

Sammeln nützlicher Erfahrungen

Heinrich von Kleist berücksichtigt in seiner Argumentation nicht, dass das **Entscheidungsverhalten der Menschen von vielen verschiedenen Komponenten und Faktoren beeinflusst** ist. Sicher gibt es Situationen, in denen wir keine andere Wahl haben, als spontan und mehr oder weniger im Affekt zu reagieren. Aber es ist logisch und natürlich, dass man eine anstehende Handlung im Vorfeld überdenkt, sie plant und die **Konsequenzen verschiedener Entscheidungsmöglichkeiten gegeneinander abwägt**.

Kritik an Kleists Aussagen

Untersucht man nun das Entscheidungsverhalten literarischer Charaktere, so sollte man sich bewusst machen, dass Medea, Hamlet und Elisabeth I. Dramenfiguren sind, die sich in einem fiktiven tragischen Konflikt befinden. Ein tragischer Konflikt ist u. a. dadurch definiert, dass er **die beteiligten Charaktere unausweichlich in die Katastrophe führt**. Auf dieser Basis kann man zwar das Entscheidungsverhalten von Dramenfiguren diskutieren und hinterfragen, wird jedoch nicht zu dem Ergebnis gelangen, dass diese Figuren möglicherweise in der Lage gewesen wären, Entscheidungen zu treffen, die ein Happy End für alle Beteiligten zur Folge gehabt hätten.

Überleitung zur Erörterung:

eingeschränkte Anwendbarkeit von Kleists Theorie

Medea, **zauberkundige Königstochter** aus dem als barbarisch geltenden, am Schwarzen Meer gelegenen Kolchis, verliebt sich in Jason, einen griechischen Abenteurer. Diesem gelingt es nur mit ihrer Unterstützung, das Goldene Vlies zu stehlen, um nach Bestehen dieser Mutprobe in seiner Heimat Jolkos den Königsthron besteigen zu können. Durch den **Verrat an ihrer Familie** und ihrem Heimatland hat Medea **aus Liebe zu Jason** alles geopfert, und die Verantwortung für ihre Zukunft in Jasons Hände gelegt. Jason und Medea müssen aus Jolkos fliehen und lassen sich schließlich in Korinth nieder. Jason wendet sich der korinthischen Königstochter Glauke zu, um seinen gesellschaftlichen Aufstieg voranzutreiben. Zu spät erkennt Medea, dass von ihr erwartet wird, **Jasons Trennung von ihr** zu akzeptieren. Was Medea als absolut unverzeihlichen

Euripides: *Medea*

Vorgeschichte zur Tragödie

Verrat ansieht, ist jedoch vor dem Gesetz des griechischen Patriarchats durchaus legitim.

Medeas Entscheidungsverhalten:

Im vorliegenden Monolog aus dem 3. Epeisodion der Tragödie des Euripides offenbart Medea den Göttern und den korinthischen Frauen, die in der Tragödie als Chor fungieren, ihren **bis ins letzte Detail geplanten Rachefeldzug gegen Jason** (vgl. V. 9 ff.). Ihr Plan zeigt, dass sie **im Vorfeld genau abwägt**, wie sie ihrem verräterischen Ehegatten Jason den größtmöglichen Schaden zufügen kann. Sie zerstört jegliche Chance für ihn, sein Geschlecht fortzuführen, indem sie zuerst seine zukünftige Ehefrau Glauke und dann die gemeinsamen Kinder tötet (vgl. V. 40 ff.).

exakte Überlegungen vor der Rachetat

Gelingen von Medeas Plänen

Setzt man Medeas Entscheidungsverhalten und ihre Vorgehensweise in Beziehung zum Kleist-Text, so müsste man vermuten, dass Medeas Plan zum Scheitern verurteilt ist. Denn im Vorfeld der Morde stellt sie sehr umfangreiche Überlegungen an, die sie laut Kleist an der Umsetzung ihres Plans hindern müssten. Auffällig ist, dass es in der Tragödie mehrere Situationen gibt, in denen Medea zweifelt, **von Emotionen überwältigt** scheint und sich **der Grausamkeit ihrer Taten durchaus bewusst** ist („Ich muss weinen, denke ich, welches Werk ich dann vollbringen muß. / Denn meine Kinder werde ich töten." V. 28 f.). Sie besitzt jedoch stets die **Kraft, sich wieder rational zu fokussieren**, um nicht von ihrem Plan abzuweichen (vgl. V. 44 ff.).

Medeas Wissen um die Grausamkeit ihrer Taten

mögliche Gründe für Medeas Verhalten

Kleist fordert, spontan und auf Basis des augenblicklichen Gefühls zu entscheiden. Medea hat im Zusammenhang **mit ihrer überstürzten Flucht aus Kolchis und dem Verrat Jasons** die Erfahrung gemacht, welche fatalen Folgen es hat, wenn man auf sein Herz hört und seinem Gefühl vertraut (vgl. V. 37 ff.). Aus diesem Fehler hat sie den Schluss gezogen, nie wieder einem Menschen bedingungslos zu vertrauen. Sie macht sich nun für ihren Racheplan die **Schwächen ihrer Mitmenschen** zunutze: „Ist [Jason] da, will ich ihm schmeichelnde Worte sagen, / daß auch ich einverstanden bin und daß es so gut ist, / die Ehe mit der Königstochter, für die er mich preisgab, / und daß es nützlich sei und wohlbedacht." V. 13 ff.).

Euripides' *Medea*: keine Übereinstimmung mit Kleists Theorie

Medea rechnet mit **Jasons Eitelkeit und seiner Ignoranz ihr gegenüber als Frau**, weswegen sie ihn problemlos täuschen und zum Werkzeug ihrer Pläne machen kann (vgl. V. 17 ff.). Zusammenfassend lässt sich sagen, dass Kleists Theorie nicht auf die Tragödie des Euripides anwendbar ist. Auch wenn Medea sehr darunter leidet, ihre Kinder getötet zu haben, hat sie im Ergebnis ihre **vernichtende Rache genauso umsetzen können wie im Vorfeld geplant**. Sie hat Jason erheblich geschadet und somit ihr Ziel erreicht.

Hamlet, Prinz von Dänemark, ist bekannt für den ihn äußerst treffend charakterisierenden Ausspruch: „Sein oder Nichtsein, das ist hier die Frage!" Der kluge und empfindsame junge Mann kehrt, sein Studium in Wittenberg unterbrechend, zur **Beerdigung seines überraschend verstorbenen Vaters** an den Königshof nach Helsingör zurück. Während er sich selbst in tiefer Trauer befindet, muss er erstaunt feststellen, dass seine Mutter und sein Onkel Claudius völlig überstürzt eine aus damaliger Sicht skandalöse Ehe eingehen und so das **Andenken an den verstorbenen König und geliebten Vater beschmutzen**. Hamlet, zutiefst angewidert von diesem Verhalten, hat kurz darauf eine **nächtliche Begegnung mit dem Geist** seines Vaters, der ihn über die Tatsache und die Umstände seiner Ermordung informiert und ihm einen klaren Racheauftrag erteilt, den Hamlet sehr bereitwillig annimmt.

William Shakespeare: *Hamlet*

Ermordung des Vaters als Ausgangspunkt der Handlung

Als problematisch erweist sich in diesem Zusammenhang die Tatsache, dass Hamlet **im Affekt und von Gefühlen überwältigt Rache geschworen** hat. Als aufgeklärter junger Mensch sieht er sich jedoch nicht in der Lage, den zweifelhaften Worten eines Geistes zu vertrauen und eine mittelalterliche Blutrache auszuführen. Hamlet braucht Gewissheit. Die nötige Zeit gewinnt er, indem er Wahnsinn vortäuscht. So kann er scheinbar niemandem gefährlich werden und ungestört am Königshof Nachforschungen anstellen, um die **Wahrheit über den Tod seines Vaters** herauszufinden.

Hamlets Entscheidungsverhalten:

Hamlets Strategie: Zeit gewinnen

Shakespeare hat seine Dramenfigur so facettenreich angelegt, dass es für den Außenstehenden – ob an der Handlung beteiligte Dramenfigur oder Theaterbesucher – fast unmöglich ist, Hamlets Befindlichkeiten und Motive eindeutig zu bestimmen. Sein Gemütszustand ist für den Zuschauer der Tragödie am deutlichsten in den zahlreichen Monologen erlebbar. Der Monolog aus der Szene IV/4 zeigt Hamlet in einem **Zustand abgrundtiefer Selbstverachtung für seine eigene Handlungsunfähigkeit**. Hamlet reflektiert in dem Monolog, wie der junge Prinz von Norwegen mit seinem Heer an ihm vorbei in die Schlacht gegen Polen zieht, um die Ehre seines Vaterlandes wiederherzustellen (vgl. V. 18 ff.). Shakespeare hat **Fortinbras** bewusst **als Kontrastfigur zu Hamlet** angelegt. Während Hamlet eine unabwendbare Tat immer weiter hinauszögert (vgl. V. 28 ff.), zeichnet sich Fortinbras durch sein mutiges, entschlossenes und auch riskantes Handeln aus, für das ihn Hamlet uneingeschränkt bewundert (vgl. V. 17 ff.).

Vielschichtigkeit der Figur Hamlet

Selbstanklage des Hamlet

Betrachtet man **Hamlets Zögern und seine mangelnde Entschlussfähigkeit**, so lässt sich Kleists Theorie zum Entscheidungsverhalten an dieser Dramenfigur belegen. Hamlet beraubt sich auf Grund seiner komplexen Überlegungen, die ihn emotional völlig überfordern,

Übereinstimmung mit Kleists Theorie

seiner Fähigkeit zu handeln. Umso prekärer scheint es, dass Hamlet als Thronfolger Dänemarks eine Person ist, deren unentschlossenes Verhalten **Auswirkungen auf das politische Schicksal eines ganzen Landes** haben wird. Aus den schon genannten Gründen wäre Hamlet niemals in der Lage gewesen, den Racheauftrag sofort nach dem Gespräch mit dem Geist auszuführen, wie es laut Kleists Text sinnvoll gewesen wäre.

politische Folgen von Hamlets (Nicht-)Handeln

Hamlet versteht sein eigenes Zögern nicht und bezichtigt sich selbst der grundlosen **Untätigkeit** (vgl. V. 1 ff.) und **Feigheit** (vgl. V. 13). Er muss sich eingestehen, dass ihm alle Möglichkeiten, die Rache sofort durchzuführen, zur Verfügung stehen (vgl. V. 13 ff.). Die Begegnung mit Fortinbras verleiht Hamlet scheinbar zunächst Energie und Kraft, um zur Tat zu schreiten, und der Monolog endet mit den kämpferischen Worten: „O von Stund' an trachtet / Nach Blut, Gedanken, oder seid verachtet!" (V. 36 f.). Bekanntlich handelt Hamlet jedoch auch im weiteren Verlauf der Tragödie nicht, und durch sein **Zögern, die Rache durchzuführen**, stürzt er nicht nur sich selbst in die Katastrophe, sondern alles, was ihm lieb und teuer ist. Ophelias Tod lässt sich direkt auf Hamlets Verhalten zurückführen. Dass Hamlet seine Fehler anschließend nicht mehr reflektieren kann, wie es Kleist fordert, liegt im Wesen der Tragödie begründet. Betrachtet man jedoch die als Gegenentwurf zu Hamlet angelegte Dramenfigur Fortinbras, so handelt diese vollkommen in Kleists Sinne, da sie in Konfliktsituationen unverzüglich agiert.

Hamlet in Gedanken und Überlegungen gefangen

kein kraftvolles Handeln im Sinne Kleists

Friedrich Schiller: *Maria Stuart*

Das von Friedrich Schiller im Jahr 1801 zum Thema **Willensfreiheit und Zwang der menschlichen Natur** veröffentlichte Drama *Maria Stuart* gilt inhaltlich und formal als Musterbeispiel der Weimarer Klassik. Die schottische Königin Maria Stuart – seit fast 20 Jahren zu Unrecht gefangen gehalten von ihrer Verwandten Elisabeth I., bei der sie Asyl gesucht hat – erfährt im 1. Akt des Dramas, dass sie **wegen Hochverrats gegen die englische Monarchie zum Tode verurteilt** wurde. Lediglich die Unterzeichnung des Todesurteils durch Königin Elisabeth steht noch aus, um die Hinrichtung durchführen zu können.

Maria Stuart als Gefangene von Elisabeth

Am Beispiel der englischen Königin Elisabeth kann man erleben, wie staatliche Macht vor und hinter den Kulissen ausgeübt wird und dass selbst eine der mächtigsten Regentinnen der Welt **in verschiedenen Abhängigkeiten und Zwängen gefangen** ist, die ihr Handeln als Königin determinieren. Elisabeth versteht es zwar seit Jahren, die europäischen Großmächte und politischen Gegner Englands durch kluge Entscheidungen und eine raffinierte Hinhaltetaktik in Schach zu halten, um die Position Englands in diesem Machtgefüge nicht zu

Elisabeth in ihrem Handeln eingeschränkt

gefährden. Sie wird aber in Friedrich Schillers Drama mit der Entscheidung um die Unterzeichnung des Todesurteils gegen Maria Stuart **an ihre politischen und persönlichen Grenzen geführt** und gerät so zur tragischen Figur.

Kleists Forderungen entsprechend müsste Elisabeth **die schottische Königin direkt nach deren Festsetzung auf englischem Hoheitsgebiet beseitigen** lassen und sich im Anschluss mit den daraus entstandenen Folgen auseinandersetzen. Der Monolog IV/10 zeigt die **Konfliktsituation Elisabeths** auf und veranschaulicht, aus welchen Gründen die englische Königin dazu nicht in der Lage ist. Die Staatsräte Shrewsbury, Burleigh und Leicester haben sich in den vorangegangenen Szenen des Dramas durch ihre kontroversen Positionen zum wiederholten Male nicht als Hilfe bei der Entscheidungsfindung erwiesen.

Elisabeths Entscheidungsverhalten:

keine Unterstützung durch königliche Berater

Die englische Königin beklagt, dass sie **in ihren Entscheidungen als Königin nicht frei** sei und sich in allem der Volksgunst zu unterwerfen habe, durch die sie auf dem Thron gehalten werde (vgl. V. 1–7). Ihre Vorstellung von Herrschaft äußert sie ganz deutlich: „Oh, *der* ist noch nicht König, der der Welt / Gefallen muß! Nur *der* ist's, der bei seinem Tun / Nach keines Menschen Beifall braucht zu fragen." (V. 8 ff.). Ihre seit Jahren umsichtig ausgeübte und auf Gerechtigkeit ausgerichtete Herrschaft wird ihr nun im Falle Maria Stuarts zum Verhängnis (vgl. V. 11 ff.). Sie weiß um die **äußere Bedrohung ihres Landes** durch die anderen europäischen Großmächte (vgl. V. 25 ff.) und sieht sich durch die Tatsache, dass sie als Herrscherin in einer von Männern dominierten Welt regieren muss, zusätzlich **unter Druck gesetzt:** „So steh ich kämpfend gegen eine Welt, / Ein wehrlos Weib!" (V. 31 f.).

Abhängigkeit von der Beliebtheit beim Volk

doppelte Gefahr: Bedrohungen von innen und von außen

Man sieht an der beschriebenen Konstellation eindeutig, dass die von Kleist propagierte Handlungsweise, mehr oder weniger im Affekt zu agieren und im Nachhinein eine Fehleranalyse und Aufarbeitung durchzuführen, für Elisabeths Situation problematisch ist. **Politische Entscheidungen von großer Tragweite**, die wie im Fall der englischen Königin eventuell sogar einen Krieg provozieren könnten, sind mit dem von Kleist empfohlenen Entscheidungsverhalten nur schwer kompatibel. Elisabeths Konflikt besteht darin, dass **von ihr als Herrscherin die Unterzeichnung des Todesurteils gegen Maria Stuart gefordert** wird, sie jedoch genau weiß, dass es ein Unrechtsurteil ist.

kein Handeln in Kleists Sinne möglich

Elisabeths innerer Kampf

Im letzten Teil des Monologes (vgl. V. 39 ff.) zeigt sich sehr deutlich, dass der Konflikt eine zusätzliche Verschärfung erfährt, weil Elisa-

Unterzeichnung des Todesurteils

beth ihre Entscheidung maßgeblich auch **auf Basis ihrer emotionalen und persönlichen Befindlichkeiten** trifft. Kleist behauptet, zu viele Überlegungen vor und im Augenblick der Tat raubten dem Menschen die Kraft zum Handeln (vgl. Z. 3 f.). Bei Elisabeth wirken ihre Gefühle jedoch eher wie ein Katalysator, der sie die **jahrelang hinausgezögerte Entscheidung letztlich fast im Affekt treffen** lässt. Doch schon im Augenblick der Unterzeichnung des Todesurteils ist der englischen Königin bewusst, dass sie eine Entscheidung getroffen hat, für die sie später nicht die Verantwortung tragen möchte (siehe Regieanweisung am Ende des Monologs: „Sie unterschreibt mit einem raschen, festen Federzug, läßt dann die Feder fallen und tritt mit einem Ausdruck des Schreckens zurück."). Elisabeth lässt sich **von ihrem persönlichen Hass auf Maria Stuart zu diesem Fehlurteil hinreißen** und wird zum Opfer ihrer Gefühle.

Elisabeth vom eigenen Handeln entsetzt

Anders als Kleist es behauptet, führen Überlegungen nicht zur Handlungsunfähigkeit, sondern verleiten sie zu einer folgenschweren Entscheidung. Elisabeth, die sich durch den Tod der schottischen Königin **politische und persönliche Freiheit erhofft** hat, muss am Ende des Dramas erkennen, dass **keiner ihrer Wünsche in Erfüllung** geht. Der Theaterzuschauer erfährt nicht, ob und auf welche Weise Elisabeth das Geschehene, wie von Kleist gefordert, reflektiert und ob sie Konsequenzen für ihr weiteres Handeln ableitet.

Ausbleiben der von Elisabeth erhofften Wirkung

Fazit:

Vergleicht man resümierend das Entscheidungsverhalten der drei Dramenfiguren und setzt es in Beziehung zum Text von Kleist, muss man feststellen, dass es unmöglich und auch nicht sinnvoll erscheint, ein verallgemeinertes Handlungsmuster für das Verhalten in Entscheidungssituationen zu entwickeln und als Maßstab für richtiges Handeln anzulegen. Kleists Äußerungen in Bezug auf das Treffen von Überlegungen vor, im Augenblick oder nach der Tat lassen sich **nicht pauschal auf jede beliebige Situation übertragen**. Die literarischen Figuren Medea, Hamlet und Elisabeth zeigen uns drei **komplexe Konfliktsituationen** auf. Das reale Leben ist so vielfältig und unvorhersehbar, dass man es zwar nicht zwangsläufig wie Kleist als ständigen „Kampf mit dem Schicksal" (Z. 9) ansehen muss, aber als tägliche Herausforderung, die immer wieder aufs Neue unseren gesunden Menschenverstand, unser Gefühl und unsere Entscheidungskompetenzen anspricht.

keine Allgemeingültigkeit von Kleists Theorie

Komplexität des Lebens

Leistungskurs Deutsch (Sachsen): Abiturprüfung 2020
Aufgabe 3: Materialgestütztes Verfassen eines argumentierenden Textes

Thema: Kommunikation im 21. Jahrhundert

Material 1: Bitkom: Jeder Zweite verschickt Sprachnachrichten (2018)

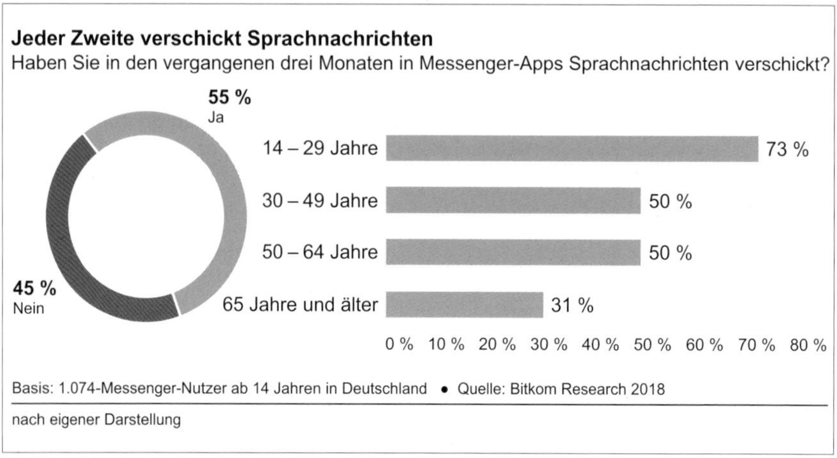

eigene Darstellung nach: Bitkom Research 2018: Jeder Zweite verschickt Sprachnachrichten

Material 2: Katharina König, Tim Moritz Hector: Zur Theatralität von WhatsApp-Sprachnachrichten. Nutzungskontexte von Audio-Postings in der mobilen Messenger-Kommunikation (2017)

II.2 WhatsApp-Sprachnachrichten

[…]

Nach Übermittlung kann die Nachricht von dem Empfänger/der Empfängerin angehört werden. Im Regelfall wird sie automatisch heruntergeladen. Für den Empfänger/die Empfängerin stellt sich die Nachricht über die Anzeige eines Play-Buttons als abspielbares Posting dar, in dem zudem die Länge der Aufnahme sowie das eingestellte Profilbild des Gegenübers angezeigt werden. Die Wiedergabe erfolgt entweder über die eingebauten Lautsprecher des Smartphones oder aber über die Hörmuschel, wobei das Gerät abhängig von der Haltung des Smartphones selbstständig erkennt, welche Ausgabeform ausgewählt wird. Die Navigation innerhalb der Nachricht, ein Pausieren der Wiedergabe sowie die wiederholte Wiedergabe sind möglich.

Sprachnachrichten sind insofern nicht – wie *face-to-face*-Gespräche – simultan, sondern asynchron. Auch wenn ein schneller, quasi-synchroner Austausch von Audiopostings möglich ist, wenn alle die NutzerInnen gleichzeitig im Chat aktiv sind (vgl. Dürscheid/Frick 2014: 177)[1], sind Sprachnachrichten dennoch in einem doppelten Sinn verzögert: Bei einer Sprachnachricht von 30 Sekunden Länge nimmt das Einsprechen der Nachricht 30 Sekunden in Anspruch, dann vergehen einige Sekunden für die Übermittlung und anschließend werden weitere 30 Sekunden zum Anhören der Nachricht durch das Gegenüber benötigt. Folgt darauf eine Antwort von weiteren 30 Sekunden, sind bis zum Abschluss eines Aktions-Reaktions-Paars von je 30 Sekunden über zwei Minuten vergangen. Dies ist im Vergleich zu *face-to-face*-Gesprächen, die sich gerade dadurch auszeichnen, dass Produktion und Rezeption simultan erfolgen (Auer 2000, 46), ein entscheidender Unterschied.

Abgesehen von der doppelten Verzögerung weisen Sprachnachrichten im Unterschied zu Text-Nachrichten weitere „Nachteile" auf: In zahlreichen Situationen, in denen ungewollte MithörerInnen zugegen sind (etwa in einem Seminar), sind sie weder produzier- noch rezipierbar, sie sind insofern weniger diskret und niedrigschwellig, zudem erfordern sie ein deutlich höheres Datenvolumen. Auch auf diversen Internet-Plattformen wird der Gebrauch von Sprachnachrichten kritisch diskutiert. So schreibt ein anonymer Nutzer in der Campus-App Jodel: „Sprachnachrichten? […] Sicher haben die auch Vorteile, aber es macht den Anschein, als seien sie nur eine weitere Möglichkeit, möglichst viel Belangloses in kurzer Zeit abzusondern" (Jodel 01-2017) und erhält als Reaktion u. a. einen Kommentar mit dem Inhalt „Das ist doch sowas wie telefonieren für ganz Faule" (Jodel 05-2017). In Internetforen schreiben NutzerInnen etwa: „[…] dies wird noch wenig genutzt und könnte verstörend wirken. Gestern erhielt ich z. B. das Feedback, dass [eine Freundin] es merkwürdig findet, alleine ins Handy zu sprechen." (Pickupforum 2014).

Es stellt sich also die Frage, in welchen Situationen bzw. Kontexten NutzerInnen dennoch auf Audio-Postings zurückgreifen. Wann bieten diese Vorteile gegenüber einer Textnachricht? Welche Informationen können übermittelt werden, die in Textnachrichten mitunter verloren gehen? Inwiefern bieten Sprachnachrichten durch die Integration medialer Mündlichkeit in die mobile Messenger-Kommunikation Ressourcen zur Aufführung von „dramas to an audience" (Goffman 1974, 508), inwiefern stellen sie also eine mediatisierte Praktik zur Herstellung von Theatralität im kommunikativen Alltag dar? […]

König, Katharina und Tim Moritz Hector (2017): Zur Theatralität von WhatsApp-Sprachnachrichten. Nutzungskontexte von Audio-Postings in der mobilen Messenger-Kommunikation, S. 12 f. https://www.mediensprache.net/networx/networx-79.pdf. 08. 02. 2018

1 wie auch im Folgenden: Verweise auf Schriften anderer Wissenschaftler oder anderweitige Quellen.

Katharina König arbeitet als Sprachwissenschaftlerin am Germanistischen Institut der Universität Münster. Tim Moritz Hector ist Hilfskraft in der Abteilung Sprachwissenschaft der Universität Münster. Beide arbeiten zusammen im Projekt „Dialogizität von WhatsApp-Sprachnachrichten".

Material 3: Christa Dürscheid: Medienkommunikation im Kontinuum von Mündlichkeit und Schriftlichkeit. Theoretische und empirische Probleme (2003)

Synchrone, quasi-synchrone und asynchrone Kommunikationsformen

gemeinsamer Kommunikationsraum **synchrone Kommunikation**	gemeinsamer Kommunikationsraum **quasi-synchrone Kommunikation**	kein gemeinsamer Kommunikationsraum **asynchrone Kommunikation**
Telefonat	Chat / Instant Messaging	Fax / E-Mail / SMS / Nachricht auf Anrufbeantworter
- ◄——————————————————————————► +		
‚Zerdehnung der Sprechsituation' (*Ehlich* 1981)		

[…] Die (A-)Synchronie der Kommunikationsform beeinflusst die Art und Weise der Versprachlichung. Handelt es sich um eine synchrone Form der Kommunikation, sind die Äußerungen meist spontaner, sprachlich weniger reflektiert, weniger geplant. In einer asynchronen Kommunikation ist dies nicht der Fall; hier haben wir die Möglichkeit, unsere Äußerungen vorab zu planen, sie sprachlich zu elaborieren, sie zu korrigieren. Diese Möglichkeit besteht prinzipiell zwar auch in der quasi-synchronen, schriftbasierten Kommunikation, d. h. im Chat und im IM[1], doch widerspräche es der hier gegebenen Möglichkeit zur direkten Interaktion, wenn jeder Beitrag zunächst genau geplant und möglicherweise noch Korrektur gelesen würde. […]

Dürscheid, Christa: Medienkommunikation im Kontinuum von Mündlichkeit und Schriftlichkeit. Theoretische und empirische Probleme, S. 10 f. https://userpages.uni-koblenz.de/~diekmann/zfal/zfalarchiv/zfal38_2.pdf. 08. 02. 2018

1 IM: Instant Messaging (deutsch: sofortige Nachrichtenübermittlung): eine digitale Kommunikationsmethode, mittels derer sich zwei oder mehr Teilnehmerinnen oder Teilnehmer per Textnachrichten unterhalten.

Christa Dürscheid (*1959) ist Professorin für Sprachwissenschaft an der Universität Zürich.

Material 4: Morgane Llanque: Ein Plädoyer für das Voice Messaging. Einfach loslabern (2016)

Auf den ersten Blick sind WhatsApp Voice Messages eine umständliche Zwischenfunktion. Doch ihnen wohnt der sinnliche Zauber des Unperfekten inne.

Es macht bing. In der Hosentasche klimpern Schlüssel und Kleingeld im Takt der Handvibration. Schnell wird das Smartphone gecheckt und schnell kommt der Schock. Eine WhatsApp Voice Message.

Verdammter Mist. Wenn er genug Zeit dazu hat, solo auf sein Telefon einzureden, warum ruft er nicht einfach an? Warum schreibt er nicht? Was soll diese sinnfreie Dazwischenfunktion überhaupt?

Es gibt viele Skeptiker und Feinde der Sprachnachricht. Ihre Argumente sind: Selbst mit frisch aufgeladenem Guthaben dauert es je nach Empfangsqualität ewig, bis die Messenger-App die Audiodatei heruntergeladen hat. Wenn man sie dann endlich abspielen kann, muss man sie sich anhören. Manchmal mehrere Minuten lang. „Tippen geht doch viel schneller!“, ist der häufigste Einwand, eine Textnachricht ist flink gelesen und unkompliziert beantwortet. Und darum ging es bei diesem ganzen Social-Media-Kram doch ursprünglich mal, oder?

[…]

Seit die Audiofunktion im Jahr 2013 auf WhatsApp gelauncht wurde, sieht man immer mehr Leute in ihre Smartphones wie in ein Walkie-Talkie sprechen, weil sie den Aufnahmeknopf gedrückt halten müssen. Beschäftigen wir uns einmal mit den Vorteilen dieser von vielen so wenig geschätzten Funktion.

Es mag sein, dass es ungewohnt ist, wenn man das erste Mal eine Sprachnachricht aufnimmt. Der heutige Social Media User ist so daran gewöhnt, die Illusion von einem perfekt inszenierten Ich aufrechtzuerhalten, dass es nervös macht, die natürliche Stimme mit all ihren Äh-Pausen, Versprechern und anderen weniger hübschen Eigenarten aufzunehmen und via WhatsApp zu verewigen.

Auch private Telefonate sind seltener geworden, weil sie die bequeme Distanz, an die wir uns auf Facebook und Snapchat gewöhnt haben aufheben. Genau darin liegt aber der Reiz von Sprachnachrichten. Sie sind nicht künstlich geschönt und gefiltert, man hört das Charakteristische am Menschen am anderen Ende der digitalen Leitung heraus. Andererseits hat man immer noch ein gewisses Maß an Kontrolle: Man kann eine misslungene Sprachnachricht auch löschen und neu aufnehmen. Bei einem Telefonat geht das nicht. Und dennoch ist der Grad der Intimität weit größer als bei einem Text.

[…]

Jemand hat Geburtstag und es ist unwahrscheinlich. dass man ihn am frühen Morgen vor der Arbeit per Anruf erreichen und ihm gratulieren kann? Nichts ist charmanter als ein Happy-Birthday-Ständchen via WhatsApp. Nachts am Kotti[1], unten am Gleis der U 8, spielt endlich mal wieder diese geile Jazzband? Man nimmt das Handy heraus und richtet den Lautsprecher auf die Musiker. Dann nimmt man einen Teil der Melodie und das begeisterte Klatschen ringsherum auf und schickt es einem Freund, den man ewig nicht gesehen hat.

Auch wenn man sich seit Wochen nicht erkundigt hat, wie es ihm geht. Und was er so treibt – er weiß durch die Sprachnachricht nicht nur, dass man gerade an ihn denkt, sondern er nimmt auch an einem kleinen Alltagsmoment teil, den man in ähnlichen Situationen schon zusammen erlebt hat.

Die mangelnde Gleichzeitigkeit der Kommunikation, die bei Sprachnachrichten oft als nervig empfunden wird, ist in Wirklichkeit ihr größter Charme. Lebt der Partner, die Mutter oder die Freundin in einem anderen Land oder gar auf einem anderen Kontinent, muss man sich trotz aller Vernetztheit schließlich immer noch verabreden, wenn man Sehnsucht nach einer persönlichen Unterhaltung hat. Hört man dann endlich die Stimme des Vermissten, befindet man sich meist zu Hause in einem seltsam stillen Schlafzimmer. Man hört nichts vom Trubel der Straße, den Freunden oder der Musik im Leben des anderen. Der eine ist müde, weil es früh ist, der andere ist müde, weil es spät ist.

Schickt man sich aber gegenseitig zeitversetzte Nachrichten, in denen man das Lachen des drei Wochen alten Enkels – oder die Geräuschkulisse des Wochenmarkts aufnimmt, auf den man jeden Samstagmorgen geht, dann ist das eine viel zärtlichere und kreativere Form der Kommunikation als ein verabredeter Skype-Call. Eine WhatsApp Voice Message ist im besten Fall also ein kleines, persönliches und unverwechselbares Stück einer Person, die einem wichtig ist und der man nahe sein will.
[…]

Llanque, Morgane (28. 07. 2016): Ein Plädoyer für das Voice Messaging. Einfach loslabern. http://www.taz.de/!5321822/. 08. 02. 2018

1 Kotti: umgangssprachlich für Kottbusser Tor, einen Platz samt U-Bahnhof in Berlin Kreuzberg

Morgane Llanque ist freiberufliche Journalistin, Rezensentin und Autorin.

Material 5: Bine: Krank im Bett (2017)

Vereinfachte Version eines Transkripts einer WhatsApp-Sprachnachricht, mit der die Sprecherin Bine eine Verabredung absagt.
„Hallo, Lisa. Ähm. Ich liege seit gestern mit 'ner fetten Grippe im Bett (deutliches Atmen). Und kann deshalb leider heute Abend nicht kommen (deutliches Atmen). Hatte mich schon so gefreut auf die Pizza. Ja, und jetzt, ähm (deutliches Atmen), hat's mich voll erwischt leider, und ich glaub', ich werd' die nächsten Tage (Schniefen) noch im Bett verbringen müssen (Pause). Mh, mja, richtig fies (deutliches Atmen). Ähm, ich wünsch' euch auf jeden Fall ganz, ganz viel Spaß heut' Abend und hoffe, ihr lasst euch die Pizza schmecken (Pause), und dann hoff' ich, dass wir das bald in den Semesterferien vielleicht noch mal nachholen können (Zischen, deutliches Atmen). Wenn wir alle gesund sind und es uns gut geht (Lachen). Ähm, ja (kleine Pause), genau. […]

Bine: Krank im Bett. In: König, Katharina und Tim Moritz Hector: Zur Theatralität von WhatsApp-Sprachnachrichten. Nutzungskontexte von Audio-Postings in der mobilen Messenger-Kommunikation, S. 24 f. https://www.mediensprache.net/networx/networx-79.pdf. 08. 02. 2018

Material 6: Anna Mayr: Laber nur! (2018)

[…] Sprachnachrichten fordern den Storyteller in uns heraus. Sprachnachrichten sind Reportagen, kurze Podcasts aus dem eigenen Leben, aufgenommen als exklusiver Inhalt für eine sehr kleine Zielgruppe. Textnachrichten sind meistens nur das, was sie sind: Informationen, lieblose Push-Mitteilungen.
Man kann eine Geschichte in 30 Sekunden erzählen, in zwei Minuten, aber auch in einer Viertelstunde. Sprachnachrichten haben keine Maximallänge. Und deshalb gilt: Je länger die Sprachnachricht, desto größer ist die Liebe zum Empfänger. Es kann sein, dass ich über Wochen keinen Kontakt zu meiner besten Freundin habe – aber dann schicke ich eine 15-minütige Sprachnachricht, in der ich ausführlich meinen Tag rekapituliere; wie viele Stunden ich geschlafen habe, was es zum Frühstück gab und was das über mein Leben aussagen könnte. Alles ist wichtig.
In einer Welt, in der alles immer schneller gehen muss, sind Sprachnachrichten kleine Inseln der Stressfreiheit. Jede Nachricht hat ja ein Verfallsdatum, nach dessen Ablauf es irgendwie peinlich wird zurückzuschreiben. Bei Textnachrichten sind es ungefähr

zwölf Stunden, bis der Absender sich ignoriert fühlt. Wer eine 15-minütige Sprachnachricht schickt, erwartet aber auf keinen Fall, dass die Empfänger direkt reagieren. Lange, liebevolle Sprachnachrichten halten sich mehrere Tage. Das ist auch romantisch. Schließlich sucht der Empfänger nach einem guten, ruhigen Moment, um die Nachricht mit Sorgfalt zu hören. Ich habe noch nie einen Brief verschickt, der nicht an eine Behörde ging. Aber ich kann mir vorstellen, dass sich freundschaftliche Papierkorrespondenz in etwa so anfühlt wie eine Sprachnachrichtenbeziehung.
Vor einer Nebenwirkung übrigens muss ich ausdrücklich warnen: Seit ich fast nur noch Sprachnachrichten verschicke, nervt mich das Tippen so sehr, dass ich auf ganze Wörter verzichte. „bin weg“, textete ich einer Freundin. Ich meinte: „Ich bin auf dem Weg“. Sie sah es als Aufforderung, wieder nach Hause zu gehen. Mit solchen Rückschlägen müssen Pioniere wohl leben. […]

Mayr, Anna (26. 03. 2018): Laber nur! https://www.zeit.de/2018/13/sprachnachricht-digitale-kommunikation-zukunft-kulturtechnik/komplettansicht. 06. 09. 2018

Anna Mayr ist freie Journalistin.

Material 7: Tobias Gillen: Die Sprachnachrichten-Plage: Leute, verlernt das Schreiben nicht! (2016)

[…] Sprachnachrichten – nicht nur bei den Kids, sondern auch bei diesem einen Freund, den jeder hat – machen eine logische, in sich schlüssige Kommunikation kaum mehr möglich. Dabei darf man Sprachnachrichten nicht mit „richtigem“ Telefonieren vergleichen: Man hört sich zwar, aber der Chat-Charakter bleibt auf der gleichen Ebene (vielleicht mit weniger Smileys und dafür einem grimmigen Ausruf).
Beim klassischen Text-Chat stellt man bestenfalls eine Frage und wartet dann auf die Antwort. Das Gespräch wechselt 1:1 hin und her und ich habe von überall aus Zugriff auf diese Nachricht. Bei der Sprachnachricht hingegen wird alleine aus der Macht der Gewohnheit heraus schon mehr gesprochen. Zudem werden mehrere Fragen und Sprachnachrichten durcheinander geworfen. Wer gerade in der U-Bahn oder in einem Meeting sitzt, kann die Nachricht nicht so einfach konsumieren (es sei denn, er hält sich das Handy ans Ohr, was dann auch wieder etwas, nun, seltsam ist). Ergo kann er auch nicht so schnell antworten (es sei denn, er redet in sein Handy, was dann auch wieder etwas, nun, seltsam ist). Kurzum: Es ist einfach unpraktisch.
Kurze Nachfrage bei der Jugend und raus kommt, dass sie das Schreiben viel zu unpraktisch finden. „Dauert zu lange“, hört man. Und zu anstrengend sei es auch. Zudem bestehe beim Tippen ja die Gefahr, dass man sich verschreibe und dann Buchstaben löschen und erneut schreiben müsse. Für die SMS-Fraktion, die inzwischen übrigens auch Teil der Telefon-Fraktion geworden ist, kaum nachvollziehbar.
Die Frage ist nun, ob die Kommunikation per Sprachnachrichten unglaublich effizient oder einfach nur Ausdruck großer Faulheit ist? Klar, während ich eine Sprachnachricht aufnehme, kann ich andere Dinge erledigen, mich halbwegs sicher fortbewegen etwa. Aber ich werde eben auch gezwungen, gerade bei längeren Nachrichten, ständig am Ball zu bleiben. Während ich eine Nachricht in 30 Sekunden lesen kann, brauche ich für das Audio über das Doppelte der Zeit (ja, ich habe das ausprobiert und ja, ich

musste das wissen). Bei Nachrichten, die teils an die 5 Minuten und drüber gehen, kann man sich den Zeitverlust nun ungefähr ausrechnen. […]

Tobias Gillen (24. 03. 2016): Die Sprachnachrichten-Plage: Leute, verlernt das Schreiben nicht! https://www.basicthinking.de/blog/2016/03/24/sprachnachrichten/. 06. 09. 2018

Tobias Gillen ist Unternehmer und Journalist.

Sprachliche Fehler in Textvorlagen wurden entsprechend der geltenden Norm korrigiert.

Arbeitsanweisung:

An Ihrer Schule wird eine Projektwoche zum Thema „Kommunikation im 21. Jahrhundert“ stattfinden.

Verfassen Sie einen Kommentar für ein Begleitheft zur Projektwoche, der sich an die Schüler-, Lehrer- und Elternschaft richtet.

Setzen Sie sich in Ihrem Kommentar mit der Frage auseinander, ob die Verwendung von Sprachnachrichten in Messengerdiensten einen Gewinn für die digitale Alltagskommunikation darstellt.

Nutzen Sie dazu die folgenden Materialien (M 1 – M 7) und beziehen Sie unterrichtliches Wissen über Kommunikationsmodelle sowie Merkmale von Mündlichkeit und Schriftlichkeit ein. Formulieren Sie eine geeignete Überschrift.

Zitate aus den Materialien werden dem Stil eines Kommentars entsprechend ohne Zeilenangaben unter Nennung der Autorin/des Autors und ggf. des Titels angeführt.

Ihr Kommentar sollte etwa 1 000 Wörter umfassen.

Lösungsvorschlag

Die in der Aufgabenstellung verlangte Textform des Kommentars ist ein ***meinungsbildender, journalistischer Text****, in dem sich der Autor sachlich, mitunter in einem polemischen bis aggressiven Ton mit einer Frage bzw. einem Sachverhalt auseinandersetzt. Der Kommentar ist im weitesten Sinne mit der Erörterung verwandt. Allerdings muss hier keine derartig stringente Abfolge von Behauptung–Begründung–Beispiel erfolgen und die eigene Meinung soll stärker herausgestellt werden.*
Zunächst sollten Sie die zugrundeliegenden ***Materialien umfassend sichten*** *und sich dann* ***für einen Standpunkt entscheiden****, die in der Aufgabenstellung formulierte Frage – Sind Sprachnachrichten ein Gewinn für die digitale Kommunikation? – also mit Ja oder Nein beantworten. Sie können zwischen einem einsträngigen und einem mehrsträngigen Kommentar wählen. Bei einem* ***einsträngigen Kommentar*** *führen Sie die Argumente, die für Ihren eigenen Standpunkt sprechen, in steigernder Reihenfolge aus. Beim* ***mehrsträngigen Kommentar*** *formulieren Sie Argumente und Gegenargumente, entweder wechselseitig oder in Blockbildung.*
Sie sollten den Kommentar mit einem ***interessanten Einstieg*** *beginnen, der die Leserinnen und Leser animiert, Ihre Ausführungen zu lesen. Es empfiehlt sich, im Hauptteil* ***verschiedene Argumenttypen*** *zu verwenden, um die Plausibilität Ihrer Darlegungen zu erhöhen – z. B. Erfahrungs-, Fakten-, Autoritätsargumente oder analogisierende, logische oder normative Argumente. Sie sollten auch Wert auf die* ***sprachliche Gestaltung*** *legen: Schreiben Sie sachlich und präzise, Sie dürfen zur Verdeutlichung Ihrer Meinung aber auch Stilmittel verwenden und provokante Pointen anbringen. Formulieren Sie am Ende ein* ***aussagekräftiges Fazit****, ohne dabei nur Ihre Argumente zu wiederholen.*

Tippen ist Silber, Reden ist Gold

Überschrift

Ich bin jung, dynamisch, auf diversen Social-Media-Plattformen aktiv und habe viele **Freunde und Bekannte quer über die Welt verteilt**, mit denen ich gerne im Austausch stehe. Wie mache ich das? Ich schreibe E-Mails, WhatsApp-Nachrichten, selten eine SMS, und sende viele Sprachnachrichten. Ich finde es herrlich, meinen Mitmenschen persönliche Nachrichten aufzusprechen. Das kann ich genau dann machen, wann ich will. Eine Telefonverabredung ist dazu nicht nötig. Ich kann meine Emotionen, Gedanken, Witze und Anekdoten **genau in dem für mich richtigen Moment teilen**.

Einleitung:
Bezug zur eigenen Lebenswelt

Doch manchmal mutet das Versenden von Sprachnachrichten wie das **Führen von Selbstgesprächen** an, die Kommunikation verläuft dann eher holprig als zielführend. Was geschieht hier mit der Alltagskommunikation? Sind Sprachnachrichten tatsächlich der große Gewinn, der sie auf den ersten Blick zu sein scheinen?

Überleitung:

Eine repräsentative Studie hat herausgefunden, dass mehr als jeder Zweite Sprachnachrichten versendet (55 %). Die Studie wurde 2018 durchgeführt, weshalb davon auszugehen ist, dass **im Jahr 2020**

Hauptteil:
Gewinn durch Sprachnachrichten:

noch mehr Sprachnachrichten produziert werden. Dabei ist auffällig, dass in der Altersgruppe der 14- bis 29-jährigen 73 % Sprachnachrichten versenden, in der Altersgruppe der 30- bis 64-jährigen waren es immerhin 50 %. Diese **hohe Nutzungszahlen** machen deutlich: Sprachnachrichten sind **in der Alltagskommunikation unserer Gesellschaft angekommen**.

Bezug zu M 1

Dass so viele Menschen Sprachnachrichten nutzen, bedeutet eine Erleichterung im Alltag. Es ist möglich, miteinander umfangreichere Themen **schnell und ohne Zeitverlust** zu übertragen (vgl. Mayr: *Laber nur!*, 2018). Man stelle sich nur vor, dass man vom letzten schönen Urlaub berichten möchte: Der Text müsste sehr lang sein, um alle Informationen schriftlich übermitteln zu können. Oft schreibt man diese Nachrichten **nur halbherzig zwischendurch** und nimmt sich dafür nicht die Zeit, die das Gegenüber eigentlich verdient hätte. Bei Sprachnachrichten hingegen kann man der **Stimme des besten Freundes oder der Urlaubsbekanntschaft lauschen**, wenn er oder sie sich dann über mehrere Minuten Zeit genommen hat, um eine witzige oder umfangreiche Nachricht aufzusprechen. Man kann diese Nachricht dann wie einen kleinen Podcast genießen.

Bezug zu M 6

schnelle Übermittlung umfangreicher Informationen

Es besteht auch **kein Zeitdruck**, eine Sprachnachricht sofort zu beantworten. Niemand erwartet, dass man binnen weniger Stunden eine Sprachnachricht beantwortet. Man hat dadurch die Zeit, Themen genau zu überdenken und zu planen. Nicht nur Gefühle können in einer Sprachnachricht besser transportiert werden als in geschriebenen Worten, auch die **sprachlichen Eigenheiten** einer Person – z. B. die Stimme und der Dialekt – werden erkennbar. Dadurch lernt man den Menschen noch besser kennen.

größerer zeitlicher Spielraum

Auch die **Beziehungsebene** kann man **durch Sprachnachrichten stärken**. Beim direkten Kontakt ist man manchmal zu schüchtern, um gewisse Themen anzusprechen, oder man traut sich nicht, dem anderen in die Augen zu blicken und seine Meinung zu sagen. Mit einer Sprachnachricht kann man die persönliche Meinung oder intime Gedanken äußern, ohne sich Sorgen über die unmittelbare Reaktion machen zu müssen – das Gegenüber ist schließlich nicht am selben Ort wie man selbst und kann nicht unmittelbar reagieren. Das kann zu **mehr Ehrlichkeit in der Kommunikation** führen.

Förderung eines ehrlichen Austausches

In vielen Fällen stellen Sprachnachrichten die einzige Möglichkeit dar, mit einer Person in sprachlichen Austausch zu treten. Denn nicht selten befinden sich Freunde, Bekannte oder Familienmitglieder in verschiedenen Städten, Ländern oder gar auf anderen Kontinenten. **Unterschiedliche Zeitzonen oder räumliche Trennungen** können mit Sprachnachrichten überwunden werden (vgl. Mayr). Ist demnach

keine räumlichen oder zeitlichen Einschränkungen

Bezug zu M 6

eine umfangreiche Sprachnachricht in der heutigen Zeit nicht ebenso wertvoll **wie ein handgeschriebener Brief aus früheren Zeiten?**

Nun gut, das scheint wirklich etwas weit hergeholt zu sein. Audionachrichten ermöglichen zwar, dass man **immer und überall wichtige Informationen** oder eben nur lustige Sinnlosigkeiten per Stimme verschicken kann. Aber oft fabuliert der Sender über mehrere Minuten hinweg Unwichtiges, bevor er zum Hauptanliegen der Nachricht gelangt. Sprachnachrichten **verleiten zu Laberanfällen**, könnte man überspitzt sagen. Und das ist nicht der einzige Nachteil.

Nachteile von Sprachnachrichten:

Es entsteht ein hoher Zeitaufwand bei der Produktion und Rezeption von Audionachrichten. Die Aufnahme einer solchen Nachricht dauert häufig mehrere Minuten, das Anhören natürlich ebenso lange – das Lesen eines geschriebenen Textes hingegen geht vergleichsweise schnell vonstatten. Das Aufnehmen einer Antwort nimmt dann genauso viel Zeit in Anspruch. Und nur durch dieses **zeitaufwendige Vorgehen** kann die Kommunikationsschleife aufrechterhalten werden (vgl. König / Hector: *Zur Theatralität von WhatsApp-Sprachnachrichten*, 2017).

Dauer des Einsprechens und Abhörens

Bezug zu M 2

Problematisch wird es, wenn der Absender eine schnelle Rückmeldung benötigt und der Empfänger sich mit seiner Antwort Zeit lässt. Oft muss der Empfänger das **Abhören auf einen späteren Zeitpunkt verlagern**, da er sich z. B. in Gesellschaft befindet und diese nicht zur ungewollten Mithörerschaft machen will. Der Absender der Nachricht kann sich **durch das Ausbleiben einer sofortigen Antwort gekränkt fühlen** und es kann zu Missverständnissen kommen.

Konfliktpotenzial durch verzögerte Antworten

Außerdem nehmen Sprachnachrichten **Unmengen an Datenvolumen** in Anspruch, wenn man nicht gerade Zugriff auf ein WLAN hat. Allein für den Download und das Abspeichern einer Sprachnachricht ist viel Datenkapazität und Speicherplatz nötig (vgl. König / Hector). Und je länger die Nachricht ist, desto mehr Datenvolumen wird bei der Übertragung benötigt, was schlussendlich auch zur einer **Kostenfrage** werden kann.

Verbrauch von Daten und Speicherplatz

Bezug zu M 2

Ferner verhindert die „**Zerdehnung der Sprechsituation**" einen spontanen und synchronen Gedankenaustausch. Diesen synchronen Austausch ermöglicht nur ein Telefonat oder eine persönliche Konversation. Ein Chat stellt eine quasi-synchrone Kommunikation dar, wohingegen das Versenden von Sprachnachrichten, das Aufsprechen von Nachrichten auf einen Anrufbeantworter, das Verfassen von SMS oder anderen schriftlichen Nachrichten die asynchrone Kommunikation darstellen (vgl. Dürscheid: *Medienkommunikation im Kontinuum von Mündlichkeit und Schriftlichkeit*, 2003). **Durch diese Asynchronität kann Kommunikation auch misslingen**, da

Folgen einer asynchronen Kommunikation

Bezug zu M 3

der Empfänger z. B. nicht sofort nachfragen kann, wie er eine bestimmte, möglichweise uneindeutige Äußerung zu verstehen hat (vgl. Gillen: *Die Sprachnachrichten-Plage*, 2016).

Bezug zu M 7

Je mehr die Kommunikation in einzelnen Situationen misslingen kann, desto mehr kann sie auch per se verarmen. Denn es geht in der Kommunikation nicht nur um den Austausch von Informationen, sondern auch um das **Aufrechterhalten einer Verbindung zwischen zwei Menschen**. Bei Jakobson wird dieser Aspekt als die **phatische Funktion** und bei Schulz von Thun als die **Beziehungsseite** definiert. Diese ist gestört oder kann sogar vollständig abhandenkommen, wenn über Sprachnachrichten kommuniziert wird.

Verarmung der zwischenmenschlichen Bindungen

Mimik, Gestik, Berührungen, Augenkontakt – all **diese menschlichen Regungen** sind bei der Kommunikation über Sprachnachrichten **nicht möglich bzw. nicht wahrnehmbar**. Nur über die Stimme lassen sich Gefühlsregungen ausdrücken. Oft sieht man Menschen auf der Straße hin- und herhetzen, das Handy wie ein Walkie-Talkie vor dem Mund platziert und vor sich hinredend. Ist auch der Rezipient von Straßenlärm oder anderen Geräuschen umgeben, ist die **Kommunikation doppelt erschwert**. Die Vermittlung bzw. das Decodieren von Gefühlen kann unter solchen Umständen nicht funktionieren.

Beeinträchtigung durch Stress und Geräuschkulisse

Es ist außerdem **verlockend, unangenehme Themen in Sprachnachrichten zu verpacken**, um so einer direkten Auseinandersetzung aus dem Weg zu gehen. Man kann problematische Gedanken aussprechen, die Antwort des Gegenübers kann man später oder auch nie abhören (vgl. Bine: *Krank im Bett*, 2017). Wie leicht lässt sich eine ungeliebte Einladung kurz per Sprachnachricht absagen? Möglichst im lauten Straßenverkehr und gehetzt klingend, ist es wesentlich einfacher, ein gewisses Stresslevel darzustellen als zu Hause gemütlich am Telefon. Durch diese **Unverbindlichkeit von Sprachnachrichten** besteht die Gefahr, dass das Verhältnis zu unseren Mitmenschen massiven Schaden erleidet.

unverbindlicher Charakter von Sprachnachrichten

Bezug zu M 5

Auch ich ertappe mich häufig dabei, dass ich Sprachnachrichten mehrere Male aufnehme, weil ich **mit der Qualität unzufrieden** bin oder **die wichtigsten Aspekte vergessen** habe. Und wenn ich nicht binnen weniger Stunden auf Sprachnachrichten reagiere, habe ich deren Inhalt längst wieder vergessen, erzähle dann irgendetwas Belangloses oder höre die langen Nachrichten erneut ab. Ob sich mein **Kommunikationsverhalten verschlechtert** hat, kann ich schwer beurteilen, doch es hat sich verändert – ich bin **zaghafter geworden, Menschen anzurufen** und auch ans Telefon zu gehen, denn ich schicke lieber eine unverfängliche Sprachnachricht.

Fazit:

Rückbezug zu eigenen Erfahrungen

Bewusstsein für verändertes Kommunikationsverhalten

Grundkurs Deutsch (Sachsen): Abiturprüfung 2021
Aufgabe 1: Interpretation lyrischer Texte

Hermann Hesse (1877–1962): Frühling (1907)

Es fahren leise junge Wolken durchs Blaue,
Kinder singen und Blumen lachen im Gras;
Meine müden Augen, wohin ich schaue,
Wollen vergessen, was ich in Büchern las.

Wahrlich alles Schwere, das ich gelesen,
Stäubt hinweg und war nur ein Winterwahn,
Meine Augen schauen erfrischt und genesen
Eine neue, erquellende Schöpfung an.

Aber was mir im eigenen Herzen geschrieben
Von der Vergänglichkeit aller Schöne steht,
Ist von Frühling zu Frühling stehen geblieben,
Wird von keinem Winde mehr weggeweht.

Aus: Hesse, Hermann: Die Gedichte 1892–1962. Hg. von Volker Michels. Frankfurt a. M.: Suhrkamp Verlag 1977, S. 246.

Heinrich Heine (1797–1856): Unterm weißen Baume sitzend (1830)

Unterm weißen Baume sitzend,
Hörst du fern die Winde schrillen,
Siehst, wie oben stumme Wolken
Sich in Nebeldecken hüllen:

Siehst, wie unten ausgestorben
Wald und Flur, wie kahl geschoren; –
Um dich Winter, in dir Winter,
Und dein Herz ist eingefroren.

Plötzlich fallen auf dich nieder
Weiße Flocken, und verdrossen
Meinst du schon, mit Schneegestöber
Hab der Baum dich übergossen.

Doch es ist kein Schneegestöber,
Merkst es bald mit freud'gem Schrecken:
Duft'ge Frühlingsblüten sind es,
Die dich necken und bedecken.

Welch ein schauersüßer Zauber!
Winter wandelt sich in Maie,
Schnee verwandelt sich in Blüten,
Und dein Herz, es liebt aufs neue.

Aus: Nationale Forschungs- und Gedenkstätten der klassischen Literatur in Weimar (Hg.): Heines Werke in fünf Bänden. Erster Band. Gedichte. Berlin und Weimar: Aufbau-Verlag 1964, S. 123 f.

Arbeitsanweisung:

Interpretieren Sie das Gedicht von Hermann Hesse.

Vergleichen Sie die Gestaltung des Frühlingsmotivs in den Gedichten von Hermann Hesse und Heinrich Heine.

Der Schwerpunkt der Aufgabe liegt auf der Interpretation des Gedichts von Hermann Hesse.

Lösungsvorschlag

Wenn Sie sich für die diese Aufgabe entscheiden, müssen Sie wissen, wie Gedichte interpretiert werden. Bearbeiten Sie zuerst das Gedicht von Hermann Hesse, indem Sie zunächst dessen ***Aufbau und Inhalt*** *analysieren. Anschließend sollten Sie in den Blick nehmen, wie die* ***formale und sprachliche Textgestaltung*** *die Gedichtaussage stützt. Achten Sie hier darauf,* ***rhetorische Mittel stets in ihrer Funktion*** *zu betrachten, ein Aufzählen sprachlicher Besonderheiten genügt nicht. Ausgehend von einer Gesamtdeutung vergleichen Sie das Hesse-Gedicht nun mit dem von Heinrich Heine, zeigen Sie also* ***Gemeinsamkeiten und Unterschiede*** *auf. Orientieren Sie sich dabei an der Aufgabenstellung, die von Ihnen verlangt, die jeweilige* ***Gestaltung des Frühlingsmotivs*** *in den Fokus zu rücken. Beziehen Sie neben inhaltlichen Aspekten ebenfalls sprachliche und formale Aspekte in Ihre Überlegungen mit ein. Den Schluss sollte ein Resümee bilden, in dem Sie Ihre Erkenntnisse nochmals klar herausstellen und zusammenfassen.*

Einleitung
Hinführung zu Hesses Gedicht

Der Titel des Gedichts von Hermann Hesse *Frühling* schafft beim Leser eine positive Erwartungshaltung, denn das Frühjahr steht **symbolisch für Frische, Erwachen und Neuanfang**. Beim genaueren Lesen stellt man fest, dass Hesse in seinem Gedicht aus dem Jahr 1907 die Bedeutung des Frühlings für das lyrische Ich thematisiert. Die Jahreszeit wird zum **Anlass für eine Selbstreflexion** und löst verschiedene Empfindungen aus, wie Hoffnung und Sorge.

Interpretation
Inhalt von *Frühling*

In der ersten Strophe werden **zunächst Leichtigkeit und Freude in der erwachenden Natur** geschildert. Das lyrische Ich wünscht sich, schwere Gedanken und das, was es „in Büchern las" (V. 4), vergessen zu können. Die vorübergehende Erfüllung dieses Wunsches zeigt sich in der folgenden Strophe. Hier spürt das lyrische Ich Kraft sowie Erholung durch den Frühling, alle Schwermut ist verschwunden. Abschließend formuliert das lyrische Ich, dass es sich der „**Vergänglichkeit aller Schöne**" (V. 10) bewusst ist, trotz der glücklichen Momente, die es im Frühling erlebt.

Aufbau und Form

Das Gedicht ist regelmäßig aufgebaut. Es besteht aus drei Strophen, die jeweils vier Verse umfassen und durchgehend im Kreuzreim geschrieben sind. Weibliche Kadenzen wechseln mit männlichen. Dies spiegelt eine gewisse Struktur und gedankliche Klarheit wider. Im Gegensatz dazu verdeutlicht das freie Metrum die ungebundenen Gedanken des lyrischen Ichs.

positive Wahrnehmung des Frühlings

Im **Selbstgespräch** reflektiert das lyrische Ich verschiedene Empfindungen im Angesicht des Frühlings, der von ihm durchweg positiv wahrgenommen wird. Das zeigt sich schon zu Beginn des Gedichts durch die Verwendung des Bewegungsverbs „fahren" (V. 1) sowie der Verben „singen“ und „lachen“ (V. 2), welche zusammen mit Personifikationen der Wolken (vgl. V. 1) und der Blumen (vgl. V. 2) ein **lebendiges und fröhliches Geschehen** beschreiben. Die Sinnesbereiche des Hörens und Sehens werden angesprochen: „Kinder singen und Blumen lachen“ (V. 2), „Wolken [ziehen] durchs Blaue“ (V. 1). Auch wenn nur eine Farbe konkret benannt wird, erschließen sich weitere durch die entsprechenden Substantive: So sind Wolken weiß, Blumen bunt und das Gras ist grün. „Kinder“ (V. 2) und „junge Wolken“ (V. 1) verweisen hierbei auf etwas Unberührtes, **Unbeschwertes bzw. Neues**. In der zweiten Strophe erfährt diese Wahrnehmung noch eine Steigerung, denn der Frühling wird als „neue, erquellende Schöpfung“ (V. 8) bezeichnet, womit das lyrische Ich sein Erleben als eine **naturreligiöse Erfahrung** beschreibt.

Symbolik des geschilderten Szenarios

Im Kontrast zur positiven Darstellung der Jahreszeit formuliert das lyrische Ich seine eigenen Befindlichkeiten. Seine „müden Augen“ (V. 3) stehen pars pro toto für eine gewisse **Melancholie und Erschöpfung des Sprechers**. Durch diese Augen hat sich das lyrische Ich Wissen aus „Büchern“ (V. 4) angelesen. Den Inhalt seiner Lektüre bezeichnet das lyrische Ich als „schwer“ (vgl. V. 5) und als „Winterwahn“ (V. 6) und verdeutlicht damit, dass seine bisherige Aneignung der Welt theoretisch und nicht naturnah war und vielleicht sogar krank macht. Die **Augen als Spiegel der Seele**, die anfangs noch müde vom Lesen sind (vgl. V. 3 f.), werden durch den Anblick der erwachenden Natur „erfrischt und genesen“ (V. 7). Dies zeigt auch die neue Energie, die das lyrische Ich durchströmt. Schließlich thematisiert es seine Erfahrungen, die ihren Weg ins eigene Herz (vgl. V. 9) gefunden haben. Hierbei zeigt die Herz-Metapher die **Tiefe der Erkenntnisse und Erfahrungen**, die „von keinem Winde mehr weggeweht“ (V. 12) werden können, sie sind vertraut und beständig.

Kontrast: Gemütszustand des lyrischen Ichs

Reaktion des lyrischen Ichs auf den Frühling

Das lyrische Ich distanziert sich abschließend von der Leichtigkeit des Frühlings und stellt auch dessen Einzigartigkeit infrage, indem es den Aspekt der **Vergänglichkeit** thematisiert (vgl. V. 10) und dabei auch den Frühling miteinbezieht („von Frühling zu Frühling“, V. 11). Die entgegenstellende Konjunktion „Aber“ (V. 9) zu Beginn der letzten Strophe hebt den Gegensatz zwischen der Welt des lyrischen Ichs, die durch theoretische Wissensaneignung gekennzeichnet ist, und der erwachenden und sich ständig verändernden Natur hervor. Es ist ein **ambivalentes Verhältnis von Hoffnung und Resignation**, das im letzten Vers benannt wird.

trotz Frühling: Einsicht in Vergänglichkeit

Zusammenfassend kann man feststellen, dass der Frühling im gleichnamigen Gedicht von Hermann Hesse – so wie es der Leser erwartet – symbolisch für das Erwachen der Natur und ein neues Beginnen

Fazit zu Hesses *Frühling*

steht. Für das lyrische Ich wird das Frühjahr zum **Sinnbild der Sehnsucht nach einem unbeschwerten und freien Leben**, wobei es gleichzeitig bemerkt, dass es sich nicht vorbehaltlos dieser Aufbruchsstimmung hingeben kann. Zum einen weiß es um die „Vergänglichkeit aller Schöne" (V. 10) und zum anderen ist dem lyrischen Ich bewusst, dass sich der Mensch durch seine Art der Weltaneignung – hier exemplarisch durch das Lesen von Büchern – von der Natur entfernt hat und diese nur noch aus einer gewissen Distanz wahrnimmt.

implizite Kritik an Naturferne der Menschen

Auch Heinrich Heine thematisiert in seinem Gedicht *Unterm weißen Baume sitzend* aus dem Jahr 1830 den Frühling. Ähnlich wie bei Hesse steht das Frühjahr auch hier für den Beginn von etwas Neuem und wird positiv beschrieben, im Gegensatz dazu zeichnet Heine einen kalten Winter. **Beide Jahreszeiten werden im Gedicht zu Symbolen menschlicher Gemütszustände**. Beobachtet das lyrische Ich im Hesse-Gedicht die Natur, so erlebt das lyrische Subjekt bei Heine die Natur stärker.

Vergleich mit Heine-Gedicht

Beide Male wechseln die Stimmungen. Im ersten Gedicht entwickelt sich aus einer positiven Stimmung eine ambivalente reflektierte Wahrnehmung, im zweiten wird eine **traurige, depressive Gestimmtheit abgelöst von einer freudigen, fast euphorischen**. Eine Reflexion wie bei Hesse findet im Heine-Gedicht nicht statt, dagegen stehen **Emotionen des lyrischen Subjekts im Fokus**. Am Ende wird hier das persönliche Erlebnis eines Einzelnen beschrieben, wohingegen bei Hesse das lyrische Ich Erkenntnisse formuliert, die über das individuelle Erleben hinausgehen. Die Sehnsucht des lyrischen Ichs, nämlich schwermütige Gedanken endgültig verdrängen zu können, erfüllt sich nicht. Bei Heine aber wird die **Sehnsucht am Ende des Gedichts recht unerwartet erfüllt**.

Veränderungen der Stimmung bei Sprechern

emotionales Erlebnis bei Heine

Das Frühlingsmotiv wird in beiden Gedichten unterschiedlich gestaltet. In Hesses Gedicht findet ein Selbstgespräch des lyrischen Ichs statt. Bei Heine gibt es zwar auch eine Art Gespräch, durch die Verwendung der zweiten Person Singular wird der Leser jedoch **direkt angesprochen** und hat die **Möglichkeit, sich mit dem Erlebten zu identifizieren**. Im zweiten Gedicht werden stets konkrete Naturbilder, z. B. „Schneegestöber" (V. 11), „Frühlingsblüten" (V. 15) benannt, die auf die Gefühlswelt des lyrischen Subjekts hinweisen. So meint es metaphorisch, dass das **Herz zunächst eingefroren** sei (vgl. V. 8) und schließlich aufs Neue lieben würde (vgl. V. 20). Bei Hesse verbinden sich greifbare mit abstrakten Bildern, wodurch sich eine gedankliche Tiefe ergibt und ein gesamtes Lebensgefühl thematisiert wird. So wird der Frühling anschaulich beschrieben (vgl. V. 1 f.). Im Gegensatz dazu umschreibt das lyrische Ich seine innere

Gestaltung des Frühlingsmotivs

Herz-Metapher

Befindlichkeit metaphorisch, z. B. „Winterwahn" (V. 6) oder „im eigenen Herzen geschrieben" (V. 9). Personifizierungen verdeutlichen in beiden Texten die **Lebendigkeit der Natur im Frühling**. Bei Heine z. B. hüllen sich Wolken in Nebeldecken (vgl. V. 3 f.) und Frühlingsblüten necken (vgl. V. 15 f.) das lyrische Subjekt.

formale Gestaltung der beiden Gedichte

Beide Gedichte sind regelmäßig aufgebaut, wobei Hesse freie Metren verwendet. Heine bedient sich durchgängig des Trochäus, verzichtet aber auf ein festes Reimschema. Diese kleinen Abweichungen zeigen ein Gefühl der Unvollkommenheit. Im ersten Gedicht gelingt keine vorbehaltlose Hingabe an die Natur, im zweiten dominiert schließlich die **freudige Überraschung** nach einer Fehldeutung des „Schneegestöber[s]" (V. 13).

Fazit

Obwohl in beiden Gedichten der Frühling symbolisch für das Erwachen steht, wird dieser doch durch den jeweiligen Sprecher im Gedicht unterschiedlich wahrgenommen. Hesse lässt sein sehr erwachsen wirkendes lyrisches Ich reflektiert und teilweise rational mit dem Beobachteten umgehen. Bei Heine liegt das Augenmerk auf Gefühlen, die durch das spontane Naturerleben ausgelöst werden, das lyrische Subjekt wirkt jugendlich und erwartungsfroh. Beide Autoren spielen mit traditionellen Formen sowie vorgeprägten Bildern. Dabei enden beide Gedichte mit überraschenden Wendungen, das eine negativ-melancholisch, das andere positiv-freudig.

Grundkurs Deutsch (Sachsen): Abiturprüfung 2021
Aufgabe 2: Literarische Erörterung

Katharina Döderlein[1]: Die Diskrepanz zwischen Recht und Rechtsgefühl in der Literatur (2017)

„[…] Oft genug belässt es die Literatur dabei, die Bruchstellen zwischen dem geltenden Recht und dem individuellen oder kollektiven Rechtsgefühl in einer verhängnisvollen Schicksalsgeschichte aufzuzeigen, ohne am Ende einen versöhnlichen Ausweg aus den häufig dilemmatischen Situationen zu weisen. […]"

Aus: Döderlein, Katharina: Die Diskrepanz zwischen Recht und Rechtsgefühl in der Literatur. Würzburg: Verlag Königshausen & Neumann 2017, S. 15.

1 Katharina Döderlein: Studium der Germanistik und Romanistik in Heidelberg und Paris, Promotion zum Dr. phil. – Die vorliegende Aussage entstammt ihrer Dissertation. (Ihr Geburtsjahr ist nicht veröffentlicht.)

Figurenverzeichnisse:

Euripides: Medea

Medea	Königstochter aus Kolchis und Enkelin des Sonnengottes Helios
Amme Medeas und ihrer Kinder	
Erzieher der Kinder	
Chor der Frauen (Korintherinnen)	
Kreon	König von Korinth
Iason	Ehemann Medeas
Aigeus	König von Athen
Bote	
Kinder von Medea und Iason	

Christoph Hein: In seiner frühen Kindheit ein Garten

Dr. Richard Zurek	pensionierter Lehrer und Gymnasialdirektor
Friederike Zurek	Ehefrau von Richard Zurek
Oliver Zurek	ältester Sohn, beim Einsatz der GSG 9 erschossen
Heiner Zurek	jüngerer Sohn, Programmierer in eigener Firma
Christin, geb. Zurek	Tochter, Lehrerin (Beamtin)
Katharina Blumenschläger	Olivers Lebensgefährtin

Kobelius	Gymnasialdirektor, Nachfolger Richard Zureks
Immenfeld	alter Freund Richard Zureks
Feuchtenberger	Anwalt von Richard Zurek

Juli Zeh: Corpus Delicti

Mia Holl	Biologin
Moritz Holl	Mias verstorbener Bruder
Die ideale Geliebte	virtuelle Mitbewohnerin Mias
Dr. Lutz Rosentreter	Rechtsanwalt, Pflichtverteidiger Mias
Heinrich Kramer	Publizist und Ideologe, Erfinder der METHODE
Würmer	Moderator der Talkshow „Was alle denken"
Sophie Stock	Richterin
Hutschneider	Sophies Nachfolger
Bell	Staatsanwalt
Lizzi, Driss, Pollsche	Bewohnerinnen des Wächterhauses

Friedrich Dürrenmatt: Der Besuch der alten Dame

Claire Zachanassian	Multimillionärin, ehemals Klara Wäscher
Boby	ihr Butler, ehemals Oberrichter in Güllen
Roby, Toby	ihre Diener (z. B. Sänftenträger)
Koby, Loby	ihre Diener, blind, kastriert
Moby, Hoby, Zoby	ihre Ehemänner VII bis IX
Alfred Ill	Kramladenbesitzer
Der Bürgermeister	
Der Pfarrer	
Der Lehrer	
Der Arzt	
Der Polizist	

Arbeitsanweisung:

Erörtern Sie die Aussage von Katharina Döderlein an zwei Werken aus der Pflichtlektüre der gymnasialen Oberstufe.

Lösungsvorschlag

Bevor Sie mit der geforderten Erörterung beginnen, verdeutlichen Sie sich als Erstes genau, was das ***Zitat von Katharina Döderlein*** *zum Ausdruck bringt. Formulieren Sie dazu die Aussage kurz mit Ihren eigenen Worten. Der zweite wichtige Aspekt zur Bewältigung der Aufgabe ist, dass Sie mindestens zwei Werke, die Sie in der 11. bzw. 12. Klassenstufe gelesen haben, sehr gut kennen. Sie müssen über deren* ***Inhalt, Handlungsverlauf sowie Problemstellungen*** *Bescheid wissen. Wählen Sie zwei der angegebenen Pflichtlektüren und untersuchen Sie, inwieweit Döderleins Aussage auf diese Werke zutrifft. Sie müssen herausstellen, wo im Werk die „**Bruchstelle**" anzufinden ist, von der Döderlein spricht. Überprüfen Sie dann, ob der jeweilige Autor bzw. die jeweilige Autorin einen* ***Lösungsvorschlag für diesen Konflikt*** *unterbreitet oder nicht – wie es im Zitat behauptet wird. Abschließend sollten Sie ein Fazit formulieren, indem Sie z. B. die* ***mögliche Wirkung der fehlenden Lösungen auf den Leser*** *beschreiben oder auch die Frage nach der Funktion von Literatur in Ihre Überlegungen einfließen lassen. Im nachfolgenden Lösungsvorschlag werden Ausführungen zu allen vier aufgeführten Werken gemacht, um Ihnen mögliche Bearbeitungsansätze aufzuzeigen.*

Einleitung

Das vorliegende Zitat stammt aus dem Werk *Die Diskrepanz zwischen Recht und Rechtsgefühl in der Literatur*, das 2017 veröffentlicht wurde und schon mit seinem Titel das zentrale Thema benennt.

Bezug zu Zitat von Döderlein

Katharina Döderlein formuliert, dass in der Literatur **Unstimmigkeiten zwischen dem geltenden Recht und dem Rechtsgefühl Einzelner bzw. von Gruppen** bestünden. Des Weiteren behauptet sie, dass in literarischen Werken häufig zwar solche „Bruchstellen" im Zusammenhang mit „einer verhängnisvollen Schicksalsgeschichte" dargestellt, aber **keine Lösungsansätze** aufgezeigt würden.

Überleitung

Dass die Behauptung Döderleins, es gebe „Bruchstellen zwischen dem geltenden Recht und dem individuellen oder kollektiven Rechtsgefühl", zutrifft, kann an verschiedenen Beispielen aus der Literatur nachgewiesen werden.

Erörterung

Juli Zeh: *Corpus Delicti*

Juli Zeh beschreibt in ihrem 2009 veröffentlichten dystopischen Roman *Corpus Delicti* das Bild einer Gesellschaft im 21. Jahrhundert, in der die Bevölkerung vollständig durch ein totalitäres System, genannt die METHODE, überwacht und **zu einem gesundheitsbewussten Leben gezwungen** wird. Mia Holl, die Protagonistin des Romans, hinterfragt anfangs die bestehenden Regeln und die damit verbundenen persönlichen Einschränkungen nicht, sie lebt systemkonform.

Mias Entwicklung zur Systemgegnerin

Erst als ihr Bruder Moritz, ein **Freigeist und Gegner des Systems**, zu Unrecht des Mordes beschuldigt wird, beginnt Mia, am System zu zweifeln. Nachdem bewiesen wurde, dass Moritz kein Mörder war, entwickelt Mia sich schließlich zur METHODEN-Gegnerin. Die „Bruchstelle zwischen geltendem Recht und individuellem Rechtsgefühl" ist hier ein persönlicher Schicksalsschlag. Es stellt sich heraus, dass der Prozess gegen Moritz Holl mit einem Fehlurteil endete. Da dieser **Justizirrtum** jedoch offiziell nicht thematisiert und Moritz nicht rehabilitiert wird – das herrschende System soll als unfehlbar dargestellt werden –, kommt es zur Diskrepanz zwischen Mias Rechtsempfinden und den geltenden Rechtsnormen.

Vertuschung des Justizirrtums

Im Romanverlauf wird eine „verhängnisvolle Schicksalsgeschichte" beschrieben. Mia Holl trauert um ihren Bruder, der sich im Gefängnis selbst das Leben nahm und dies als letzten freiheitlichen Akt innerhalb einer Diktatur bezeichnete. Weil sie deshalb ihre Pflichten vernachlässigt (regelmäßiges Melden von Gesundheitswerten und kontinuierliches Sporttreiben), kommt **Mia in Konflikt mit der METHODE**. Ihr ist es nicht gestattet, sich intensiv mit dem Tod ihres Bruders auseinanderzusetzen oder angemessen zu trauern.

Mia im Visier der METHODE

Mia beginnt, **angetrieben durch die ideale Geliebte** – eine fiktive Figur, die Mia von ihrem Bruder kurz vor seinem Tod übergeben wurde und die seine Überzeugungen verkörpert –, das herrschende System zu hinterfragen. Deshalb wird schließlich ein Schauprozess gegen sie angestrengt und **Mia als Staatsfeindin verurteilt**. Sie soll mit dem Tod durch Einfrieren bestraft werden, wird aber kurz vor Vollstreckung des Urteils begnadigt und in eine Resozialisierungsanstalt geschickt.

Urteil gegen Mia

Juli Zeh verdeutlicht am Beispiel der Protagonistin, dass **Persönlichkeitsrechte**, wie z. B. Meinungsfreiheit und das Recht auf Unversehrtheit der Person, **in einer Diktatur massiv eingeschränkt** werden. Diese Einschränkungen zeigen sich ebenso an anderen Figuren, wie der des Verteidigers Rosentreter, der seine Geliebte nicht heiraten darf, weil die METHODE selbst die Partnerwahl und die damit verbundene Heirat mit ausgewählten Personen vorschreibt. Auf einen „versöhnlichen Ausweg" verzichtet Juli Zeh, da **in einem Unrechtsstaat keine positive Lösung für die einzelne Person in ihrem Rechtsempfinden möglich** ist. Die Rechtsprechung dient ausschließlich der Sicherung des bestehenden Systems. Die Justiz agiert weder unabhängig noch menschlich und verdeutlicht so den Missbrauch des Gewaltmonopols.

kein „versöhnlicher Ausweg" in Diktatur möglich

Auch Friedrich Dürrenmatt thematisiert häufig in seinen Werken die **Bedeutung von Recht und Gerechtigkeit**, den Unterschied zwischen individuellem Rechtsgefühl und geltendem Recht – so auch in seiner 1956 uraufgeführten Tragikomödie *Der Besuch der alten Dame*. Hier zeigt Dürrenmatt, was geschehen kann, wenn verschiedene Rechtsauffassungen aufeinanderprallen. Das nicht versiegende

Dürrenmatt:
Der Besuch der alten Dame

Rachebedürfnis Claire Zachanassians steht einer möglichen Verjährung für lange zurückliegende Straftaten gegenüber (z. B. Falschaussagen, Rufmord). Claire kommt mit einem unmoralischen Angebot in die Gemeinde Güllen zurück. Sie offeriert **eine Milliarde dafür, dass Alfred Ill getötet wird**, um sich so ihre persönliche Gerechtigkeit – unabhängig von bestehenden Gesetzen – zu erkaufen. Damit ist die „Bruchstelle zwischen geltendem Recht und individuellem Rechtsgefühl" auch hier gegeben.

Claires Angebot an die Güllener

Die „verhängnisvolle Schicksalsgeschichte" beginnt damit, dass die Einwohner des mittlerweile verarmten Güllen sich von Claire, die hier aufwuchs und nun Milliardärin ist, eine Spende erwarten. Claire verspricht diese wirklich, verlangt aber dafür öffentlich Gerechtigkeit. Es wird erzählt, dass Alfred Ill vor 45 Jahren Claire, damals Kläri Wäscher, schwängerte und der Vaterschaftsklage nur entkam, da er **Zeugen für eine Falschaussage bestach**. Claires Kind starb früh, sie selbst musste als Prostituierte arbeiten, bis sie durch wechselnde Ehemänner zu Reichtum kam. Nun will sie Rache, sie **kehrt das Opfer-Täter-Verhältnis um** und fordert zum Mord an Alfred Ill auf. Claire wird zur Auftraggeberin und instrumentalisiert die Güllener.

Erwartungshaltung der verarmten Stadt Güllen

Grund für Claires Rachebedürfnis

Diese nehmen Kredite, um sich ein schönes Leben zu gönnen, und **vergessen ihre moralischen Überzeugungen**. Dies tun die Bewohner bereits im Vorhinein, weil sie fest davon ausgehen, dass Ill getötet wird und das Geld an sie ausbezahlt wird. Die ganze Stadt erliegt dem **Konsumrausch**. Schließlich wird Ill offen angefeindet und beschuldigt wegen seines Verhaltens vor 45 Jahren. Auf diese Weise unter Druck gesetzt stimmt er der Durchführung eines Schauprozesses zu, in dessen Verlauf er **durch männliche Güllener ermordet** wird. Folgerichtig überreicht Claire den Scheck und die Einwohner von Güllen bejubeln die neue Lage. Sie nehmen den Tod Ills billigend in Kauf, nach der Tat übernehmen sie keinerlei Verantwortung.

exzessives Kaufen durch Güllener

Auch Dürrenmatt bietet in seinem Stück keine Lösung. **Ills Versöhnungsversuche werden durch Claire abgelehnt**. Die Güllener werden zu **Erfüllungsgehilfen von Claires Racheplan** und ihre Schuld wird juristisch nicht aufgearbeitet. Gleiches gilt allerdings auch für die Schuld, die Alfred Ill vor langer Zeit auf sich lud. Die private Rache steht über dem positivem Recht, Claires Rache kann aber nur durchgeführt werden, weil sich genügend Unterstützer dafür finden, die bereit sind, moralisch verwerflich zu handeln.

Schuldfrage

Ähnlich wie Claire Zachanassian ist auch Medea, die Titelfigur in Euripides' gleichnamiger Tragödie aus dem Jahr 431 v. Chr., **getrieben von dem unbedingten Wunsch nach Rache**. Ihr persönliches

Euripides: *Medea*

Rechtsempfinden, das geprägt ist von der unbedingten **Verbindlichkeit eines Eides sowie der Göttergesetze**, wird durch Iasons Verrat tief verletzt. Für Iason, den Anführer der Argonauten, hatte Medea ihre eigene Familie verraten und verlassen. Nur durch ihre Hilfe konnte Iason das **Goldene Vlies aus Kolchis** rauben. Kreon, der König von Korinth, gewährt beiden Asyl. Doch Iason geht eine Beziehung mit der korinthischen Königstochter Glauke ein, weil er Ambitionen auf den korinthischen Königsthron hegt. Er verstößt also seine eigene Familie aus Ehrgeiz und Egoismus. Medea soll **mit den gemeinsamen Kindern aus dem Land ausgewiesen** werden. Ihr Ziel besteht nun darin, ihre individuelle sowie die göttliche Gerechtigkeit wiederherzustellen, womit die „Bruchstelle" zwischen diesem Ziel und dem geltenden Recht Korinths gegeben ist.

Medeas Taten für Iason

Iasons Verrat an Medea

Medea schmiedet einen grausamen Racheplan, dem nicht nur die neue Frau an Iasons Seite zum Opfer fallen soll, sondern auch ihre eigenen Söhne. Damit will sie **Iason bestrafen und demütigen**. Es ist eine äußerst „verhängnisvolle Schicksalsgeschichte", die hinter dem Verhalten Medeas steckt, denn sie selbst hat ihre Familie verraten, weswegen eine Rückkehr in ihre Heimat Kolchis für sie ausgeschlossen ist. Obwohl aus einem Königsgeschlecht stammend, droht ihr in Korinth die Ausweisung und damit ein **ungewisses Schicksal**. Außerdem glaubt die stolze Medea an bedingungslose Liebe, deshalb verletzt und kränkt Iasons Ehebruch sie zutiefst. Sie befindet sich in einer für sie aussichtslosen Situation und setzt ihren Plan konsequent um. Nachdem **Glauke vergiftet** wurde, **ermordet Medea ihre eigenen Kinder**. Da Medea die Herausgabe der Kinderleichen verweigert, auf einem Drachenwagen davonfährt und keine ihrer Taten bestraft wird, bietet auch Euripides keinen „versöhnlichen Ausweg".

Medeas Wunsch, Iason zu bestrafen

Mord an Glauke und den eigenen Kindern

Dass ein Einzelner das bestehende Rechtssystem infrage stellt, schildert Christoph Hein in seinem 2005 erschienenen Roman *In seiner frühen Kindheit ein Garten*. Der pensionierte Gymnasiallehrer Dr. Richard Zurek will die **Wahrheit über den Tod seines Sohnes Oliver** herausfinden – Selbstmord oder Todesschuss. Oliver Zurek schloss sich einer linksextremen Terrororganisation an und kam bei einem Polizeieinsatz unter ungeklärten Umständen ums Leben. Der Vater ist enttäuscht über den Ausgang des Prozesses, in dem er als Kläger gegen den Staat auftrat und in dessen Verlauf sein **Sohn des Mordes und Selbstmordes bezichtigt** wurde. An dieser Stelle wird die Diskrepanz zwischen Recht in einem Rechtsstaat und dem Rechtsempfinden eines Einzelnen deutlich.

Hein:
In seiner frühen Kindheit ein Garten

Richard Zureks Suche nach der Wahrheit

Eine Familie muss hier den **Tod des Sohnes bzw. Bruders verarbeiten** und sich gleichzeitig die **Frage nach persönlichen Ver-**

Tod von Oliver als Handlungsmotor

säumnissen stellen. Richard Zurek versucht verzweifelt, die Wahrheit zu finden, und geht dabei den Weg durch alle Instanzen, die einem Bürger des Staates zur Verfügung stehen. Unterstützung erhält er von seinem früheren Schulfreund Immenfeld, der ihm auch vorschlägt, die BRD auf Übernahme der Kosten von Olivers Beerdigung zu verklagen. Dadurch soll ein Schuldeingeständnis oder eine Neuaufnahme des Prozesses bewirkt werden.

Zureks Klagen gegen den Staat

Zureks Klage wird aus Mangel an Beweisen zurückgewiesen, was aber gleichzeitig verdeutlicht, dass **Olivers Schuld nicht bewiesen** werden kann. Daraufhin widerruft Dr. Richard Zurek seinen einstmals dem Staat geleisteten Eid, denn er hat zwar die Entscheidungen eines Rechtsstaates akzeptiert, sich aber **innerlich vom Staat abgewendet** und sein Vertrauen in diesen verloren. Obwohl Zurek subjektiv die Rechtsprechung als Unrecht wahrnimmt, gibt er sich keinen Racheplänen hin.

Vertrauen in Staat verloren

Christoph Hein nahm den Tod des Terroristen Wolfgang Grams zum Anlass für das Schreiben seines Romans. Er versucht nicht, die Hintergründe für dessen Tod zu klären, sondern stellt die Frage nach der **Verhältnismäßigkeit der Mittel zur Bekämpfung von Terrorismus** und lässt Zweifel an der offiziellen Lesart des SEK-Einsatzes im Raum stehen. Auf ein Lösungsangebot wartet der Leser auch bei diesem Buch vergebens.

geschichtlicher Hintergrund des Romans

All diesen literarischen Werken ist gemeinsam, dass sie Recht und Gerechtigkeit als zentrale Punkte thematisieren und verschiedene Ansichten dazu beleuchten. Schließlich bleibt es aber **dem Leser überlassen, sich mit den dargestellten Problemfällen auseinanderzusetzen und für sich mögliche Lösungen durchzuspielen**. Literatur soll zur differenzierten Sicht auf Konflikte anregen. Rechtskonflikte zu lösen, ist nicht ihre Aufgabe. Indem in literarischen Werken Dilemma-Situationen gezeigt werden, die für Einzelne oder Gruppen existieren, wird ein Spannungsverhältnis zwischen individuellem Rechtsempfinden und geltendem Recht deutlich gemacht. Der Leser kann sich mit Figuren der Handlung identifizieren oder deren Verhalten ablehnen. Im besten Fall kann er sich positionieren und hinterfragen, wie er selbst in einer solchen oder ähnlichen Situation agieren würde und welches die für ihn plausibelste Lösung wäre. Würden Autoren stets einen „versöhnlichen Ausweg“ aufzeigen, würden sie den Lesern die Denkarbeit abnehmen und die Auseinandersetzung mit ihrem literarischen Werk eher verhindern als fördern.

Fazit

Funktion von guter Literatur

Verantwortung des Lesers

Grundkurs Deutsch (Sachsen): Abiturprüfung 2021
Aufgabe 3: Textgebundene Erörterung

Eugen Ruge (*1954)[1]: Versuch über eine aussterbende Sprache. Dresdner Rede (2018)[2]

Yimas ist eine Sprache in Papua-Neuguinea. Sie wird noch von etwa dreihundert Personen in einem Seitental des Karawari gesprochen. Die Gemeinschaft der Yimas Sprechenden hat irgendwann beschlossen, ihren Kindern nicht mehr ihre Sprache weiterzugeben, sondern sie von Anfang an das melanesische Pidgin zu lehren, eine reduzierte Behelfssprache, in der die Handels- und Wirtschaftsbeziehungen mit den Nachbarvölkern abgewickelt werden. Ihre Sprecher lassen die Sprache bewußt sterben, weil sie – vermutlich zu Recht – davon ausgehen, dadurch die Chancen der nachfolgenden Generation im ökonomischen Wettbewerb zu erhöhen. […]
An dem Morgen, nachdem ich die E-Mail mit der Einladung zu dieser Rede bekommen hatte, hörte ich […] im Radio die erstaunliche Meldung, daß die deutsche Sprache in zweihundert bis dreihundert Jahren aussterben wird. […]
Hatte ich etwas mißverstanden? Oder war ich wirklich dabei, einen Text zu verfassen in einer Sprache, die es in zweihundert oder dreihundert Jahren nicht mehr geben wird? Die Frage kann man mir als Eitelkeit auslegen. Erwarte ich etwa, daß ich in zweihundert oder dreihundert Jahren noch gelesen werde? Falls man in zweihundert oder dreihundert Jahren noch liest.
Ich habe, schrecklicher Verstoß gegen die mir selbst auferlegte Arbeitsdisziplin, rasch im Netz nachgesehen: Büchner wurde vor zweihundertvier Jahren geboren. Schiller schrieb seine „Räuber" vor zweihundertsiebenunddreißig Jahren, Goethe seinen „Werther" vor zweihundertvierundvierzig. Wir lesen sie noch alle, und ich kann nicht sagen, daß sie auf mich besonders fern wirken. Sollte es möglich sein, fragte ich mich an diesem Morgen, daß die deutsche Literatur, einschließlich meines bescheidenen Werks, in zweihundert bis dreihundert Jahren als tote Bibliothek in den lichtgeschützten Kellern irgendeines Instituts herumstehen und, wie die Sprache der Yimas, nur noch für einzelne Experten entzifferbar sein würde?
Mir fiel ein, daß meine Romane immerhin ins Englische übersetzt sind. Es bestand also die Hoffnung, daß auch der, an dem ich gerade arbeitete, irgendwann auf englisch verfügbar sein würde. Das hätte mich motivieren sollen, aber statt dessen ertappte ich mich dabei, wie ich einzelne deutsche Ausdrücke aus meinem Text, der übrigens von meiner Großmutter handelt, in das Online-Wörterbuch Linguee eingab:
Das schöne Wort „Zubrot": extra income.
Die leicht empathische Wendung „in etwas aufgehen": to merge into something.
Der Anzug, den man so lange trägt, bis er „abgetragen" ist: worn out suit.
Damit keine Mißverständnisse entstehen: Ich will die deutsche Sprache vor keine andere stellen. Und gewiß finden kluge Übersetzer treffendere Ausdrücke als ein Online-Wörterbuch. Dennoch glaube ich aus meiner eigenen Erfahrung als Übersetzer sagen zu können, daß der Reichtum jeder Sprache gerade in ihren Absonderlichkeiten, ihren

Abweichungen, ihren unnachahmlichen Konstruktionen und Wendungen besteht; gerade in dem also, was sich schwer, mitunter auch nicht übersetzen läßt. [...]

Die Nachricht vom bevorstehenden Untergang der deutschen Sprache hatte sich, ohne daß ich darüber nachgedacht hätte, verbunden mit dem Unbehagen am Überhandnehmen des Englischen in unserem Sprachraum. Natürlich kenne ich dieses Unbehagen seit langem. Oft habe ich mich schon über Anglizismen mokiert. Allerdings kamen mir meine Beschwerden manchmal auch ein wenig altbacken vor. Ich verdächtigte mich insgeheim der Befangenheit, denn natürlich habe ich immer das Gefühl, nicht gut genug Englisch zu sprechen. Natürlich bin ich ein bißchen neidisch auf die jungen Leute, die ihr Englisch irgendwie im Schlaf zu lernen scheinen. [...]

Deutsche Großunternehmen führen Englisch längst als Verkehrssprache ein; selbst der Geschäftsführer einer Kuchen- und Keksfabrik berichtete mir kürzlich, daß man anfängt, interne Veranstaltungen auf englisch durchzuführen. Die Belegschaften kleinerer, neugegründeter Unternehmen, die um die Mittagszeit in kleinen Grüppchen durch Prenzlauer Berg ziehen, sprechen untereinander fast immer Englisch. Selbst deutsche Germanisten beginnen inzwischen, Texte über die deutsche Sprache auf englisch zu verfassen: „for the sake of competitiveness".

Bei technischen Neuerungen wird schon seit langem nicht mehr versucht, deutsche Ausdrücke zu finden, im Gegenteil, das Englische wird gesucht. Der Airbag ist eine Erfindung von Daimler. [...]

Sprachen ändern sich. Sprachen bereichern einander. Schon immer, seit ihrem Bestehen, war die deutsche Sprache dem Einfluß anderer Sprachen ausgesetzt. Ich würde noch weiter gehen: Sie ist im Grunde entstanden aus dem Zusammenfließen, ja aus dem Zusammenprall des Lateinischen mit den großen germanischen Dialekten. [...]

Nur spreche ich hier nicht vom Wandel, sondern vom Aussterben – ein Phänomen, das allerdings ebenso real ist wie der Wandel. Achtzig Prozent aller – noch – existierenden Sprachen sind bedroht, sagen die Linguisten. Und etwa jede Woche stirbt eine. [...]

Gibt es eine Tendenz bei den Deutschen, ihre Sprache als weniger nützlich anzusehen? Als ökonomisch weniger brauchbar? Als weniger geeignet für den globalen Wettbewerb? [...]

Schon heute sind Englischkenntnisse ein Distinktionsmerkmal. Schon heute kann kein Akademiker ohne Englisch auskommen – und Akademiker gibt es, wie wir wissen, immer mehr. Schon heute ist Englisch eine Tür zum Arbeitsmarkt, eine Eintrittskarte in die Gesellschaft. Wer kein Englisch kann, ist mit einem Makel behaftet; er ist, wenn nicht heute, dann morgen, ein Sonderling mit Tendenz zum geistigen Prekariat – was übrigens einer von vielen Gründen dafür sein mag, daß viele Ostdeutsche sich abgehängt oder ausgeschlossen fühlen, auch wenn sie materiell nicht prekär gestellt sind: Sie sprechen nicht – oder nicht ausreichend – Englisch.[3]

Und je wichtiger das Englische wird, desto mehr gerät das Deutsche unter Druck, und desto mächtiger wird wiederum das Englische. Es ist ein Prozeß, der sich selbst beschleunigt, eine Kettenreaktion. Wenn Sie in einer staatlichen Institution anweisen, daß alle E-Mails in zwei Sprachen geschrieben werden, werden sie selbstverständlich bald nur noch in Englisch geschrieben. Wenn wir heute Englischunterricht ab der ersten Klasse einführen, dann werden ehrgeizige Eltern ihre Kinder schon im Kindergarten

Englisch lernen lassen. Und Kinder von Eltern, die selbst schon im Kindergarten Englisch gelernt haben, werden anfangen, mit ihren Kindern zu Hause Englisch zu sprechen, um die Chancen der nachfolgenden Generation im ökonomischen Wettbewerb zu erhöhen.

Glauben Sie wirklich, daß es noch dreihundert Jahre dauern wird, bis das Deutsche ausstirbt? [...]

Ich habe nicht gewußt, wie diese Rede endet. Als ich sie, irritiert durch eine Radiomeldung, zu schreiben begann, war ich, zugegeben, ein bißchen darauf aus, Sie zu erschrecken. Jetzt bin ich selbst erschrocken. Je länger ich über die Chancen der deutschen Sprache in Zeiten der Globalisierung und Digitalisierung nachdenke, desto mehr komme ich zu der Überzeugung, daß sie untergehen wird.

Alles spricht gegen sie: das unerbittliche Gesetz des Nutzens, man kann es Kapitalismus nennen; unsere blinde Verehrung für die US-amerikanische Kultur; die Katastrophe des Nazismus, der diese Sprache entstellt und verwundet hat und nicht aufhört, sie zu entstellen und sie zu verwunden; das Internet mit seinen Reinigungsphantasien und Schmutzkampagnen; und nicht zuletzt die mangelnde Zuneigung ihrer Sprecher. [...]

Aus: Ruge, Eugen: Versuch über eine aussterbende Sprache. Dresdner Rede. In: Sinn und Form. Beiträge zur Literatur. Hg. von der Akademie der Künste, 70. Jahr, 2018, 3. Heft, Mai/Juni, S. 356–372.

1 deutscher Schriftsteller, Regisseur, Übersetzer
2 Dresdner Rede: traditionsreiche Reihe, die seit 1992 am Staatsschauspiel Dresden stattfindet
3 In der DDR war Russisch erste Fremdsprache, Englisch konnte fakultativ belegt werden.

Arbeitsanweisung:

Analysieren Sie den Auszug aus der Rede zur Entwicklung der deutschen Sprache von Eugen Ruge. Berücksichtigen Sie auch sprachlich-gestalterische Mittel.

Erörtern Sie ausgewählte Kernaussagen des Autors.
Beziehen Sie eigene Erfahrungen im Umgang mit der deutschen Sprache ein.

Der Schwerpunkt der Aufgabe liegt auf der Erörterung.

Lösungsvorschlag

Damit Sie diese Aufgabe souverän lösen können, sollten Sie im Umgang mit pragmatischen Texte versiert und in der Lage sein, sich mit verschiedenen Positionen auseinanderzusetzen. Nachdem Sie den Text gründlich gelesen haben, formulieren Sie das ***Thema des vorliegenden Redeauszuges*** *und geben dessen Inhalt zusammengefasst wieder. Beachten Sie dabei, dass Sie diesen nicht nacherzählen, und formulieren Sie Ihre Zusammenfassung in indirekter Rede. Dann untersuchen Sie die* ***sprachlich-stilistische Gestaltung*** *und machen dabei stets deutlich, welche Funktion diese Mittel im Text erfüllen. So können Sie den* ***Argumentationsverlauf*** *im vorgegebenen Text herausstellen. Ein bloßes Aufzählen sprachlich-stilistischer Besonderheiten ist nicht ausreichend. Abschließend sollten Sie die* ***Autorenintention*** *klar benennen, damit Sie nun einige Kernaussagen des Redeauszuges erörtern können. Wägen Sie hierbei das Für und Wider von Ruges Standpunkten ab. Achten Sie darauf, dass Sie* ***Ihre eigenen Erfahrungen im Umgang mit der deutschen Sprache*** *in Ihre Überlegungen mit einfließen lassen.*

Einleitung

Hinführung zu Ruges Rede

Seit 1992 werden im Dresdner Schauspielhaus von verschiedenen Personen des öffentlichen Lebens im Rahmen der Reihe *Dresdner Rede* Vorträge zu aktuellen Themen gehalten. Im Jahr 2018 hielt der Schriftsteller Eugen Ruge einen solchen mit dem Titel *Versuch über eine aussterbende Sprache*, in dem er die **Konkurrenzfähigkeit der deutschen Sprache im Zuge der Globalisierung** hinterfragt und die Aufmerksamkeit der Zuhörer auf das drohende Verschwinden unserer Muttersprache lenkt. Gleichzeitig beschreibt er Möglichkeiten sowie Grenzen des Umgangs mit der deutschen Sprache.

Analyse

Inhalt

Seine Rede eröffnet Eugen Ruge mit einem Fallbeispiel: Bewohner in Papua-Neuguinea ließen ihre Sprache bewusst sterben, um ökonomische Vorteile zu erzielen (vgl. Z. 1–8). Ruge verweist anschließend auf eine Radiomeldung, die ihm als Anlass bzw. Inspiration für seine Rede gedient habe. In dieser Meldung sei behauptet worden, die **deutsche Sprache werde in zwei- bis dreihundert Jahren aussterben** (vgl. Z. 10 f.). Dem schließen sich eine Reflexion über die Auswirkung einer solchen Prognose auf die Arbeit des Schriftstellers an sowie Anmerkungen zur persönlichen Recherche Ruges in Bezug auf die Zukunft der deutschen Sprache (vgl. Z. 12–25). **Behauptungen zum wachsenden Einfluss von Anglizismen** werden im Folgenden mithilfe vieler Beispiele untermauert (vgl. Z. 26–57). Ruge stellt den Sprachwandel dem Aussterben von Sprachen gegenüber, indem er den **gegenseitigen Einfluss der Sprachen aufeinander** thematisiert (vgl. Z. 58–64). Wiederum anhand vieler Beispiele veranschaulicht der Autor, wie das Englische in immer mehr Bereichen unsere Muttersprache ablöst (vgl. Z. 68–85). Er kommt zu

- Prognose vom Untergang der deutschen Sprache

- Übermacht der englischen Sprache

dem Schluss, dass die deutsche Sprache „in Zeiten der Globalisierung und Digitalisierung" (Z. 91) untergehen werde (vgl. Z. 92) und fasst noch einmal seine Gründe für diese Behauptung zusammen (vgl. Z. 93 ff.).

- Einfluss der Digitalisierung und Globalisierung

Der Titel der Rede *Versuch über eine aussterbende Sprache* beinhaltet eine sehr **vage Prognose** und verweist schon auf eine **subjektive Sicht des Autors**, die durch die Verwendung der Ich-Form in großen Teilen des Textes noch gestützt wird. Um die Aufmerksamkeit der Zuhörer- bzw. Leserschaft zu gewinnen und sie zum Mitdenken zu animieren, nutzt Eugen Ruge z. B. Fragen, die er anhäuft (vgl. Z. 12 ff., 21 ff., 65 ff.).

sprachlich-stilistische Gestaltung:

In den ersten vier Textabschnitten veranschaulichen Zahlen und Statistiken (vgl. Z. 63 ff.), die zum Teil wiederholt werden, die vom Autor aufgeführten Fakten und verweisen intensiv auf das der deutschen Sprache drohende Schicksal. So sprechen noch „etwa dreihundert Personen" (Z. 1 f.) Yimas, eine Sprache Papua-Neuguineas, in „zweihundert bis dreihundert Jahren" (Z. 11) werde die deutsche Sprache aussterben und Ruge überlegt, ob er „in zweihundert oder dreihundert Jahren noch gelesen werde" (Z. 14 f., vgl. auch Z. 23). Um dieses drohende Schicksal zu illustrieren und dessen Endgültigkeit zu betonen, bedient sich Ruge des Wortfeldes „Tod", wenn er das **Aussterben der Sprache** benennt (vgl. Z. 11, 62, 64, 87).

Wirkung der genannten Zahlen und Statistiken

„Sprachen ändern sich. Sprachen bereichern einander" (Z. 58), sagt Ruge und verdeutlicht dadurch das Wesen von Sprache. Gleichzeitig zeigt der Autor, **welchen Einfluss Ökonomie auf Sprachentwicklungen haben kann**. So seien „Englischkenntnisse ein Distinktionsmerkmal" (Z. 68), werde der ökonomische Nutzen höher als der kulturelle Eigenwert der Sprache bewertet (vgl. Z. 7 f., 84). Ruge stellt infrage, ob die deutsche Sprache „weniger nützlich" (Z. 65) bzw. „ökonomisch weniger brauchbar" (Z. 66) und somit „weniger geeignet für den globalen Wettbewerb" (Z. 66 f.) sei.

Auswirkungen der Ökonomie auf Sprache

Der Einfluss und das **Überhandnehmen des Englischen in unserer Gesellschaft** werden mithilfe unterschiedlicher Beispiele veranschaulicht. „Englisch […] als Verkehrssprache" (Z. 48) werde in Wirtschaftsunternehmen ebenso verwendet wie von Akademikern (vgl. Z. 68 ff.), habe Einzug gehalten in staatlichen Institutionen (vgl. Z. 78 f.) und werde in Grundschulen, Kindergärten sowie im privaten Bereich gesprochen (vgl. Z. 80 ff.). Eugen Ruge **reflektiert seinen eigenen Umgang mit der englischen Sprache kritisch**, wenn er von seinem „Unbehagen am Überhandnehmen des Englischen" (Z. 41 f.) spricht und sein Verhalten als „altbacken" (Z. 44)

Darstellung der englischen Sprache bei Ruge

und „neidisch“ (Z. 46) charakterisiert. Auch durch diese Überlegungen kann sich der Zuhörer bzw. Leser, v. a. der ostdeutsche, angesprochen fühlen, denn Englisch wurde in den Schulen der DDR nur fakultativ unterrichtet. Insgesamt dominiert in der Rede ein **verständlicher und meist sachlicher Sprachstil**, persönliche Äußerungen sowie Wertungen Eugen Ruges unterstützen seine Aussageabsicht. Dies zeigt sich nochmals konkret ab Z. 88 ff.: Ruge kommt zu dem Schluss, dass die Prognose vom Untergang der deutschen Sprache stimmt, und er formuliert **sein eigenes Erschrecken über diese Einsicht**.

Ruges sprachlicher Stil und Wortwahl

Der Schriftsteller Eugen Ruge zeigt in seiner Rede die Bedeutung von Sprache für die eigene Identität auf und verdeutlicht den zunehmenden Einfluss des Englischen im deutschen Sprachraum. Dabei formuliert er klar seine Betroffenheit über diese aktuellen Entwicklungen und fordert die Deutschen indirekt dazu auf, der eigenen Sprache mehr „Zuneigung“ (Z. 97) zu erweisen.

Intention des Autors

Erörterung

Schub für Englisch durch Corona-Pandemie

Eugen Ruge konstatiert, dass die deutsche Sprache untergehen wird, und zählt Gründe auf, welche diesen Untergang seiner Meinung nach beschleunigen. Eine Ursache dafür, die in der gesamten Rede ausführlich betrachtet wird, sieht der Autor im wachsenden Einfluss des Englischen auf unser Leben. Dieser Behauptung kann unumwunden zugestimmt werden. Im Wirtschaftsleben dominieren englische Begriffe schon lange, sie sind **Ausdruck einer globalisierten Welt** und erlangen wegen der zunehmenden **Digitalisierung der Gesellschaft** noch größere Bedeutung. Die Corona-Krise trug und trägt ihr Übriges dazu bei. Spätestens seit der Verordnung von Homeoffice sowie digitaler Beschulung, dem Angebot von Videosprechstunden beim Hausarzt sowie Diskussionen über den elektronischen Impfpass ist wohl dem Letzten klargeworden, dass ohne Englisch-Vokabeln nur noch wenig geht. Wir befanden uns im Lockdown oder Shutdown, hörten bzw. lasen Corona-News oder Stay-home-Aufforderungen. Click and meet hielten ebenso Einzug in unseren Sprachgebrauch wie Online-Partys oder das Drive-in-Testcenter.

Beispiele für neue Anglizismen

Die gesamte Elektronik-Branche spricht englisch. Sobald ich einen PC einschalte oder mein Smartphone, muss ich mich z. B. mit Browsern, E-Mail-Programmen, Lernsoftware oder Apps beschäftigen. Dies hat sich schon so verfestigt, dass es kaum noch gelingt, ursächliche Bedeutungen bzw. richtige Erklärungen dieser Begriffe zu formulieren. Die Funktionalität oder, um mit Ruge zu sprechen, die Nützlichkeit zählt. Um mithalten und funktionieren zu können, muss ich mich dem **Diktat der Technik** und der damit verbundenen Verwendung englischer Begriffe beugen.

Gewöhnungseffekt gegenüber englischen Begriffen

Nun ist das Beispiel aus Pandemiezeiten sicher ein besonderes, aber letztlich zeigt sich in einer solchen Situation auch, wie sich Sprache entwickelt. Einige dieser Wörter werden bleiben, so wie schon immer neue Wörter Eingang in andere Sprachen fanden und diese veränderten. Dies beschreibt Ruge in seiner Rede ebenfalls (vgl. Z. 58 ff.). Solche Prozesse kann man erkennen, wenn man sich anschaut, wie in den beiden deutschen Staaten zwischen 1945 und 1990 gesprochen wurde. Im Osten Deutschlands beeinflussten **sowjetische Einwirkung** sowie **ideologische Prägung** den Wortschatz. Russisch wurde ab Klasse fünf obligatorisch unterrichtet. Im Gegensatz dazu etablierten sich in der BRD v. a. englische Wörter aufgrund der **engen Beziehungen zu den USA bzw. Großbritannien**. Dass diese Entwicklung noch heute in Ostdeutschland nachwirke (vgl. Z. 72 ff.), kann nur noch auf die älteren Generationen bezogen werden, denn unter Jugendlichen spielt der fehlende Englischunterricht keine Rolle mehr, die „Eintrittskarte in die Gesellschaft" (Z. 70 f.) kann jeder erwerben. Allerdings ändert der Fakt nichts daran, dass fehlende Englischkenntnisse in der Gesellschaft als Makel gelten.

Entwicklung von Sprache

historische Beispiele: Wortschatz der DDR und BRD

Ein wesentlicher Auslöser für Sprachveränderungen sind auch stets **wirtschaftliche Entwicklungen**. Handelspartner aus verschiedenen Sprachräumen einigen sich auf gemeinsame Begriffe, internationale Unternehmen verwenden heutzutage das Englische als Verkehrssprache. Das erleichtert die **Kommunikation innerhalb der Firma**, macht die Verständigung effektiver und eröffnet neue internationale Märkte. Hier zeigt sich v. a. der **Nützlichkeitsaspekt unter globalisierten Bedingungen**. Wer diese Sprache nicht umfassend beherrscht, wird kaum Führungstätigkeiten ausführen können und wenig bis keine Aufstiegschancen in der Firma haben. Warum aber kleinere und zum Teil familiengeführte Unternehmen interne Veranstaltungen nicht auf Deutsch durchführen, verwundert (vgl. Z. 48 ff.). Die deutsche Muttersprache bietet so **viele Möglichkeiten, sich varianten- und nuancenreich auszudrücken**, dass es sehr schade wäre, würde sie nicht mehr gebraucht werden.

Firmensprache Englisch

Verlust des Nuancenreichtums der deutschen Sprache

Eugen Ruge behauptet, dass „der Reichtum jeder Sprache gerade in ihren Absonderlichkeiten, ihren Abweichungen, ihren unnachahmlichen Konstruktionen und Wendungen" (Z. 37 f.) bestehe. Dadurch ist Sprache ein Identitätsmerkmal und deshalb müsste eigentlich jeder Muttersprachler bemüht sein, seine Sprache zu sprechen und zu pflegen. Welche Bedeutung dabei der Erziehung zukommt, beschreibt der Autor, wenn er von einer Kettenreaktion beim Erlernen der englischen Sprache redet. An diesem Punkt dominiert ebenfalls Nützlichkeitsdenken. Die Liebe zur Sprache wird nicht weitergegeben. Wenn allerdings Sprachverwendung nur auf ihre Effektivität reduziert wird, gehen andere wichtige Möglichkeiten verloren, welche

Rolle der Erzieher beim Umgang mit deutscher Sprache

u. a. durch Literatur aufgezeigt werden können. Glücklicherweise stehen auf den Spielplänen deutscher Theater in der gesamten Republik noch **Stücke der deutschen Klassiker**, die durch ihre Themen Allgemeingültigkeit – eben auch mittels ausgefeilter Sprache – verkörpern. Auch in den Schulen werden deutsche Klassiker wie Goethes *Faust* oder Fontanes *John Maynard* gelesen. Ebenso finden **moderne deutsche Jugendbücher** im Deutschunterricht Beachtung. An dieser Stelle kann nicht vom Untergang des Deutschen gesprochen werden, jedenfalls derzeit noch nicht.

Präsenz der deutschen Sprache in Kultur und Schule

Schon früh werden Kindern Märchen vorgelesen, wodurch nicht nur die Fantasie der Zuhörenden angeregt wird, sondern sich auch moralische Werte, wie Gut und Böse, etablieren. Zaubersprüche entführen das Kind ins Reich des Unwirklichen. Andererseits bilden auch Lieder oder Abzählverse ein **erstes intensives Kennenlernen und Verinnerlichen von Muttersprache**, wenn miteinander geredet bzw. gesungen wird. Durch frühe **Prägung und Vorbildwirkung der Erziehenden** entsteht „Zuneigung" zur deutschen Sprache (vgl. Z. 97), die – wenn sie ständig genährt wird – sich entwickelt und verfestigt. Vor dem Hintergrund eines verfestigten Wortschatzes sowie klarer grammatischer Kenntnisse ist es später dann gut möglich, Fremdsprachen, insbesondere Englisch, zu erlernen und diese – in passenden Situationen – anzuwenden.

Wert des Vorlesens für Kinder

Nicht nur Umgebung und Personen sind Heimat, sondern auch Sprache gehört dazu. Hört man im Ausland deutsche Worte, ist man aufmerksam und meist erfreut. Kommt man nach längerer Abwesenheit ins Elternhaus zurück, spricht man schnell wieder so wie einst. Trifft man sich mit Schulkameraden, kramt man Redewendungen oder Chiffren hervor, die nur im Freundeskreis verstanden werden. So stiftet Sprache **Identifikation und Identität**. Ein Beispiel dafür, dass die deutsche Sprache, insbesondere der Dialekt, identitätsfördernde Wirkung besitzt, ist seit 2008 die regelmäßige **Abstimmung über das sächsische Wort des Jahres**. Im letzten Jahr wurde der „Schnudndeggl" als schönstes gekürt, der den Mund-Nase-Schutz in einer besonderen Form würdigt. „Nieslbriem" war das beliebteste Wort, es bezeichnet einen mürrischen bzw. unbeholfen daherkommenden Menschen. Aber auch bei dieser Preisverleihung zeigt sich, dass sächsische Begriffe zunehmend verloren gehen, denn es existiert die **Kategorie „bedrohtestes Wort"**.

Identität durch Sprache

Beispiel: sächsischer Dialekt

Ruge spricht davon, dass „das Internet mit seinen Reinigungsphantasien und Schmutzkampagnen" (Z. 96 f.) auch dazu beitrage, dass die deutsche Sprache untergeht. An diesem Punkt schließt sich der Kreis, verbindet sich Digitalisierung erneut mit Sprachentwicklung. Englische Begriffe dominieren im Internet und es geht sehr schnell,

Verflachung der Kommunikation durch Internetsprache Englisch

Und vielleicht sind dann ein paar Kinder da
– und das wäre sehr viel –,
die unter euch
in den Ruinen
unserer neuen Häuser,
der Häuser, die wir mit den hohen Kranen
den Tag und die Nacht durch bauen,
Verstecken spielen.

Und das wäre sehr viel.

Aus: Domin, Hilde: Nur eine Rose als Stütze. Frankfurt a. M.: S. Fischer Verlag 1959, S. 24 f.

Günter Kunert (1929–2019): Häuser an der Spree (1972)

Zu mir sprechen die Steine. Wenn auch nicht alle. Aber es sind auch nicht alle Menschen befähigt, sich auszudrücken. Die grauen Großblöcke, die frischen jungen Ziegel sagen mir gar nichts, nur die von Erfahrung brüchigen, die vom Dasein lädierten, die von neuem und anderem Leben bereits befallenen, bemoosten, überwucherten. So stehe ich vorm Gemäuer alter Berliner Häuser, vor den Altersflecken fehlenden Putzes, streifig von herabrinnendem Wasser, von Granatsplittern noch immer versehrt und von Kugeleinschlägen, innen geräumt und abrißbereit, da auch an ihrerstatt der viereckige Beton ersetzen soll, was unersetzlich ist: die Zeichen gelebten Lebens. Große Anteilnahme befällt mich vor solchem Gestein, und weil man mit ihm nicht anders umspringt, als mit den Städtebewohnern aus Fleisch und Blut. Was wir uns zu sagen haben, ist nicht viel; wir verstehen einander mit wenigen Worten, die nichts Wichtiges besagen, sondern nur – da wir beide nicht wissen, ob wir einander je wiedersehen, Umbau und Verschleiß der Welt beschleunigen sich stetig – daß wir voneinander Abschied nehmen.

Aus: Kunert, Günter: Tagträume in Berlin und andernorts. Kleine Prosa, Erzählungen, Aufsätze. München: Carl Hanser Verlag 1972, S. 147.

Arbeitsanweisung:

Interpretieren Sie das Gedicht *Vorsichtige Hoffnung* von Hilde Domin.

Vergleichen Sie die Gestaltung des Motivs der Erneuerung in Hilde Domins Gedicht *Vorsichtige Hoffnung* mit derjenigen in Günter Kunerts Kurzprosatext *Häuser an der Spree*. Berücksichtigen Sie dabei neben inhaltlichen auch ausgewählte sprachliche und formale Aspekte.

Der Schwerpunkt der Aufgabe liegt auf der Interpretation des Gedichts von Hilde Domin.

Lösungsvorschlag

Diese Aufgabe verlangt eine vergleichende Interpretation zweier Texte, die verschiedenen literarischen Gattungen angehören. Biografische Kenntnisse zu Hilde Domin und Günter Kunert werden nicht vorausgesetzt. Als notwendig erweist sich aber die ***Berücksichtigung der angegebenen Zusatzinformationen*** *(Jahreszahlen, Quellen). Wie in der Aufgabenstellung explizit formuliert, sollen Sie den* ***Schwerpunkt auf die Interpretation des Domin-Gedichtes*** *„Vorsichtige Hoffnung" legen. Hier stellen Sie zunächst Ihre Methodenkenntnisse bei der Interpretation lyrischer Texte unter Beweis. Nach einer differenzierten* ***Analyse von Inhalt, Struktur und sprachlich-künstlerischen Mitteln*** *haben Sie die Aufgabe, die von Ihnen erarbeiteten* ***Analyseergebnisse in ihren Wirkungszusammenhängen zu deuten*** *und zu werten. Der vorgestellte Lösungsvorschlag beinhaltet eine strophenweise Analyse, wahlweise können Sie auch aspektorientiert vorgehen.*

Die sich anschließende zweite Teilaufgabe fordert Sie auf, einen ***Vergleich zwischen dem Gedicht Domins und Günter Kunerts Kurzprosatext*** *„Häuser an der Spree" unter Berücksichtigung eines vorgegebenen Vergleichsaspektes durchzuführen. Die* ***Gestaltung des Motivs der Erneuerung*** *in beiden Texten bildet den roten Faden für Ihren Textvergleich. Es ist nicht verlangt, vor dem Vergleich eine umfassende Analyse und Interpretation des Kurzprosatextes durchzuführen. Nach einer kurzen* ***Inhaltszusammenfassung*** *des Kunert-Textes sollten Sie eine* ***kriteriengeleitete Gegenüberstellung beider Texte*** *erarbeiten, indem Sie Gemeinsamkeiten und Unterschiede der Texte beschreiben und nach deren Ursachen fragen. Beachten Sie, dass die Aufgabenstellung neben einem* ***inhaltlichen Vergleich*** *auch den Vergleich* ***ausgewählter sprachlicher und formaler Aspekte*** *verlangt.*

Vergessen Sie nicht, Ihre Aussagen (Gedichtinterpretation und Textvergleich) stets mit Textbelegen zu stützen und durchgehend funktional und korrekt Bezug auf die Textgrundlagen zu nehmen.

Für eine resümierende Deutung und somit das ***Fazit*** *Ihres Vergleichs sollten Sie die Entstehungszeiten der Texte und die daraus resultierenden unterschiedlichen Intentionen der beiden Autoren berücksichtigen. Durch das Formulieren von Deutungsvarianten können Sie Ihren Aufsatz aufwerten.*

Einleitung

thematische Hinführung

Die Menschen in Deutschland standen **nach dem Ende des Zweiten Weltkrieges** oft vor den Trümmern ihres bisherigen Lebens. Nahe Familienangehörige waren ums Leben gekommen, das eigene Zuhause war zerstört und nicht wenige Menschen verloren infolge des Krieges sogar ihre Heimat. Trotzdem gaben die meisten Menschen die Hoffnung nicht auf und wagten einen **Neuanfang**. Hilde Domins Gedicht *Vorsichtige Hoffnung* aus dem Jahr 1959 bewegt sich zwischen trauriger Bestandsaufnahme und erwartungsfroher Beschreibung des Wiederaufbaus.

Interpretation des Domin-Gedichtes

Assoziationen zum Titel und Thema des Gedichtes

Der Titel des Gedichtes lässt für den Rezipienten zunächst offen, worin genau die von der Autorin in Aussicht gestellte Hoffnung besteht, und weckt Vermutungen darüber, warum diese nur als vorsichtig beschrieben werden kann. Nach der Rezeption des Gedichtes wird dem Leser sehr schnell deutlich, dass Domin in ihrem Text die **Sorge um die Zukunft der Menschen** ausdrückt, indem sie deren Fehlverhalten und die Unfähigkeit, aus Fehlern zu lernen, demonstriert, was ihrer Meinung nach immer wieder zu neuen Kriegen führe. Jene im Titel erwähnte „[v]orsichtige Hoffnung“ setzt sie in die **Kinder der Gesellschaft**, die die Chance haben, die Fehler der früheren Generationen nicht zu wiederholen.

kommunikative Situation

Das lyrische Subjekt des Textes hält in dem Gedicht **Zwiesprache mit den neuen Bewohnern der durch den Krieg zerstörten Häuser** – einer Taubenschar. Das Entstehungsjahr des Werkes 1959 legt die Vermutung nahe, dass Domin beim Schreiben ihres Textes die Zerstörungen durch die Bombenangriffe und die Kampfhandlungen des Zweiten Weltkrieges vor Augen gehabt hat. Das lyrische Subjekt des Gedichtes steht vor den zerstörten, menschenleeren Ruinen, die nun von Tauben bevölkert sind. Die Tiere haben von den für Menschen unbewohnbaren Gebäuden Besitz ergriffen und für sich neuen Lebensraum geschaffen. Da Menschen als Kommunikationspartner offensichtlich nicht zur Verfügung stehen, spricht das lyrische Subjekt die Tauben mehrfach konkret an (z. B. V. 1 ff., 5, 13, 24). Es äußert seine Gedanken beim Anblick der zerstörten Häuser und der inzwischen regen Bautätigkeit, mit der die **Kriegsschäden unsichtbar gemacht** werden sollen. Das lyrische Subjekt wagt unter Verwendung der beiden einzigen Futurformen des sonst durchgängig im Präsens verfassten Textes (V. 25 und V. 27) einen vorsichtigen Blick in die Zukunft und artikuliert seinen **Wunsch nach einem friedlichen Miteinander der Menschen**. Eine Antwort von den neuen Bewohnern der Häuser kann das lyrische Subjekt trotz seines Kommunikationsbedürfnisses leider nicht erwarten, was die vom Gedicht ausgehende **nachdenkliche und leicht resignative Stimmung** unterstützt.

Tauben als Ruinenbewohner

Verdrängung des Krieges

angesichts neuer Bauten: Wunsch nach Frieden

Gliederung und formale Auffälligkeiten

Das Gedicht ist dadurch gekennzeichnet, dass es **weder eine feste Struktur noch andere formale Regelmäßigkeiten** aufweist. Die Länge der **fünf Strophen** variiert zwischen einem und 18 Versen, wobei die Strophenlänge bis zur Strophe drei zunehmend, danach abnehmend ist. Während sich die inhaltlich zusammengehörenden Strophen 1 und 2 mit den unmittelbaren Kriegsfolgen auseinandersetzen und eine Art Ist-Zustand beschreiben, gewährt die 3. Strophe einen zunächst optimistischen Blick in die Zukunft, der jedoch in den Strophen 4 und 5 wieder relativiert wird. Es fällt auf, dass die

Verse eine unterschiedliche Länge haben und oft durch Enjambements verbunden sind. Die dadurch willkürlich erscheinenden Zeilenumbrüche schaffen eine **unharmonische und unruhige Textstruktur**, die den sorgenvollen und teils assoziativen Gedanken des lyrischen Subjekts auch optisch Ausdruck verleiht und dem Leser ein hohes Maß an Emotionalität suggeriert. Unregelmäßig wechselnde zwei- und dreisilbige Versmaße, ohne erkennbares System alternierende männliche und weibliche Kadenzen und die freien reimlosen Rhythmen, in denen das Gedicht verfasst ist, unterstützen diesen Eindruck.

Sorgen des lyrischen Subjekts

Strophe 1:

Die ersten beiden Verse des Gedichtes rufen durch die **Erwähnung weißer Tauben und eines blauen Himmels** beim Leser zunächst eine positive Assoziation hervor, die jedoch im 3. Vers durch die verbrannten Häuser, die das vom lyrischen Subjekt wahrgenommene Bild ergänzen, vehement zerstört wird. Tauben und Blau sind wie durch einen Bilderrahmen der zerstörten Fenster wahrzunehmen, die metaphorisch bedrohlich als „Fensterhöhlen“ (V. 3) beschrieben werden. Erst die sich anschließende Frage: „[W]erden die Kriege für euch geführt?“ (V. 4) verweist auf die Zwiesprache des lyrischen Subjekts mit den in Vers 1 erwähnten Tauben. Somit handelt es sich in den ersten drei Versen des Gedichts um eine **Anrede**. Die den Tauben gestellte Frage zeigt, dass das lyrische Subjekt über die **Sinnhaftigkeit der von Menschen immer wieder geführten Kriege** nachdenkt und offensichtlich zu keinem Ergebnis kommt, außer dass durch die zerbombten Häuser paradoxerweise neuer Wohnraum für andere Lebewesen – die Tauben – geschaffen wird. Die Autorin hat mit der Beschreibung von weißen Tauben vor einem blauen Himmel bewusst den **Kontrast zwischen dem Symbol der weißen Friedenstaube und den Kriegsruinen** dargestellt. Unterstützt wird dieser Gedanke durch die Tatsache, dass die normalerweise die Städte bevölkernden Tauben nicht weiß, sondern meist grau sind.

direkte Ansprache an Tauben

Kritik an zerstörerischen Kriegen

weiße Tauben als Symbol für Frieden

Strophe 2:

Die in der ersten Strophe vom lyrischen Subjekt als Kommunikationspartner gewählten „[w]eiße[n] Tauben“ (V. 1) werden in der nächsten Strophe anaphorisch mit dem Neologismus „Weiße Taubenschnur“ (V. 5) angesprochen. Beim Leser entsteht so das **Bild einer in einer Reihe fliegenden Schar Tauben**, die laut lyrischem Sprecher nicht nur in Deutschland Kriegsruinen bewohnen, sondern wie ein alles verbindendes Band „über die Breitengrade hinweg“ (V. 7) fliegen und die **Friedensbotschaft in alle Länder** tragen könnten. Überall auf der Welt werden Kriege geführt, die Leid und Elend verursachen und als Mahnmal Ruinen mit „leeren Fenster[n]“ (V. 6) zurücklassen. Die Anwesenheit der Tauben suggeriert jedoch auch eine leise Hoffnung auf eine friedliche Zukunft. In den folgenden vier Versen

Friedensbotschaft für die ganze Welt

(V. 8–11) merkt das lyrische Subjekt vorwurfsvoll an, dass die Tauben „achtlos“ (V. 9) den „mit Tränen gewaschenen Stein“ (V. 10) bevölkern und **keine Empathie für das Unglück der Menschen** aufbringen, das mit den Zerstörungen einhergeht und mit vielen Tränen beweint wird. Für die Tauben sind die Ruinen, in denen die Menschen dem Tod begegnet sind, ein **Ort, um Nester zu bauen und ihre Jungen aufzuziehen**. Dabei ruft das „kleine Nest“ (V. 11) beim Leser einerseits ein Gefühl der Geborgenheit hervor, andererseits aber auch den **Eindruck der Schutzlosigkeit der Tauben und der Fragilität allen Lebens**. Krieg und Frieden, Zerstörung und Wiederaufbau wechseln sich ab. Tod und Leben existieren gleichberechtigt und bestimmen das Dasein des Menschen. Diese Antithetik wird verstärkt durch den paradoxen Vergleich mit auf Gräbern wachsenden Rosensträuchern (vgl. V. 8). Die **Schönheit der Rose**, die symbolhaft für das **Leben** steht, und der **Tod**, metonymisch beschrieben durch die **Gräber**, begegnen sich, wodurch das lyrische Subjekt emotional berührt scheint.

Bedeutung der Ruinen für Tauben

von Kontrasten geprägter Lauf der Welt

Nach den beiden ersten eher resignativ und nachdenklich wirkenden Strophen vermittelt die nächste Strophe – mit 18 Versen ist es die umfangreichste – zunächst eine sehr optimistische Wirkung. Denn das lyrische Subjekt, das sich nun erstmals als einer Gruppe von Menschen zugehörig kennzeichnet, beschreibt eine **rege Bautätigkeit**, durch die neue Häuser entstehen und die traurigen Ruinen bald aus dem Stadtbild verschwunden sein werden. Gleich drei Verse dieser Strophe beginnen anaphorisch mit dem Pronomen „**Wir**“ (V. 12, 17, 21). Sie demonstrieren den Tauben, die einen eigenen Vers zugesprochen bekommen (vgl. V. 13), wie tatkräftig die Menschen mit der **Beseitigung der Kriegsfolgen** beschäftigt sind. Zur Beschreibung der für den Wiederaufbau benötigten Krane nutzt das lyrische Subjekt mehrere **Metaphern aus dem Bereich der Ornithologie**. Mit den Formulierungen „Schnäbel der Krane“ (V. 14), „eiserne Störche“ (V. 16) versucht das lyrische Subjekt eine gedankliche Verbindung zu den Tauben herzustellen – auch durch den Hinweis, dass die Krane keine Wohnungen, sondern „Nester für Menschen“ (V. 16) errichten.

Strophe 3:

Bau- und Erneuerungsmaßnahmen der Menschen

metaphorische Ausdrucksweise

Andererseits wird sofort deutlich, dass dieser Gedanke scheitern muss. Die Störche bestehen aus Eisen (vgl. V. 16) und die Baumaterialien Zement und Glas (vgl. V. 18) sollen von vornherein verhindern, dass der „rosa Fuß“ (V. 19) der Tauben an den neu errichteten Bauwerken Halt findet. Tauben sind unerwünscht und werden vom Menschen in den Städten oft **als zu bekämpfende Plage betrachtet**. Hier stellt sich die Frage, ob das Fernhalten der Tauben die **Ignoranz der Menschen gegenüber der Natur** thematisieren soll oder ob die Menschen das Symbol der Friedenstaube vergessen, da sie sich in falscher Sicherheit wähnen.

Taubenfeindlichkeit der neuen Gebäude

Im zweiten Teil der 3. Strophe prognostiziert das lyrische Subjekt den Tauben jedoch, dass die jetzt **neu gebauten Häuser perspektivisch auch wieder zu Ruinen zerfallen** und den Tauben trotz der „glatten Wänd[e]" (V. 26) neuen Wohnraum bieten werden. Den Grund dafür sieht das lyrische Subjekt in der Tatsache, dass die Menschen mit der Beseitigung der Ruinen und der optisch wahrnehmbaren Kriegsfolgen auch den Krieg selbst ausblenden, der hier unter Verwendung eines Superlativs als „äußerste Stunde" (V. 22) metaphorisch umschrieben wird. Die Metapher des „toten Auge[s] der Uhr" (V. 23) könnte auf den Moment der Bombardierung verweisen, in dem das **Ziffernblatt zerstört** worden und die **Uhr stehen geblieben** ist. Die Personifizierung der Uhr und ihr Tod deuten darauf hin, dass die Menschen die Erinnerung an diesen Moment „zu Grabe tragen". Mit der Beseitigung der Ruinen „vergessen [sie auch] die äußerste Stunde / im toten Auge der Uhr" (V. 22 f.). Am Ende der dritten Strophe greift das lyrische Subjekt das Bild von den durch zerstörte Fenster ins Blaue fliegenden Tauben aus der ersten Strophe erneut auf. Allerdings verweist die anaphorische Verwendung der Futurformen „ihr werdet […] nisten" (V. 25 f.) und „ihr werdet […] fliegen" (V. 27 f.) eindeutig auf die Zukunft. Alle neu errichteten Häuser werden **wieder Wohnraum für die Tauben** bieten, da die Menschen immer wieder Kriege führen und somit das zuvor Aufgebaute erneut zerstören werden.

neue Häuser als zukünftige Ruinen

Vergessen der Kriegserlebnisse

auffällige Futurformen

In der vorletzten Strophe äußert das lyrische Subjekt dennoch eine „[v]orsichtige Hoffnung". Erst in den nun folgenden Versen erschließt sich dem Rezipienten des Textes die **Bedeutung des Gedichttitels**. Beschrieben wird die Chance, dass die Kinder und somit die zukünftigen Generationen diesen ewigen und weltweiten **Kreislauf der immer wieder aufflammenden Kriege mit all ihrem Leid und Unglück durchbrechen** könnten. Mit der zaghaften Vision „Und vielleicht sind dann ein paar Kinder da" (V. 30) und der im nächsten Vers formulierten Wertung „und das wäre sehr viel" äußert das lyrische Subjekt den Wunsch, die Menschheit möge sich nicht selbst vernichten und Kinder sollen am Leben bleiben, damit sie die Welt zum Positiven verändern und friedlicher gestalten können. Dies ist als **Parenthese** formuliert, wodurch der Vers optisch hervorgehoben wird. Die Wiederholung dieser Worte am Ende des Gedichts unterstreicht deren besondere Bedeutung (vgl. V. 38).

Strophen 4 und 5:

Hoffnung auf Kinder und zukünftige Generationen

Das lyrische Subjekt entwirft in der vorletzten und letzten Strophe eine **ambivalente Zukunftsvision**, indem es Inhalte aus verschiedenen Strophen zusammenführt. Die in Strophe drei erwähnten „mit den hohen Kranen" (V. 35) „Tag und […] Nacht" (V. 36) eifrig errichteten Neubauten sind inzwischen **wieder zu Ruinen geworden**, in denen die Tauben ihre Nester bauen können. Aber während die Tauben hoch oben ihre Jungen aufziehen, spielen unter ihnen ein

verschiedene Deutungen der letzten beiden Strophen

paar Kinder Verstecken. Eine weitere Deutungsvariante könnte beinhalten, dass die durch die Fenster fliegenden Tauben (vgl. V. 27 f.) tatsächlich den Frieden bringen werden und das in Strophe 4 erwähnte Spiel der Kinder in den Ruinen der jetzt neu erbauten Häuser (vgl. V. 34) stattfinden wird, die nicht durch den Krieg, sondern einfach **durch natürlichen Verfall in einer andauernden Zeit des Friedens entstanden** sind. Welche Sichtweise das lyrische Subjekt hier genau verfolgt, lässt sich nicht eindeutig bestimmen.

Offenheit des Gedichts

Die Lyrikerin Hilde Domin reflektiert in ihrem über zehn Jahre nach Kriegsende entstandenen Gedicht *Vorsichtige Hoffnung* ihre **Befürchtungen über die latente Gefahr, dass wieder neue Kriege ausbrechen**, da die Menschen ihrer Ansicht nach nicht in der Lage sind, Kriege zu vermeiden und in Frieden miteinander zu leben. Die Autorin versucht mit ihrer behutsamen Lyrik, die Menschen für Dinge zu sensibilisieren, die in ihren Augen einer Veränderung bedürfen. Obwohl die Menschen noch mit den Folgen des Zweiten Weltkrieges zu kämpfen haben, sind die Großmächte schon zur **Phase des Kalten Krieges** übergegangen, die auf eine Politik der Konfrontation ausgelegt ist und eine neue Kriegsgefahr heraufbeschwört. Die im Jahr 1945 auf Nagasaki und Hiroshima abgeworfenen Atombomben haben Leid nie gekannten Ausmaßes hervorgerufen und lassen Domins Sorge darüber, ob zukünftig überhaupt noch Kinder da sein werden, aus damaliger Sicht als berechtigt erscheinen.

Fazit zum Domin-Gedicht

Verweis auf Entstehungszeit des Gedichts

In dem von Günter Kunert im Jahr 1972 verfassten Kurzprosatext *Häuser an der Spree* setzt sich ein Ich-Erzähler mit den **baulichen Veränderungen in der Stadt Berlin** auseinander und bewertet vor diesem Hintergrund das Verhalten der Gesellschaft. Es ist zu vermuten, dass Kunert mit seinem sehr kritischen Text auf **bedenkliche Tendenzen der Stadtentwicklung** und auf negative Konsequenzen der Auslöschung geschichtsträchtiger „sprechender Steine“ in Berlin aufmerksam machen möchte. Die Titel des Textes *Häuser an der Spree* und des Sammelbandes *Tagträume in Berlin und andernorts* legen die Vermutung nahe, dass Kunert eine enge persönliche Bindung zu dieser Stadt hatte und sich oft dort aufhielt. Der Autor zeichnet in seinem Text in einer resignativen, teilweise melancholischen Art und Weise am Beispiel der Großstadt Berlin das Bild einer sich zum Negativen verändernden, oberflächlichen **Gesellschaft mit mangelndem Geschichtsbewusstsein**.

Vergleich mit Kunerts Kurzprosatext

Thematik des Kunert-Textes

fehlendes Bewusstsein für geschichtsträchtige Gebäude

So wie das lyrische Subjekt aus dem Gedicht *Vorsichtige Hoffnung* findet auch der Ich-Erzähler des Kurzprosatextes seine Kommunikationspartner nicht unter den Menschen, sondern wendet sich mit seinen Gedanken direkt an die **dem Untergang geweihten alten**

Gemeinsamkeiten und Unterschiede bzgl. des Motivs der Erneuerung:

Häuser Berlins, deren baldigen Abriss er bedauert. Der Ich-Erzähler beschreibt, dass die Häuser, vor denen er steht und die ihm sehr vertraut sind, ihre Lebensgeschichte mit ihm teilen. Aufmerksam nimmt er viele **vertraute Details ihres Äußeren** wahr, die „Altersflecken fehlenden Putzes, streifig von herabrinnendem Wasser" (Z. 5 f.). Aber es ist nur das „Gemäuer alter Berliner Häuser" (Z. 5), das aufgrund der „Zeichen gelebten Lebens" (Z. 8) etwas zu erzählen hat und von dem sich der Ich-Erzähler emotional ergriffen und traurig verabschiedet, da seine geliebten alten Häuser „grauen Großblöcke[n]" und „frischen jungen Ziegel[n]" (Z. 2) weichen müssen.

Bedauern über Abriss der „sprechenden" Häuser

Die in beiden Texten beschriebene Bautätigkeit wird in sehr unterschiedlicher Weise gewertet. Domin stellt in ihrem Gedicht den Wiederaufbau der vom Krieg zerstörten Häuser als positiven Neuanfang dar, der auch als alternativlos angesehen werden muss, da die **Beseitigung der Kriegsschäden zwingend erforderlich** ist. Kunert hingegen macht deutlich, dass der Stadt Berlin durch die Zerstörung alter und historischer Häuser ein **irreparabler Schaden** zugefügt wird. Nur wenige Menschen engagieren sich zu diesem Zeitpunkt dafür, auf Fehler in der Stadtentwicklung aufmerksam zu machen, da der Wille zur Erneuerung und das Streben nach Fortschritt dominieren.

unterschiedliche Bewertung der Bautätigkeiten bei Domin und Kunert

Während das lyrische Subjekt bei Domin besorgt darüber scheint, dass mit den aus dem Stadtbild verschwindenden Ruinen auch die **Erinnerung an den Krieg und dessen Ursachen ausgelöscht** wird, stellt dies im Kurzprosatext nur eine Facette der Erinnerung dar. Auch hier mahnen die an alten Gebäuden sichtbaren „Granatsplitte[r]" (Z. 6) und „Kugeleinschläg[e]" (Z. 7) die Menschen, den Frieden zu schützen. Jedoch ist das Bewahrenswerte und aus Sicht des Ich-Erzählers zu wenig Wertgeschätzte hier weiter gefasst. Während die Ruinen in Domins Text nur noch über den Moment ihrer Zerstörung „sprechen" können, haben „die von Erfahrung brüchigen, die vom Dasein lädierten, die von neuem und anderem Leben bereits befallenen, bemoosten, überwucherten" (Z. 3 f.) Häuser des Kurzprosatextes viel mehr zu erzählen: eine **eigene, durch Generationen von Hausbewohnern geprägte Lebensgeschichte**, die den Ruinen bereits genommen wurde.

Ruinen als Erinnerung an Krieg bei Domin

vielfältige Lebensgeschichte der Häuser bei Kunert

Die im Kunert-Text **durchgängige Personifizierung der alten Berliner Gebäude**, erzeugt durch die fiktive Kommunikation mit dem Ich-Erzähler, verstärkt beim Leser den Eindruck, dass der Ich-Erzähler eine enge Bindung zu den dem Abriss geweihten Häusern hat. Unterstützt wird diese Sichtweise durch den traurigen, wortarmen Abschied („[w]as wir uns zu sagen haben, ist nicht viel", Z. 10 f.), den der Ich-Erzähler von seinen ihm vertrauten „sprechenden Steinen"

Kommunikation des Erzählers mit den alten Häusern

nimmt. Während der Ich-Erzähler die **mangelnde Kommunikationsfähigkeit vieler Menschen** direkt anspricht und bedauert (Z. 1 f.), sieht sich das lyrische Subjekt bei Domin durch die mehrfache Verwendung des Pronomens „wir" als einer Gruppe zugehörig, was eine Kommunikation zumindest theoretisch ermöglicht.

fehlende menschliche Kommunikation

Auffallend ähnlich werden in beiden Texten die neu gebauten Häuser gezeichnet. Die im Kurzprosatext beschriebenen „grauen Großblöcke" und „frischen jungen Ziegel" (Z. 2) haben keine Geschichte zu erzählen. Sie haben „ihr Leben" noch vor sich. Aber jeder kennt das Bild trister Plattenbausiedlungen, die in allen Städten gleich aussehen. Zum Preis der Schaffung günstigen Wohnraums werden **gestaltlose, monotone Wohnblöcke** gebaut, deren Äußeres das Erzählen individueller Lebensgeschichten erschwert. Die Häuser in Domins Gedicht haben „Wänd[e] aus Zement und Glas" (V. 18), und diese „glatten Wänd[e]" (V. 26) sollen verhindern, dass Tauben die Neubauten als ihr Zuhause wählen. Das gezeichnete Erscheinungsbild der neu errichteten Gebäude suggeriert, dass die **Erinnerungen an den Krieg und das Streben nach Frieden verdrängt** werden und für die Menschen in ihrem Wunsch nach neuem Wohnraum sekundär sind. Die Beschreibung der Neubauten vermittelt somit in beiden Texten den Eindruck, dass die Menschen **auf blinde Weise fortschrittsgläubig** sind.

Darstellung der eintönigen und gesichtslosen Neubauten

Geschichtsvergessenheit und Fortschrittsgläubigkeit der Menschen

Beide Texte wirken unabhängig von der jeweiligen literarischen Gattung berührend und fürsorglich. Ich-Erzähler und lyrisches Subjekt äußern unter Nutzung einer bildhaften und eindringlichen Sprache ihre **Sorgen und Ängste im Kontext des Erneuerungswillens der Menschen**. Während in Kunerts Text die konkreten Ängste um die Stadt Berlin gespiegelt werden, ist Domins Gedicht allgemeiner gefasst und bezieht sich auf keinen konkreten Ort in Deutschland oder sogar „über die Breitengrade hinweg" (V. 7) irgendwo auf der Welt. Der Rezipient kann dadurch die im Gedicht beschriebene lyrische Situation auf für ihn persönlich relevante Orte übertragen. Obwohl die beiden zu vergleichenden Texte verschiedenen Gattungen angehören, spielt die gezielte Verwendung spezifischer Gattungsmerkmale bei der Auseinandersetzung mit dem Motiv der Erneuerung ganz offensichtlich nur eine untergeordnete Rolle.

Bedenken gegenüber dem Erneuerungswillen

Berlin bei Kunert vs. anonymer Ort bei Domin

Schluss

Der im Kurzprosatext ausschließlich negativ beschriebene Wille der Menschen zur Erneuerung („Umbau und Verschleiß der Welt beschleunigen sich stetig", Z. 12 f.) suggeriert eine latente Oberflächlichkeit und **Ignoranz der Menschen gegenüber bestehenden Werten und Traditionen**. Dem Fortschritt und der Moderne wird alles geopfert. Im Gegensatz dazu zeigt sich in Domins Gedicht die

Hoffnung, dass mit dem Fortschritt auch ein gesellschaftlicher Wandel einhergeht und die Menschen aus ihren Fehlern lernen. Während Kunerts Text durch die Zerstörung der geschichtsträchtigen Häuser resignativ wirkt, setzt das lyrische Subjekt am Ende von Domins Gedicht seine **Hoffnung in die Kinder der Gesellschaft**.

vorsichtiger Optimismus bei Domin vs. Resignation bei Kunert

Es wird deutlich, dass beide Autoren das Motiv der Erneuerung in ihren Texten mit sehr unterschiedlichen Intentionen verwendet haben. Das Gedicht von Domin wirkt insgesamt sehr zukunftsorientiert und spricht eine „[v]orsichtige Hoffnung" auf eine positive Entwicklung der Gesellschaft aus. Kunerts Text bringt diesen Optimismus nicht auf und zeichnet eine eher düstere Prognose für die Gesellschaft. Veränderungen bestimmen das Leben der Menschen. Es gilt jedoch, eine **gute Balance zwischen Fortschrittsgläubigkeit und anachronistischen Tendenzen** zu finden. Die Basis dafür ist eine Verbesserung der in beiden Texten als problematisch thematisierten Kommunikationsfähigkeit der Menschen.

Leistungskurs Deutsch (Sachsen): Abiturprüfung 2021
Aufgabe 2: Interpretation eines literarischen Textes

Christoph Hein (*1944): Landnahme (2004)

[…]

„Ich werde in einem Jahr sechzig, dann bin ich ein alter Mann. Und ich begreife, was ich früher nicht verstanden habe, worüber ich gelacht habe, nämlich dass wir alle einen Platz auf dieser Erde haben. Wir haben einen Platz zugewiesen bekommen, und der gehört zu uns und wir zu ihm. Und wenn man diesen Platz aufgibt, dann gehört man nirgendwo hin, so ist nun mal diese Welt. Und dieser Platz hat etwas mit der Geburt zu tun. Wo du geboren wurdest, da ist deine Heimat, und nur dort bist du daheim. Und wenn du diesen Platz verlässt, dann gibst du deine Heimat auf. Dann kannst du vielleicht in deinem Leben viel erreichen, vielleicht mehr, als wenn du nicht weggegangen wärst. Aber deine Heimat hast du verloren. Das merkt man erst, wenn man so alt geworden ist wie ich. Früher habe ich darüber gelacht. Ich habe nicht verstanden, warum sich unsere Eltern gegen die Umsiedler stellten. Jetzt weiß ich es, und ich weiß, sie hatten Recht."

„Wo sollten sie hin, diese Leute?"

„Das ist etwas anderes, Sigurd. Wohin sie hätten gehen sollen, weiß ich nicht. Doch ich meine, sie hatten und haben nicht das Recht, anderen Leuten ihre Heimat zu nehmen, nur weil man ihnen ihre Heimat nahm. Guldenberg ist seit dem Krieg nicht mehr das Guldenberg, in dem ich geboren wurde, ist nicht mehr unsere Stadt. Hier hat es nie so viel gebrannt, wie seit der Zeit, als diese Flüchtlinge ankamen. Nicht einmal im Krieg hatten wir so viele Brände. Damals gehörten wir noch alle zusammen. Das ist vorbei, das hat sich geändert. Es sind zu viele Fremde. Zu viele, die hier nicht geboren wurden und nicht hierher gehören."

„Vielleicht hast du Recht, Reinhard. Aber wir leben nun einmal in einer anderen Zeit und müssen damit zurechtkommen. Und Haber ist kein schlechter Kerl. Er ist nicht allzu umgänglich, ein sturer Rappelkopf, der sich immer und überall durchsetzen will, doch man kann sich auf ihn verlassen. Da ist er nicht schlechter als ein Einheimischer. Er hat sich eingefügt, er ist ein Guldenberger."

Beuchler schüttelte den Kopf. „Du kannst mich nicht verstehen, oder du willst es nicht. Wie auch immer, Brände jedenfalls, das kannten wir vorher nicht."

„War es Brandstiftung?"

„Ja. Das ist schon sicher, sagt die Kripo."

„Dann warte ab, was die Polizei herausfinden wird."

„Was wird sie finden? Genau das, was sie immer herausgefunden hat. Nichts."

„Woher willst du wissen, dass es einer von den Umsiedlern war. Bei Habers hatte es ebenso gebrannt, bei dem alten Haber damals und bei dem jungen voriges Jahr."

„So heißt es. Aber keiner kann genau sagen, wer es damals war. Vielleicht waren sie es selber, wer weiß. Der alte Haber konnte eine Tischlerei gar nicht führen. Mit einem Arm, Sigurd! Ihm wird die Versicherungssumme besser gefallen haben. Und der junge Haber, ach Gott, wer weiß, warum da etwas gebrannt hat. Oder vielmehr nicht gebrannt hat. Ist es nicht merkwürdig, wenn eine brennende Benzinflasche keinen Schaden anrichtet? In einer Tischlerei? Wo überall Holz und Späne herumliegen? Seltsame Zufälle, meinst du nicht auch? Das würde ich untersuchen, wenn ich bei der Kripo wäre. Wieso brannte es bei ihm nicht? Irgendetwas stimmt da nicht. Nein, Junge, es ist alles anders, als du denkst. Diesen Leuten bedeutet ein Brand nichts. Es ist nicht ihre Stadt, die sie gefährden. Ihnen ist es egal, was dabei kaputtgehen kann. Ihnen fehlt das Herz für die Stadt, schließlich sind sie zufällig hier gelandet und können jederzeit weiterziehen. Wie die Zigeuner. Die Stadt, die Kirche, die Burg, unser Kurpark, die alten Straßen, all das, an dem unser Herz hängt, für sie bedeutet das alles nichts. Glaub mir, es sind Fremde, und es bleiben Fremde. Auf die kannst du nicht bauen. Sei kein Kindskopf, Sigurd, verlass dich nicht auf diese Leute." [...]

Aus.: Hein, Christoph: Landnahme. Frankfurt a. M.: Suhrkamp 2004, S. 339–341.

Figurenverzeichnis

Bernhard Haber	Sohn der Flüchtlingsfamilie Haber
Thomas Nicolas	Banknachbar Bernhards in der Grundschule, Sohn des Apothekers
Marion Demutz	Klassenkameradin und Bernhards erste Freundin
Peter Koller	Jugendfreund, Klassenkamerad, Schleuser
Katharina Hollenbach	Bernhards Schwägerin
Sigurd Kitzerow	Geschäftspartner und Freund Bernhards
Reinhard Beuchler	Tischler

Johann Wolfgang Goethe (1749–1832): Brief an Riemer (1807)[1]

„Man wird sich dessen, was man hat oder nicht hat, ist oder nicht ist, erst am Gegenteile von diesem bewußt oder inne.
Darum werden so viele Menschen durch die Erscheinung eines neuen, fremden Menschen in der Gesellschaft beunruhigt. Er entdeckt ihnen, was sie nicht haben, und dann hassen sie ihn, oder er entdeckt ihnen durch sein Gegenteil, was sie haben, und so verachten sie ihn wieder. [...]"

Aus.: Goethes Gespräche, Biedermannsche Ausgabe, Bd. 2. Hg. von Wolfgang Herwig. München: Deutscher Taschenbuchverlag 1998, S. 200.

1 Friedrich Wilhelm Riemer (1774–1845): deutscher Lehrer, Schriftsteller, Bibliothekar in Weimar, der als Sekretär Goethes bekannt geworden ist

Arbeitsanweisung:

Interpretieren Sie den Auszug aus dem Gespräch zwischen Reinhard Beuchler und Sigurd Kitzerow aus Christoph Heins Roman *Landnahme*.

Überprüfen Sie, inwieweit die Aussagen Goethes im *Brief an Riemer* auch auf den Romanauszug zutreffen.

Lösungsvorschlag

Zur Bearbeitung der vorliegenden Aufgabe benötigen Sie eine genaue ***Textkenntnis des zugrundeliegenden Romans*** *und* ***Kompetenzen beim Interpretieren literarischer Texte****. Lesen Sie zunächst den vorgelegten Romanauszug mehrmals und notieren Sie Ihre Beobachtungen. Worüber sprechen die Figuren im Textauszug? Welche Meinungen vertreten sie und wie begründen sie ihre Ansichten? Es ist hilfreich, wenn Sie das Gespräch in Sinnabschnitte unterteilen, an denen Sie sich dann bei Ihrer Interpretation orientieren können.*

Zu Beginn Ihres Aufsatzes sollten Sie den Inhalt des Romans kurz und zielgerichtet – also mit ***Fokus auf Bernhard Haber und die Geschichte der Umsiedler in Guldenberg*** *– zusammenfassen und deutlich machen, an welcher Stelle der Romanhandlung der Textauszug verortet ist. Analysieren und interpretieren Sie dann* ***Schritt für Schritt*** *das Gespräch zwischen Kitzerow und Beuchler hinsichtlich der inhaltlichen und sprachlich-formalen Gestaltung. Da es sich um einen Dialog handelt, stehen weniger konkrete Handlungen der Figuren im Vordergrund, sondern mehr ihre* ***Gedanken, Äußerungen und Argumente****. Denken Sie daran, die inhaltliche Ebene mit der sprachlichen Ebene (Wortwahl, stilistische Mittel, Satzbau etc.) in einen funktionalen Zusammenhang zu stellen. Es bietet sich an, die Gesprächsbeiträge vergleichend zu betrachten: Handelt es sich um einen Austausch von Neuigkeiten oder um einen Streit?* ***Wie entwickelt sich das Gespräch?*** *Finden Beuchler und Kitzerow eine Übereinstimmung oder endet das Gespräch ohne Ergebnis? Um die Aussagen der Figuren richtig einordnen und deuten zu können, müssen Sie im Verlauf der Interpretation immer wieder auf Ihr Wissen zur Romanhandlung von „Landnahme" zurückgreifen. Fassen Sie Ihre Ergebnisse am Ende kurz zusammen. Der Schwerpunkt der gesamten Aufgabe liegt auf der Interpretation.*

Im Anschluss sollen Sie ein ***Zitat von Goethe mit dem Romanauszug in Verbindung bringen****. Am besten geben Sie Goethes Aussagen zunächst knapp in eigenen Worten wieder. Überprüfen Sie dann, ob Beuchlers und Kitzerows Äußerungen mit Goethes Gedanken zum Umgang mit Fremden übereinstimmen oder nicht.*

Einleitung

Aktualität des Romanthemas

Während der sog. Flüchtlingskrise in den Jahren 2015 und 2016 kamen in kurzer Zeit hunderttausende Menschen aus nahöstlichen und afrikanischen Ländern nach Deutschland, um hier Asyl zu beantragen. Den Schutzsuchenden wurde **viel Solidarität** entgegengebracht, von einer Willkommenskultur war die Rede. Es kam aber auch immer wieder zu **fremdenfeindlichen Aktionen**, rechte Parteien erhielten Zuspruch und im ganzen Land wurden hitzige Debatten geführt über die Einwanderungspolitik. Der **Umgang mit Fremdheit und Fremden** beschäftigt die Menschen seit jeher in einer besonderen Weise, weil damit immer **Fragen der eigenen Identität** verbunden sind. Diese Fragen sind auch zentrales Thema im 2004 erschienenen Roman *Landnahme* des Autors Christoph Hein.

Informationen zu *Landnahme*

In Heins Roman wird die fiktive **Lebensgeschichte des Umsiedlers und Außenseiters Bernhard Haber** über einen Zeitraum von nahezu 50 Jahren dargestellt – ca. vom Ende des Zweiten Weltkrieges bis zur Jahrtausendwende. Habers Leben wird **aus der Sicht von fünf Wegbegleitern erzählt** – Thomas Nicolas, Marion Demutz, Peter Koller, Katharina Hollenbach und Sigurd Kitzerow. Bernhard Haber kommt als Kind 1950 zusammen mit seiner Familie in der ostdeutschen Kleinstadt Guldenberg an, nachdem sie infolge des Zweiten Weltkrieges und der damit verbundenen territorialen Neuordnungen **aus ihrer schlesischen Heimat Breslau vertrieben** worden waren. In der DDR wurden diesen sog. Umsiedlern Städte zugewiesen, Wohnraum zugeteilt und Arbeit beschafft – von den Einheimischen erfuhren diese Umsiedler oftmals **Ausgrenzung und Diskriminierung**. Diesen Anfeindungen sind auch Bernhard Haber und sein Vater ausgesetzt, der gegen viele Widerstände in der Bevölkerung und trotz seines Handicaps – er hat nur einen Arm – versucht, in Guldenberg eine Tischlerei zu betreiben. Bereits als Schüler muss Bernhard in der Tischlerei helfen, um den Lebensunterhalt der Familie zu sichern. Nach der mühsamen Schulzeit absolviert er selbst eine **Ausbildung zum Tischler** und eröffnet – nachdem er in den späten 1950er-Jahren für kurze Zeit in Berlin **illegal als Schleuser gearbeitet** hat –, eine eigene Tischlerei in Guldenberg. Der Roman schildert den Weg des Umsiedlers Bernhard Haber vom ausgegrenzten und schlechten Schüler mit Sprachproblemen hin zu einem **erfolgreichen Geschäftsmann, Familienvater und anerkannten Bürger von Guldenberg**. Bernhard Habers Leben ist die Geschichte einer mühsamen Integration und eines erstaunlichen sozialen Aufstiegs.

Hauptteil

Handlung des Romans

Vertreibung der Familie Haber, Ansiedlung in Guldenberg

Bernhard Habers schwierige Integration

Der vorliegende Textausschnitt befindet sich **im letzten Kapitel des Romans**, in dem Sigurd Kitzerow als Erzähler fungiert. Kitzerow ist ein Guldenberger Holzfabrikant, der Bernhard Haber Anfang der 1960er-Jahre bei der Eröffnung von dessen Tischlerei kennenlernt. Die beiden entwickeln sich zu Geschäftspartnern, Freunden und werden Nachbarn. Der Textauszug zeigt ein kontroverses Gespräch zwischen Reinhard **Beuchler, dessen Tischlerei kurz zuvor niedergebrannt wurde**, und Sigurd Kitzerow. Der Dialog wird also aus der Sicht bzw. der Erinnerung Kitzerows wiedergegeben.

Einordnung des Textauszugs in den Roman

Zu Beginn erklärt Beuchler, dass er erst jetzt in seinem Alter etwas begriffen habe (vgl. Z. 1 f.). Er entwirft daraufhin eine Art Weltbild (vgl. Z. 3–9): Jedem Menschen werde **per Geburt eine Heimat zugewiesen**, die einzigartig sei. Wer diesen Ort verlasse, habe keine Heimat mehr. Dann wiederholt Beuchler nochmal seine Aussage über diese späte Einsicht (vgl. Z. 9 ff. u. 1 ff.). Erst gegen Ende seiner kurzen Rede wird er konkret und nennt die Umsiedler als Thema seiner Klage. Durch diese in sehr einfachen Worten vorgetragene

Analyse und Interpretation

Z. 1 bis 12: Beuchlers Theorie über Heimat

Theorie will Beuchler den **Widerstand gegen die Umsiedler rechtfertigen**. Er versucht, seine Meinung als allgemeingültiges Gesetz darzustellen, ohne Begründungen zu liefern. Er reiht seine Gedanken lediglich mit „und" aneinander (vgl. Z. 3 ff.). Beuchlers lapidare Begründung lautet nur: „[S]o ist nun mal diese Welt" (Z. 5).

Heimat-Theorie als Grundlage für Beuchlers Ablehnung

Kitzerow antwortet mit einer knappen Frage, in der er die Schwachstelle in Beuchlers Theorie aufdeckt und nach dem **Handlungs- und Entscheidungsspielraum der damaligen Vertriebenen** fragt. In Kitzerows nachgeschobenem „diese Leute" (Z. 13) schwingt aber ebenfalls etwas Despektierliches mit. Bezeichnenderweise kann Beuchler die Frage nicht beantworten und behauptet, dieser Aspekt spiele keine Rolle (vgl. Z. 14). Er sagt, die Umsiedler hätten den Guldenbergern die Heimat genommen, die **Stadt habe nach dem Krieg ihre Identität verloren**, das Zusammengehörigkeitsgefühl sei verschwunden. Ein Anzeichen dafür seien die Brände – hier spielt Beuchler auf den **Brand in der Werkstatt von Bernhards Vater** zu Beginn der 1950er an, auf den **Brandanschlag auf Bernhards Werkstatt** im Jahr vor dem Zeitpunkt des Gesprächs und auf das **Abbrennen von Beuchlers eigener Werkstatt** kurz vor diesen Gespräch. Indirekt behauptet Beuchler sogar, dass die Situation in Guldenberg während des Krieges friedvoller gewesen sei als die Zeit, die mit der Ankunft der Umsiedler begann. Er bezeichnet die „Flüchtlinge" (Z. 18), die „Fremde[n]" (Z. 20) als Urheber dieser Entwicklung: Es seien „zu viele" (Z. 20).

Z. 13 bis 21: Beuchlers Vorwürfe an die Umsiedler

Guldenbergs Identitätsverlust

Kitzerow stellt Beuchlers Aussagen nicht weiter infrage und räumt sogar die Möglichkeit ein, dass dieser recht hat (vgl. Z. 22). Kitzerow zeigt sich aber als **Realist**, er beschäftigt sich nicht mit der Vergangenheit („wir leben nun einmal in einer anderen Zeit", Z. 22), man müsse mit den gegebenen Umständen „zurechtkommen" (Z. 23). Dann bezieht er sich auf Bernhard Haber, den Beuchler – vermutlich zurecht – verdächtigt, für den Brand in seiner Werkstatt verantwortlich zu sein. Seine **Charakterisierung von Haber** formuliert Kitzerow – wohl im Wissen, dass er Beuchler nicht zu viel zumuten darf – zurückhaltend durch Litotes, also doppelte Verneinungen: Haber sei „kein schlechter Kerl" und „nicht schlechter als ein Einheimischer" (Z. 23 ff.). Er betont Habers **Sturköpfigkeit**, seinen **Durchsetzungswillen** und seine **Zuverlässigkeit** (vgl. Z. 24 f.). In Kitzerows Augen habe Haber sich integriert, er bezeichnet ihn sogar als Guldenberger (vgl. Z. 26) und widerspricht damit Beuchlers These, dass die Umsiedler in Guldenberg Fremde seien.

Z. 22 bis 26: Kitzerow als Vermittler

Kitzerows Worte über seinen Freund Haber

An dieser Stelle findet sich der einzige Erzählerbericht des vorliegenden Textauszugs (vgl. Z. 27): Durch das Kopfschüttlen macht Beuchler **seine Ablehnung und seine Frust gegenüber Kitzerows**

Z. 27 bis 34: Beuchlers Frust über Kitzerow

beschwichtigenden, verteidigenden Worten deutlich. Beuchler behauptet dann, Kitzerow verstehe ihn nicht – ob das an Kitzerows fehlendem Verstand oder seiner geringeren Lebenserfahrung liege („Du kannst mich nicht verstehen", Z. 27), oder **ob Kitzerow mit seiner Verteidigung Habers andere Interessen verfolge** („oder du willst es nicht", Z. 27), lässt Beuchler offen. Erneut wischt er Kitzerows Argumente einfach als nebensächlich – „Wie auch immer" (Z. 28) – beiseite (vgl. Z. 14) und wiederholt dann seine Aussage, dass es in der Zeit vor den Umsiedlern keine Brände gegeben habe (vgl. Z. 28). Im Umkehrschluss macht Beuchler damit die **Umsiedler für die Brände in Guldenberg verantwortlich**.

kein Eingehen auf Kitzerows Einwände

Nun kommt es zu einem schnellen **Wortwechsel zwischen Kitzerow und Beuchler**. Kitzerow erkennt offenbar die Anspielung in Beuchlers Aussagen, fragt ihn nach der Möglichkeit von Brandstiftung (vgl. Z. 29) und fordert im Imperativ auf (vgl. Z. 31), das Ergebnis der polizeilichen Untersuchung abzuwarten – und nicht im Vorhinein die Umsiedler bzw. Haber dafür verantwortlich zu machen. Kitzerow zeigt sich hier als Realist, der den staatlichen Behörden vertraut und die **Umsiedler nicht als Bedrohung, sondern längst als Teil von Guldenberg ansieht**. Beuchler stellt dagegen die Kompetenz der Polizei infrage und behauptet, diese werde bei ihren Ermittlungen wie immer nichts herausfinden (vgl. Z. 32). Kitzerow fragt daraufhin nach Beweisen für Beuchlers These, dass Umsiedler die Brandstifter gewesen seien. Als Gegenargument führt er die beiden Brände bei Habers an (vgl. Z. 33 f.).

Wortgefecht über mögliche Brandstiftung

Kitzerow als Pragmatiker und Realist

Beuchler spricht daraufhin den schweren Verdacht aus, dass die Habers selbst für die Brände in ihren Werkstätten verantwortlich seien (vgl. Z. 35 f.), betont aber immer wieder, dass er es nicht wisse („vielleicht", Z. 35; „wer weiß", Z. 36, 38). Es folgt eine weitere Unterstellung durch Beuchler: Durch das Vortäuschen von Brandstiftung wollte Bernhards Vater die **Versicherungssumme abgreifen** (vgl. Z. 37), da die Werkstatt aufgrund seiner Behinderung nicht gewinnbringend war. Beuchler macht aus dem Opfer des Brandes also den angeblichen Täter. Der Verdacht, dass Haber selbst seine Werkstatt angezündet habe, wurde von der Polizei damals ebenso geäußert, hat sich jedoch nicht erhärtet. Zum Zeitpunkt des Gesprächs zwischen Beuchler und Kitzerow ist der alte Haber bereits tot – er beging **scheinbar Suizid**. Am Ende des Romans stellt sich heraus, dass er **ermordet** wurde und **Beuchler der Auftraggeber** war.

Z. 35 bis 49: Beuchlers Unterstellung: Versicherungsbetrug durch Haber

Beuchlers Verantwortung für den Tod von Haber senior

Dass Bernhards Werkstatt nicht abgebrannt sei – kurz vor dem Brandanschlag auf Beuchlers Werkstatt –, ist für Beuchler unerklärlich, was er durch die vielen teilweise elliptischen Fragen deutlich macht, die er im Folgenden stellt (vgl. Z. 40 ff.). Beuchler wirkt

Verwunderung über geringen Schaden bei Bernhard Haber

dadurch **ratlos und empört**. Für ihn ist es „[s]eltsa[m]“ (Z. 40), dass eine brennende Benzinflasche in einer Tischlerei keinen größeren Schaden verursacht hat. Erneut bringt er seine **Skepsis gegenüber der Polizei** zum Audruck (vgl. Z. 41), um dann verzweifelt die Frage zu wiederholen: „Wieso brannte es bei ihm nicht?“ (Z. 42). Seine Vermutung, dass hier irgendetwas nicht stimme (vgl. Z. 42), wirkt schon beinahe verschwörerisch. Will er Bernhard vorwerfen, dass dieser einen fehlgeschlagenen Brandanschlag vorgetäuscht habe?

Beuchlers verschwörerische Andeutungen

Die Romanhandlung legt vielmehr nahe, dass Beuchler hier **von seiner eigenen Schuld ablenken** will. Er hat den Brandanschlag auf Habers Werkstatt verübt, weil er **neidisch auf Habers wachsenden Erfolg** ist und weil er es ablehnt, dass ein **Umsiedler in den Guldenberger Kegelclub aufgenommen** worden ist – eine Art Verband der einflussreichtsten Unternehmer Guldenbergs, in dem geheime wirtschaftliche Absprachen getroffen werden. Auf diesen gescheiterten Brandanschlag hin hat wohl tatsächlich Bernhard Haber aus Rache das Niederbrennen von Beuchlers Werkstatt angeordnet. Auf seinem Weg zu wirtschaftlichen Erfolg agiert **Bernhard Haber skrupellos** – seine Werkstatt mit hochwertigen Maschinen konnte er nur mit dem Geld finanzieren, das er mit seiner früheren illegalen Schmugglertätigkeit verdient hatte.

aus Neid: Beuchlers Anschlag auf Habers Werkstatt

Habers Verantwortung für Brand bei Beuchler

Im Fortgang des Gesprächs (vgl. Z. 42 ff.) wiederholt Beuchler seine Meinung vom Beginn des Textauszuges und **steigert die Heftigkeit seiner Vorwürfe**. Erneut behauptet er, der wohlwollende Kitzerow sehe die Wahrheit nicht – herablassend bezeichnet er ihn als „Junge[n]“ (Z. 42). Den Umsiedlern – Beuchler nennt sie wie Kitzerow zuvor „[d]ies[e] Leut[e]“ (Z. 43) – sei an der Stadt Guldenberg nichts gelegen. Durch die Wiederholung der Worte „nichts bedeuten“ (Z. 43, 47) und „Herz“ (Z. 44, 47), durch die Aufzählung der Monumente Guldenbergs (vgl. Z. 46) und durch den eindringlichen parallelen Satzbau („Diesen Leute bedeutet…“, „Ihnen ist es egal…“, „Ihnen fehlt…“, Z. 43 f.) verdeutlicht Beuchler seine **unumstößliche Meinung über die Umsiedler**. Er baut auch sprachlich eine Grenze auf zwischen „ihnen“ und „uns“ (vgl. Z. 44 ff.) und vergleicht die angeblich umherziehenden Umsiedler mit „Zigeuner[n]“ (Z. 46) – ein diskriminierender Begriff für Sinti und Roma.

angeblich keine Wertschätzung für Guldenberg durch Umsiedler

Beuchlers Sprache und Satzbau

Der Textauszug endet mit einem Fazit Beuchlers und seinem Appell an Kitzerow, den er in Imperativen formuliert (vgl. Z. 47 ff.). Eine Integration der Umsiedler kann Beuchler nicht erkennen, die **Fremden bleiben in seinen Augen Fremde**, auf die man sich nicht verlassen könne. Er widerspricht damit Kitzerow, der Habers Zuverlässigkeit betont hat (vgl. Z. 25). Mit dem Aufruf, Kitzerow solle „kein Kindskopf“ sein (Z. 48), spielt Beuchler erneut (vgl. Z. 42) auf den

Beuchlers deutliche Worte gegen Kitzerow

Altersunterschied zwischen ihm und Kitzerow an und macht klar, dass er aufgrund seines Alters und seiner Lebenserfahrung (vgl. Z. 1 ff.) die Wahrheit über die Umsiedler erkannt habe.

Verweis auf Altersunterschied

Kitzerow versucht im vorliegenden Textausschnitt, den **Vermittler zwischen Beuchler und Bernhard Haber** zu spielen. Er verteidigt seinen Freund Haber und will die Konflikte beilegen, da er als Unternehmer den **wirtschaftlichen Erfolg von Guldenberg nicht gefährden** will. Man darf ihm also durchaus Eigeninteresse unterstellen in seiner Vermittlerrolle. Beuchler hingegen gelingt es nicht, Kitzerow von seinen **Vorbehalten gegenüber den Umsiedlern und von Habers Schuld** – sowohl am Brand in Beuchlers Werkstatt als auch am Anschlag auf dessen eigene Tischlerei – zu überzeugen.

Resümee zum Textauszug

Bezug zu Goethes Brief

Nach den Ursachen für den oft problematischen Umgang mit Fremden hat auch Johann Wolfgang von Goethe gesucht. Goethe beschreibt in dem vorliegenden Zitat, das aus dem *Brief an Riemer* aus dem Jahr 1807 stammt, dass sich ein Mensch seines Besitzes und seiner Identität erst in dem Augenblick bewusst werde, wenn er Veränderungen in diesen Bereichen erlebe (vgl. Z. 1 f.). Fremde Menschen würden deshalb für **Unruhe und Verunsicherung** sorgen (vgl. Z. 3 f.). Sollte der Fremde den Menschen spiegeln, was diese nicht haben, würde **Neid und Hass** entstehen (vgl. Z. 4 f.). Die Menschen würden den Fremden hingegen verachten, wenn sie durch dessen Anwesenheit bemerken, was sie ihm voraushaben (vgl. Z. 5 f.).

Inhalt des Goethe-Zitats

Beuchler sieht die **Umsiedler als ursächlich für den Identitätsverlust von Guldenberg** und für die Gewalt in der Stadt an. Im Sinne Goethes könnte man sagen, dass Beuchler besonders am Beispiel von Bernhard Haber bemerkt, dass eben jener, der zeit seines Lebens mit Ausgrenzung und Verlusten zu kämpfen hatte, allmählich zu einem erfolgreicheren Geschäftsmann geworden ist als er selbst. Bernhard Haber ist die Personifikation dessen, was Beuchler nie erreicht hat. Haber hat es geschafft, sich in einer fremden Stadt eine stattliche Existenz aufzubauen und wird sogar in den berüchtigten Kegelclub aufgenommen. **Er schürt damit den Neid Beuchlers**. Es ist sehr wahrscheinlich, dass Beuchler aus diesem Hass heraus den Brandanschlag auf Habers Werkstatt verübt hat.

Übereinstimmung zwischen Romanauszug und Goethe-Zitat

Beuchlers Neid auf erfolgreichen Umsiedler Haber

Und auch der von Goethe angesprochene Aspekt, dass denjenigen Fremden Verachtung entgegenbracht wird, die weniger besitzen als die Einheimischen, wird im Romanauszug angedeutet – etwa wenn Beuchler Bernhards Vater als „alten Haber" bezeichnet, der mit nur einem Arm gar keine Tischlerei führen konnte (vgl. Z. 36 f.). Als die Familie Haber mittellos in Guldenberg ankam, wurde sie ausgegrenzt und diskriminiert. Das rührte wohl daher, dass Einheimische

Verachtung gegenüber schutzbedürftigen Fremden

wie Beuchler **von der Angst erfasst wurden, dass ihnen durch die Ankunft der Fremden etwas weggenommen würde**. Beuchler scheint von Verlust- und Versagensängsten getrieben zu sein und findet im „neuen, fremden“ Bernhard Haber den angeblichen Grund für seinen abnehmenden Erfolg und eine passende **Bestätigung für seine Abneigung dem Fremden gegenüber**.

irrationale Angst um eigenen Besitz

Auf Sigurd Kitzerow treffen Goethes Aussagen allerdings nicht zu – zumindest nicht im vorgelegten Romanauszug. Dass er die Umsiedler als „diese Leute“ (Z. 13) bezeichnet oder Bernhard Haber als „sture[n] Rappelkopf“ (Z. 24), klingt zwar etwas herablassend, Kitzerow zeigt aber im Textauszug **weder Anzeichen von Hass noch von Verachtung** und ist in keinerlei Taten gegen die Umsiedler verwickelt. Das mag auch daran liegen, dass Kitzerow anders als Beuchler ein sehr erfolgreicher Geschäftsmann ist, der sich von den Umsiedlern in keiner Weise bedroht fühlt.

keine Übereinstimmung zwischen Kitzerow und Goethe-Aussage

Schluss

Was bedeutet Heimat? Ist Heimat der Ort, an dem man geboren wurde und aufgewachsen ist, der Ort, an dem geliebte Menschen leben oder ist es ein Ort im Herzen einer jeden Person? Und was ist mit denjenigen, die ihre Heimat verlassen oder verloren haben und in der Fremde nach einer neuen suchen müssen? Was passiert, wenn sich Einheimische von Fremden bedroht fühlen? Aktuelle politische Entwicklungen und auch der vorgelegte Romanauszug aus Heins *Landnahme* verdeutlichen uns immer wieder, welche **Herausforderungen und Chancen** die Begegnungen mit Fremden bereithalten.

Leistungskurs Deutsch (Sachsen): Abiturprüfung 2021
Aufgabe 3: Erörterung eines pragmatischen Textes

Andreas Gardt (*1954): Ich spreche, also bin ich. Sprache ist Identität (2016)

Man ist immer jemand, wenn man spricht. Italienerin oder Deutscher, Sachse oder Hamburgerin. Man ist Mann oder Frau, jung oder alt, ist gebildet, naiv, freundlich oder vulgär. Schon wenige Worte reichen, um einen Eindruck davon entstehen zu lassen, wer und was wir sind. Nicht nur die Sprache trägt zu diesem Urteil bei, aber sie hat einen großen Anteil daran. Es ist fast unmöglich, dem zu entgehen, und auch Schweigen hilft nur, wenn es nicht als beredtes Schweigen gedeutet wird. Der identitätsschaffenden Wirkung unserer Sprache sind wir nicht passiv ausgesetzt, sondern können „acts of identity" (Robert Le Page) vollziehen, können gezielt versuchen, die Wahrnehmung unserer Identität durch unser Sprechen zu beeinflussen. Das tun etwa Jugendliche, wenn sie sich der Sprache ihrer Altersgruppe anpassen, aber auch Erwachsene, die über die Jahre den Dialekt der Gegend annehmen, in die sie neu gezogen sind. [...]

Der Psychoanalytiker Erik H. Erikson, der einige Klassiker der Identitätsforschung verfasst hat, beschreibt individuelle Identität so: „Das bewusste Gefühl, eine persönliche Identität zu besitzen, beruht auf zwei gleichzeitigen Beobachtungen: der unmittelbaren Wahrnehmung der eigenen Gleichheit und Kontinuität in der Zeit, und der damit verbundenen Wahrnehmung, dass auch andere diese Gleichheit und Kontinuität erkennen."[1] Zentral ist zweierlei: die Kontinuität in der Zeit und die Reaktion der anderen. Tatsächlich kann etwas, das permanentem Wandel ausgesetzt ist, kein bestimmtes So-Sein, keine Identität entwickeln. Und immer gehört zur Identität auch die Alterität, zum Eigenen das Andere. Erst im Blick der anderen und in unserem Bewusstsein von der Existenz dieses Blicks werden wir zu dem, der wir sind. Dabei unterscheidet sich der Blick derjenigen, die die Existenz einer bestimmten Identität behaupten, oft ganz erheblich vom Urteil der wissenschaftlich Analysierenden. Das gilt vor allem für kollektive Identitäten. [...] Nicht selten erscheint Identität dann als etwas Festes, in sich Ruhendes, nahezu Monolithisches, dem historischen Wandel und wechselvollen menschlichen Zugriff in ihrem *Kern* Enthobenes. Die aktuelle Forschung dagegen betrachtet Identität grundsätzlich als Resultat gesellschaftlicher Konstruktionen, als eine dynamische Größe, die im Diskurs ausgehandelt wird. Mit den Interessen der Diskursteilnehmer verändern sich auch die Identitäten, die ganz und gar der historischen Entwicklung anheimgestellt sind. Das bedeutet nicht, dass sie beliebig sind: Nicht aus jeder historischen Konstellation kann sich jede Identität entwickeln. [...]

Die enge Beziehung zwischen Sprache, Sprechern und politischem/kulturellem Körper bedeutet auch, dass die Gefährdung der einen Größe auch als Gefährdung der anderen betrachtet wurde und wird. Vor allem die Verwendung von Fremdwörtern steht in Geschichte und Gegenwart immer wieder im Zentrum einer Kritik, die diese Wörter als *Eindringlinge* in die eigene Sprache betrachten, als Gefahr für den Bestand der Sprache und zugleich als Gefahr für die Identität der Sprach- und Kulturgemeinschaft. In früheren Jahrhunderten galten oft französische Wörter und Wendungen als *Seelengift* für

Deutsche, in jüngster Zeit richtet sich die Kritik gegen englische. Der gegen Anglizismen gerichtete Fremdwortpurismus ist allerdings in seiner Aggressivität und nationalistischen Zuspitzung nicht annähernd mit dem Purismus früherer Zeiten vergleichbar. Dabei ist die Sorge, dass die zunehmende Präsenz des Englischen in allen Lebensbereichen die eigene kulturelle Identität bedroht, nicht auf den deutschsprachigen Raum beschränkt, sondern findet sich in vielen Sprachgemeinschaften und Staaten, häufig getragen von einer unspezifischen Furcht vor den Folgen der Globalisierung. Was die Forschung betrifft, so sieht sie für die deutsche Sprache keine Gefahren durch fremdsprachige Einflüsse. Auch gelten ihr Nationalsprachen nicht als Größen, die fixiert werden könnten oder sollten, um der Aufgabe gerecht zu werden, die Identität einer Sprachgemeinschaft zu sichern. Vielmehr werden sie als historische Phänomene verstanden, für die Wandel und Variation geradezu konstitutiv sind. Dabei leugnet die Sprachwissenschaft keineswegs die bedeutende Rolle der Sprache bei der Konstitution von Identität. Spätestens seit dem Rationalismus der Aufklärungszeit finden sich Auffassungen, die der Sprache einen ganz entscheidenden Einfluss auf die Art und Weise zusprechen, wie wir unsere Welt erkennen und kognitiv ordnen. Am offensichtlichsten ist die sprachliche Gliederung der Welt im Wortschatz, sodass etwa August Willhelm Schlegel zu Beginn des 19. Jahrhunderts feststellt: „Mit der Muttersprache zugleich saugen wir die Vorstellungen und Ansichten der Dinge [...].“[2] Der amerikanische Philosoph Richard Rorty spricht von einem bestimmten „Vokabular“, in dem sich die Sprecher einer Sprache intellektuell bewegen und das ihr Bild von der Welt wesentlich beeinflusst.[3]

Zugleich stehen unterschiedliche sprachliche Perspektiven auf die Wirklichkeit in Konkurrenz zueinander. Die Diskussion um Political Correctness in der Sprache belegt es: Mit einem bestimmten Wort wird eine bestimmte Identität verknüpft. Ob ein und dieselbe Person als *Flüchtling*, als *Migrant* oder als *Eindringling* bezeichnet wird, macht einen ganz erheblichen Unterschied. An der identitätsbildenden Kraft der Sprache und des Sprechens führt kein Weg vorbei, auch unterhalb der Ebene einer Sprachgemeinschaft als ganzer. In George Bernard Shaws Schauspiel *Pygmalion* ist es Eliza Doolittle, die diese Erfahrung macht, als versucht wird, sie durch eine „bessere“ Sprache zu einem Mitglied der „besseren“ britischen Gesellschaft zu machen. Die Menschen aus den beiden Teilen Deutschlands haben es erlebt, als sie in den ersten Jahren nach der Wiedervereinigung den *typisch Westdeutschen* oder den *typisch Ostdeutschen* an seiner Sprache erkannten (oder zu erkennen glaubten). Und sprechen wir einen Dialekt, dann versuchen wir vielleicht, ihn bei offiziellen Anlässen zu vermeiden. Oder aber umgekehrt: Wenn wir aus der Stadt, in der wir leben, unser Heimatdorf besuchen, wählen wir wieder den Dialekt, um nicht durch unsere Sprache den Eindruck zu erwecken, wir seien ein ganz Anderer geworden. „Sprich, damit ich Dich sehe“: Sokrates' oft zitierte Äußerung handelt genau davon.

Aus: Sprache. Ein Lesebuch von A–Z. Perspektiven aus Literatur, Forschung und Gesellschaft. Hg. für das Deutsche Hygiene-Museum Dresden und die Deutsche Akademie für Sprache und Dichtung von Colleen M. Schmitz und Judith Elisabeth Weiss. Göttingen: Wallstein Verlag 2016, S. 105–107.

1 Erikson, Erik H.: *Identität und Lebenszyklus*. Drei Aufsätze, Frankfurt a. M. 1966, 1973, S. 20.
2 Schlegel, August Wilhelm: Vorlesungen über schöne Literatur und Kunst, 1. Teil: Die Kunstlehre, in: ders.: *Kritische Ausgabe der Vorlesungen*, hg. v. Ernst Behler in Zusammenarbeit mit Frank Jolles, Bd. 1, Paderborn 1989, S. 181–472, hier S. 417.
3 Rorty, Richard: *Kontingenz, Ironie und Solidarität,* Frankfurt a. M. 1989, S. 26 f.

Arbeitsanweisung:

Analysieren Sie den gedanklichen Aufbau des Textes *Ich spreche, also bin ich. Sprache ist Identität* von Andreas Gardt. Beziehen Sie ausgewählte Aspekte der sprachlich-stilistischen Gestaltung und deren Funktion in Ihre Ausführungen ein.

Erörtern Sie die Aussagen des Autors zur Erkenntnisfunktion von Sprache und zum Sprachwandel. Beziehen Sie eigene Erfahrungen und Wissen aus dem Unterricht in Ihre Ausführungen ein.

Der Schwerpunkt der Aufgabe liegt auf der Erörterung.

Lösungsvorschlag

Die vorliegende Aufgabe erfordert Kompetenzen in der Sachtextanalyse und in der Auseinandersetzung mit Aspekten des Arbeitsfeldes „Sprache". Die ***Komplexität der Textvorlage*** *legt nahe, bei deren Erschließung keine Vollständigkeit in der Darstellung des Sinngehalts und der gestalterischen Umsetzung anzustreben. Vielmehr geht es darum,* ***Wesentliches im Sinne der Aufgabenstellung*** *herauszuarbeiten und sich dazu* ***gezielt mit eigenen Positionen und Argumenten*** *zu äußern. Dafür haben Sie im Verlauf des Deutschunterrichts sowohl in der Oberstufe als auch in der Sekundarstufe I Beispiele aus verschiedenen Themenbereichen kennengelernt.*
Zum ***Sprachwandel*** *können neben exemplarischen Phänomenen der deutschen* ***Gegenwartssprache*** *auch Kenntnisse aus der* ***Sprachgeschichte*** *herangezogen werden. Beispiele für den Einfluss anderer Sprachen müssen Sie nicht vorher auswendig lernen: Es genügt schon ein Blick in das als Hilfsmittel zugelassene* ***Wörterbuch****. Hinter einer Vielzahl von Fremdwörtern wird die Herkunft in eckigen Klammern angegeben.*
Argumente im Hinblick auf die Erkenntnisfunktion von Sprache müssen sich nicht auf linguistische Aspekte aus dem Lernbereich Sprache beschränken. Denkbar sind auch Texte oder Textfragmente zu (defizitären) ***Sprachwahrnehmungen aus der Literatur****, etwa aus der sog. Sprachkrise um 1900 (Rilke, Mauthner, Hofmannsthal) oder aus der Sprachpoesie, sei es die Romantik mit Eichendorff oder Brentano, seien es Sprachexperimente aus Dada (Morgenstern, Ball) oder Konkreter Poesie (Jandl).* ***Eigene Erfahrungen*** *zur Kernthese aus der Überschrift (Sprache ist Identität) können Ihren Aufsatz abrunden.*

Einleitung

Ich denke, also bin ich (René Descartes). Ich spreche, also bin ich (Andreas Gardt). Ich schreibe, also bin ich. Ein Abiturient über seinem Deutsch-Aufsatz … Die Liste ließe sich weiterführen: Ich tanze, also bin ich. Ein Tänzer. Ich singe, also bin ich. Eine Sängerin. Ich lese, also bin ich. Ein*e Leser*in.

Hinführung zum Thema und Informationen zum Text

Inwieweit der Vollzug bestimmter Handlungen maßgeblich ist für die **Wahrnehmung eines einzelnen Individuums** hinsichtlich seiner Wirklichkeitserfahrung, seines In-der-Welt-Seins, seiner Identität, ist Hintergrund der Überlegungen von Andreas Gardt in seinem Essay *Ich spreche, also bin ich. Sprache ist Identität* in einer Publikation für das Deutsche Hygiene-Museum in Dresden aus dem Jahr 2016. Im Folgenden wird zu untersuchen sein, wie er seine Überlegungen gedanklich aufbaut und welche Kernaussagen er trifft. Seine auf den **Sprachwandel** und die **Erkenntnisfunktion von Sprache** bezogenen Positionen sollen anschließend mit meinen eigenen Auffassungen darüber ins Verhältnis gesetzt und diskutiert werden.

Analyse des gedanklichen Aufbaus

Gardts Ausführungen geben einen interessanten Einblick in die Sprachwissenschaft. Nach einführenden Überlegungen zum **Verhältnis von Individuum und Sprache** äußert er sich ausführlicher über die Identität, die mithilfe von Sprache für den Einzelnen, aber auch für Gruppen von Individuen bis hin zu ganzen Völkern geschaffen werden kann. Zum Schluss des hier vorliegenden Auszuges führt er eine Reihe von Beispielen aus sehr verschiedenen Lebensbereichen an, die die Wirkmächtigkeit sprachlicher Äußerungen anschaulich belegen.

Sprache und Identität

Bereits im Titel geht Gardt von der Kernthese aus, dass Sprache Identität sei, dass man also mit jeglicher sprachlichen Äußerung etwas über sich aussage, auch wenn das gar nicht beabsichtigt sei. „Schon wenige Worte" seien ausreichend, um bei anderen einen wie auch immer gearteten Eindruck von uns zu hinterlassen (vgl. Z. 3). Dieser Ausgangspunkt erinnert an **Paul Watzlawicks Diktum**, der sogar noch zugespitzter formuliert, dass „man nicht nicht kommunizieren könne". Auch wenn der österreichische Psychologe von Gardt nicht ausdrücklich benannt wird, scheinen doch dessen **Axiome über Kommunikation** und Kommunikationsregeln im Hintergrund mitzuwirken.

Gardts Anspielung auf Watzlawick

Gardt behauptet nun mit dem Verweis auf Robert Le Page, dass man diese **Wirkung von Sprache aktiv ausnutzen** könne. Das tun Jugendliche etwa, „wenn sie sich der Sprache ihrer Altersgruppe anpassen" (Z. 10), ebenso wie Erwachsene, wenn sie sich der Kraft des Dialektes nicht erwehren können, dem sie z. B. nach einem Umzug in einer neuen Umgebung ausgesetzt sind.

Jugendsprache und Dialekt

Auch für den folgenden Absatz nutzt Gardt ein **Autoritätsargument** als Ausgangspunkt für seine Überlegungen. Er zitiert den **Psychoanalytiker Erik H. Erikson** mit dessen Definition von Identität und leitet daraus seine eigenen Schlussfolgerungen ab. Die Kernaussage dieser Herleitung besteht in der These, dass wir „[e]rst im Blick der anderen und in unserem Bewusstsein von der Existenz dieses Blicks […] zu dem [werden], der wir sind" (Z. 20 f.). Diese Blicke könnten aber sehr verschieden sein, das „Urteil der wissenschaftlich Analysierenden" (Z. 23) könne erheblich von in der Allgemeinheit verstandenen Auffassungen abweichen und auch der Einzelne entwickle sich ja beständig weiter. Deshalb werde, so Gardt, in der aktuellen Forschung „Identität grundsätzlich als Resultat gesellschaftlicher Konstruktionen [verstanden], als eine dynamische Größe, die im Diskurs ausgehandelt wird" (Z. 27 f.).

Eriksons Definition von Identität

Identität als Zuschreibung und wandelbare Größe

Diese Auffassung von der Dynamik auch „kollektive[r] Identitäten" (Z. 23 f.) bedeute nun auch einen **Wandel in der Betrachtung von Fremdwörtern und Fremdwortgebrauch**, die bisher häufig als „Gefahr für den Bestand der [eigenen] Sprache und zugleich als Gefahr für die Identität der Sprach- und Kulturgemeinschaft" (Z. 36 f.)

angebliche Gefahr durch Fremdwörter

angesehen wurden. Gardt belegt diese Auffassung, die er in der Vergangenheit für das Französische, aktuell aber für den **Einfluss des Englischen** konstatiert, nicht mit Beispielen. Er verweist aber analogisierend darauf, dass diese gefühlte **Bedrohung der eigenen kulturellen Existenz** keine deutsche Eigenart, sondern ein internationales Phänomen sei (vgl. Z. 43 f.). Er behauptet zwar, dass „die Forschung […] keine Gefahren durch fremdsprachige Einflüsse" (Z. 45 ff.) sehe, bringt aber hierfür ebenso wenig Belege oder Beispiele.

Angst vor Fremdsprachen als globale Erscheinung

Einfluss der Sprache auf Weltbild

Stattdessen werden mit August Wilhelm Schlegel und Richard Rorty zwei Philosophen als Autoritäten zitiert, die im Abstand von knapp 200 Jahren übereinstimmend darauf verweisen, wie sehr die „Muttersprache" (Z. 56) bzw. ein bestimmter gegebener Wortschatz, „in dem sich die Sprecher einer Sprache intellektuell bewegen" (Z. 58 f.), das **Weltbild der Sprecher wesentlich beeinflussen**. Beispiele fehlen auch hier, obwohl sie vergleichsweise einfach anzuführen wären. Im Zusammenhang mit der **Sapir-Whorf-Hypothese** sind die Beispiele für die unterschiedlichen Farbskalierungen bei indigenen Völkern wohl das anschaulichste Beispiel.

Sprache als Spiegel der Persönlichkeit

Wie sehr der Gebrauch von Sprache, die Benutzung eines bestimmten „Vokabular[s]" (Z. 58) ein **Gradmesser für den Intellekt des Sprechers bzw. dessen geistige Positionen** ist, veranschaulicht Gardt zu Beginn seines letzten Abschnittes. Er benennt die Verwendung der Substantive „Flüchtling", „Migrant" und „Eindringling" (Z. 64) als Indiz für das Vorhandensein oder Nichtvorhandensein von „**Political Correctness**" (Z. 62). Man könne mit „einem bestimmten Wort […] eine bestimmte Identität" (Z. 63) verknüpfen. Er behauptet, dass es „einen ganz erheblichen Unterschied" (Z. 65) mache, ob „ein und dieselbe Person" (Z. 63 f.) so oder so oder so bezeichnet werde.

Gardts Beispiel: ost- und westdeutsche Dialekte

Ein Beispiel aus der Literatur (G.B. Shaws *Pygmalion*) und eines aus der jüngeren Geschichte und Gegenwart (die sprachliche Erkennbarkeit von „Ossis" und „Wessis" an ihrem Dialekt) runden die Ausführungen Gardts ab (vgl. Z. 67 ff.). Der **Bogen zu seiner Einleitung** wird geschlagen, wenn er behauptet, dass wir beim Besuch unseres Heimatdorfes ganz bewusst, also aktiv, den heimatlichen Dialekt „wählen […], um nicht durch unsere Sprache den Eindruck zu erwecken, wir seien ein ganz Anderer geworden" (Z. 75 f.).

Aspekte der Gestaltung und Fazit

Gardts Verweise auf Experten

Zusammenfassend kann Gardts Text verstanden werden als ein Beitrag, der einem linguistisch und psychologisch interessierten Publikum einige Aspekte der neueren Forschung auf diesen Gebieten nahebringen will. Da er mit dem Thema offensichtlich vertraut ist und eine Anzahl von Autoritätsargumenten aus der **Psychologie** (Erikson), **Sprachwissenschaft** (Le Page) und auch der **Philosophie**

(Schlegel, Rorty, Sokrates) benutzt, wirkt seine Argumentation weitgehend überzeugend. Die Verwendung vorwiegend **hypotaktischer Satzstrukturen** sowie der häufige Gebrauch von **Fachwortschatz** in Form von abstrakten Nomina (z. B. „Identität", Z. 9; „Kontinuität", Z. 16; „Alterität", Z. 19; „Diskurs", Z. 28; „Fremdwortpurismus", Z. 40) erschweren zwar einerseits den Zugang zum Text, machen aber andererseits auch die Ernsthaftigkeit der Auseinandersetzung Gardts mit seinem Thema deutlich. Interessant ist auch der Einsatz der **Anglizismen** „acts of identity" (Z. 8) und „Political Correctness" (Z. 62), die hier aber weniger als „Eindringlinge" (Z. 36), sondern vielmehr als „Migranten" aus dem wissenschaftlichen Beschreibungswortschatz (z. B. von Le Page) verstanden werden sollen.

Satzbau und Wortwahl

Dass bei Gardts tiefgründiger Betrachtung **konkrete Beispiele aus der Sprachpraxis eher selten** sind, liegt wahrscheinlich in der Publikationsform des „Lesebuches" begründet. Dieser Mangel ist einerseits bedauerlich, eröffnet aber andererseits die Möglichkeit, anhand eigener Beobachtungen die Aussagen Gardts auf den Prüfstand zu stellen.

Überleitung

Wenn Gardt beispielsweise „Eindringlinge" aus anderen Sprachen (vgl. Z. 32–37) anführt, um auf die **behauptete Gefährdung der Identität einer Sprach- und Kulturgemeinschaft** hinzuweisen, widmet er sich offensichtlich dem Problemfeld des Sprachwandels. Konkret benennt er das Französische, dessen Wörter und Wendungen in „früheren Jahrhunderten" (Z. 37 f.) nach Deutschland einwanderten, und die Anglizismen, die für viele Sprachnutzer nicht nur in Deutschland Anlass zur Sorge seien (vgl. Z. 39 ff.).

Erörterung: Sprachwandel

Der Hinweis auf die **geschichtliche Dimension des Sprachwandels** ist allerdings ein starkes Argument dafür, diese soeben behauptete Gefahr sogleich wieder zu relativieren. Schaut man sich die Entwicklung der deutschen Sprache in den vergangenen Jahrhunderten an, so erkennt man leicht, dass eine **Vielzahl von fremdsprachlichen Einflüssen** ihre Spuren hinterlassen hat. Angefangen bei den sprachlichen Überbleibseln aus den Kontakten mit dem Griechischen (z. B. „Metamorphose", „Fotografie"), über das Lateinische („Aktion", „Archiv"), bis hin zum Italienischen („Bank", „Konto", „Spaghetti") finden sich unzählige Belege, die diese Begegnungen **nicht als Gefahr, sondern als Bereicherung** verdeutlichen. Eine Sprache, die lediglich aus dem sog. eigenen Wortgut, d. h. aus den Erbwörtern des Deutschen bestünde, wäre eine arme Sprache.

Spuren von Fremdsprachen im Deutschen

fremdsprachliche Einflüsse als Gewinn

Die fachwissenschaftlichen Bezeichnungen von Fremd- und Lehnwörtern veranschaulichen die Tatsache, dass ein solcher Wandel **nicht abrupt und nicht per Verordnung** geschieht, also „dekretiert"

Beispiel für Wandel eines Fremdwortes: „Bureau"

werden kann. Was, wie das französische „Bureau“, im Deutschen zunächst **durch seine abweichende Orthografie als Fremdwort leicht erkennbar** war, wurde später zum Lehnwort, indem man es in die deutsche Rechtschreibvariante „Büro“ transformierte. Eine Weiterentwicklung dieses Wortes lässt sich nun selbst innerhalb dieser Schreibung beobachten: Während die hochdeutsche Aussprache das Wort wie im Französischen auf der zweiten Silbe betont, ist es in einigen sächsischen Mundarten (z. B. des Vogtlands und im Erzgebirgsraum) schon anfangsbetont – was eigentlich ein **Kennzeichen für den deutschen Erbwortschatz** ist. Weiß der heutige Sprachnutzer, dass die „Frisörin“ ursprünglich ein „Friseur“ war? Und auch „Friseusen“ hat es zwischenzeitlich gegeben.

verschiedene Grade der Eindeutschung

Ein letztes Beispiel möchte ich anführen, das zeigt, wie bei einem Fremdwort allmählich, durch Benutzung im Alltag und in verschiedenen situativen Kontexten, eine **Adaption und Aneignung durch die eigene Kultur** stattfindet. Was die Franzosen als „pommes frites“ bezeichnen, hat es in der deutschen Küche früher so nicht gegeben. „Bratkartoffeln“ erfordern eine grundsätzlich andere Zubereitungsweise, sind aber sprachlich gesehen mit den „pommes frites“ genauso eng verwandt wie die englischen „French fries“. Als der Deutsche sie auf seine Speisekarten in den „Restaurants“ setzte, wurden aus den „pommes frites“ zunächst „Pommes frites“. Heutzutage kann man sie an der „Frittenbude“ sowohl als „Pommes“ als auch als „Fritten“ bestellen – mit Ketchup und „Majo“ – oder einfach „rot/weiß“.

weiteres Beispiel: „pommes frites“

Identität kann genau wie Sprache wachsen, sich weiterentwickeln und **durch vielfältige äußere und innere Einflüsse bereichert** werden. Nicht nur die menschliche Identität wird durch soziale und sprachliche Einflüsse verändert, sondern auch die Sprachidentität kann entweder gezielt oder auch – vom einzelnen Sprecher – unbewusst beeinflusst werden. Und obwohl ausreichend deutschsprachige Synonyme für die Bezeichnung von Eigenschaften, Merkmalen o. Ä. zur Verfügung stehen, werden auch in Zukunft weitere **bedeutungsähnliche Begriffe aus anderen Sprachen mit feinen semantischen Nuancierungen** in den deutschen Wortschatz integriert werden. Was kann daran falsch sein oder sogar gefährlich?

Wandel und wechselseitiger Einfluss von Sprache und Identität

Es ist nur ein kleiner Argumentationsschritt von den soeben genannten Aspekten des historischen Sprachwandels zu Fragestellungen, die sich mit der Erkenntnisfunktion von Sprache beschäftigen. Gardt nutzt in seiner Darstellung exemplarisch die Gegenüberstellung von „Flüchtling“, „Migrant“ und „Eindringling“, ohne dabei auszuführen, worin genau der von ihm behauptete „erheblich[e] Unterschied“ (Z. 65) besteht. Die mit den genannten Begriffen bezeichnete Person wird oftmals gar keine Kenntnis davon erlangen, wie über sie gesprochen

Erörterung: Erkenntnisfunktion von Sprache

wird – ob **empathisch, neutral oder negativ sprachlich markiert**. Die verwendeten Vokabeln setzen allerdings deutliche Signale. Meines Erachtens ist die Verwendung der jeweiligen Begriffe sehr **verräterisch für die Geisteshaltung des Sprachproduzenten**.

Aussagekraft der Wortwahl

Betrachtet man diese Fragestellung aus einem anderen Blickwinkel, wird es wahrscheinlich noch anschaulicher. Man stelle sich z. B. meinen zweieinhalbjährigen Cousin vor, der voller Aufregung auf ein im Garten flatterndes Tier zeigt und „Bogel" ruft. Die **richtige Aussprache** des „Vogel-Vau" gelingt ihm noch nicht. Aber das Tier hat er – für sein Alter – korrekt bezeichnet. Für ein Vogelkunde-Lexikon würde das allerdings nicht reichen, hier könnte und müsste man viel deutlicher differenzieren und klassifizieren. Handelt es sich etwa um eine Amsel oder um einen Rotschwanz? Und noch genauer: um einen Hausrotschwanz oder einen Gartenrotschwanz?

Beispiel: Vogel

In analoger Weise ist auch Stein nicht gleich Stein. Wenn ich erkennen will, ob es ein Tiefen- oder Ergussgestein, ein Sediment oder ein metamorph entstandenes Stückchen der Erdkruste ist, das zur Verschönerung unseres Vorgartens beiträgt, brauche ich die dazu notwendigen Vokabeln. Dann kann ich mich freuen, wenn Freunde den neuen Gast in unserem Garten als Glimmerschiefer **identifizieren und angemessen bezeichnen** und in seiner Schönheit würdigen können und ihn nicht etwa mit Granit oder Gneis verwechseln. Sprache erlaubt mir also zu differenzieren; ich kann die **Unterschiede zwischen den Dingen erkennen und benennen**.

Beispiel: Stein

differenzierte Wahrnehmung der Welt durch Sprache

„Ich fürchte mich so vor der Menschen Wort. / Sie sprechen alles so deutlich aus …" – Ist es diese **Klassifizierungswut des Menschen**, vor der Rilke, der Dichter der Jahrhundertwende (um 1900), sich in seinem berühmt gewordenen Gedicht fürchtete? Dass alles haarklein erkannt, benannt, beschrieben, übertrieben, analysiert, klassifiziert werden muss? Ich glaube, Rilke fürchtete sich weniger vor den Möglichkeiten, die mit einem bewussten und achtsamen Sprachgebrauch einhergehen, als vor dem **Missbrauch dieses Sprach-Potenzials durch Nachlässigkeit und Verwahrlosung**. Er erinnert damit an einen früheren Dichter aus der Romantik (Eichendorff, *Wünschelrute*), der daran glaubte, dass es möglich sei, die ganze Welt zum Singen zu bringen, wenn man nur das **„Zauberwort"** treffe. So sprechen beide Gedichte von der **Magie der Sprache** – das eine voller Hoffnung, das andere eher skeptisch, weil diese Magie in einer Phase des gesellschaftlichen Umbruchs verloren zu gehen droht.

literarisches Beispiel zur Erkenntnisfunktion von Sprache

zwei Perspektiven auf die Macht der Sprache

Die Aneignung von Welt und die Herstellung einer Beziehung zu dieser ist untrennbar verbunden mit der Notwendigkeit, deren Strukturen auch sprachlich zu erfassen. Der Sprachphilosoph Ludwig

Verweis auf Ludwig Wittgenstein

Wittgenstein formuliert diese Erkenntnis so: **„Die Grenzen meiner Sprache bedeuten die Grenzen meiner Welt."** Was ich für mich, in meinem Ausdruck nicht klar benennen kann, kann ich meinem Kommunikationspartner auch nicht vermitteln (z. B. als Appell). Wenn es mir nicht gelingt, die Gegenstände oder Sachverhalte exakt darzustellen, über die ich mich mit jemandem austauschen möchte, muss ich mich nicht wundern, wenn wir **aneinander vorbeireden**.

Vermeidung von Missverständnissen durch exakte Sprache

Damit der Code, den ich zur Übermittlung meiner Informationen an mein Gegenüber benutze, möglichst wenig Entschlüsselungsprobleme bereitet, sollte ich bereit sein, ihn bei Bedarf zu variieren. Andreas Gardt führt dazu abschließend das Beispiel an, dass man beim Besuch seines Heimatdorfes wieder in den heimischen Dialekt verfällt, obwohl man sich in „der Stadt, in der wir leben" (Z. 74), einer weitgehend dialektfreien, nah an der Standardsprache befindlichen Sprachvariante bedient hat. Die **Gegenüberstellung von Heimatdorf und Lebensraum Stadt** erscheint mir **wenig überzeugend**. Zum einen haben mittlerweile weitreichende Ausgleichsprozesse stattgefunden, sodass Dialekte gegenüber der Hochsprache an Bedeutung verlieren und der Dialekt in ländlichen Gegenden weniger relevant sein dürfte, als von Gardt behauptet. Zum anderen fände ich ein Beispiel für das sog. **Codeswitching** interessanter, das nicht auf regionale, sondern situative oder sozial bedingte Unterschiede verweist.

Kritik an Gardts Aussagen zu Stadt und Land

Bedeutungsverlust der Dialekte

So dürfte leicht nachzuvollziehen sein, dass man im Freundeskreis anders kommuniziert als im Unterricht mit seinen Lehrern. Während in dem einen Fall **jugendsprachliche Elemente** oder gar der **Jargon** nicht fehlen dürfen, wird man im anderen Fall um die **Verwendung hochsprachlicher Lexik und Syntax** bemüht sein. Dass das im Bereich der **Aussprache** manchmal Schwierigkeiten bereiten kann, deutet Gardt mit seinem Sokrates-Zitat und dem Hinweis auf die sprachlichen Entlarvungen von ost- bzw. westdeutschen Dialekten an. Mir fällt dazu ein Hör-Quiz ein, das ich vor einiger Zeit mit Begeisterung gespielt habe: Gegeben sind jeweils mehrere **Sprachproben von jugendlichen Sprechern**, die den verschiedenen Regionen Deutschlands, Österreichs und der Schweiz zugeordnet werden müssen. Je öfter man spielt, desto besser gelingt diese Zuordnung zu den Dialektregionen. „Sprich, damit ich Dich sehe" (Z. 76) – dieses Online-Quiz passt genau zu Sokrates' jahrtausendealter Äußerung.

für gelingende Kommunikation: Codeswitching

Beispiel: Hör-Quiz zu Dialekten

Ich höre, also bin ich. Gardts Hauptthese bedarf mindestens dieser Ergänzung. Denn Kommunikation und Weltbezug finden nicht durch das Sprechen allein statt. Es braucht dazu immer auch ein Gegenüber, das dir zuhört und das dich versteht.

Fazit

Grund- und Leistungskurs Deutsch (Sachsen):
Abiturprüfung 2022

Um Ihnen die Prüfung 2022 schnellstmöglich zur Verfügung stellen zu können, bringen wir sie in digitaler Form heraus.

Sobald die Original-Prüfungsaufgaben 2022 freigegeben sind, können sie als PDF auf der Plattform **MyStark** heruntergeladen werden (Zugangscode vgl. Farbseiten vorne im Buch).

Prüfung 2022

www.stark-verlag.de/mystark